世界主要政党规章制度文献

丛书主编：俞可平
执行主编：陈家刚

中东欧

主编：项佐涛 姬文刚

中央编译局文库出版工作领导小组（编委会）

主　　任：贾高建

副 主 任：俞可平　魏海生　陈和平　柴方国　杨金海

委　　员：崔友平　沈红文　杨雪冬　季正聚　陈家刚
　　　　　赖海榕　郗卫东　张文成　刘明清

中央编译局文库出版工作领导小组办公室

主　　任：薛晓源

成　　员：徐向梅　苗永姝

中央编译出版社文库编辑中心编辑小组

刘明清　谭　洁　董　巍　贾宇琰　苗永姝
盛菊艳　李媛媛　薛迎春　董　妍

总　序

　　近代的政党，是基于一定的阶级或阶层之上，为了夺取和巩固国家的政治权力，从而维护特定利益的政治组织。与其他政治组织相比，政党最明显的特征，就是它有着明确的政治目标，即夺取政权和维护政权。除了执掌国家政权这一基本职能外，政党也是现代社会中最重要的利益表达和利益综合机构，是连结政府与民众的政治桥梁。政党还是国家政治生活的最重要组织者，是公民参与国家政治生活的重要平台，它履行着政治动员、公共参与和政治教育等重要的政治职能。因此，从权力的角度看，在所有政治组织中，政党是最重要的政治组织，它对近代国家的政治生活有着极为重要的影响。实际上，近代政治就是政党政治。国家权力主要由政党掌握，并且通过政党运行。

　　由于政党在国家公共政治生活中起着如此关键性的决定作用，规范政党组织本身及其成员的行为和活动，就变得极其重要。从国家的角度看，宪法及相应的专门法律，通常要对政党参与国家政权的方式、途径、范围等作出原则性规定，从而形成了不同的政党制度，如多党制、两党制、一党制、一党主导或一党独大制、多党合作制等。从政党自身的角度看，每个政党都必须有一整套政治纲领和规章制度，明确宣示政党的性质、使命、目标、任务和政策倡议，详细规定党员的资格、条件、义务、责任、权利，以及党的组织形式、选举制度、领导机制、决策程序和纪律约束等。广义上说，政党制度既包括政党的外部制度，也包括政党的内部制度，它们一起构成国家政治制度的重要组成部分。

如果说主权国家是国际政治舞台的主角，那么政党便是国内政治舞台的主角。除了少数小国之外，世界上绝大多数国家的政权实际上都掌握在执政党手中。一个个政党的产生、发展、壮大、掌权、下台、消亡，以及各个政党之间的竞争、合作、争斗、兼并、分化、组合，构成了现实政治生活一幅五彩斑斓的图景。要真正了解当代世界，就要了解世界各国的政治图景，那就不能不了解主演这些政治图景的各个政党。世界的丰富多彩，不仅体现在文化传统、生活方式和乡土风情上，也体现在社会结构、发展模式和政治体制上。进而言之，要真正了解一个国家，就要了解这个国家的政治体制；而要了解一个国家的政治体制，就不能不了解这个国家的政党制度。

中国共产党是按照马列主义原则建立起来的一个革命政党，在夺取国家政权后，特别是在改革开放后，它逐渐从一个革命党转变为执政党。党的根本宗旨没有改变，但党的群众基础、指导思想、组织结构、领导机制和执政方式等，都发生了重大的变化。坚持人民主体地位，发展人民民主已经成为中共执政的基本政治目标；民主、自由、平等、公正、法治、和谐，已经成为中共追求的核心政治价值；民主执政、依法执政和科学执政，已经成为中共的基本执政方式；建设中国特色的社会主义法治国家，推进国家治理现代化，已经成为中共全面深化改革的总目标。所有这些都表明，中国共产党自身正处于现代化的转型之中，实现治理的现代化，不仅是党执政治国的目标，也是党自身建设的目标。政党治理的现代化，是世界各国主要政党共同面临的时代课题。一些政党在推进治理现代化方面，取得了成功的经验，得以继续在本国的政坛叱咤风云；而另一些政党则付出了惨重的代价，直至失去了政权。学习和借鉴国外政党的成功经验，汲取它们的失败教训，对于中国共产党实现治理现代化，有着重要的现实意义。

1998年，我曾经主编过当时国内唯一的《当代各国政治体制》丛书，总共有16册之多，内容包括了世界各主要国家。那套丛书比较客观地介绍了各国主要政治体制，为读者全面了解当代世界的各种政治制度提供了翔实的资料，从而广受好评。此后，我一直想编纂一套介绍世界各主要政党制度的丛书，可惜终未如愿。巧的是，前几年中央为了加强党内法规建设，需要了解和借鉴国外政党的经验做法，有关部门便委托我局编译国外主要政党的规章制度。我认为，这些党内规章制度，虽不能在整体上等同于政党制度，但却在很大程度上体现了党的组织制度、领导制度、决策制度和纪检制度，因而，编译这些国外政党的法规制度，不仅对于我们加强党内法规建设有其借鉴意义，而且将这些材料正式汇编出版，也可以在一定程度上起到帮助读者了解世界各国政党制度，从而更全面地了解世界各国政治制度的作用。

《世界主要政党规章制度文献》丛书，总共有20卷，收录了当今世界绝大多数重要政党的代表性规章制度。在收集、编选和翻译这套丛书的过程中，我们得到了社会各界的大力支持。例如，一些从事世界政党研究的专家学者提出了很好的编纂建议，一些驻外使领馆人员为我们提供了所在国主要政党的最新材料，一些译者放弃休息时间，努力按照要求完成翻译任务；国家出版基金给予了专项出版资助。在此，我代表编者向所有为本丛书出版作出过贡献的朋友们表示衷心的感谢。参与本丛书的许多译者，是年轻的博士后和博士生，他们积极性高，责任心强，但尚缺乏足够的翻译经验，错讹之处还望读者谅解并不吝批评。

俞可平

2015年1月13日于方圆阁

目 录

导 言 1

第一部分 宪法、全国性涉党法律 1
    保加利亚共和国宪法 3
    捷克共和国宪法 43

第二部分 主要政党内部规章制度 69
第一章 社会民主党 70
    阿尔巴尼亚社会党纲领 71
    保加利亚社会党纲领 119
    波兰民主左翼联盟基本纲领 151
    捷克社会民主党的价值观、目标和原则 158
    斯洛伐克社会民主方向党2012—2016年计划方案的重点 168
    匈牙利社会党纲领 215
    匈牙利社会党基本章程 227
    克罗地亚社会民主党章程 281

第二章 共产党 314
    "捷摩共"长期纲领——新千年之际的"捷摩共" 315

摩尔多瓦共产党人党党纲 ·················· 324
摩尔多瓦共产党人党新纲领 ················ 330
摩尔多瓦共产党人党章程 ·················· 348

第三章　民主党 ······························ 361

阿尔巴尼亚民主党章程 ···················· 362
捷克公民民主党政纲 ······················ 386
斯洛文尼亚民主党政治纲领 ················ 402
斯洛文尼亚民主党章程 ···················· 417

第四章　新民粹主义政党 ······················ 435

保加利亚争取欧洲进步公民党克服危机计划 ··· 436
保加利亚争取欧洲进步公民党章程 ·········· 442
罗马尼亚民主自由党纲领 ·················· 459
罗马尼亚民主自由党章程 ·················· 466

第五章　民族主义政党 ························ 516

塞尔维亚进步党纲领 ······················ 517
塞尔维亚进步党章程 ······················ 520
塞尔维亚社会党政纲 ······················ 556
塞尔维亚社会党章程 ······················ 598

导　言

　　本书收入了波兰、匈牙利、捷克、斯洛伐克、保加利亚、罗马尼亚、阿尔巴尼亚、塞尔维亚、克罗地亚、摩尔多瓦等中东欧国家的政党制度，包括社会民主党、共产党、民主党、民族主义政党、新民粹主义政党的党章、党纲。原文均来自各政党的官方网站。需要说明的是，收录的党纲分为两种类型：一类是政治纲领，主要内容是界定政党的基本价值原则、长期目标等，这类纲领通过时间较久远且较少变动。另一类是选举纲领，主要内容是政党为了准备国民议会选举或选举获胜后制定的近期目标和行动计划，这类纲领数量多且内容具有很强的时效性。鉴于政治纲领更能反映政党长久的政策主张和身份特征，编者主要收录了各政党当前正在使用的政治纲领。同时，对有些政党来说，旧政治纲领对观察该党政策主张和身份特征的变化也不可缺少，因此，编者部分收录了这类纲领。

　　由于中东欧国家语种众多以及中东欧国家研究和翻译队伍的现状，召集一个包含所有中东欧国家语种的翻译团队本身就遇到了许多困难。幸运的是，外交部、北京大学国际关系学院、中国社会科学院俄罗斯东欧中亚研究所东欧室、北京外国语大学、中央编译局、山西大学、山东政法学院等科研单位精通中东欧语种的研究人员，来自中东欧国家的留学生和从事中东欧政党研究的研究人员给予援手，参与了本书的翻译工作。全书由项佐涛、姬文刚统稿。但是，由于译校者水平有限，译稿难免有很多错误和不足之处。本书仅供相关研究人员参考使用，如需引用请核对原文。

　　为了使读者更好地理解中东欧各政党的规章制度，下面对转型以来中东欧政党政治的发展情况作简要介绍。

一、中东欧政党的主要类型

经过20多年的转型，中东欧各国放弃了社会主义时期共产党单独执政的局面，政党格局已经形成以中左、中右为主导的局面。

（一）中左翼政党

中左翼政党主要是社会民主党。它们大体上可以分为三类：第一类是由原执政的共产党演变而来的"改建社会党"，如波兰共和国社会民主党、匈牙利社会党、斯洛伐克民主左翼党等；第二类是"二战"前后的老社会党重建或恢复活动的"重建社会党"，如捷克社会民主党、波兰社会党、罗马尼亚社会民主党、匈牙利社会民主党、保加利亚社会民主党等；第三类是剧变后新建的社会民主主义政党，如波兰劳动联盟等。其中，改建党力量最大，重建党次之，新建党最小。经过了剧变初期短暂的式微之后，中东欧各国的社会民主党在1993年后相继执政并占据了各国政坛的半壁江山。①

剧变后，中东欧社会民主党，无论"改建社会党""重建社会党"，还是"新建的社会党"，都把建立西欧式的社会民主党作为目标，在纲领主张方面纷纷效仿西欧社会民主主义。因此，中东欧社会民主主义的基本原则与西欧的社会民主主义是一致的，认同社会党国际和欧洲社会党倡导的自由、民主、团结、社会公正等价值观；提倡思想来源的多元化，把马克思主义作为其众多思想来源之一。同样，中东欧的社会民主主义也放弃了

---

① 匈牙利社会党三次执政（1994—1998年、2002—2006年、2006—2010年），罗马尼亚社会民主党三次执政（1992—1996年、2000—2004年，2008—2009年），保加利亚社会党三次执政（1990—1991年、1995—1996年，2005—2009年），波兰民主左派联盟两次执政（1993—1997年、2001—2005年），捷克社会民主党两次执政（1998—2002年、2002—2006年），阿尔巴尼亚社会党两次执政（1997—2001年、2001—2005年），黑山社会主义者民主党两次执政（2006—2009年、2009年至今），克罗地亚社会民主党两次执政（2000—2003年、2011至今），马其顿社会民主联盟两次执政（1992—1998年、2002—2006年），塞尔维亚社会党则在1990—2000年执政，斯洛文尼亚社会民主人党也在2008—2011年执政。

对资本主义的制度取代，接受各国回到资本主义社会的现实，以驯服现有的资本主义、创造一个平等团结的福利国家为己任。然而，与西欧社会民主主义不同的是，中东欧的社会民主主义更加强调吸收本国社会主义运动中的优秀成分和爱国主义的成分，撇清与过去社会主义的关系，同斯大林主义及其变种划清界限。而且，由于处于社会转型的大背景下，东欧各国民主社会主义更富于"转型"的色彩，体现了社会民主党关于新社会建设的理念。具体说，经济方面，反对急剧地搞私有化，主张各种经济形式并存，实行自由市场经济与国家宏观干预相结合的混合经济体制；在经济发展和社会公正之间寻求平衡，强调加强社会保障、保护劳动者的利益。政治方面，实行多党制，反对一党专制和任何形式的独裁，强调社会公正和平等，以建立一个法制的、议会民主和公民自治的社会为目标。对外关系方面，致力于本国融入欧洲，在强调欧洲各国团结的同时，维护民族独立和国家主权。

绿党也可以看做是中左翼力量的组成部分。然而，绿党在中东欧国家的影响比西欧国家小得多。在西欧国家，欧洲绿党在2009年欧洲议会选举中的席位从35个增加到46个，跃升为欧洲议会中的第四大党团；在中东欧国家，绿党在议会中影响微乎其微，只有匈牙利绿党"政治能够不同"在2010年议会大选中获得了16席、捷克绿党在2006年议会大选中获得6席。

（二）左翼政党

左翼力量主要是民主社会主义党（左翼党）和温和的共产党。它们一般是欧洲左翼联盟的成员或观察员。民主社会主义党（左翼党）对资本主义制度持激烈的批判态度，在经济和社会政策方面更为强调传统左翼的政治方式，把社会主义作为自己的社会理想。温和的共产党坚持马克思主义的指导，同时强调批判性吸收其他社会主义学说；坚持对资本主义的制度替代，同时主张在现阶段通过议会斗争建立一个多元的自由、民主和平等社会。这类政党主要有罗马尼亚社会主义联盟党、斯洛伐克共产党、捷克民主社会主义党、匈牙利工人党、捷克和摩拉维亚共产党、保加利亚左翼党、波兰青年社会主义者党、马其顿社会党、摩尔多瓦共产党人党，等等。其中，摩尔多瓦共产党人党和"捷摩共"是中东欧共产党中能够在议会选举中获得议席、能够在议会中表达自己声音的党。

在意识形态上，民主社会主义党（左翼党）和温和的共产党更多地是对苏联模式的反思以及基于社会主义视角尤其是马克思主义视角的对本国转型问题的思考。在历史问题上，它们认为对过去的社会主义实践要采取两分法，反对进行任何不尊重历史、为一时政治需要服务的片面评价。应当既肯定社会主义时期取得的成就，如实行绝大部分生产资料的社会集体所有制、建立合作社经济、改变工农业落后面貌、改善劳动者的生活条件等进步的方面；同时，又要看到官员滥用权力、大搞特权、损害劳动人民利益等错误。同时，苏东社会主义的失败并不意味着社会主义代替资本主义的缘由不复存在。关于当今局势，它们坚决反对现存的社会制度，认为资本主义的复辟是历史的倒退。资本主义复辟在各国造成了人道的灾难，导致了深刻的政治、经济和道德危机。私有化使大部分国家财富控制在少数人手中，结果是广大民众的生活标准降低、社会保障消失、失业和犯罪增加、社会稳定和社会公德遭到破坏。资本主义虽然没有在短时期内灭亡，但生产社会化和生产资料私有制之间的矛盾已使它危机四伏。在一国范围内，失业大量增加，贫富差距不断扩大，社会压迫不断加剧；政府放弃了对经济发展、社会发展的责任，福利社会的幻想已经幻灭。在国际范围内，资本的经济全球化成为发达国家剥削和压迫落后国家的新殖民手段，不仅造成国际社会两极分化，甚至引发了欧洲和世界范围内的动荡和战争。暴力革命是实现社会主义和共产主义的最终方式，但多党议会民主制、市场经济转轨等现实因素使得在资本主义体制框架内为社会主义未来而斗争成为必须和必要的。在革命时机尚未成熟的时候，应当采取和平的斗争方式。

（三）极左翼政党

处于政治光谱最左端的是斯大林主义共产党。这类政党主要有匈牙利共产主义工人党、阿尔巴尼亚共产党、保加利亚共产党人党、罗马尼亚新共产党、塞尔维亚南斯拉夫新共产党、塞尔维亚劳动党、黑山新共产党、马其顿新共产党、波斯尼亚—黑塞哥维纳新共产党，等等。它们与温和共产党的最大区别是对待斯大林主义的态度和社会主义的实现方式：强调斯大林主义的科学性，认为苏东社会主义失败的原因是背离了斯大林主义；共产党应采取与资本主义制度毫不妥协的态度，暴力革命是推翻资本主义的唯一方式。它们有的拒绝注册，以秘密方式活动；有的拒绝参加议会选举，主要活动方式是直接向工人宣传自己的理论主张；有的虽然参加议会选举，但是由于获得议席的机会不大，只是把选举作为向民众宣传自己的主张的一种方式。

（四）中右翼政党

中右翼政党是自由民主党和保守党。中东欧国家属于自由民主党的有阿尔巴尼亚民主党、保加利亚民主力量联盟、波兰公民纲领党、捷克公民民主党、罗马尼亚国家自由党、匈牙利自由民主主义者联盟和民主论坛、斯洛文尼亚自由民主党和民主党等；保守党主要有波兰全国基督教运动、罗马尼亚基督教民主人民党和基督教民主党、基督教民主联盟——捷克斯洛伐克人民党、新斯洛文尼亚基督教人民党、匈牙利基督教民主人民党和基督教民主党、斯洛伐克基督教民主运动和民主基督教联盟——民主党。

中东欧中右翼政党在社会主义时期并不存在，一般都是在剧变过程中或剧变后短时间内成立的。因此，比起中左翼政党，中右翼政党在意识形态上和政策主张上"照搬"西欧的程度更重。然而，转型20多年来，中东欧中右翼政党逐渐赋予了其意识形态和政策主张一些本土特色，可以看做是意识形态反马克思主义、政治民主主义、经济新自由主义、文化保守主义和欧洲主义、民族主义、欧洲怀疑主义等的混合物。具体说，意识形态上，强烈反对马克思主义和共产主义；经济上，主张新自由主义，推行彻底的放松控制、私有化、自由化的经济政策；政治上，提倡民主、自由、人权，主张建立民主法制国家；在民族、种族、家庭、伦理道德、文化价值观念方面持保守主义的立场；外交上，主张完全融入欧洲一体化，但是鉴于与西欧国家相比本国实力相对弱小，强调本国利益的民族主义色彩更加浓厚。

农民党也可看做是中右翼政党。由于农业在中东欧各国经济中比重相对较大，农民数量相对较多，农民党影响力不可忽视，在议会中通常会占有一定数量的议席。农民党在中东欧各国都有分布，如波兰人民党、捷克农民党、克罗地亚农民党、罗马尼亚农民党、阿尔巴尼亚农民党、保加利亚农民党等。

（五）右翼政党

民族主义政党可以看做是右翼力量。[①] 中东欧民族主义政党影响非常大，可以分为温和的民族主义政党和激进的民族主义政党。前者主要有保加利亚土耳其人"争取权利与自由运动"、罗马尼亚匈牙利族民主联盟、斯洛伐克匈牙利人联盟党等；后者主要有塞尔维亚激进党和社会党、克罗地亚民主联盟。

民族主义的侧重点是如何处理本民族与其他民族间的关系，强调维护本民族的利益、价值、传统。当然，在中东欧复杂的背景下，民族问题是每一个政党都必然涉及的，但是只有那些把民族问题作为主要议题或优先议题的政党才可以看做是民族主义政党。在波兰等平稳转型的国家，虽然出现了代表少数民族利益的党，甚至在保加利亚、斯洛伐克等国家少数民族政党力量不可小视，但这些政党大部分比较温和，对其他民族施以宽容的政策，在执政或选举过程中倾向于与其他民族的政党结成联盟，对待民族间的矛盾往往采取协商和妥协的政策。然而，在前南地区民族间的关系比较紧张。剧变过程中，民族主义借民主、自由和民族自决还魂，不仅肢解了南斯拉夫，更引发了不同民族间的战争；在战争结束后，尽管国家和民族的关系趋向和平，各政党间也建立了和平的竞争关系，但是在各个国内影响最大的仍是民族主义政党；一旦民族矛盾激化，仍不能排除民族主

[①] 也有些学者认为："在中东欧国家，右翼政党和极右翼政党在概念上的区分很不明显。"参见孙敬亭：《中东欧国家的右翼政党：特点和意识形态》，载《马克思主义研究》2010年第8期。

义政党诉诸武力的可能。可以说，任何一个政党要想在前南地区存在都必须应对复杂的民族问题。

（六）极右翼政党

中东欧极右翼势力是民粹主义政党。中东欧存在少量类似于西欧极右翼政党的民粹主义政党，如"为了更好的匈牙利运动"；然而，大部分民粹主义政党具有自己的特征——民粹主义政党都在意识形态上具有随意性和模糊性，自由主义政党、社会民主党、民族主义政党的政策，只要是能够迎合选民的口味都可以采用。波兰的法律与公正党、匈牙利的青年民主主义者联盟—公民联盟、斯洛伐克的争取民主斯洛伐克运动—人民党、保加利亚的公民欧洲发展党、罗马尼亚的民主自由党都属于这类政党。自2005年开始，民粹主义政党影响迅速扩大，在许多国家相继执政。① 伴随着民粹主义政党兴起的是传统中左翼或中右翼政党的衰落，如波兰民主左派联盟的衰落。为防止民粹主义政党的崛起，有些国家已经出现了中左翼、中右翼政党接近和联合执政的现象。

民粹主义政党在意识形态上具有随意性和模糊性，容易"成为进步者的、反动者的，民主主义者的、独裁者的、左派的和右派的工具"。它们在政策是投机的，不公开反对资本主义制度，却充分利用了现有资本主义制度的弊端。经济上，民粹主义政党都承认自由市场经济带来的好处，把繁荣本国的市场经济作为自己的竞选纲领。然而，针对民众对生活状况的不满，它们认为是政治精英和经济精英在转型过程中结合在一起，共同窃取了转型所带来的利益，因而需要在精英和普通民众之间重新分配财产。政治上，针对民众对传统政党的不信任，民粹主义政党主张民主非自由主义，即接受民主却反对自由主义。它们认为，政治上的自由主义导致了政

---

① 波兰法律与公正党在2005年和2007年的议会大选中分别获得27%和32.1%的选票，成为议会第一大党；匈牙利青民盟在2010年议会大选中获得52.7%的选票，成为议会第一大党；保加利亚公民欧洲发展党在2009年的议会大选中获得39.7%选票，成为议会第一大党；罗马尼亚民主自由党在2008年的议会选举中获得32.4%的选票，成为议会第一大党。

治精英和普通民众的对立。本来由民众选举出的政治精英，在政治生活中应当代表民主的利益反映民众的需求，现存的政党政治使民主选举形同虚设，选民只能在政党推举出的政客间做出选择。据此，民粹主义政党鼓吹自己是代表所有人利益的人民党，而不是代表左右利益集团的党。对外政策上，民粹主义政党是本国融入欧洲的最坚决的支持者，却担心本国可能会沦为欧洲发达国家的附庸。

二、中东欧政党转型的过程、类型和特点

20年来中东欧国家政党政治转型的模式并不相同，大体上可分为两类：一类是平稳演进型，属于这类的国家有波兰、匈牙利、捷克、斯洛伐克、罗马尼亚、保加利亚、阿尔巴尼亚和斯洛文尼亚。在这些国家，政治转型相对比较平稳，只是在初期经历了短暂的政局动荡。竞争性民主作为一种政治设计被民众和主要政党广泛接受。活跃于政坛的主要政治力量是代表不同经济利益集团的政党，它们主要通过意识形态的不同和政治经济政策的差异来吸引选民，政党之间的关系也比较融洽。另一类是冲突裂变型，属于这类的国家有前南地区的塞尔维亚、黑山、克罗地亚、波黑和马其顿。在这些国家，政治转型一波三折，伴随着国家分裂和不同民族间的战争。政党政治也不成熟，尽管建立了多党制，但大多数政党都是民族主义政党，通过煽动民族主义情绪来获得民众的支持；政党关系也比较紧张，选举过程常伴随暴力，选举结束后各政党常常不能理性地接受选举结果和通过妥协组成联合政府，以致政府常常难产。

（一）平稳演进型

平稳演进型国家政治转型的总体特征是民主化朝着接近西欧民主模式的方向发展。这些国家的政治转型大体经历了三个阶段：第一个阶段是政党政治重组阶段，其特点是右翼政党执政、多党林立、政党分化、政党关系紧张。第二阶段是政党政治成熟阶段，其特点是中左、中右政党轮流执政，政党关系平和，形成左、中左、中右、右阵线分明的政党格局。第三

阶段是新民粹主义政党兴起阶段，其特点是中左、中右翼政党趋同并伴随着不同程度的式微，新民粹主义政党的兴起挑战了传统左右均衡的政坛格局。

剧变初期，中东欧各国都出现了多种不同类型的政党，由于意识形态和纲领主张的分歧，它们彼此关系较为紧张。在除罗马尼亚之外的其他国家，以反共产党为主要特征的右翼政党占据了绝对优势。共产党的后继党中，无论是坚持马克思主义的共产党，还是改弦更张的社会民主党，处境都非常艰难。反对派上台后，绝大多数共产党成为非法政党而被禁止活动，党产被没收；社会民主党虽然获得了合法地位，但反对派也总是抓住后继党的历史问题不放，借反共来降低其在民众中的支持率。共产党与社会民主党的关系也非常紧张。社会民主党为了摆脱历史包袱，不愿意与共产党合作，甚至在选举中也打出反共的旗号。因而，在大部分国家的政坛出现了一种奇怪的现象：同为社会主义政党的社会民主党与共产党之间的距离，要比社会民主党与右翼政党之间距离更大。社会民主党在选举中宁愿和中右翼的自由民主党结盟，也不和共产党结盟。① 右翼政党之间的合作也并不愉快。由于意识形态和政策主张的不同，政党间争吵时有发生。

在党际关系紧张的同时，各政党内部也纷争不断，分裂和重组比较普遍。右翼政党多由形形色色的反对派演变或组合而成，"各种派别集结在反共的旗帜下，容易表现出统一、和解和团结。一旦共同的敌人消失了，离心倾向就再次出现了"②。波兰团结工会起初分裂为支持瓦文萨的"中派协议会"和支持马佐维耶茨基的"公民运动—民主行动会"两派，后又分裂成自由联盟、中派联合党、农民联盟、团结工会等十几个立场各异的政党和政治组织。捷克斯洛伐克的公民论坛分化为社会民主党、"复兴俱乐

---

① Lubomír Kopeček, Pavel Pšeja, "Czech Social Democracy and its 'Cohabitation' with the Communist Party: The Story of a Neglected Affair", www.sciencespo.site.ulb.ac.be/dossiers_supports/pave12.doc, 2008 - 08 - 05.

② S. Berglund and J. A. Dellenbrandt, (eds.), *The New Democracies in Eastern Europe: Party Systems and Political Cleavages*, Aldershot: Edward Elgar Publishing, 1991, p.7.

部"、"左派选择"、公民民主党和公民运动。匈牙利的民主论坛分裂为民主论坛和真理与生命党。阿尔巴尼亚的民主党也分裂出民主联盟党和新民主党。左翼政党则由于意识形态定位上的分歧而发生分裂。罗马尼亚救国阵线分裂为左翼的伊利埃斯库派和右翼的罗曼派,前者几经演变成了社会民主党,后者成了民主自由党。匈牙利社会党在1990年发生分裂,波日高伊脱离社会党,另组国家民主联盟。捷克—摩拉维亚共产党,目前已分裂为"捷摩共"、左翼—民主左派党和捷克斯洛伐克共产党人党三个党。

以反共为核心的激进的政治狂潮并没有持续很久。许多中东欧人在剧变之初认为把共产党赶下台,实行了西方的那一套政治经济模式,国家就能快速发展,迅速赶上西欧。然而,这样的梦想带来的却是通货膨胀、社会动荡和混乱、生活水平下降。在痛苦的现实面前,民众对政府的评判标准开始从感情上的好恶转向经济上的成绩。面对自己曾寄以民族复兴希望的右翼政党治国无术的事实,他们不得不考虑新的选择。各国社会民主党抓住这个机遇,明确自己有别于右翼政党的民主社会主义的政策主张,并日益赢得民众的支持。最终,从1993年开始,各国社会民主党相继执掌政权。与此同时,一些国家的共产党在政坛上的影响也逐渐扩大,例如,在1996年的议会大选中,"捷摩共"获得了10.33%的选票,成为议会第三大党。① 有学者将其称为"左翼的回归"②。

左翼的回归表明了中东欧反共浪潮的消退和政治理性的恢复。各政党在选举中不再打反共的牌,而是侧重于改善国计民生的策略。选民在选举中投谁的票不再根据这个党与共产党有什么历史瓜葛,而主要看该党的政策主张是否符合自身利益的需要。意识形态被淡化,左右阵营的关系也随之由紧张到缓和,各党认识到,多党政治的规则就是轮流执政。与此同

---

① Daniel Kunštát,"Public Support to the KSČM after 1989:Historical Grounds, Political and Social Context, Perspectives", www. cvvm. cas. cz/upl/nase_spolecnost/100033se_Kunstat - kscm% 20EN. pdf, 2007 - 09 - 20.

② 参见 Charles Bukowski, Barnabas Racz and Edward Elgar, *The Return of the Left in Post-communist States*, Cheltenham:Edward Elgar Publishing, Inc. ,1999。

时，经过几年的分化重组，左翼、右翼阵营内部阵线分野也逐渐清晰。左翼力量的主要代表是共产党，如"捷摩共"、阿尔巴尼亚劳动党、保加利亚工人党、斯洛伐克共产党、罗马尼亚共产党等。中左翼的主要代表是社会民主党，有由原执政的共产党演变而来的"改建社会党"，如波兰社会民主党等；有"重建社会党"，如捷克社会民主党等；有剧变后新建的社会民主主义政党，如波兰劳动联盟等。中右翼政党的主体是自由民主党，有民主党，如捷克公民民主党等；有带有宗教性质的保守党，如波兰全国基督教运动等。右翼的主要代表是民族主义政党，如保加利亚的土耳其人"争取权利与自由运动"等。

然而，近年来，这种左右均衡的政治格局却出现危机。为了加快入盟步伐和吸引更多投资，中左、中右政党上台后都采取了相似的政策，即进行私有化、开放市场、降低税收等新自由主义的措施，导致政府税收减少，无力进一步完善社会保障体系和改善人民生活质量。另外，中左、中右政党都不能很好地解决腐败问题。民众因而得出这样的印象，即传统的左右翼政党都是无能的，它们只是代表资本和自身利益，而不关心普通民众的利益。部分民众开始怀疑政府，怀疑政党政治。他们认为，政客们只关心自身利益，任何政党上台都不能改变自己的生活状况。民众的这种政治怀疑主义通过他们不积极参加投票表现出来。与此同时，部分民众"喜新厌旧"，寄希望于一个"超越传统左右"的新型政党和一个"非官僚"的魅力领袖来改变现状。新民粹主义政党的出现迎合了选民。

综上所述，平稳演进型国家的民主化水平在第二个阶段与西方国家最为接近，而在第三个阶段又与西方国家出现了差异。在西欧国家，新民粹主义色彩的政党近年来在选举中影响日益扩大，但没有任何一个党成为该国政坛上的主角。在中东欧国家，大多数新民粹主义政党都已上台。

（二）冲突裂变型

与平稳演进型相比，冲突裂变型国家政治转型的总体特征是民主化转型过程中"本土化"、"民族化"特征明显，与西欧的民主模式有不同程度的差异。冲突裂变型国家的转型经历了两个阶段。第一阶段是分离与战乱阶段，其特点是民族分离主义导致南联邦解体，继而各民族和国家陷入战乱，冲突不断，各国实行的是形式上的多党制和实质上的激进民族主义政党一党执政。第二阶段是战后重建和发展阶段，其特点是国家间关系缓和，但仍有不稳定因素。各国的民主化进程取得实质性进展，多党竞争的选举机制形成，非民族主义政党或温和的民族主义政党上台执政，但激进的民族主义政党仍比较活跃。

苏东剧变的"滚雪球效应"使前南地区"压抑多年的民族矛盾在'民主'、'自由'口号的鼓动下，在某些国家领导人及一批民族主义政党和团体的推动下，在西方国家及其机构的干预下迅速激化"[①]。斯洛文尼亚和克罗地亚是最早宣布脱离南联邦的国家。斯洛文尼亚的独立只是和南联邦政府发生了短暂的武装冲突，而克罗地亚的独立则曲折得多。克罗地亚宣布独立后，其境内的塞族宣布成立"塞尔维亚克拉伊纳共和国"，并声称要与波黑塞族一道加入塞尔维亚共和国。结果，克罗地亚军队出兵干涉，与境内塞族武装及其支持者南联邦人民军陷入了持久的战争。直到1995年《代顿协议》签署，塞族同意将其控制的地区归克罗地亚政府管辖后，冲突才平息下来。

更为剧烈的民族冲突发生在波黑。斯洛文尼亚和克罗地亚宣布独立之后，波黑的三大民族围绕着共和国的前途问题发生了激烈的争执。塞尔维亚人主张波黑留在南联邦之内；克罗地亚人要求波黑分成克罗地亚、塞尔维亚和穆斯林三个地区，组成一个独立的联邦国家；穆斯林则打算在波黑独立后成为一个以穆斯林为主体的中央集权国家。1992年3月，在穆斯林和克罗地亚两族的支持下，波黑脱离南联邦；而坚持要留在南联邦内的塞尔维亚人则单独建立了波黑塞尔维亚共和国。之后，三个民族为了争夺领土战争不断。南联盟的塞尔维亚共和国和克罗地亚也先后介入战争。战争一直持续了三年半。最终，米洛舍维奇、图季曼和伊泽特贝戈维奇签署了

---

① 高歌：《试析东欧民族问题与政治转轨之关系》，载《东欧中亚研究》2002年第5期，第42页。

《代顿协议》，波黑分成穆克联邦和塞族共和国两个政治实体，它们各自拥有自己的政府、议会、军队和警察部队。

然而，《代顿协议》只是给前南地区带来了短暂的和平。在其他民族纷纷获得独立的刺激下，科索沃地区阿族的独立呼声也越来越高。1991年，科索沃通过全民公决成立科索沃共和国并选举鲁戈瓦为总统后，遭到塞尔维亚的反对。但是，塞尔维亚当时正同斯洛文尼亚、克罗地亚发生着武装冲突，随后又卷入波黑内战，无暇顾及科索沃的事。所以，科索沃已是实际上的国中之国。可是，科索沃境内的阿族人却并不满足于此，而是积极谋求国际社会的承认，甚至激进主义者还准备诉诸武力。最终，1999年的"拉察克事件"成为科索沃战争的导火索。科索沃战争在以阿族及北约为一方，南联盟为另一方展开。结果，在北约武力轰炸的胁迫下，南联盟接受了科索沃在联合国托管下实行"高度自治"的决议。

战争中断了前南地区的民主化进程。各国都宣布实行多党制，但实际上，却是激进的民族主义政党一党在执政。在2000年之前，在塞尔维亚执政的是社会党。它尽管宣称接受民主社会主义的价值原则，接受西方的议会多党制，却采取严厉的手段控制政治和社会生活。在国家安全的名义下，反对党长期处于被打压的状态，得不到与社会党公平竞争的机会；新闻自由得不到充分尊重，有关社会党的负面报道很难见诸报端。因此，在西方人眼中，塞尔维亚社会党和米洛舍维奇与原来的共产党没什么区别。①克罗地亚的政党制度是"一种民族政党制，即一种每个政党的支持来自某个族群并只吸引某个族群的政治制度"②。克族选民的代表是民主联盟，战争期间它竭力维护自己的政治统治，利用自己的地位来谋取经济利益。同时，它还把民族安全放到了一切政治问题之上，以民族安全的名义打压其他政党。"克罗地亚民主联盟给批评者贴上'叛国者'的标签。从1990年

---

① Srbobran Branković, "The Yugoslav 'Left' Parties", in András Bozóki, John T. Ishiyama, eds., *The Communist Successor Parties of Central and Eastern Europe*, New York: M. E. Sharpe, pp. 206 – 223.

② 〔美〕宝拉·M.皮克林、马可·巴斯金：《克罗地亚共产主义者联盟的继承党》，乔春霞编译，载《当代世界与社会主义》2009年第5期，第47页。

到2000年没有一次选举被认为是自由公平的选举。"①

科索沃战争结束后，前南地区仍有不稳定因素，如科索沃独立问题、马其顿内的阿族问题等，但整体局势较为平稳，大规模的战争并未爆发。这给前南地区的民主化提供了较好的宏观环境。

科索沃战争之后，执政十余年的塞尔维亚社会党在选举中落败，米洛舍维奇在总统大选中也落选。此后，社会党在塞尔维亚的影响大大减弱，在议会大选中的得票率仅维持在7%左右。2001年4月，米洛舍维奇被捕后，达希奇开始掌握了党内实权，并尝试着改变社会党的强硬政策。社会党先于2004年3月表示愿意与科什图尼察领导的塞尔维亚民主党政府合作，后是在2008年大选后参加了民主党主导的联合政府。取代社会党上台执政的是亲西方的民主党和温和的民族主义政党塞尔维亚民主党。民主党将加入欧盟作为塞尔维亚的首要任务并为此大力推进塞尔维亚的民主化进程，反对科索沃独立，但认为科索沃问题应在加入欧盟后解决。塞尔维亚民主党也希望加入欧盟并进行有针对性的政治改革，但坚决反对科索沃独立，声称可以为此放弃加入欧盟。取代社会党成为塞尔维亚最大的激进的民族主义政党的是塞尔维亚激进党。它坚决反对科索沃独立，认为在没有确认科索沃是塞尔维亚一个自治省的地位之前不能向西方妥协，塞尔维亚应派出警察和军队保护科索沃地区的塞族人。它还呼吁塞族人应当团结，称塞尔维亚有义务保护前南地区塞族人的利益。从2003年开始，塞尔维亚激进党成为议会第一大党。不过由于其他政党都不愿意和它结成执政联盟，激进党并没有上台执政。

克罗地亚的情况与塞尔维亚类似。战争结束后，民主联盟一党统治的局面被打破。在2000年举行的议会选举中，社会党和社会自由党联盟战胜了民主联盟，从而开启了克罗地亚的第二次转型。克罗地亚政府修改了宪法，减少了总统的权力，把克罗地亚改造成一个议会民主制国家；主张尊

---

① 〔美〕宝拉·M.皮克林、马可·巴斯金：《克罗地亚共产主义者联盟的继承党》，乔春霞编译，载《当代世界与社会主义》2009年第5期，第48页。

重政治权利和自由,增加选举和政策的透明度;通过了少数民族权利法,提高塞族人有效参与国家公共生活的能力,并把少数民族的特别代表从5名扩大到8名;实行亲西方的外交政策,在战后问题上积极与国际社会合作,并积极谋求加入欧盟等。与此同时,图季曼的去世也打开了民主联盟的改革之门。2002年,相对温和的萨纳德以微弱的优势战胜了右翼领袖帕萨里克,再次当选主席。在准备2003年议会选举的过程中,他着力削弱党内黑塞哥维纳派的力量,开除极端的民族主义者,最终将民主联盟改造成了一个以他为核心的年轻的、民主的和亲欧洲的政党。[①] 去民族主义化的改革给民主联盟带来了活力,使它赢得了2003年和2007年议会选举的胜利。

在波黑,鉴于民族间相互残杀造成的惨重后果,各民族和政党都认识到妥协和彼此尊重的重要,强调要加强民族团结和实现民族平等。波黑的政体设计充分体现了"尊重和妥协"的精神。议会由代表院和民族院组成。代表院由三个民族的42名代表组成,其中28名来自波黑联邦,14名来自塞族共和国。代表院设主席1人,副主席2人,分属三族。主席一职由波黑三族轮流担任。民族院设15个席位,由波黑联邦的10名代表和波黑塞族共和国的5名代表组成。作为裁决两实体之间及两实体内机构间纠纷的宪法法院由9名法官组成,其中4人由波黑联邦代表院选出,2人由塞族共和国议会选出,其余3人由欧洲人权法院院长推选,但不能是波黑或波黑邻国的公民。[②]

马其顿政坛一直由马其顿族的左翼政党社会民主联盟与右翼政党马其顿内部革命组织——争取马其顿民族统一民主党两党交替执政。不过,这种局面也是马其顿族和阿族两大民族之间合作和妥协的产物。无论是社会民主联盟,还是马其顿内部革命组织——争取马其顿民族统一民主党都致

---

① 〔美〕宝拉·M.皮克林、马可·巴斯金:《克罗地亚共产主义者联盟的继承党》,乔春霞编译,载《当代世界与社会主义》2009年第5期,第49页。

② 参见《波斯尼亚和黑塞哥维那国家概况》,http://www.fmprc.gov.cn/chn/pds/gjhdq/gj/oz/1206_8/,2010-7-30。

力于倡导民族平等和团结、反对分裂和保护少数民族的利益。在选举之后，两大党往往会拉上温和的阿族政党一起联合执政，如社会民主联盟与阿族融合民主联盟在2002年组成了联合政府，马其顿内部革命组织——争取马其顿民族统一民主党和阿族民主党在2006年组成了执政联盟。

非民族主义政党或温和的民族主义政党上台执政，是冲突裂变型国家民主化的一大进步。然而，这些国家政治发展的前景并不明朗。国内国际形势一旦恶化，是否将导致激进的民族主义政党上台或温和的民族主义政党向激进的民族主义政党转化，目前还难有定论。

（三）政党政治转型的影响因素

导致中东欧政治转型出现上述类型的原因很复杂，以致任何一种单一的转型理论都难以解释情况为什么会如此。总体看来，现有的转型理论将以下几方面作为影响政治转型的主要因素。

首先，经济因素。目前，学术界对经济与民主化的关系已经初具共识。亨廷顿的观点颇具代表性："从长远的观点看，经济发展将为民主政权创造基础。从短期看，迅速的经济增长和经济危机会瓦解威权政权。"[①]南欧、东亚和拉美的民主化大体是按上述逻辑发生的：经济发展培育了民主的客观需要和支持民主的社会因素，而威权政权会阻碍经济进一步发展，从而导致改革失败和政权最终瓦解。[②] 但是，中东欧的民主化却有所不同。一方面，中东欧政治转型的确是由共产党政权的经济改革失败所致，根据官方公布的数据，波兰1988年的国内生产总值（GDP）增长率4.1%，匈牙利是-0.1%，捷克斯洛伐克是2.2%，罗马尼亚是-0.5%，保加利亚是2.6%。[③] 但是，中东欧国家在危机之前的经济高速发展并没有

---

① 〔美〕塞缪尔·亨廷顿：《第三波：二十世纪后期的民主化浪潮》，刘军宁译，上海：三联书店1998年版，第82—83页。

② 〔美〕斯迪芬·海哥德、〔美〕罗伯特·考夫曼：《民主化转型的政治经济分析》，张大军译，北京：社会科学文献出版社2008年版。

③ 〔匈〕雅诺什·科尔奈：《社会主义体制：共产主义政治经济学》，张安译，北京：中央编译出版社2007年版，第184—185页。

培育出充分的西方式的民主因素。尽管早在社会主义时期民主改革就是各国改革的一个话题，但是，西方式的民主化却是突如其来的。在绝大多数国家，剧变是由于苏联松绑和滚雪球效应产生的，支持西方民主的精英是剧变过程中临时拼凑起来的形形色色的人，而绝大多数普通民众的政治行为主要是盲从。因此，有些学者将中东欧的转型称之为"路径偶然"。① 最典型的例子就是前南地区。在社会主义时期，南斯拉夫的经济状况在中东欧国家是比较好的，民主化程度也较高。但是，南斯拉夫在剧变后并没有比其他国家更快地适应西方式民主，而是陷入了冲突和战争。另一方面，转型之后，在平稳演进型国家，以私有化和市场经济为取向的经济转轨确实为政治转轨提供了日益广泛的社会基础。② 克罗地亚和塞尔维亚的情况却是例外，两国目前的经济发展水平已经超出了阿尔巴尼亚和保加利亚，民主化程度却不及后者。

其次，文明因素。文明和民主化的关系是学术界一个有争议的话题。有学者认为，西方的民主观念产生于基督教文明，非西方国家只有首先接受西方文明才能建立民主制度。也有学者认为，民主并非西方文明的专属，民主化不等于西化，非西方文明也可以建立起民主制度，而且非西方文明的本土特色恰恰可以成为新的民主机制的生长点。帝国遗产论从文明角度研究中东欧政治转型。该理论认为，中东欧国家转型的进程和质量差异是由宗主国奥斯曼帝国和奥匈帝国留给中东欧的历史遗产造成的。由于两个帝国本身存在诸多差异，曾受奥斯曼帝国统治的东南欧国家的转型进程较慢，问题较多。③ 这一理论表面看起来比较有说服力，但有两点需要注意：其一，奥斯曼帝国和奥匈帝国在历史上的势力范围是变动的，中东欧地区作为两个帝国争夺的焦点，有时候处于这个帝国统治下，有时候处

---

① 参见郭中华：《新制度学派对后共产主义国家制度变迁的探索》，载《上海行政学院学报》2005年第5期，第30页。
② 高歌：《中东欧国家的政治转轨》，北京：世界知识出版社2003年版，第151页。
③ 转引自朱晓中：《转型九问：写在中东欧转型20年之际》，载《俄罗斯中亚中东欧研究》2009年第6期，第48页。

于那个帝国统治之下；其二，从政治转型结果看，与其他国家相比，波兰、匈牙利、捷克、斯洛伐克、罗马尼亚等天主教国家民主发展的确较快，但同为天主教国家的克罗地亚则发展相对缓慢。在许多西方人眼中，伊斯兰教与民主价值观格格不入。① 然而，信奉伊斯兰教的阿尔巴尼亚却建立了比较稳固的民主制度，当前其民主发展程度不仅比塞尔维亚等东正教国家高，而且比天主教的克罗地亚也高。

再次，国际因素。大国干预历来是影响中东欧政治发展的重要因素。历史上，中东欧是大国争夺的战略要地和政治试验田。大国对中东欧政治转型的影响主要体现在政治和军事两方面。前者是建设性的，后者是破坏性的。在政治设计方面，欧盟对其候选国的民主化要求成为各国政治改革和发展的重要动力，最典型的例子就是"哥本哈根标准"要求候选国家有稳定的民主制、尊重人权、法治和保护少数民族。此后，欧盟定期对其候选国的政治民主化程度进行评估并提出指导意见。为了尽快加入欧盟，中东欧国家在绝大多数情况下也会采纳欧盟的建议，不断向欧盟国家看齐。在军事方面，苏联解体及其继承者俄罗斯的衰弱使中东欧地区一时间成为权力的真空。以美国为首的北约抓住这个机会，积极扩大自己的影响，插手该地区事务。它们积极扶植当地的亲美和亲北约势力，而对亲俄的或者希望走独立道路的"不合作"力量采取打压的政策，最典型的例子就是波黑战争和科索沃战争的爆发，这成为前南地区民主化进程受阻的重要原因。

最后，民族主义。民族主义对后发国家民主化的影响已被学术界广泛关注。② 民族是由血缘、宗教和民族凝聚在一起的特殊团体，也是承载历史记忆的特殊团体。血缘上的亲疏、宗教和文明上的远近、历史上的恩怨都会通过民族间的关系表现出来。中东欧地区民族众多、分布错综复杂，使这一地区的政治关系也变得更为错综复杂。然而，民族不等于民族主

---

① 汪波：《伊斯兰与西方文明蕴涵的民主价值观比较分析》，载《回族研究》2008年第1期，第37页。

② 参见〔美〕林茨：《民主转型与巩固的问题：南欧、南美和后共产主义欧洲》，孙龙等译，杭州：浙江人民出版社2008年版，第16—39页。

义。在波兰等平稳演进型国家,民族关系较为融洽,虽然出现了代表少数民族利益的党,甚至在保加利亚、斯洛伐克等国家少数民族政党力量不可小视,但这些政党大部分比较温和,并不拒绝与主体民族的政党合作,而主体民族的政党也能够妥善处理与少数民族政党的关系,时常拉拢它们一起参加竞选和执政。但是,在塞尔维亚等冲突裂变型国家,民族和民族主义结合在一起。有学者指出:在前南地区,"多个民族不可救药地混合在一起",民族间的关系比较紧张,"把它们安排进一个国家实际上是不可能的"。① 历史上,这些民族就曾经相互仇杀;剧变过程中,民族主义借民主、自由和民族自觉还魂,不仅肢解了南斯拉夫,更引发了不同民族间的战争,阻碍了民主化的进程;在战争结束后,尽管国家关系实现了和平,但在各个国内影响最大的仍是民族主义政党。

总之,上述因素的"合力"而非单一因素,影响了中东欧政治转型。经济因素和欧盟因素推动中东欧的民主化朝着同质化方向发展,而文明因素和民族主义则增加了中东欧的民主化的差异性。这四种因素交互作用、相互制约、此消彼长,合力构造了中东欧政治转型的不同类型。同时,由于"合力"在不同时期内质和量的差异,每种类型内部也呈现出了不同特点。

三、政党政治的发展趋势

观察中东欧政党政治,我们可以发现主流政党的趋同现象,中左翼、中右翼政党"越来越像";但是政党体系碎片化的趋向并不明显,单一议题的党影响不大。如今,中东欧政坛呈现的是民粹主义政党作为一种新型全民党,与中左翼、中右翼政党三足鼎立的局面。以已加入欧盟的中东欧国家为例,从最近一次国民议会的选举结果看,民粹主义政党、中左翼政党、中右翼政党占据议会政党的前三甲,获得选票在50%—90%左右,如下表所示:

---

① Regina Cowen Karped, *Central and Eastern Europe: The Challenge of Transition*, New York: Oxford University Press, 1993, p.34.

	政党或政党联盟	意识形态归属	得票率(%)	议席
捷克2010年议会选举	社会民主党	社会民主主义	22.08	56
	公民民主党	新自由主义,保守主义	20.22	53
	巅峰09党	新自由主义,保守主义	16.70	41
匈牙利2010年议会选举	青年民主主义者联盟	民粹主义,保守主义	52.73	262
	社会党	社会民主主义	19.30	59
	为了更好的匈牙利运动	极端民粹主义	16.67	47
波兰2011年议会选举	公民纲领党	新自由主义,保守主义	39.18	207
	法律与公正党	民粹主义	29.89	157
	人民党	小农主义	8.36	28
斯洛伐克2012年议会选举	社会民主方向党	社会民主主义,民粹主义	44.41	83
	基督教民主运动	新自由主义,保守主义	8.82	16
	普通人和独立人格党	保守主义	8.55	16
罗马尼亚2008年议会选举	社会民主党和保守党联盟	社会民主主义,保守主义	33.1	114
	民主自由党	民粹主义	32.4	115
	国家自由党	新自由主义	18.6	65
保加利亚2009年议会选举	公民欧洲发展党	民粹主义	39.72	117
	为了保加利亚联盟	社会民主主义	17.70	40
	为了权利和自由运动	温和民族主义	14.45	37

资料来源：笔者根据各国选举结果总结。

首先，中左翼、中右翼政党的趋同。它表现在两个方面：一是政党身份定位上从阶级党、"干部党"向全民党转变；二是彼此政策主张上接近。

在社会主义时期，中东欧国家的阶级构成主要是工人阶级、农民阶级和知识分子。随着社会转型，中东欧国家的阶级结构发生了新变化：第一，工人阶级和农民阶级虽然仍是社会的主体阶级，但是在人口中所占的比例下降；第二，以知识分子和第三产业从业者为主体的新中间阶层人数不断增加；第三，资本家阶级人数也大量增加，虽然并不如西欧那样多。在此背景下，中左翼、中右翼政党都不同程度地调整了自己的阶级定位。中左翼政党采取多种措施吸引中间阶层的支持，扩大党的社会基础和政治影响，它们倾向于在表明自己作为工人阶级代表的同时，更强调自己的全民党特征。中右翼政党也并不像西欧传统中右翼政党那样强调自己的"干部党"、"精英党"的特征，因为没有中间阶层以及庞大的产业工人、农民等中下层阶级的支持，它们不能上台。在选举中，它们更倾向于突出自己与中左翼政党在转型政策上的不同，而不是阶级身份的差异。

身份定位和阶级基础的变化，导致了中左翼、中右翼政党政策主张的接近。在西欧，"冷战"后中左翼、中右翼政党主张趋同，是以中左翼政党因新自由主义的压力从福利国家的政策上退却"右倾"为前提的。与之不同的是，中东欧国家剧变前并没有建成福利国家，需要改变的不是以国家调控为基础的高福利制度，而是那些从社会主义时期继承下来的遗产，如计划经济、单一的公有制经济、相对平均的分配体制等。

剧变初期，中左翼、中右翼政党主张的不同之处在于如何处置社会主义时期的遗产和实现西欧式福利国家的方式上。在新自由主义盛行的背景下，中东欧国家在转型的宏观内容上难以绕开市场经济、私有化、放松控制，但是中左翼、中右翼政党在转型的方式上主张有所不同。一般来说，中左翼政党一般主张渐进转轨，强调转型不能以牺牲普通民众的利益为代价或者应该尽可能地减少对他们利益的损害。中右翼政党虽然主张普通民众的福祉应该得到保护，但认为这应该交由市场而不是政府来完成，福利不应当被理解为国家的救济，随着市场经济带来的社会总体财富的增加，普通民众的福祉自然会得到提高。然而，经过一段时间的转型，中东欧大部分国家并没有快速实现西欧式的福利国家，尤其是加入欧盟后，各国民众的失落感更加强烈。为了吸引选民，中右翼政党开始改变在选民心目中的"冷酷"形象，更加关注选民关心的发展经济、增加就业、保护生态环境、改善社会福利等问题，提出要建立一个兼顾效率与公正的中右特色的社会。相比中右翼政党而言，中左翼政党更为被动。资本全球流动的背景下，中左翼政党为了推动经济发展，从西方国家和国际货币基金组织、世界银行获得转型的资金，吸引西欧跨国资本的投资，不得不接受新自由主义者制定的游戏规则，推行与中右翼政党相似的政策，继续推进市场经济、私有化、放松控制。然而，由于与西欧国家经济发展水平的差距，中东欧社会民主党人保护劳动阶层利益、建设福利社会的口号似乎更为苍白无力。

中左翼、中右翼政党努力超越左和右、从纲领组织型政党向选举型全民党转变的做法，在争取中间选民的同时，却很难兼顾传统选民的利益，于是为其他类型政党提供了生存空间。在西欧，直接结果就是政党体系的碎片化和单一议题政党的兴起。然而，中东欧虽然也出现了一些单一议题的党，如少数民族党、退休者党、绿党等，但是影响都不大。中左翼、中右翼政党趋同更大程度上导致了部分民众对传统政党的不信任。与此同时，部分民众寄希望于一个"超越传统左右"的新型政党来改变现状。这正是民粹主义政党兴起的社会基础。

在中东欧，民粹主义政党扮演着一种新型全民党的角色。它们是一些"出身"和"来源"不尽相同的大杂烩。有从中左翼转化来的民粹主义政党，如斯洛伐克的方向—社会民主党；有从自由民主党转化来的民粹主义政党，如匈牙利的青民盟；还有从社会民主党转变成自由民主党，再转变成民粹主义的政党，如罗马尼亚的民主党；还有一些新建的民粹主义政党，如保加利亚的西美昂二世全国运动和公民欧洲发展党、匈牙利的尤比克党等。在选举过程中，民粹主义政党可以和左翼社会民主党合作，也可以和右翼政党合作，还可以另起炉灶，挑战左、右政党。概言之，在民粹主义时代，阵线不再位于左和右之间。在更多的情况下，我们看到的是日益怀疑民主的精英和日益怀疑自由的愤怒的公众之间的结构性冲突，是民众对主流政党日益中间化和意识形态模糊的反叛情绪。可以说，民粹主义政党混淆了传统左右的界限，使传统的根植于阶级划分的政党政治更加复杂化。在更广泛意义上，中东欧民粹主义政党的兴起又是中东欧加入欧盟的一种后续效应，反映了当今欧洲政治发展的一种通病，在某种程度上说，中东欧民粹主义的兴起是近年来西欧极右翼势力活跃的一种连动反映。站在今天的角度，经过20多年的转型，中东欧各国的多党议会民主制度的根基已经牢固，民粹主义政党也并不像"1930年代的民粹主义那样鼓吹独裁和禁止自由选举"而是承诺在选举的框架内活动。但是，可以预见的是，由于其带有迷惑性的允诺更难兑现，民粹主义政党会逐渐衰落或转型。然而，在失去民粹主义政党提供的"精神鸦片"之后，选民是重新回归传统主流政党，还是会变得更为激进以至于使得民粹主义政党向更激进方向发展尤其是是否会与极端民族主义结合在一起，目前还很难判断。

第一部分
宪法、全国性涉党法律

保加利亚共和国宪法

(1991年7月12日大国民议会通过,1991年7月13日生效)

我们,第七届大国民议会(the Grand National Assembly)的成员,在我们表达保加利亚人民意志的愿望的指引下,在保证我们忠实于自由、和平、人道主义、平等、正义和容忍这些人类普遍价值的指引下,在把个人的权利、尊严和安全作为最高准则的指引下,意识到保卫保加利亚民族和国家的统一是我们不可推卸的责任,特此宣布我们决心创建一个民主与社会国家,以法治原则治理,制定本宪法。

第一章 基本原则

第1条

一、保加利亚是议会制共和国。

二、国家的全部权力来自人民,由人民直接并通过依照本宪法设立的机构行使。

三、人民的任何部分、任何政党或任何其他组织、国家机构或个人不得篡夺人民主权。

第2条

一、保加利亚共和国是实行地方自治的单一制国家。国内不允许设立区域自治机构。

二、保加利亚共和国的领土完整不容侵犯。

第 3 条

保加利亚语是保加利亚共和国的官方语言。

第 4 条

一、保加利亚共和国是法治国家。依照国家宪法和其他法律进行管理。

二、保加利亚共和国保障个人的生命、尊严和权利并为有助于人和公民社会的自由发展创造条件。

三、(SG 18/05 新) 保加利亚共和国参加欧盟的建设与发展。

第 5 条

一、宪法是最高法，任何其他法律均不得与其相抵触。

二、宪法条款应当直接适用。

三、任何人不得因行为之时不构成犯罪的作为或不作为而被定罪。

四、依照宪法程序批准、公布并生效的关于保加利亚共和国的国际条约是国内立法的一部分，对于与其抵触的国内立法规定具有优先性。

五、所有立法机关制定的法律应当公布并于公布 3 日后生效，但法律本身另有规定者除外。

第 6 条

一、所有人都生而自由，并在尊严和权利上平等。

二、所有公民原文注："公民"一词指适用本宪法的个人。应当在法律面前一律平等，不得由于种族、民族或社会出身、民族的自我认同、性别、宗教、教育、信仰、政治立场、个人或社会身份、财产状况等原因而享受任何特权或受到任何权利限制。

第 7 条

国家应当对由于其机构或公职人员的不合法行为或行动引起的一切损害承担责任。

第 8 条

国家权力分为立法权、行政权和司法权。

第 9 条

一、(SG 12/07 以前宪法文本第 9 条，2008 年 1 月 1 日起生效) 武装部队应当保障国家的主权、安全和独立并捍卫国家的领土完整。

二、(SG 12/07 新，2008 年 1 月 1 日起生效) 武装部队的活动由法律规定。

第 10 条

所有的选举以及全国和地方公民复决投票应当在普遍的、平等的和直接的无记名投票的基础上进行。

第 11 条

一、保加利亚共和国的政治活动应当建立在政治多元化原则的基础上。

二、任何政党或意识形态不得被宣布或肯定为国家的政党或意识形态。

三、所有的政党应当促进公民的政治意愿的形成和表达。政党的建立和终止程序及其活动条件由法律规定。

四、不得以民族、种族或宗教信仰为基础建立政党，也不得建立寻求暴力夺取国家政权的政党。

第 12 条

一、公民的联合应当以满足和保护公民的利益为目的。

二、公民的联合，包括工会组织，不得追求任何政治目标，也不得从事任何政党范围的政治活动。

第 13 条

一、任何宗教信仰不应当受到限制。

二、宗教机构应当与国家分离。

三、东正教是保加利亚共和国的传统宗教。

四、宗教机构和团体以及宗教信仰不得用于政治目的。

第 14 条

家庭、母亲和儿童应当享受国家和社会的保护。

第 15 条

保加利亚共和国应当确保对环境的保护和再生、确保维护生物界的多样性以及国家自然资源和其他资源的合理利用。

第 16 条

劳动受到法律的保障和保护。

第 17 条

一、财产权和继承权受到法律的保障和保护。

二、财产分为私有和公有。

三、私有财产不容侵犯。

四、适用于国家财产和市政财产不同单位的制度由法律规定。

五、以国家和市政需要之名强制征用财产，只能在这些需要不能通过其他方式得到满足并已经事先确保给予公平补偿后，才能依据法律实施。

第 18 条

一、国家享有地下资源、海滩和国家的交通要道、水域、森林和具有全国重要性的公园以及法律规定的自然保护区和考古保护区专属所有权。

二、国家应当在勘探、开发、利用、保护和管理大陆架以及独有的近海经济区和其中的生物、矿产和能源资源中行使主权权利。

三、国家应当对国际协定分配给保加利亚共和国的无线电频谱和地球同步轨道上的位置行使主权权利。

四、国家对于铁路运输、国家邮政和远程通讯网络、核能源利用、放射性产品制造、武器、炸药和强烈的有毒物质的生产的垄断，应当由法律规定。

五、国家给予前两款中所列财产的特许权和所述活动的许可证的条件和程序，应当由法律规定。

六、国家应当为公民和社会的利益使用和管理所有的国有资产。

第 19 条

一、保加利亚共和国的经济应当建立在自由经济的基础上。

二、国家应当建立和保证为所有公民和法律实体的经济活动提供平等的法律条件，防止滥用垄断地位和不正当竞争，并保护消费者。

三、公民和法律实体的所有投资和经济活动应当享受法律保护。

四、为追求经济和社会繁荣，法律应当规定有利于合作社的成立和其他形式公民和法律实体联合建立的条件。

第 20 条

国家为促进全国各地区的平衡发展创造条件并通过财政、信贷和投资政策帮助地方机构及其活动。

第 21 条

一、土地作为国家的主要资产应享有国家和社会的特殊保护。

二、耕地应当只能用于农业用途。只有在必要性被证实并依照法律规定的条件和程序属于特殊情况时才允许改变其用途。

第 22 条

一、（SG 18/05 修正，2007 年 1 月 1 日起生效）外国人和外国法律实体可以获得土地所有权，依照保加利亚加入欧盟的条件，或者依照保加利亚共和国已经批准、颁布和生效的国际条约以及通过法律继承。

二、本条第一款所指法律批准国际条约应当由议会全体议员的 2/3 多数通过。

三、土地制度应当由法律规定。

第 23 条

国家应当创造促进科学、教育和艺术自由发展的条件并协助其发展。国家应当组织对所有历史和文化民族遗迹的保护。

第 24 条

一、保加利亚共和国应当依照国际法原则和准则实行对外政策。

二、保加利亚共和国对外政策的最高目标是国家的安全和独立、保加利亚公民的幸福、基本权利和自由以及促进建立公正的国际秩序。

第二章 公民的基本权利和义务

第 25 条

一、父母中至少有一方是保加利亚国籍或出生在保加利亚共和国领土上,但未由于出生而取得其他国籍的任何人,均为保加利亚公民。保加利亚国籍还可以通过归化的方式取得。

二、保加利亚出生的人可以通过便利程序获得保加利亚国籍。

三、因出生而为保加利亚公民的人,不得被剥夺保加利亚国籍。

四、(SG 18/05 修正)除依照保加利亚共和国已经批准、公布和生效的国际条约以外,保加利亚公民不得由于刑事起诉的目的被移交到另一个国家或者国际法庭。

五、任何海外保加利亚公民都受到保加利亚共和国的保护。

六、获得、保持或丧失保加利亚国籍的条件和程序由法律规定。

第 26 条

一、保加利亚共和国所有公民不论身在何处均应被赋予本宪法规定的所有权利和义务。

二、居住在保加利亚共和国的外国人应当被赋予本宪法规定的所有权利和义务,但本宪法和法律要求有保加利亚国籍的人享有的权利和义务除外。

第 27 条

一、除非依照法律规定的条件和程序,合法居住的外国人不得被驱逐出境或违背其本人的意志被引渡到另一国家。

二、保加利亚共和国应当为因其信仰或捍卫国际公认的权利和自由的活动而受迫害的外国人提供庇护。

三、提供庇护的条件和程序由法律规定。

第28条

每个人均有生命权。任何对生命的谋害应当被作为最严重的犯罪而予以处罚。

第29条

一、任何人不得受到刑讯，或残忍、不人道或有辱人格的待遇或强迫同化。

二、非经本人自愿的书面同意，不得将任何人用于医学、科学或其他试验。

第30条

一、每个人应当享有人身自由和人身不受侵犯的权利。

二、除非按照法律规定的条件和程序，任何人不得被拘留或受到检查、搜查或任何其他对人身不可侵犯权的侵犯。

三、国家机关仅在法律明文规定的紧急情况下方可在正常程序之外拘留公民，但应当立即通知司法机关。司法机关应当在24小时内对拘留的合法性作出裁决。

四、从被拘留或被控告之时起，每个人均有权聘请律师。

五、每个人均有权与其律师单独见面。此类通信之秘密性不受侵犯。

第31条

一、受犯罪指控的人应当在法律规定的期限内被提交给法院。

二、任何人不得被强迫认罪，也不得只根据本人认罪情况被定罪。

三、被告被最终的判决证实有罪以前，应被视为无罪。

四、不得对被告人的权利作出超过公正审判所必要的限制。

五、服刑人员被囚禁的条件应当有助于他们行使那些没有依据其判决受到限制的基本权利。

六、徒刑应当在法律规定的地点执行。

七、对危害和平罪与反人类罪的起诉和判决执行没有限制。

第 32 条

一、公民的隐私不容侵犯。每个公民都有受保护之权,从而免于任何非法干扰其私人的和家庭的事务的行为,免于侵害其荣誉、尊严和名誉的行为。

二、在本人不知道或者本人表示不赞成的情况下,任何人不得被跟踪、拍照、摄像、录音或进行其他类似活动,但在法律规定的情况下除外。

第 33 条

一、住宅不容侵犯。除非在法律中明文规定的情况下,未经居住者同意任何人不得进入住宅或在其中停留。

二、未经住户同意或司法机关的批准进入住宅或者在其中停留,仅在为阻止即将发生的犯罪或进行中的犯罪、为抓获罪犯以及在极其必要的情况下,才应当被允许。

第 34 条

一、通信和其他通讯的自由和秘密不容侵犯。

二、只有经司法机关批准为调查或阻止严重犯罪行为,方可允许上述规定之例外。

第 35 条

一、每个人均有权自由选择其居住地,自由地在国境内迁移和离开国境。只有基于国家安全、公共卫生和其他公民的权利和自由才能限制这项权利。

二、每个保加利亚公民均有权返回国家。

第 36 条

一、学习和使用保加利亚语是所有保加利亚公民的权利和义务。

二、母语不是保加利亚语的公民有权在必须学习保加利亚语的同时,学习和使用他们自己的语言。

三、只应使用官方语言的场合由法律规定。

第 37 条

一、信仰自由、思想自由和宗教选择自由、信教的和无神论的观点选择自由不容侵犯。国家应当协助各种教派信徒之间以及教徒与非教徒之间保持容忍和尊重。

二、信仰自由和信教自由不得破坏国家安全、社会秩序、公共健康和道德或者损害其他公民的权利和自由。

第 38 条

任何人不得因其信仰而受到迫害或权利受限制，也不得被强制或被强迫提供有关自己的或其他人信仰的情况。

第 39 条

一、每个人均有权表达自己的意见并通过书面或口头的语言、声音或图像的语言或通过其他方式加以传播。

二、这项权利不得用于损害他人的权利和声誉，也不得用于煽动以暴力改变宪法所建立的秩序，从事犯罪活动，煽动敌对情绪或对任何人的暴力行为。

第 40 条

一、出版物和其他大众传播媒介是自由的，并且不应受到检查。

二、只有在出版物或其他信息介质有伤风化或者煽动暴力改变宪法所建立的秩序、从事犯罪活动或者煽动对任何人的暴力行为的情况下才能根据司法机关文书对其颁布暂停禁令和没收。如果在 24 小时内没有没收，则暂停禁令失去效力。

第 41 条

一、每个人都有权查找、获得和传播信息。这项权利的行使不得损害他人的权利和声誉，或者破坏国家安全、社会秩序、公共健康和道德。

二、每个人都有权从国家机构或机关获得有关其合法利益的任何事项的信息，但该信息是国家机密或影响他人权利的除外。

第 42 条

一、除受到司法禁令和服徒刑者外，凡年满 18 周岁的公民均有权选举全国性和地方性机构并在公民复决中投票。

二、举行选举和公民复决的组织办法和程序由法律规定。

三、（SG 18/05 新）欧洲议会选举和欧盟公民参加地方机构选举由法律规定。

第 43 条

一、所有公民均有权参加和平、不携带武器的集会和示威游行。

二、组织举行集会和示威游行的程序由法律规定。

三、室内集会无须通知市政当局。

第 44 条

一、所有公民享有自由结社权。

二、任何组织的活动不得危害国家主权、领土完整或者民族团结，煽动种族、民族、国家或宗教仇恨或者侵害公民权利和自由。任何组织不得设立秘密的或准军事机构，或者企图通过暴力达到其目的。

三、法律应当规定需要登记的组织及其终止活动的程序和与国家的关系。

第 45 条

所有公民都有权向国家机关投诉、建议和请愿。

第 46 条

一、婚姻应当是男女之间的自愿结合。只有非宗教婚姻是合法的婚姻。

二、配偶应当在婚姻和家庭中具有平等的权利和义务。

三、婚姻的形式、结婚和终止婚姻的条件和程序以及配偶之间的人身关系和财产关系均由法律规定。

第 47 条

一、对子女达到法定年龄前的抚养和培养，是父母的权利和义务，并应当获得国家的帮助。

二、母亲应当受到国家的特别保护。国家应当保证产前和产后休假、免费产科护理、减轻工作条件和其他社会帮助。

三、非婚生儿童应当与婚生子女享有同等的权利。

四、被遗弃儿童应当享受国家和社会的保护。

五、限制或暂停父母权利的条件和程序由法律规定。

第 48 条

一、公民享有劳动权。国家应当努力为这项权利的行使提供条件。

二、国家应当创造条件以促进肢体伤残人士和心理缺陷人士的劳动权利的行使。

三、每个人都有权自由选择职业和工作地点。

四、不得强迫任何人从事强制性劳动。

五、工人和雇员有权依照法律规定的条件和程序获得健康的和安全的工作条件、最低劳动报酬、按其实际完成的工作支付报酬、休息和休假。

第 49 条

一、工人和雇员有权为维护自己在劳动和社会保障方面的利益结成工会组织和工会联盟。

二、雇主有权为捍卫自己的经济利益结成团体。

第 50 条

工人和雇员有权为捍卫其集体的经济和社会利益罢工。这项权利应当依照法律规定的条件和程序行使。

第 51 条

一、公民享有社会保障权和社会救济权。

二、国家应当依照法律规定的条件和程序为暂时失业者提供社会保障。

三、没有亲戚而无力养活自己的老年人、残疾者和社会弱者应获得国家和社会的特别保护。

第 52 条

一、公民有权依照法律规定的条件和程序获得能保证他们承担得起医疗服务的医疗保险,以及免费医疗服务。

二、公民的医疗经费应当来自国家预算、雇主、个人和集体的健康保险计划，以及依照法律规定的条件和程序的其他来源。

三、国家应当保护所有公民的健康并促进体育和旅游业的发展。

四、除非基于法律规定的情况，任何人不得被强迫接受治疗或卫生保健措施。

五、国家应当对所有医疗机构以及医药品、生物活性物质和医疗设备的生产和贸易实行控制。

第 53 条

一、每个人都享有受教育权。

二、16 周岁以前的学校教育是义务教育。

三、国立和市立学校的小学和中学教育实行免费。在法律规定的条件下，高等教育机构应当提供免费教育。

四、高等教育机构应当享有学术自主权。

五、公民和社会团体应当依照法律规定的条件和程序自由创办学校。其提供的教育应当符合国家的要求。

六、国家应当通过开办学校并为学校提供经费，通过帮助有才能的中学生和大学生，通过提供职业培训和再培训机会，促进教育事业。国家管理各类各级学校。

第 54 条

一、每个人都有权享用民族的和人类的普遍文化价值，并依照其民族的自我认同发展自己的文化，这项权利应当得到法律的承认和保障。

二、艺术、科学和技术创新应当得到法律的承认和保障。

三、国家应当保护所有发明者的权利、版权和相关权利。

第 55 条

每个人都有权享有符合既定标准和准则的健康和良好的环境。每个人都应当保护环境。

第 56 条

每个人都有权在其权利或合法利益受到侵犯或危害时享有合法辩护。

有权在律师的陪同下到国家机关出庭。

第 57 条

一、基本的公民权不受撤销。

二、权利不得滥用,权利的行使也不得损害他人的权利或合法利益。

三、当宣布战争、戒严或紧急状态时,个人公民权的行使可以暂时受到法律的限制,但本法第 28 条,第 29 条,第 31 条第一、二、三款,第 32 条第一款和第 37 条所规定的权利除外。

第 58 条

一、所有的公民应当遵守和实施宪法和法律。尊重他人的权利和合法利益。

二、宪法和法律规定的义务不得基于宗教或其他信仰的理由拒绝履行。

第 59 条

一、保卫祖国是每个保加利亚公民的义务和荣誉。叛国罪和通敌罪应当被视为最严重的罪行并应当受到法律最严肃的惩处。

二、(SG 12/07 修正,2008 年 1 月 1 日起生效)培训公民保卫国家应当由法律规定。

第 60 条

一、公民应当按法律规定的其收入和财产比例纳税。

二、任何税收优惠和附加税应当由法律规定。

第 61 条

在自然灾害和其他灾害情况下,公民应当依照法律规定的条件和程序向国家和社会提供援助。

第三章 国民议会

第 62 条

一、(SG 12/07 以前宪法文本第 62 条)国民议会应当被赋予立法权并进行议会监督。

二、(SG 12/07 新) 国民议会应当有独立的预算。

第 63 条

国民议会由 240 名成员组成。

第 64 条

一、国民议会每 4 年选举一次。

二、国民议会在任期期间或任期届满之后，如果发生战争、武装敌对行为或其他紧急状态，其职权应当延长至这些状况消除。

三、新一届国民议会的选举应当在上届国民议会的职权届满后 2 个月内举行。

第 65 条

一、任何没有其他国籍、年满 21 周岁的保加利亚公民若未受司法禁令或服徒刑，均具有当选国民议会议员的资格。

二、在行政部门工作的国民议会候选人应当在候选资格登记后中止执行其职务。

第 66 条

对于选举合法性的异议可以依照法律规定的程序向宪法法院提出。

第 67 条

一、国民议会议员不仅代表自己的选民，而且也代表全体人民。任何议员不应当被强制性授权。

二、国民议会议员应当在宪法和法律的基础上按其良知和信仰行动。

第 68 条

一、国民议会议员不得担任其他国家职务或者从事任何在法律上与国民议会议员的身份不相容的活动。

二、当选为部长的国民议会议员应当在其部长任期内停止担任国民议会的议员。在此期间，其议会议员职务依照法律规定的程序予以替补。

第 69 条

国民议会的议员对其在国民议会中发表的意见和投票不负刑事责任。

第 70 条

一、(SG 27/06 修正,以前宪法文本第 70 条)除非犯有刑事罪行,经国民议会批准或在国民议会闭会时经国民议会主席批准,国民议会的议员不得被拘留和刑事起诉。当国民议会议员是现行犯被拘留时,不需经过批准,但应当立即通知国民议会或者在其闭会时应当立即通知国民议会主席。

二、(SG 27/06 新)若国民议会议员以书面方式表示同意,则启动刑事追究无须经批准。

第 71 条

国民议会应当确定其议员的报酬。

第 72 条

一、在发生下列情况时,国民议会议员的权限提前终止:

(一)向国民议会提出辞职;

(二)因故意刑事犯罪被处以监禁惩罚的最终判决书生效或者监禁判决立即执行;

(三)确认不符合当选资格或从事与身份不相容的活动;

(四)死亡。

二、在前款第(一)、(二)项的情况下,需要国民议会通过决议。在第(三)项的情况下,需要宪法法院通过决议。

第 73 条

国民议会的组织和活动应当依照宪法和国民议会的内部规则。

第 74 条

国民议会是常设的活动机构。它自行确定闭会时间。

第 75 条

新当选的国民议会应当在当选后的 1 个月内由共和国总统召集第一次

会议。如果在指定的时间内总统不召集国民议会，应当由 1/5 的国民议会议员召集。

第 76 条

一、国民议会第一次会议由出席会议的最年长的国民议会议员宣布开幕。

二、在第一次会议上议员应当宣誓以下誓词："我以保加利亚共和国的名义宣誓遵守宪法和国家的法律，并且我的所有行动都以人民的利益为指南。我宣誓。"

三、国民议会应当在第一次会议上选举主席和副主席。

第 77 条

一、国民议会主席应当：

（一）代表国民议会；

（二）草拟每届会议日程；

（三）宣布国民议会会议召开、主持会议和宣布会议闭幕，维持会议进行的议程；

（四）以签名证明国民议会通过的法案的内容；

（五）公布国民议会通过的决议、声明和演说；

（六）组织国民议会的国际联系。

二、国民议会副主席应当协助主席工作并完成主席委任的活动。

第 78 条

国民议会主席在下列情况下召集国民议会会议：

（一）根据自己的倡议；

（二）根据 1/5 国民议会议员的要求；

（三）根据总统的要求；

（四）根据部长会议（the Council of Ministers）的要求。

第 79 条

一、国民议会应当从其议员中选举常设委员会和临时委员会。

二、常设委员会应当协助国民议会的工作，并代表国民议会进行议会监督。

三、为进行调查研究和调查征询应选出临时委员会。

第 80 条

受到议会委员会传唤的公务人员和公民有义务作证并提交任何需要的文件。

第 81 条

一、（SG 12/07 修正）国民议会有超过半数议员出席时方可开会和通过决议。

二、国民议会以出席会议议员的半数以上多数票通过法律和其他法令，宪法要求特定多数票时除外。

三、投票是个人的和公开的，但如宪法有规定或国民议会决定以无记名投票方式者除外。

第 82 条

国民议会会议是公开的。在例外情况下，国民议会可以决定会议秘密进行。

第 83 条

一、部长可自由参加国民议会会议和议会委员会会议。应当被给予发言的优先权。

二、国民议会和议会各委员会可要求部长出席会议并回答问题。

第 84 条

国民议会应当：

（一）通过、修改、补充和废止法律；

（二）通过国家预算和预算报告；

（三）（SG 12/07 修正）确定税收并决定国家税收的数额；

（四）安排共和国总统的选举；

（五）通过举行全国公民复决的决议；

（六）选举和免除总理职务并根据其提议选举和免除部长会议成员的职务，根据总理的提议对政府进行变动；

（七）根据总理的提议建立、改组和撤销各部；

（八）选举和免除保加利亚国家银行的领导人和法律规定的其他机构的领导人的职务；

（九）批准贷款协议；

（十）决定宣战和缔结和约；

（十一）批准向国外部署和在国外使用保加利亚武装部队，以及批准外国军队在保加利亚领土上部署和过境；

（十二）根据总统或部长会议的提议宣布在全国领土或部分地区宣布戒严或紧急状态；

（十三）特赦；

（十四）设立勋章和奖章；

（十五）确定正式节日；

（十六）（SG 27/06 新、SG 12/07 修正）举行听证会并接受最高司法法院、最高行政法院、总检察长的年度报告以及由最高司法委员会提交的有关法院、检察院和调查机构的法律适用与法律活动的报告；

（十七）（SG 12/07 新）举行听证会并通过机构活动报告，法律规定的应由国民议会批准的部分或全部的任命。

第 85 条

一、国民议会通过法律批准或废除所有下列国际条约：

（一）具有政治或军事性质的；

（二）涉及保加利亚共和国参加国际组织的；

（三）规定更改保加利亚共和国边界的；

（四）包含有国库债务内容的；

（五）规定国家参与国际仲裁或法律诉讼的；

（六）涉及基本人权的；

（七）涉及法律的效力或为强制执行要求新的立法的；

（八）明确规定需要批准的；

（九）（SG 18/05 新）本宪法之后赋予欧盟权力的。

二、（SG 18/05 新）本条第一款第（九）项所指的法律批准的国际条约应当由议会所有成员的 2/3 多数通过。

三、（SG 18/05 原第二款）国民议会批准的条约只能依照条约本身规定的程序或依照普遍承认的国际法准则修正或废除。

四、（SG 18/05 原第三款）缔结国际条约需要修改宪法的，应当先通过此项宪法修正案。

第 86 条

一、国民议会应当通过法律、决议、声明和告人民书。

二、国民议会通过的法律和决议对所有国家机构、团体和公民都具有约束力。

第 87 条

一、国民议会的任何议员或者部长会议均有权提出法案。

二、国家预算草案应当由部长会议制定和提出。

第 88 条

一、议案应当通读并在不同会议上经两次投票通过。作为例外，国民议会可以决定两次投票在同一次会议上进行。

二、国民议会的所有其他法案应当经过一次投票通过。

三、已通过的法案应当在其通过后 15 日内在《国家公报》(State Gazette) 上公布。

第 89 条

一、对部长会议不信任的提议需要至少 1/5 的国民议会议员的赞成。提议需要全体国民议会议员一半以上的多数票支持才能通过。

二、如果国民议会对总理或部长会议投不信任票，总理应当向政府提交辞呈。

三、如果国民议会否决对部长会议投不信任票的提议，在此后 6 个月内不得以同样理由提出投不信任票的提议。

第 90 条

一、国民议会议员有权向部长会议或各个部长提出问题和质询，部长会议和各个部长有义务作出答复。

二、在 1/5 的国民议会议员提议时，应将质询变成有关决议应当通过的辩论。

第 91 条

一、国民议会应当设立国家审计署（National Audit Office）监督预算的执行情况。

二、国家审计署的组织、职权和程序由法律规定。

第 91 条之一（SG 27/06 新）

一、国民议会应当选出一名行政监察专员，维护公民的权利和自由。

二、行政监察专员的权力和活动由法律规定。

第四章　共和国总统

第 92 条

一、总统是国家元首。他应当象征国家的团结统一并在国际关系中代表国家。

二、总统由一名副总统协助工作。

第 93 条

一、依照法律规定的程序，总统每 5 年由选民直接选举产生。

二、凡年满 40 周岁、因为自然出生而为保加利亚公民、符合被选为国民议会议员的条件并且在选举前 5 年期间居住在国内的任何人均有资格当选为总统。

三、如果半数以上的有资格的选民在选举中投票，获得半数以上有效选票的候选人当选为总统。

四、如果无任何总统候选人当选，应当在 7 日内对得票最多的两名候选人进行第二轮投票。获得多数选票的候选人当选。

五、新一任总统的选举应于现任总统任期届满前的 2 至 3 个月内举行。

六、宪法法院应当在选举后的 1 个月内对任何关于总统选举合法性的质疑作出裁决。

第 94 条

副总统的选举应当与总统选举在相同时间，由相同选票，按相同条件和相同程序举行。

第 95 条

一、总统和副总统应当仅有资格在同一职位上连选连任一届。

二、总统和副总统不得为国民议会议员，不得从事其他国家的、公共的和经济的活动，也不得领导任何政党。

第 96 条

总统和副总统应当依照第 76 条第二款的规定向国民议会宣誓。

第 97 条

一、总统和副总统的职权在下列情况发生时，其任期提前终止：

（一）向宪法法院提交辞呈；

（二）因重病实际上永久不能履行其职责；

（三）第 103 条所列的情况；

（四）死亡。

二、在第一款第（一）、（二）项的情况下，宪法法院对各自存在的情况进行确认后，总统和副总统的权限应当被暂停。

三、若总统发生第一款规定的情况，则其职权应由副总统承担，直至任期届满。

四、在副总统不能承担总统的职责时，总统的权限由国民议会主席行使，直到选出新的总统和副总统为止。在此情况下，总统和副总统的选举应当在 2 个月内举行。

第 98 条

共和国总统应当：

（一）安排国民议会和地方自治机构的选举并根据国民议会的决议确定全国公民复决的日期；

（二）向人民和国民议会发表演说；

（三）依照法律规定的条件缔结国际条约；

（四）公布法律；

（五）根据部长会议的提议，决定行政区域单位的边界及其中心；

（六）根据部长会议的提议，任命和免除保加利亚共和国外交使团团长和国际组织常驻代表团团长，并接受外国驻保加利亚外交代表呈递的国书；

（七）任命和免除法律规定的其他国家公务人员的职务；

（八）颁发勋章和奖章；

（九）授予、恢复、解除和撤销保加利亚国籍；

（十）给予庇护；

（十一）行使赦免权；

（十二）取消无法收回的国家债务；

（十三）命名风景点和具有全国重要性的地区；

（十四）向国民议会通报自己权限范围内的基本问题。

第 99 条

一、与议会党团（parliamentary groups）磋商后，总统应当任命由在国民议会中席位最多的党派提名的候任总理（the Prime Minister-designate）组成政府。

二、如果候任总理未能在 7 日内组成政府，总统应将这一任务委托给席位数居第二位的议会党团提名的候任总理。

三、如果新的候任总理也未能在前款规定的时间内组成政府，总统应当将任务委托给较小的议会党团之一提名的候任总理。

四、如果磋商证明是成功的，总统应当要求国民议会选举候任总理。

五、如果在组成政府的问题上不能达成一致意见，总统应当任命一个过渡时期的政府，解散国民议会并在第 64 条第三款规定的期限内安排新的选举。总统在解散国民议会的法令中也应当确定新的大选日期。

六、上述各款规定的组成政府的程序应当在第 111 条第一款所指的情况下同样适用。

七、在第五款和第六款所指的情况下，总统不得在其任期的最后 3 个月内解散国民议会。如果在规定期限内议会不能组成政府，总统应当任命一个过渡时期的政府。

第 100 条

一、总统是保加利亚共和国武装部队的最高司令。

二、总统任命和免除武装部队的最高指挥部成员，并按部长会议的提议授予最高军衔。

三、总统领导国家安全协商委员会（the Consultative National Security Council），该委员会的地位由法律规定。

四、总统依照法律根据部长会议的提议宣布总动员和局部动员。

五、在保加利亚受到武装进攻或由于国际义务需要采取紧急行动的情况下，总统应当宣布战争状态，或者在国民议会闭会和不能召集时，宣布戒严或其他紧急状态。然后，国民议会应立即召开会议批准决定。

第 101 条

一、总统应当在第 88 条第三款规定的期限内，将议案与其理由退回国民议会进行进一步讨论，这一做法不得被拒绝。

二、上述议案的再次通过应当需要国民议会全体议员半数以上的多数票。

三、国民议会再次通过议案后，总统应当在收到议案后的 7 日内公布。

第 102 条

一、在赋予其的权限范围内，总统应当公布法令、发表告人民书和咨文。

二、总统的法令应当由总理或有关部长会签。

三、总统签署的下列法令无须会签：

（一）任命过渡时期政府的；

（二）任命候任总理的；

（三）解散国民议会的；

（四）将国民议会的议案退回作进一步讨论的；

（五）总统办公室的组织和活动方式以及人员任命的；

（六）安排选举和公民复决的日期的；

（七）公布法律的。

第 103 条

一、总统和副总统对行使职权时的行为不承担责任，但叛国罪和违反宪法罪除外。

二、弹劾应当由不少于1/4的全体国民议会议员提议并应人民代表的提议，并且如果有2/3的议员赞成即应当有效。

三、对总统或副总统的弹劾应当在弹劾提出后由宪法法院在1个月内审理。如果宪法法院判决总统或副总统犯有叛国罪或违反宪法罪，他们的权限应当被暂停。

四、任何人不得将总统和副总统拘留，也不得对他们提起刑事诉讼。

第 104 条

总统得自由地将第98条第（七）、（九）、（十）、（十一）项规定的权限移交给副总统。

第五章 部长会议

第 105 条

一、部长会议依照宪法和法律制定和实施国家的对内对外政策。

二、部长会议应当确保公共秩序和国家安全，并对国家行政机关和武装部队行使总体指导。

三、(SG 18/05 新) 部长会议应当告知国民议会关于保加利亚共和国作为欧盟成员国承担义务的问题。

四、(SG 18/05 新) 在参加欧盟文件的起草和通过时，部长会议应当提前告知国民议会并对其行为给予详细说明。

第 106 条

部长会议应当管理国家预算的执行，组织国家资产的经营。依照法律的授权，缔结、批准和废除国际条约。

第 107 条

部长会议应当撤销部长签发的任何非法的或不合适的法令。

第 108 条

一、部长会议由总理、副总理和部长组成。

二、总理应当领导和协调政府的总政策并对其负责。他任命和罢免副部长的职务。

三、部长会议的每一成员应当领导一个部，但国民议会另有决定的除外。每一位部长应当对自己的行为负责。

第 109 条

部长会议成员应当依照第 76 条第二款的规定向国民议会宣誓。

第 110 条

任何符合被选为国民议会议员资格的保加利亚公民均具有当选为部长会议成员的资格。

第 111 条

一、部长会议的权限在发生以下任何情况时终止：

（一）对部长会议或总理投不信任票；

（二）部长会议或总理辞职；

（三）总理逝世。

二、部长会议应当向新当选的国民议会递交辞呈。

三、如果上述任一情况发生，部长会议应当继续行使职能直至选出新的部长会议为止。

第 112 条

一、部长会议应当要求国民议会就其总体政策、方案声明或具体问题进行信任投票。决议需要出席国民议会议员的过半数票方能通过。

二、如果部长会议无法获得所需的信任票，总理应当递交政府的辞呈。

第 113 条

一、部长会议成员不得担任和从事与国民议会议员身份不相容的职务和活动。

二、国民议会自主地决定部长会议成员不得兼任或参与的其他职务或活动。

第 114 条

部长会议根据法律和执行法律，通过法令、条例和决议。部长会议应当通过法令起草法规。

第 115 条

部长发布规则、规章、指示和命令。

第 116 条

一、国家工作人员是国家的利益和意志的执行者。他们在履行职责时应当完全以法律为指引并保持政治中立。

二、任命和免除国家工作人员的职务的条件、他们自由地参加政党和工会组织的条件以及行使罢工权利的条件应当由法律规定。

第六章　司法机关

第 117 条

一、司法机关应当维护全体公民、法人和国家的权利和合法利益。

二、司法机关独立。法官、法院陪审员、检察官和侦查员（investigating magistrates）在履行职责时应当只服从法律。

三、司法机关有独立的预算。

第 118 条

所有司法权均应以人民的名义行使。

第 119 条

一、司法管辖权由最高司法法院、最高行政法院、上诉法院、大区法院、军事法院和地方法院执行。

二、专门法院可以依法设立。

三、不得设立特别法庭。

第 120 条

一、法院应当监督行政机关的行为和行动的合法性。

二、公民和法律实体应当自由地质疑任何影响他们的行政行为，但法律明文列出的行为除外。

第 121 条

一、法院应当保证所有当事人在审判过程中的申诉平等和机会均等。

二、司法程序应当保证确认事实。

三、所有的法院应当公开审理案件，但法律另有规定的除外。

四、所有的法院裁决应当阐明理由。

第 122 条

一、公民和法律实体应当有权在审判的各个阶段进行法律辩护。

二、法律辩护的权利实行的程序应当由法律规定。

第 123 条

法院陪审员应当参加某些法律规定的案件的审判过程。

第 124 条

最高司法法院应当对所有司法法院准确地、平等地适用法律进行最高司法监督。

第 125 条

一、最高行政法院应当对行政司法中准确地、平等地适用法律进行最高司法监督。

二、最高行政法院应当对所有关于部长会议和部长的行为以及其他法律预见的行为的合法性的质疑作出裁决。

第 126 条

一、检察院的组织结构应当对应于法院的组织结构。

二、总检察长应当监督所有的其他检察官活动的合法性并为所有的其他检察官提供方法论指导。

第 127 条

检察院应当保证合法性得到遵守：

（一）（SG 27/06 新）领导调查并监督其合法性；

（二）（SG 27/06 新）可以进行调查；

（三）（SG 27/06 原第一款）对犯罪嫌疑人提起控诉并支持可起诉案件的控诉；

（四）（SG 27/06 原第二款）监督惩罚和其他强制措施的执行；

（五）（SG 27/06 原第三款）撤销所有的不法行为；

（六）（SG 27/06 原第四款）在法律规定的情况下参加民事和行政案件的诉讼。

第 128 条（SG 27/06 修正）

侦查局（the investigating magistracy）属于司法机关系统。应当对法律规定的刑事案件进行调查。

第 129 条

一、法官、检察官和侦查员由最高司法委员会任命、晋升、降职、调动和免职。

二、最高司法法院院长、最高行政法院院长和总检察长由共和国总统根据最高司法委员会的建议任命和罢免。任期7年，不得再次任职。在最高司法委员会重复提出建议的情况下，总统不得拒绝任命和罢免。

三、（SG 85/03 修正）作为法官、检察官和侦查员完成5年的任期并被证实后，由最高司法委员会决定法官、检察官和侦查员变为不可撤换。他们，包括第二款中提到的人，只有在以下情况下应当予以免职：

（一）年满65周岁；

（二）辞职；

（三）因故意刑事犯罪被处以人身自由限制的最终判决生效；

（四）实际上1年以上永久不能履行其职责；

（五）严重违反或疏忽履行职责，其行为破坏了司法机构的威信。

四、（SG 85/03 新、宪法法院判决宣布违宪 No7/2006—SG78/2006）在第三款第（五）项规定的情况下，最高司法法院院长、最高行政法院院长和总检察长应当由共和国总统根据国民议会议员的1/4建议并经国民议会议员的2/3多数票通过予以免职。总统不应当拒绝免职的重复建议。

五、（SG 85/03 新、SG 27/06 原第四款）在依据第三款第（二）项和第（四）项规定免职的情况下，已取得的不得被调换的职务应当根据后来的法官、检察官和侦查员职务的任命予以恢复。

六、（SG 85/03 新，2004年1月1日生效，SG 27/06 原第五款）司法机关的负责人，除第二款中提到的以外，任期5年，有资格再次任职。

第130条

一、最高司法委员会应由25人组成。最高司法法院院长、最高行政法院院长和总检察长是当然成员。

二、除了当然成员之外，有资格当选为最高司法委员会成员的是具有较高的专业水平和道德操守并具有至少15年专业经验的执业律师。

三、最高司法委员会中的11名成员由国民议会选出，11名由司法机关选出。

四、当选的最高司法委员会成员，任期5年，不得连选连任。

五、最高司法委员会的会议由司法部长主持，司法部长无权表决。

六、(SG 12/07 新)最高司法委员会应当：

(一)任命、晋升、调动和免除法官、检察官和侦查员；

(二)对法官、检察官和侦查员处以"降级"和"免职"的纪律制裁；

(三)组织法官、检察官和侦查员资格考试；

(四)通过司法机关的预算草案；

(五)决定第84条第(十六)项中提到的年度报告的范围和结构。

七、(SG 12/07 新)最高司法委员会应当举行听证，通过最高司法法院、最高行政法院和总检察长的关于法律适用与活动的年度报告并将其提交给国民议会。

八、最高司法委员会当选的成员的授权在发生以下任何情况时终止：

(一)辞职；

(二)所犯罪行的最终诉讼行为；

(三)实际上1年以上永久不能履行职责；

(四)因纪律免除职务或剥夺从事法律职业或活动的权利。

九、(SG 12/07 新)如果一个当选的最高司法委员会成员的职务终止，应当从相同的配额中选出新的成员，以完成所余任期。

第130条之一 (SG 27/06 新)

司法部长：

(一)应当制定司法机关的预算草案并提交给最高司法委员会审议；

(二)应当管理司法机关的财产；

(三)可以提出法官、检察官和侦查员职务的任命、晋升、降级、调动和免职的建议；

(四)应当参加组织法官、检察官和侦查员的培训；

(五)(SG 12/07 废除)。

第131条 (SG 85/03 修正、SG 12/07 修正)

最高司法委员会对法官、检察官和侦查员的任命、晋升、降职、调动和免职以及对依照第 129 条第二款提出的建议，应当以无记名投票方式通过决议。

第 132 条（SG 85/03 修正）

一、当行使司法职责时，法官、检察官和侦查员不应当对他们的职务行为或者他们实施的行为承担民事或刑事责任，但该行为构成可起诉的故意犯罪除外。

二、（SG 12/07 废除）。

三、（SG 12/07 废除）。

四、（SG 12/07 废除）。

第 132 条之一（SG 12/07 新）

一、最高司法委员会应设立督察处（inspectorate），由 1 名总督察和 10 名督察员组成。

二、总督察应当由国民议会议员以 2/3 多数票选举产生，任期 5 年。

三、督察员应当由国民议会依据第二款规定的程序选举产生，任期 4 年。

四、总督察和督察员可以再次当选，但不能连续的授权。

五、督察处的预算应当在司法机关预算的框架内由国民议会通过。

六、督察处应当在不影响法官、法院陪审员、检察官和侦查员履行职责的独立性的同时检查司法机构的活动。总督察和督察员应当独立并应当在履行其职责时只服从法律。

七、督察处应当在包括法官、检察官和侦查员在内的公民、法律实体或国家机关的倡议下，依职权行事。

八、督察处应当向最高司法委员会提交其活动的年度报告。

九、督察处应当向其他国家机构发送通知、建议和报告，包括其上级司法机构。督察应当提供有关其活动的公共信息。

十、总督察和督察员职务的选举和免除所适用的条件和程序以及督察的组织与活动，应当由法律规定。

第 133 条

最高司法委员会、法院、检察机关和侦查局的组织和活动，法官、检察官和侦查员的地位，法官、法院陪审员、检察官和侦查员的任命和免职的条件和程序以及具体责任由法律规定。

第 134 条

一、律师行业是自由的、独立的、自行管理的。它帮助公民和法律实体维护他们的权利和合法利益。

二、律师行业的组织和活动方式由法律规定。

第七章 地方自治和地方行政机构

第 135 条

一、保加利亚共和国的领土划分为市和大区。首都市和其他大城市的区域划分和权限由法律规定。

二、其他区域行政单位和自治机构依法设立。

第 136 条

一、市是实行地方自治的基本区域行政单位。公民通过由他们选出的地方自治机构以及直接通过公民复决或民众大会参加市的管理。

二、市的边界应当在民众公民复决投票后确定。

三、市是一个法律实体。

第 137 条

一、市应有为解决共同问题而进行联合之自由。

二、法律为促进市的联合创造条件。

第 138 条

市的地方自治机关是依照法律规定的程序每 4 年由民众直接选举产生的市政委员会。

第 139 条

一、市长在市行使行政权。每 4 年由民众或由市政委员会按法律规定的方式选举产生。

二、市长的活动遵从法律、市政委员会的法令以及民众的决定。

第 140 条

市有权拥有自己的市政财产，其应当用于地方社区利益。

第 141 条

一、市有自己的预算。

二、市的永久的财政来源由法律规定。

三、（SG 12/07 新）市政委员会依照法律规定的条件、程序和框架确定地方税收额度。

四、（SG 12/07 新）市政委员会依照法律规定的程序确定地方收费的数额。

五、（SG 12/07 原第三款）国家应当通过预算拨款和其他方式确保市的正常工作。

第 142 条

大区是贯彻执行区域政策、在地方一级实施国家管理以及保证全国和地方利益一致的区域行政单位。

第 143 条

一、大区由大区长在大区行政机关的协助下管理。

二、大区长由部长会议任命。

三、大区长保证贯彻国家的政策、维护国家的利益、法律和公共秩序并实行行政控制。

第 144 条

中央国家机关及其各地区的分支机构应当只有在法律授权的情况下才对地方政府机构行为的合法性行使控制权。

第 145 条

市政委员会应当在法庭上对侵犯其权力的行为提出质疑。

第 146 条

地方自治机构和地方行政机构的组织和程序由法律规定。

第八章　宪法法院

第 147 条

一、宪法法院由 12 名法官组成。其中 1/3 由国民议会选举产生、1/3 由总统任命、1/3 由最高上诉法院和最高行政法院的法官联席会议选举产生。

二、宪法法院的法官每 9 年被选出或被任命，并不具有再次竞选或再次任命资格。宪法法院的组成按法律规定的轮换顺序每 3 年按每一部分的配额更新一次。

三、宪法法院的法官应当是具有较高的专业水平和道德操守并具有至少 15 年专业经验的法律家。

四、宪法法院的法官每 3 年以无记名投票方式选出院长。

五、宪法法院法官不得兼任代表职务、国家或公共职务、政党或工会组织成员以及从事自由的、商业性的或任何其他有报酬的职业。

六、宪法法院的法官与国民议会议员享有同样的豁免权。

第 148 条

一、宪法法院法官的职务在下列情况发生时终止：

（一）任期届满；

（二）向宪法法院提交辞呈；

（三）因故意刑事犯罪被处以限制人身自由的最终判决生效；

（四）实际上 1 年以上永久不能履行其职责；

（五）从事第 147 条第五款所列的职务或活动而与法官身份不相容；

（六）死亡。

二、宪法法院取消法官的豁免权和确认实际不能履行其职责，应当以无记名投票方式进行并需要全体法官的 2/3 多数票通过。

三、一名宪法法院法官的职务终止时，应当在 1 个月内在相应部分的配额中选出或任命一名新的法官。

第 149 条

一、宪法法院应当：

（一）提供具有约束力的宪法解释；

（二）对国民议会通过的法律和其他法令以及总统签署的法令的合宪性作出裁决；

（三）对国民议会、总统和部长会议之间以及地方自治机构和中央行政机构之间的管辖权诉讼作出裁决；

（四）在保加利亚共和国缔结的国际条约批准前，就其与宪法的相容性作出裁决，并对国内法律与公认的国际法准则以及保加利亚为一方的国际条约之间的相容性作出裁决；

（五）对政党和联合会的合宪性的质疑作出裁决；

（六）对总统和副总统选举的合法性的质疑作出裁决；

（七）对国民议会议员选举的合法性的质疑作出裁决；

（八）对国民议会对总统和副总统的弹劾作出裁决。

二、法律不得授予或暂停宪法法院的任何权限。

第 150 条

一、宪法法院根据不少于 1/5 的国民议会议员、总统、部长会议、最高司法法院、最高行政法院或总检察长的动议采取行动。根据上一条第一款第（三）项提出的管辖权质疑可以由市政委员会进一步提出。

二、如果发现法律与宪法不一致，最高司法法院或最高行政法院暂停案件诉讼程序并将问题提交宪法法院。

三、（SG 27/06 新）行政监察专员可以要求宪法法院宣布侵害人权和自由的法律违反宪法。

第 151 条

一、宪法法院的裁决需要全体法官过半数通过。

二、宪法法院的裁决应当自其作出之日起 15 日内在《国家公报》上公布。裁决公布 3 日之后生效。被宣布为违反宪法的法令自裁决生效之日起停止适用。

三、法律中未被裁决为违反宪法的任何部分继续有效。

第 152 条

宪法法院的组织和诉讼程序的方式由法律规定。

第九章　宪法的修正、新宪法的通过

第 153 条

国民议会修改宪法的所有条款，但属于大国民议会权限的条款除外。

第 154 条

一、提出修改宪法的议案的动议权属于 1/4 国民议会议员和总统。

二、国民议会应当自修改宪法的议案提出之日起的 1 至 3 个月内对其进行审议。

第 155 条

一、宪法修正案需要全体国民议会议员的 3/4 多数票在 3 个不同的日期经过 3 次投票通过。

二、获得少于全体议员的 3/4 而多于全体议员的 2/3 的票数的议案应当有资格在不早于 2 个月并不迟于 5 个月的期限重新提出。议案在重新审议时需要全体议员的 2/3 多数票赞成方可通过。

第 156 条

宪法修正案由大国民议会主席签署并在通过后 7 日内在《国家公报》上公布。

第 157 条

大国民议会由 400 名依照现行的选举法选举产生的代表组成。

第 158 条

大国民议会应当：

（一）通过新宪法；

（二）决定保加利亚共和国领土的变更，批准有领土变更规定的任何国际条约；

（三）决定国家结构或政府形式的任何变化；

（四）决定本宪法第 5 条第二款、第四款和第 57 条第一款、第三款的修改；

（五）决定宪法第九章的任何修改。

第 159 条

一、只有总统和不少于 1/2 的大国民议会代表有权依照前条规定提出修改议案。

二、新宪法草案、现行宪法的修改建议案以及依据第 158 条提出的任何改变国家领土的议案，应当由国民议会自议案提出之日起的 2 至 5 个月期限内进行讨论。

第 160 条

一、国民议会宣布大国民议会选举的决议需要以全体议员的 2/3 多数票通过。

二、总统在国民议会的决议通过后的 3 个月内安排大国民议会的选举。

三、国民议会的授权在举行大国民议会选举时终止。

第 161 条

大国民议会需要以全体代表的 2/3 多数票在 3 个不同日期经过 3 次投票方可通过决议。

第 162 条

一、大国民议会仅对其当选需要解决的宪法修正案举行表决。

二、在紧急情况下，大国民议会应当进一步行使国民议会的职能。

三、大国民议会的权限在对其当选需要解决的所有问题表决后终止。然后，总统依照法律规定的程序安排选举。

第 163 条

大国民议会的法令在其通过后 7 日内由大国民议会主席签署并颁布。

第十章 国徽、国玺、国旗、国歌、首都

第 164 条

保加利亚共和国的国徽绘有呈忿怒状金狮立在暗红色的盾上。

第 165 条

国玺上刻有保加利亚共和国国徽。

第 166 条

保加利亚共和国的国旗是三色国旗：白色、绿色和红色自上而下水平排列。

第 167 条

国玺加盖规则和升国旗的程序由法律规定。

第 168 条

保加利亚共和国的国歌是《亲爱的祖国》（Mila Rodino）。

第 169 条

保加利亚共和国的首都是索非亚市。

过渡条款和最终条款

一、

（一）大国民议会在通过宪法后自行解散。

（二）大国民议会继续行使国民议会的职能直至选出新一届国民议会。

在此期间，它应当通过国民议会、总统、地方自治机构的选举法案及其他法案。宪法法院和最高司法委员会应当在同一期限内设立。

（三）国民议会议员、总统、副总统和部长会议成员在宪法生效后的第一次国民议会会议上依照本宪法规定的誓词宣誓。

二、在最高司法法院和最高行政法院选举产生之前，依照宪法第130条第三款和第147条第一款规定其权限由保加利亚共和国最高法院行使。

三、

（一）现行法律规定若不与宪法相抵触应当适用。

（二）自本宪法生效后1年内，国民议会应当废除现行法律中由于依照宪法第5条第二款直接生效的规定而未被废除的那些条款。

（三）国民议会应当在3年内应通过本宪法明确列出的法律。

四、宪法规定的司法机关应当在第3条第二款规定的期限内通过新的组织和程序法后开始工作。

五、如果最高司法委员会组成后3个月内没有裁定法官、检察官和侦查员缺乏必要的专业素质，则法官、检察官和侦查员不得被调换。

六、在有关保加利亚国家电视台、保加利亚国家广播电台和保加利亚通讯社的新的立法通过之前，国民议会行使由大国民议会授予的对这些国家机构的权限。

七、

（一）国民议会和自治地方机构的选举在大国民议会自行解散后的3个月内进行。选举的日期由总统依照宪法第98条第一款赋予的权限安排。

（二）总统和副总统的选举在国民议会选举产生后的3个月内进行。

（三）在总统和副总统被选出之前，本宪法规定的总统和副总统的职权应当由国民议会主席（总统）和副主席（副总统）行使。

八、原政府应当继续依照本宪法履行其职责，直至新的政府组成为止。

九、本宪法自大国民议会主席在《国家公报》上公布之日起生效，并取代1971年5月18日通过的保加利亚共和国宪法。（曾公布于《国家公报》1971 年第 39 期，后经 1990 年第 6 期、1990 年第 29 期、1990 年第 87 期、1990 年第 94 期、1990 年第 98 期修改，并修正于 1990 年第 98 期中）。

过渡条款和最终条款（SG 85/03）

四、

（一）自《保加利亚共和国宪法修改和补充法》生效后的 3 个月内，国民议会应当通过有关这些修改和补充实施的法律。

（二）自第一点第（三）项生效后的 3 个月内，最高司法委员会应当任命司法机关的负责人。

五、司法机关的负责人至本宪法生效时已经在各自的行政职位上超过 5 年的，只可以再授权任命同一职位一次。

六、法官、检察官和侦查员在本宪法生效时在各自职位上没有完成 3 年任期的，依照本法第一点第（一）项不得被调换。

七、第一点第（三）项自 2004 年 1 月 1 日生效。

最终条款（SG 18/05）

七、第二点应当在《关于保加利亚共和国加入欧洲联盟条约》生效之日生效，并且不适用于国际条约的创立。

最终条款（SG 12/07）

十二、国民议会应当在《保加利亚共和国宪法修改和补充法》生效后的 1 年内通过涉及这些修改和补充的适用的法律。

十三、第一款和第二款自 2008 年 1 月 1 日起生效。

（本章根据保加利亚国民议会网站宪法英文版翻译，译文摘自《世界各国宪法》，中国检察出版社 2012 年版）

（韩冰 译　王建学 校）

捷克共和国宪法

(1992年12月16日前捷克国民议会以1993年第1号宪法性法案通过，1993年1月1日生效)

序 言

我们，生活在波西米亚、摩拉维亚和西里西亚的捷克共和国公民，在重建独立的捷克国家之际，将继承古老的捷克王国和捷克斯洛伐克国家的所有优良传统，基于人类尊严和自由神圣不可侵犯的价值，决心建设、维护和促进捷克共和国，使其公民享有平等的权利和自由，并能意识到自己对于他人的义务和对于社会的责任，在尊重人权和在公民社会诸原则的基础上，把捷克共和国建设成为一个自由、民主的国家，使其成为欧洲和世界民主国家大家庭的一员，致力于捍卫和发展所继承的自然和文化、物质和精神财富，奉行法制国家行之有效的原则，通过我们自由选举的代表颁布此部捷克共和国宪法。

第一章 基本条款

第1条

一、捷克共和国是一个主权、统一和民主的法治国家，其基于对人和公民的权利和自由的尊重而建立。

二、捷克共和国应履行其在国际法上的义务。

第2条

一、一切国家权力均来源于人民；人民通过立法、行政和司法机关行使之。

二、人民直接行使国家权力的时间由宪法性法律规定。

三、国家权力应服务于全体公民,并仅在法律规定的情形中和范围内并以法律规定的方法行使。

四、每一个公民都可以做法律未禁止之事,任何人不得被强迫做法律未要求之事。

第3条

基本权利和自由宪章是捷克共和国宪法体系的组成部分。

第4条

基本权利和自由应由司法权予以保护。

第5条

政治体制以自由、自愿缔结政党以及政党间的自由竞争为基础,政党尊重民主的基本原则,不得使用暴力作为主张其利益的手段。

第6条

政治决定遵从以自由投票表达的多数意愿。多数决定应尊重少数之保护。

第7条

国家应重视节约利用自然资源和保护自然财富。

第8条

地方自治团体的自治权受到保障。

第9条

一、宪法仅得由宪法性法律作出补充和修改。

二、不得修改民主法治国家的本质属性。

三、对法律规则的解释不得适用于授权废除或损害民主国家的基础。

第10条

由议会同意批准并已经公布的国际协议,对捷克共和国有约束力,构成法律秩序的组成部分；如果国际协议作出了与法律相抵触的规定，应适用国际协议的规定。

第 10 条之一

一、国际协议得规定将捷克共和国机构的某些权力转交国际组织或机构。

二、批准第一款所述的国际协议必须经议会同意，但宪法性法律要求必须由公民复决同意的除外。

第 10 条之二

一、对捷克共和国在第 10 条之一所述的国际组织或机构中因成员身份所承担的义务问题，政府应定期、事前告知议会。

二、议会两院通过其议事规程规定的方式对上述国际组织或机构的决定表明立场。

三、有关两院行为准则、相互关系和对外关系的法律，可授权两院联席机构行使第二款所述的两院职权。

第 11 条

捷克共和国的领土是不可分割的整体，捷克共和国的边界仅得由宪法性法律改变。

第 12 条

一、捷克共和国国籍的获得和丧失由法律规定。

二、任何人均不得在违背他/她的意愿的情况下被剥夺国籍。

第 13 条

捷克共和国的首都是布拉格。

第 14 条

一、捷克共和国的国家象征物是大小国徽、国色、国旗、共和国总统旗、国玺和国歌。

二、捷克共和国的国家象征物及其使用由法律规定。

第二章 立法权

第 15 条

一、捷克共和国的立法权属于议会。

二、议会由众议院和参议院两院组成。

第 16 条

一、众议院由 200 名议员组成,任期为 4 年。

二、参议院由 81 名议员组成,任期为 6 年。每两年改选 1/3 的议员。

第 17 条

一、议会两院的选举在任期届满的前 30 日举行,任期届满的当日结束。

二、如果众议院被解散,则其选举在解散后的 60 日内举行。

第 18 条

一、众议院的选举在普遍、平等、直接选举的基础上,并根据比例代表制原则,以秘密投票方式进行。

二、参议院的选举在普遍、平等、直接选举的基础上,并根据多数决原则,以秘密投票方式进行。

三、捷克共和国公民年满 18 岁即享有选举权。

第 19 条

一、享有选举权的捷克共和国公民年满 21 岁即可被选为众议院议员。

二、享有选举权的捷克共和国公民年满 40 岁即可被选为参议院议员。

三、对众议员和参议员的委任应以选举结果为据。

第 20 条

选举权行使的其他条件、选举机构和司法审查,由法律规定。

第 21 条

任何人不得同时担任议会两院的议员。

第 22 条

一、众议员和参议员不得兼任共和国总统、法官或法律规定的其他职务。

二、众议员或参议员在接受总统、法官或其他不得由议员兼任的职务时，当日即终止其议员资格。

第 23 条

一、众议员应在他/她参加的第一次众议院会议上宣誓就职。

二、参议员应在他/她参加的第一次参议院会议上宣誓就职。

三、议员的誓言如下："我誓以至诚效忠捷克共和国。我誓将维护共和国的宪法和法律。我以尊严保证将本着最佳信念履行职责，造福人民。"

第 24 条

众议员或参议员可以在他/她任职的议院会议上亲自作出声明辞去议员职务。如果有重大情况阻止议员采取上述行为，则其可按照法律规定的方式为之。

第 25 条

在下列情况下，众议员和参议员的议席终止：

（一）拒绝宣誓或有保留地宣誓；

（二）任期届满；

（三）辞去议员职务；

（四）丧失议员资格；

（五）众议员被众议院解职；

（六）担任了第 22 条所述的不得由议员兼任的职务。

第 26 条

众议员和参议员应依其所作宣誓亲自履行职务，在履行职务期间不受任何指令的约束。

第 27 条

一、众议员或参议员在众议院、参议院或两院机构中的表决不受追究。

二、众议员或参议员在众议院、参议院或两院机构中发表的言论不受刑事追究。众议员或参议员仅受其所在议院的纪律管辖。

三、众议员或参议员对其过失只服从其所在议院的纪律处分，但法律另有规定者除外。

四、对众议员或参议员进行刑事追究，必须征得其所在议院的同意。如果议院拒绝同意，即永远不得进行刑事追究。

五、众议员或参议员只有在犯罪现场被当场抓获或随后抓获时才得被逮捕。主管机构应立即将逮捕事宜通知议员所在议院的主席；在议员被捕后的24小时内，如果议院主席不同意将该议员交付法院，主管机构即应恢复该议员的自由。上述议员所任职的议院应在下次开会时就是否允许对其提起控诉作出最后决定。

第28条

众议员和参议员即使终止议员职务后，仍然有权拒绝就其担任议员期间所获知的事宜作证。

第29条

一、众议院有权选举和撤换众议院主席、副主席。

二、参议院有权选举和撤换参议院主席、副主席。

第30条

一、为了调查公众关注问题，众议院可以设立调查小组，但须至少1/5的议员提议。

二、调查小组的工作程序由法律规定。

第31条

一、议会两院可以设立委员会和小组作为其内部机构。

二、各委员会和小组的活动由法律规定。

第32条

担任政府成员的众议员或参议员，不得成为众议院或参议院的主席或副主席，也不得成为议会委员会、调查小组或其他小组的成员。

第 33 条

一、如果众议院被解散，参议院应就有必要颁布法律，且不容拖延的事务采取法律措施。

二、但是，参议院不能就宪法、国家预算、国家年终决算、选举法以及第 10 条所述的国际条约采取法律措施。

三、只有政府才能向参议院提出应采取的法律措施。

四、参议院采取的法律措施应由参议院主席、共和国总统和政府总理签署；该类法律措施应以与法律相同的方式公布。

五、参议院采取的法律措施必须由众议院在召开第一次会议时予以同意。如果众议院不予同意，其即行失效。

第 34 条

一、议会两院应持续召开会议。众议院会议应由共和国总统最迟于选举后的 30 日内召集；如果总统未召集，众议院应在选举后的第 30 日自行召开会议。

二、两院的会议可以通过决议中止。但休会的时间在 1 年之内不得超过 120 日。

三、在休会期间，众议院或参议院主席可以在规定日前提前召开会议。如果共和国总统、政府或至少 1/5 的众议员或参议员有此要求，则众议院或参议院主席应随时召集会议。

四、众议院会议应在任期届满当日结束，或因自行决议解散结束。

第 35 条

一、在下列情况下，共和国总统得解散众议院：

（一）总统根据众议院主席的提议任命政府总理，而众议院对新任命的政府作出不信任的表决；

（二）众议院没有就政府所提的法律草案作出决议，而政府认为对该法律草案的审议事关信任问题；

（三）众议院会议的中止时间超过所允许的期限；

（四）虽然众议院并未休会并在此期间多次召集会议，但其不具备通过决议的能力已经超过 3 个月。

二、众议院不得在任期届满前的 3 个月解散。

第 36 条

议会两院的会议公开举行。只有在法律规定的条件下才可以不公开。

第 37 条

一、议会两院的联席会议应由众议院主席负责召开。

二、议会两院联席会议的审议活动应遵守众议院的议事规程。

第 38 条

一、任何政府成员均有权参加议会两院及其委员会和小组的会议。如果其提出发言，即应给予发言机会。

二、本规定同样适用于众议院委员会、小组或调查小组的会议，但有关政府成员可委托副职或其他政府成员代为出席会议，除非被明确要求必须亲自出席。

第 39 条

一、议会两院必须有 1/3 以上议员的出席方可通过决议。

二、众议院或参议院必须有绝对多数出席众议员或参议员的同意方可通过决议，但宪法另有规定的除外。

三、必须有绝对多数全体众议员和绝对多数全体参议员的同意，方可通过宣战决议、允许向捷克共和国境外派驻捷克军事力量的决议、允许外国军事力量驻留捷克共和国境内的决议，以及同意捷克共和国参与其身为成员国之国际组织的防卫体系的决议。

四、必须有 3/5 以上全体众议员和 3/5 以上出席参议员的同意，方可通过宪法性法律，或同意批准第 10 条之一第一款所述的国际协议。

第 40 条

通过选举法、两院对内和对外关系及行为准则法，以及参议院议事规程法，必须经众议院和参议院批准。

第 41 条

一、法律草案应提交众议院审议。

二、法律草案可以由一位众议员、众议员小组、参议院、政府或高等地方自治团体的代表机关提出。

第 42 条

一、国家预算草案和决算草案应由政府提出。

二、上述草案仅需众议院在公开会议上审议并作出决议。

第 43 条

一、在捷克共和国遭受侵略或根据关于共同防御抵抗侵略的国际条约履行义务时，议会可决定宣布国家处于战争状态。

二、是否参与捷克共和国身为成员国之国际组织的防卫体系，应由议会决定。

三、下述事项须议会批准：

（一）向捷克共和国境外派遣捷克军事力量；

（二）外国军事力量驻留捷克共和国境内；但上述决定权由政府保留者除外。

四、在涉及下述情况时，政府应决定向捷克共和国境外派遣捷克军事力量，或者允许外国军事力量驻留捷克共和国境内，但至多不超过 60 日：

（一）履行关于共同防御反对侵略的国际条约义务；

（二）依据捷克身为成员国之国际组织的决议参与维和行动，而且接受国已经给予同意；

（三）在自然、工业和生态灾害中参与救援行动。

五、政府还应该决定是否允许：

（一）外国军事力量从捷克领土内部或上空通行或飞越；

（二）捷克军事力量参与捷克共和国境外的军事演习，以及外国军事力量参与捷克共和国境内的军事演习。

六、政府应将第四、五款所述的决定立即告知议会两院。议会可以通过反对决议撤销政府的上述决定，但必须至少由两院中的一院以本院全体议员的过半数通过。

第 44 条

一、政府有权对所有法律草案提出意见。

二、如果政府在法律草案提交给它后 30 日内仍未提出意见，则视为其已同意此项法律草案。

三、如果政府同时请求众议院进行信任表决，则政府有权要求众议院在提交法律草案后的 3 个月之内结束对该项法律草案的讨论。

第 45 条

众议院应将其已通过的法律草案立即移交参议院。

第 46 条

一、参议院应在提交给它后 30 日内审议法律草案并作出决议。

二、参议院得以决议批准或否决提交给它的法律草案，或者将法律草案发回众议院复议并附上自己所提的修正案，或者表示对法律草案不予审议。

三、如果参议院在第一款规定的期限内未提出意见，则该项法律草案视为通过。

第 47 条

一、如果参议院否决了法律草案，则众议院应重新就该项草案作表决，如果有绝对多数全体众议员同意，则该项法律草案视为通过。

二、如果参议院对法律草案提出修正并发回众议院复议，则众议院应按照参议院已通过的草案文本进行表决。法律草案经众议院决议始得通过。

三、如果众议院未通过已在参议院通过的草案文本，则众议院应就自己提交给参议院的草案文本重新表决。如果该项草案文本获得绝对多数全体众议员的同意，即可通过。

四、在众议院审议被参议院否决或退回的法律草案时，不允许提出修正案。

第 48 条

如果参议院表示对法律草案不予以审议，即应以决议通过该项法律草案。

第 49 条

批准有关下述事项的国际协议须由议会两院同意：

（一）个人权利和义务；

（二）结盟、和平或其他政治条约；

（三）捷克共和国以成员身份参加国际组织；

（四）一般性的国际经济协议；

（五）法律规定的其他事项。

第 50 条

一、共和国总统得在已通过的法律提交给他后 15 日内，将其退回复议并说明理由，但宪法性法律除外。

二、众议院应对退回的法律重新表决。不得提出修正案。如果众议院以全体议员的绝对多数票坚持通过被退回的法律，则应颁布该项法律。否则，该项法律视为被否决。

第 51 条

应由众议院主席、共和国总统和总理共同签署颁布已通过的法律。

第 52 条

一、法律须公布方得生效。

二、法律或国际协议的公布方式由法律规定。

第 53 条

一、各众议员均有权向政府或政府成员就其职权范围内的事务提出质询。

二、受到质询的政府成员应在提出质询的 30 日内作出回答。

第三章　行政权

共和国总统

第 54 条

一、共和国总统是国家元首。

二、共和国总统应由议会两院联席会议选举产生。

三、共和国总统履行职责的行为不受问责。

第 55 条

共和国总统应通过宣誓就职。总统任期为 5 年，自其宣誓就职之日起算。

第 56 条

新总统的选举应在现任总统任期届满前 30 日内举行。如果共和国总统离职，即应在 30 日内举行新总统的选举。

第 57 条

一、任何有资格当选为参议院议员的公民均可被选为共和国总统。

二、任何人均不得连续当选共和国总统两次以上。

第 58 条

一、10 名以上的众议员或参议员可提名总统候选人。

二、获得全体众议员绝对多数投票以及全体参议员绝对多数投票的候选人当选为共和国总统。

三、如果没有候选人获得全体众议员绝对多数投票及全体参议员绝对多数投票，即应在 14 日内举行第二轮选举。

四、在众议院得票最多的候选人和在参议院得票最多的候选人，可参加第二轮选举。

五、若有数人在众议院得票并列最高，或有数人在参议院得票并列最高，即应将上述候选人在两院的得票合并计算，然后再由得票最多者参与第二轮选举。

六、获得众议院出席议员绝对多数投票以及参议院出席议员绝对多数投票的候选人当选为共和国总统。

七、如果在第二轮选举中仍未选出共和国总统，即应在 14 日内举行第三轮选举，从第二轮选举中产生的候选人获两院出席议员绝对多数投票的，当选为共和国总统。

八、如果在第三轮选举中仍未选出总统，应重新进行选举。

第 59 条

一、共和国总统在众议院主席主持的两院联席会议上宣誓就职。

二、共和国总统的誓言如下："我誓以至诚效忠捷克共和国。我誓将维护共和国的宪法和法律。我以尊严保证将本着最佳信念履行职责，造福人民。"

第 60 条

如果共和国总统拒绝宣誓或有保留地宣誓，他将被视为未曾当选。

第 61 条

共和国总统得通过向众议院主席递交辞呈辞去总统职务。

第 62 条

共和国总统的职权包括：

（一）任命、罢免政府总理及其他政府成员，接受他们的辞职，罢免政府和接受政府辞职；

（二）召开众议院会议；

（三）解散众议院；

（四）授权已提出辞职或被罢免的政府临时履行他们的职务直至任命新政府为止；

（五）任命宪法法院法官、院长和副院长；

（六）从最高法院法官中任命最高法院院长和副院长；

（七）赦免和减缓法院所作的处罚，命令不得启动刑事诉讼，如果已经启动，可命令中止，并解除已经作出的判决；

（八）有权将已通过的法律退回议会，但宪法性法律除外；

（九）签署已通过的法律；

（十）任命审计署署长和副署长；

（十一）任命捷克国家银行理事会理事；

（十二）就捷克共和国加入欧盟事宜召集全民公决，并公布结果。

第 63 条

一、共和国总统的职权还包括：

（一）对外代表国家；

（二）就国际条约展开磋商并予以批准，授权政府，或经政府同意授权其个别成员，就国际条约展开磋商；

（三）是武装力量的最高统帅；

（四）接见外交使节；

（五）委派和召回外交使节；

（六）召集众议院和参议院选举；

（七）任命和晋升将军；

（八）授予和批准国家勋章，但已将该权力授予其他机构者除外；

（九）任命法官；

（十）宣布大赦。

二、共和国总统经法律授权还有权行使本宪法未明文规定的其他职权。

三、共和国总统依据第一、二款规定所作的决定，须经政府总理或政府总理委派的政府成员副署，方得有效。

四、共和国总统的决定，凡须经政府总理或政府总理委派的政府成员副署的，均由政府负责。

第 64 条

一、共和国总统可以参加议会两院及其委员会和小组的会议。如果其要求发言，即应给予发言机会。

二、共和国总统可以出席政府的会议，要求政府和政府成员提交报告，与政府或政府成员讨论后者职权范围内的问题。

第 65 条

一、不得逮捕总统，不得对总统提出刑事控诉，不得指控总统的罪行或其他行政违法。

二、参议院可在宪法法院以叛国罪对总统提出弹劾。惩罚可以是剥夺其总统职位和剥夺其再次参加竞选的资格。

三、对共和国总统在履行职责期间的刑事违法行为，永远不得提起刑事追诉。

第 66 条

如果共和国总统离职，而新总统尚未选出或尚未宣誓就职，或者共和国总统因重大原因不能履行职责，则经众议院和参议院决议，第 63 条第一款第（一）、（二）、（三）、（四）、（五）、（八）、（九）、（十）项和第 63 条第二款规定的总统职权应由政府总理执行。在政府总理代行共和国总统某些职权的期间，众议院主席应代行第 62 条第（一）、（二）、（三）、（四）、（五）、（十一）、（十二）项规定的总统职权；如果众议院在共和国总统缺位期间被解散，则应由参议院主席执行总统的上述职权。

政　府

第 67 条

一、政府是最高执行机关。

二、政府由政府总理、多名副总理和各部部长组成。

第 68 条

一、政府对众议院负责。

二、政府总理由共和国总统任命，共和国总统根据总理提名任命其他政府成员，委派其管理政府各部或其他机关。

三、政府应在被任命后的 30 日内向众议院提出其施政纲领,并请求众议院进行信任表决。

四、如果新任命的政府未获得众议院的信任,则按第二、三款规定的程序进行任命。如果如此任命的政府仍未获得众议院的信任,则应由共和国总统根据众议院主席的建议任命政府总理。

五、在其他情形下,共和国总统应根据政府总理的建议任命和罢免其他政府成员,委派其管理政府各部或其他机关。

第 69 条

一、各政府成员应向共和国总统宣誓。

二、政府成员的誓言如下:"我誓以至诚效忠捷克共和国。我誓将维护并实施共和国的宪法和法律。我以尊严保证将忠于职守,不滥用职权。"

第 70 条

政府成员不得从事与其职务相违背的活动。有关细则由法律规定。

第 71 条

政府可以请求众议院进行信任表决。

第 72 条

一、众议院可以对政府通过不信任案。

二、对政府的不信任案必须由 50 名以上众议员以书面形式提出,方可由众议院予以审议。必须经全体众议员绝对多数同意,方可通过该项提案。

第 73 条

一、政府总理应将其辞呈递交共和国总统,其他政府成员应将其辞呈通过政府总理递交共和国总统。

二、如果众议院拒绝按照政府的请求进行信任表决,或者通过了对政府的不信任案,政府应该提出辞职。

三、如果政府根据本条第二款的规定辞职,共和国总统应接受其辞职。

第 74 条

如果政府总理提出建议，共和国总统即应罢免政府成员。

第 75 条

如果政府没有应要求提出辞职，共和国总统即应予以免职。

第 76 条

一、政府应以整体作出决定。

二、须经全体政府成员的绝对多数同意，政府始得通过决议。

第 77 条

一、政府总理组织政府工作，主持政府会议，代表政府，并从事宪法或其他法律委派的其他活动。

二、政府总理出国期间，应委任一名副总理或一名其他受委托的政府成员代理其工作。

第 78 条

为执行某项法律，政府得在法律规定的范围内颁布法令。上述法令应由政府总理和有关政府成员签署。

第 79 条

一、政府各部和其他行政机关及其职权范围均仅得由法律规定。

二、政府各部和其他行政机关国家雇员的法律地位由法律确定。

三、经法律授权，政府各部、其他行政机关以及地方自治机关可以依据法律并在法律规定的范围内颁布法规。

第 80 条

一、国家检察官应在刑事诉讼中代表公众提出控诉；并应依据法律规定履行其他职责。

二、国家检察官的地位和职权应由法律规定。

第四章 司法权

第 81 条

司法权应由独立的法院以共和国的名义行使。

第 82 条

一、法官应独立履行其职责。任何人不得危害其公正。

二、法官不得在违背其个人意愿的情况下被罢免或调入其他法院；例外情况，尤其是因纪律责任产生的例外情况，应由法律规定。

三、法官不得兼任共和国总统、议会议员或任何公共管理职务；法律可具体规定法官不得从事的其他活动。

宪法法院

第 83 条

宪法法院是负责维护宪政的司法机关。

第 84 条

一、宪法法院由 15 名大法官组成，大法官任期 10 年。

二、宪法法院的大法官由共和国总统任命，由参议院确认。

三、任何有资格被选为参议员、受过高等法律教育并从事法律职业至少 10 年的优秀公民，均可被任命为宪法法院大法官。

第 85 条

一、宪法法院大法官应向共和国总统宣誓就职。

二、宪法法院大法官的誓词如下："我以自己的尊严和良知宣誓，将保护人的自然权利和公民的权利不受侵犯，维护共和国宪法，并将本着最佳信念独立、公正地作出判决。"

三、大法官若拒绝宣誓或有保留地宣誓，则应被视为没有获得任命。

第 86 条

一、未经参议院同意,任何宪法法院大法官不得被刑事追究。如果参议院拒绝同意,则对宪法法院大法官永远不得进行刑事追究。

二、宪法法院大法官只有在犯罪现场被当场抓获或随后立即被抓获时才得被逮捕。主管机构应立即将逮捕事宜通知参议院主席。在大法官被捕后的 24 小时内,如果参议院主席不同意将该大法官交付法院,主管机构即应释放该大法官。参议院应在下次开会时就是否允许对其提起控诉作出最后决定。

三、宪法法院大法官即使终止大法官职务后,仍然有权拒绝就其担任大法官期间所获知的事宜作证。

第 87 条

一、宪法法院对下述事项作出裁判:

(一)废除违背宪法秩序的法律或其个别条款;

(二)废除违背宪法秩序或法律的法规或其个别条款;

(三)有关地方自治机关反对国家不合法干涉的宪法性申诉;

(四)有关公共机构的终局决定或其他侵犯宪法保护的基本权利和自由的宪法性申诉;

(五)有关参议员或众议员选举确认事务的上诉;

(六)对众议员或参议员根据第 25 条的规定丧失被选举权及不得兼职提出的质疑;

(七)参议院根据第 65 条第二款的规定对共和国总统提出弹劾;

(八)共和国总统建议取消众议院和参议院依据第 66 条的规定所作的决议;

(九)为执行对捷克共和国有拘束力的国际法院判决而采取必要措施,但可以通过其他方式执行者除外;

(十)解散政党的决定或有关政党活动的决定,是否符合宪法性法律或其他法律;

（十一）有关国家机关和地方自治机关权限范围的争议，但上述争议属其他机构管辖者除外；

（十二）对共和国总统有关捷克共和国加入欧盟不需召开全民公决的决定提出的上诉；

（十三）捷克共和国为加入欧盟而举行的全民公决是否符合关于捷克共和国加入欧盟之全民公决的宪法性法律和实施性法律。

二、宪法法院还应在批准第10条之一和第49条所述的国际协议之前，就上述国际协议是否符合宪法秩序作出裁决。在宪法法院作出裁决前，不得批准上述国际协议。

三、法律可以规定由最高行政法院在下述事项中代替宪法法院作出裁决：

（一）废除违背法律的法规或其个别条款；

（二）有关国家机关和地方自治机关权限范围的争议，但上述争议属其他机构管辖者除外。

第88条

一、有权在宪法法院启动诉讼或其他程序的主体及条件应由法律规定。

二、宪法法院大法官在裁决时仅受宪法秩序和第一款所述法律的约束。

第89条

一、宪法法院的裁决一经依法公布，即具有强制执行力，但宪法法院在裁决中规定以不同方式执行者除外。

二、如果宪法法院依据第87条第二款的规定在裁决中宣布国际协议不符合宪法秩序，则宪法法院的该项裁决即可阻止批准上述国际协议，直至与宪法秩序不相符合之处被消除。

法　院

第 90 条

法院的首要职责是以法律规定的方式保护权利。仅法院得对刑事违法行为作出有罪和惩罚判决。

第 91 条

一、法院系统由最高法院、最高行政法院、高级法院、地区法院和区法院组成。法律可以改变各法院的名称。

二、法院的职权范围和组织结构由法律规定。

第 92 条

除应由宪法法院或最高行政法院裁决的事项外，最高法院在属于法院职权范围内的事务上是最高审判机关。

第 93 条

一、法官应由共和国总统任命，终身任职。法官应以宣誓就职。

二、任何受过高等法律教育的优秀公民均可被任命为法官。任命法官的其他条件和程序由法律规定。

第 94 条

一、法律应具体规定应由合议庭审理的案件以及合议庭的组成。其他案件由独任法官审判。

二、法律得规定除法官以外的其他公民参与司法判决的情形和方式。

第 95 条

一、在作出判决的过程中，法官仅受法律和构成法律秩序组成部分的国际协议的约束；法官有权审查其他法规是否符合法律或上述国际协议。

二、如果法院得出判决案件时应予适用的法律违反宪法秩序的结论，即应将其移交宪法法院解决。

第 96 条

一、司法程序中的所有当事方拥有同等的权利。

二、法院庭审应口头、公开进行；例外情况由法律规定。判决一律公开宣布。

第五章 审计署

第 97 条

一、审计署是独立机构。它负责审计国家财产的管理和国家预算的实施。

二、审计署的署长、副署长由共和国总统根据众议院的提名任命。

三、有关审计署的地位、职权、组织机构及其他细则由法律规定。

第六章 捷克国家银行

第 98 条

一、捷克国家银行是国家中央银行。其活动的主要目的是保证价格稳定。仅得依据法律干预其活动。

二、有关捷克国家银行的地位、职权和其他细则由法律规定。

第七章 地方自治

第 99 条

捷克共和国划分为社区和地区，社区是基本地方自治团体，地区是高等地方自治团体。

第 100 条

一、地方自治团体是由居住在特定地区的公民组成的共同体，它享有自治权。地方自治团体何时构成行政区由法律规定。

二、社区一律为高等地方自治团体的组成部分。

三、仅宪法性法律才得建立或取消高等地方自治团体。

第 101 条

一、社区应由社区大会独立管理。

二、高等地方自治团体由代表大会独立管理。

三、地方自治团体是公法人，可以拥有自己的财产并根据自己的预算进行活动。

四、只有为维护法律所必需，并只有以法律所规定的方式，国家才能干涉地方自治团体的活动。

第 102 条

一、社区大会成员在普遍、平等和直接选举的基础上，以秘密投票方式选举产生。

二、社区大会任期 4 年。在大会任期届满前可在何种条件下宣布选举新的代表机关，由法律规定。

第 103 条　（已废除）

第 104 条

一、社区大会的职权只能通过法律来确定。

二、社区大会应就社区自治事务作出决定，但上述事务被委派给高等地方自治团体大会的除外。

三、社区大会可在其职权范围内颁布具有普遍拘束力的条例。

第 105 条

只有在法律有所规定的情况下，才能委派地方自治机关实施国家行政管理活动。第八章过渡条款和最后条款

第 106 条

一、自本宪法生效之日起，捷克国民议会即成为众议院，其任期至 1996 年 6 月 6 日止。

二、在依据宪法选出参议院之前，由临时参议院履行参议院职能。临

时参议院应以宪法性法律规定的方式设立。在该项宪法性法律生效之前，由众议院行使参议院职能。

三、众议院依据第二款的规定履行参议院职责时，不得被解散。四、在颁布议会两院的议事规程法之前，两院依据捷克国民议会的议事规程活动。

第 107 条

一、有关参议院选举的法律应规定，在参议院举行第一次选举时应确定 1/3 任期 2 年的参议员人选和 1/3 任期 4 年的参议员人选的方式。

二、参议院会议由共和国总统最迟在选举后的 30 日内召集；如果总统未召集，参议院应在选举后的第 30 日自行召集开会。

第 108 条

1992 年大选后任命的捷克共和国政府，应作为依据本宪法任命的政府在本宪法生效之日行使职权。

第 109 条

在设立国家检察官制度之前，由捷克共和国公诉机关行使其职权。

第 110 条

在 1993 年 12 月 31 日之前，军事法院仍然是司法系统的组成部分。

第 111 条

捷克共和国所有法院的法官和大法官，在本宪法生效之日即作为依据捷克共和国宪法任命的法官和大法官履行职责。

第 112 条

一、捷克共和国的宪法体系包括：本宪法；基本权利和自由宪章；依据本宪法颁布的宪法性法律；捷克斯洛伐克共和国国民议会、捷克斯洛伐克社会主义共和国联邦议会和捷克国民议会确定捷克共和国国界的宪法性法律；捷克国民议会于 1992 年 6 月 6 日之后颁布的宪法性法律。

二、现行宪法、有关捷克和斯洛伐克实行联邦制的宪法性法律以及对其进行修改的宪法性法律、捷克国民议会关于捷克共和国国家象征物的1990年第67号宪法性法律，在此特予以废除。

三、本宪法生效之日在捷克共和国领土上实施的其他宪法性法律，继续具有法律效力。

第113条

本宪法自1993年1月1日起生效。

（本章根据捷克共和国参议院网站公布的宪法英文版翻译，译文摘自《世界各国宪法》，中国检察出版社2012年版）

（钟瑞华 译　王建学 校）

第二部分
主要政党内部规章制度

第一章　社会民主党

阿尔巴尼亚社会党纲领

——社会党为了阿尔巴尼亚的复兴①

阿尔巴尼亚需要一个彻底的转变。你们需要这一转变。我们愿与你们齐心协力实现转变。

阿尔巴尼亚不能继续走经济、国家和民主倒退的道路。我们的时间所剩无几，不能再浪费光阴，否则将无以面对我们的子孙后代。

导致社会分裂，穷人和靠工资生活的人们比高收入者甚至是富人缴纳更多税的极化之路应该堵死。

应该开辟一条新的道路，这里有着崭新的经济模式、蓬勃的社会事业、良好运转的国家和政府、长久以来回归欧洲的精神。为了阿尔巴尼亚的复兴。

我们可以摆脱现政府，因为阿尔巴尼亚每个家庭都在为这个政府首脑制定的令人窒息的债务政策支付账单。我们可以建立一个更加公正的财富再分配体系。我们可以创立30万个新工作岗位，改善学校和医院的条件，将阿尔巴尼亚从遍地的垃圾中清理出来，使明天的阿尔巴尼亚成为生产优质产品和旅游美景的国家。

毫无疑问我们也可以制定更好的政策。团结一致，没有什么是不可能的。因此，我邀请您与我们一道，为阿尔巴尼亚共同制定一个新的政策和实现良政。让我们从深化和完善这一基础纲领开始。

埃迪·拉马

---

① 原文为阿尔巴尼亚语。

前　言

阿尔巴尼亚需要一个彻底的转变。

阿尔巴尼亚经济已进入发生危机以来最严峻的阶段。没有就业的经济增长模式，甚至是近期经济负增长，导致了更多的贫困和庞大的失业数字。阿尔巴尼亚企业备受煎熬，裙带关系占据了所有的竞争之路。这里腐败横行，国家与权力同一化，公共服务日益倒退。阿尔巴尼亚在加入欧盟的道路上已陷入停滞。

阿尔巴尼亚的资本集中在仅5%的人手中。税收体制已成为不公正的代号。有人赚得少却纳税纳得多，有人赚得多却纳税纳得少。寡头控制了阿尔巴尼亚人和我国经济的基础产品供应和市场交易。滥用自然资源正在瓦解国家。公共部门成为以选举为目标的政治斗争工具。

你要想找份工作几乎是不可能的。你要接受教育总是很困难，尽管现在获得一个毕业证书比以前更为容易。卫生服务破败不堪，且费用高昂。退休金制度正在走向没落。

债务正在令阿尔巴尼亚窒息，并已达到国内生产总值总和的水平。

财产问题混乱不堪，悬而未决。财产所有者20年来手持一纸继承文件四处飘荡，25万家庭为求财产公证守候在国家机构门口。与此同时，公共财产被滥用，并通过腐败渠道被转移，而腐败将国家与权力联系在一起。

公正已经陨落，法治国家已失去功能。自由公正的、符合国际标准的选举已成为不可能完成的任务。

阿尔巴尼亚人已失去信心，不相信政治可以解决他们日常生活中的问题，或者什么政治家可以建立一个更加美好的未来。老百姓感到失望，并且在问："我们为什么投票？"

本文件试图回答这一问题。

我们愿翻过这些年充满困难的历史篇章，为阿尔巴尼亚开辟一条新的道路。不承诺那些做不到的，只做我们做得到的。为了阿尔巴尼亚的复兴。

我们希望在这一纲领基础上改变阿尔巴尼亚。

我们有新的观念、理想和解决方案，以实现经济复苏、民主重建、社会再生和回归欧洲。

本纲领中提到的思想是彻底的、富有雄心的和现代的。但我们所秉承的价值观从未改变。这就是让我们团结在社会党国际和欧洲社会党大家庭中。

我们对阿尔巴尼亚和阿尔巴尼亚人有信心。我们对一个受人尊敬和信任的阿尔巴尼亚有信心。在我们的祖国，不应出现任何人因性别、宗教、地区、民族和政治归属而遭遇挫折。

我们对一个劳动的、按劳分配、按所得纳税的阿尔巴尼亚有信心。阿尔巴尼亚是一个个体充满巨大能量的国家。这些个体建立家庭，开办企业，生产优质产品。在这个国家个体有着强烈的谋求经济成功的愿望。我们希望通过对劳动、新劳动市场和按劳分配的新思维，将全新的发展经济社会的雄心发扬光大。每个阿尔巴尼亚人应享有劳动权利，谁也不能否认靠有尊严的劳动生活依然可能。

我们与每一个处于困难中的阿尔巴尼亚人一样，对一个团结的阿尔巴尼亚有信心。并非所有的人都能得出一千零一个理由，我们中还有很多人生活在最低生活线以下，很多人不能使他们的孩子受到良好教育，一部分人仍然因没有工作和住房被迫背井离乡。在阿尔巴尼亚任何人都不应感到孤单，因为我们相信在这里还应该能找到走出贫困陷阱和社会排斥的机会。

我们对一个自然友好型的阿尔巴尼亚充满信心。自然之美是我们祖国最大的财富，但日益受到陋习和贫困的威胁，因为人们传统观念中总是不予以重视，特别是共产党专制政权倒台后，给土地、空气、海洋造成了致命伤害。一个新型的生态环境对我们社会的稳定发展和现代化是必要的。

我们对在欧洲出现一个受尊敬的阿尔巴尼亚充满信心。犯罪的、腐败的、不拘礼节的阿尔巴尼亚不是我们的祖国，不能成为我们留给后代的负担。

阿尔巴尼亚的复兴纲领有四大支柱——经济复苏、民主重建、社会再生和回归欧洲，这是一项特殊的事业。但我们相信，在这项事业中我们不是孤单的。通过每一个希望阿尔巴尼亚复兴的阿尔巴尼亚人的贡献和能量，我们一定能够改变祖国和孩子们的未来。

经济复苏

◇在第一个执政任期内创造 30 万个新就业岗位；对每个找工作的阿尔巴尼亚人进行职业培训。

◇为发展经济社会的新财政政策；降低 95% 人口的生活成本，削减统一税率和通过先进税收建立社会公正。

◇降低农业生产成本的新财政政策；建立全国性的农产品征收和交易网络；农业财政投入增长 5 倍。

◇下调基础食品增值税；对面粉、面包、牛奶、鸡蛋和药品实施消费零税率。

◇保证每家企业经营自由和建立在竞争而非债务之上的商业成功；打破小麦、糖、大米、食用油、药品及燃油垄断和卡特尔；取消企业参考体系。

◇解决财产问题。

◇在第一个执政任期内创建无垃圾阿尔巴尼亚。

◇支持发展拉近阿尔巴尼亚与欧洲距离的现代化基础设施。

◇制定通过阿尔巴尼亚国家规划和旅游业发展国家计划；公开利用自然资源的必要性；取消一切不合法的特许经营；充分恢复公共竞争的透明度。

◇国家统计局受阿尔巴尼亚议会监督。

（一）重返经济稳定增长

当今世界的关键词是经济。我国的情况更为复杂：阿尔巴尼亚不仅受到世界经济危机影响，还饱受执政失败、腐败和垄断之苦。每个家庭在每月第三周就发现钱已经花完了,食品和药品得记在账单上了。我们很清楚,"经济是基础"。必须改变。我们阿尔巴尼亚社会党人时刻准备着以新的思想观点来改变现实。就是现在!

彻底调整阿尔巴尼亚经济结构是必然的。阿尔巴尼亚需要新的经济发展模式。重点是清晰的。

2009年以来我们进入了经济危机时期。现政府承诺的经济增长低于3%。对未来两年的预测显示,经济增长仍将徘徊在更低水平。尽管官方数字的可信度很低,但通过这些数字仍可清晰一窥危机。我们明显感觉到普通阿尔巴尼亚家庭的购买力下降。重返经济稳定增长是阿尔巴尼亚国家和人民的重中之重。

我们的战略目标是将阿尔巴尼亚经济从欧洲大陆最贫穷的经济体转变为繁荣的、与欧盟高度融合的经济体。实现这一目标的道路始于经济机构调整,将经济从依靠进口商品消费、移民和非常规增长转变为依靠劳动和生产性增长。

为此我们有如下三个方面的重点:

一个现代的、生产型的农村经济,向国内市场提供食品(至今仍依靠进口)等产品,提高收入,改善农村生活条件。

一个生产型的经济,亟须长期扩大生产力和提高生产效率。支持生产型行业创造更多经济价值,鼓励就业和拓展阿尔巴尼亚产品在出口市场中的比重。

应从数量和质量上提升市场服务水平。旅游业是过去20多年中最落后的行业之一。为发展这一重点服务行业,我们要利用好国家的自然景观和文化遗产。支持提供更便利的后勤服务,目的是充分利用我们同欧盟之间的地理位置和西方—东方天然的十字路口的战略区位,把阿尔巴尼亚转变为一个地区性(旅游)服务中心。

我们执政将彻底实现公共服务的现代化,特别是教育和卫生领域,将力争建立与欧盟一致的标准。这源于奥巴马总统的"开放政府联盟(OPEN GOVERNMEN TPARTNERSHIP)"倡议。

阿尔巴尼亚经济将广泛建立在知识、创新和科学研究之上。

我们对国内企业的支持将是标志性的。不干涉企业经营自由以及企业权利无差别是我们的庄重承诺。

悬而未决的财产问题是 20 年的责任。只有我们可以让这一问题得到现实解决。除了没有履行对财产所有者和要求合法化的家庭的法律责任，财产问题已在各地区对长期投资形成了真正的障碍。

右翼政府将财产所有者称为前财产所有者。过去 20 年的政策中它们也是这样被称呼的。我们社会党人不仅今后要称他们为财产所有者，还要把他们视为国家发展的重要潜在力量，结束政府与财产所有者之间的纷争和对他们的不公。这对我们意味着一个对所有人都公正的阿尔巴尼亚。我们将与他们合作制定落实新的法律框架。一方面，使财产所有者的权利得到尊重；另一方面，确保各阶层社会公正。

我们的目标很清楚：无论是要求返还财产的财产所有者，在农田里劳作的农民，还是那些希望通过公证获得财产的市民，他们都需要经过注册登记财产。我们将给予他们所需的。但这对他们、对我们热爱的阿尔巴尼亚还远远不够。我们要确保完整的、在土地和不动产市场上流通的财产权，使其价值因地区、城乡发展政策而增加。

我们的新财政政策致力于国家经济发展，同时注重恢复社会平衡，关注管理和保护好自然资源。我们明白如果做到了良好的财政管理，那么财政政策是成功的。我们将取消参考体制。企业家将可以自由地当家做主，不受制于就业人数、工资水平、进口价格和交易价值等因素。我们将放弃的参考体制，不仅与现实不符，也因追溯效果对商业和经济产生了不良后果。

前瞻性对成功的财政政策具有决定意义。最近 6 年中，右翼政府对 6 部基础性税法进行了 64 次修改。这是悲剧性的和不可接受的。我们建议修改的法律都将通过严肃认真的现实讨论制定出台。企业界也将作为利益攸关方发挥作用。我们将成为企业的伙伴，而 20 年来这方面一直做得不够。

企业要成功，需要丰富、准确和透明的经济信息供决策参考。现在的官方统计信息是不充分的、滞后的和虚假的。经济决策者和公众对国家统计局已彻底失去信心。后者已成为当权者发布和宣传谎言的工具。我们认为,统计信息应服务于市民和经济领域。我们将恢复国家统计局的严肃性和独立性,将其置于阿尔巴尼亚议会的监督之下。

阿尔巴尼亚在制定全面的国家发展规划方面已落后。右翼政府有意推迟国家发展规划的制定和批准,目的在于仅发展那一小部分企业和个人通过腐败方式勾结当权者从中牟利的项目。制定通过新经济模式有效运转的国家发展规划是我们的首要任务。这将结束向水泥厂、加工进口垃圾、燃煤发电和破坏性发展模式滥发许可的现象。制定国家发展规划,同时成立土地产权登记办公室,将成为指导私人、国家和外国投资的基本手段。

腐败、绑架国家、非正规的犯罪压缩了企业发展的可能性。我们将重建公共秩序,将企业经营者从犯罪经济的威胁中解放出来。关系户的权力将终结,每个合法的对象使用公共资金必须有通过公正透明的竞争签订的合同。

我们将建设一个建立在欧洲标准业绩和程序上的公共部门,坚决与政治裙带和附庸关系脱离。公共部门将提供符合阿尔巴尼亚认同的法律服务,鼓励市场竞争和公共福利。

(二) 留给后代更少的债务、更多的金融稳定

公共债务已处于警戒水平,达到国内生产总值的60%。右翼政府执政6年来,我国的公共债务增长了30亿美元。最近3年的债务增长是随意上马缺乏充分研究的基础设施项目造成的后果。更多情况下是为了选举的需要,人为腐败地提高成本,不计经济效益。阿尔巴尼亚经济并未从中受益,就业并未增加,相反失业人数增多。这些投资实质上是根本不符合欧洲标准的。

考虑到阿尔巴尼亚的经济发展状况,当前债务水平应该是很高的。过去20年支持和帮助过阿尔巴尼亚的国际金融机构坚决要求建立一个明确的削减债务计划。

2011年将花费6亿美元用于公共债务,这一数字是6年前的两倍。今

年债务支出首次超过国内生产总值的 4%，意味着超过教育资金支出 25%，超过卫生资金支出 40%，是农业资金投入的两倍。

在最近两次选举活动中，阿尔巴尼亚政府签订了公共劳动合同，但没有资金解决相关成本。结果政府不能履行对签约方的责任，并逐步将财政危机转嫁到签约企业身上。随后这一危机被转嫁至劳动者家庭和原材料供货商，相关企业根本无力支付。正是在这种情况下，危机也开始冲击银行。银行无力向在这些企业工作的企业家或个人付款。而相关企业确实同政府签订了合同，但事实上没有得到相关款项。

今天，这种政府堆积的债务已达到 1 亿多美元，银行中有 10 亿贷款呆坏账未及时清理。

如果我们将财政部门和水电公司对家庭、企业和公共部门的责任计算在内，应该说阿尔巴尼亚的债务超过国内生产总值的 80%。连同法律承认的对各阶层的责任，如受政治迫害者、被共产党政权或军队征收财产的财产所有者，阿尔巴尼亚人面对的债务将百分之百超过国内生产总值。

但这都将成为当权者压在每个阿尔巴尼亚普通家庭身上的重担。从今天到明天，今天每个出生的阿尔巴尼亚孩子就背上了大约 2450 美元的债，每个阿尔巴尼亚家庭每个月应偿还 65 美元的债务，这一数字远大于每月的电费或者说相当于城市平均退休金的近一半。

我们的职责是，让阿尔巴尼亚的孩子们不要在开启人生之旅的时候就背负上沉重的财政负担，与此同时家庭支出不再为政府的错误选择买单。是他们将公共财政置于满足选举胃口之下或者用于持续不断的糟糕的腐败执政。

考虑到公共债务转嫁到下一代的严重性，我们做好了准备，并在政治上准备将公共债务的监管责任提升至法律和宪法责任层面。依靠准确、真实、长期的经济增长预测和中期预算计划，我们将按照《马斯特里赫特条约》规定的条件控制财政赤字，尽管这不是阿尔巴尼亚的责任。

重新实现旨在经济稳定增长的财政平衡，将减轻对下一代的担子。我们将致力于实现健康的公共财政，缓解家庭财政压力，恢复对政府的信心。

（三）就业让阿尔巴尼亚人更有尊严

我们的政治选择是成为一支欧洲进步力量。不同于那些鼓吹充分就业是不可能的人，我们的目标是向所有的有劳动能力的个人提供就业机会。我们的就业观有如下四大支柱：

◇ 依靠新经济模式下高质量的经济增长；

◇ 劳动市场、教育、机会平等政策和社会预防政策相协调；

◇ 为未经过培训的劳动者和长期失业者开设公共劳动部门；

◇ 劳动关系灵活性。

阿尔巴尼亚今天的经济模式致力于增长，但未创造新的就业岗位。2000—2008 年期间，阿尔巴尼亚经济年均增长 6%，但就业人数并未增加。

右翼政府造成了 100 万失业人口，他们没有可能赚取足够的收入，过上有尊严的生活。在 2000 年，每 100 名适龄劳动人口中有 60 人就业，然而今天仅有 52 人就业。就业政策没有帮助实现国家发展。就业机会是消极和被滥用的。近年来，失业人口远多于就业人口。求职者没有自由劳动岗位信息，企业也没有具备资格的求职者的信息。就业服务是失败的和可笑的。私人就业服务是不存在的，这就使得低效率的公共就业服务缺乏竞争。

半数的青年和妇女处于失业状态。劳动生产率低下。独立研究机构的研究表明，最近十年的这一指标恶化了。

阿尔巴尼亚的劳动者在十分艰苦的环境下工作，卫生状况和生命时刻处于危险之中。当矿工和建筑工人为了口粮失去生命，政府只是作秀式地表示慰问。这一状况必须立即改变。我们准备着实现这一转变。

2007 年和 2009 年降低社会义务责任负担并未改变阿尔巴尼亚人的就业水平。不同于政府的承诺，我们没有看到生产率提高，商品价格下降，没有看到阿尔巴尼亚经济在出口市场中地位的任何改善。相反，各项指标都在恶化。随意制订工资，设置统一税率并未降低劳动成本，相反却降低了本已有名无实的劳动收入水平。

职业培训体系陈旧且无效。

对我们而言，劳动就是尊严。我们将执行为每一个阿尔巴尼亚人创造新的就业岗位、提供良好薪酬的优秀经济政策。我们将为自主创业者提供特别经费，并为北部、东北部地区和山区，以及大批的移民就业提供经费。

我们将每年创造不少于7.5万个新的就业岗位，并力争优先解决妇女、青年、教育工作者、少数民族和残疾人的就业问题。

所有的登记失业人口将可以在两年内免费参加职业培训。所有25岁以下的男女青年均可在6个月内免费参加职业培训。

我们将把妇女失业率降低一半。我们将向所有的青年妇女提供一次就业、自主创业或在一年内参加培训的机会。我们保证优先解决移民大城市地区的妇女和青年妇女的就业。

残障人士将通过相关计划在两年内得到一份适当的工作。

我们将通过与社会伙伴、雇主和工会对话合作，保护劳动和劳动者。

我们将把公共就业资金提高10倍，关注增加农业就业人口，充分发展农村地区的劳动力。

我们将同陈旧的"扶助失业者"观念斗争，鼓励失业者尽快重新振作起来融入劳动市场。我们将把现有的失业保险计划转变为"就业保险计划"，并将所有的失业者纳入这一计划中。

作为一种积极、团结的模式，我们将综合通货膨胀因素，保证最低工资水平高于最低生活水平。

我们将为所有的劳动者创造适当的劳动条件，确保符合欧洲标准的保护生命、劳动安全和卫生的条件。

我们主张的劳动关系社会保护模式是弹性保障，即对雇主的灵活和保护就业者安全相结合。

（四）更公正的收入分配

政府宣称在2006年至2010年期间已降低税收。

但事实上是相反的：对95%的人口而言，税收是增加了。

税收增加使阿尔巴尼亚普通百姓的生活更加困苦。除了极少数人，主要是当权者的关系户，所有普通阿尔巴尼亚家庭的生活成本都更贵了，贫困在加剧。

设立统一税率并未带来减税，只是把财政负担从企业转嫁到了劳动者身上，也就是消费者身上。后果就是普通阿尔巴尼亚家庭明显感觉到日常生活困难。在设立统一税率之前，劳动者收入财政负担为2%—3%，然而设立统一税率之后飙升至10%。现在，教师要缴纳的个人收入所得税要比6年前高10倍。举个最具代表性的例子，今天总理缴纳的税要比6年前在野时缴得少，而一名女护士要缴纳的税是萨利·贝里沙当上总理之日要缴的税的30倍。如果说6年前，每赚取100列克要平均上缴14列克的税，那么今天要上缴21列克。这就是说工资税上涨了50%。

有关税收减半的决定只是给予那些大公司，多数是当权者的关系户，或者在市场中处于卡特尔或垄断地位的企业特权。

作为税收增加的后果，除名义上减少劳动者口袋里的收入，2005—2011年是生活产品价格令人眩晕地疯狂上涨时期。

阿尔巴尼亚人依然生活在进口食品和商品的现实中。除进口商品价格上涨，生活成本上涨也显著导致了列克贬值，印花税费上涨。一升柴油、一公斤食用油、糖、面粉、大米以及一度电今天要支付6年前2到3倍的税。

今天的政府承认在阿尔巴尼亚消费税是收入税和财产税的3倍。这就导致了财富集中在极少数阿尔巴尼亚人的手中。阿尔巴尼亚银行中5%的储户掌握了阿尔巴尼亚人超过50%的储蓄存款。富人愈富，穷人愈穷。大多数阿尔巴尼亚人和极少数人之间的不平等日益加剧。

这一令人警醒的局面要求我们紧急建立面向95%人口的社会公正。我们的财政税收政策将致力于在不影响经济稳定发展的情况下实现社会公正。我们的基本原则是通过累进税实现再分配。如果不能坚信谁应该按照财产收入作贡献，以及谁都不能避免累进制纳税，政府就不能要求阿尔巴尼亚消费者作出新的牺牲和努力。我们将从根本上改变财政体制，从消费累退税和收入比例税过渡至全民累进税，这意味着富人纳税负担将高于穷人。

（五）进步的经济与市场，而非滥用自然资源

如果财政税收政策不能在一个以尊重自由市场经济为主要原则的经济环境中执行，就不能有效实现其政策目标。20 年来阿尔巴尼亚的企业家付出了艰辛的努力，但我们经济环境中的原则每天都遭到践踏。最近 6 年经济环境不断恶化，使得阿尔巴尼亚企业举步维艰。这 6 年带给阿尔巴尼亚经济的是一些重要行业市场垄断得到巩固，造成的严重后果是阿尔巴尼亚家庭成本上升，商品和服务质量下滑，政府在几个基础民生服务行业供求关系断裂方面缺乏解释。

寡头统治了阿尔巴尼亚人和我国经济一些必需品的供给和交易，如小麦、糖、大米、食用油、药品、燃油、水泥、钢铁。被控制的还有电信服务市场和阿尔巴尼亚政府发行的金融证券交易。

国际市场价格的变动体现在国内大宗批发商品价格的上涨。财政部门及其管理机构是无力的，很多情况下不是促进有序竞争，而是否认垄断存在。现政府有目的地将这些部门工作引向"抓小鱼"。

政府还让垄断延伸到利用国家自然资源方面，把很多公共资源服务于少数通过政治和经济利益与当权者家庭紧密联系的企业。许多特许经营项目都完全忽略了对环境的影响，糟糕的是这已成为一种体系，使今天阿尔巴尼亚的竞争优势成为环境倾销。这个体系就是通过破坏获取利益。

近年来旨在推动公私伙伴关系的修订法律都向过度掌控"不要求的特许经营"妥协。推迟使用这种公私伙伴特许经营方式，威胁到未来国家的地下矿产宝藏、水资源、公共电视通讯频率和国家地形、气候和地缘位置优势。

滥用公私伙伴关系的最明显例子是 200 多个水电站特许经营项目。开工的法律期限已过时，仅 10% 的项目在运作，其余 90% 的项目横行于非正规的特许经营权交易市场。

我们将打破垄断体系，规范不合要求的方式。我们倾向于最佳利用自然资源，实现环境保护与阿尔巴尼亚消费者直接实际获益相协调。我们支持在国内良性循环的公私伙伴关系，从开采原材料到加工均在阿尔巴尼亚

境内实施，以获得更多的附加值，创造更多就业。

阿尔巴尼亚有可能通过再生资源生产电能，但不是走现政府所走的道路。丰富的水力资源和充足的日照完全可以有效利用起来，创造附加值，增加就业，改善边远地区的生活水平。我们将废除所有不遵守法律期限的水电项目特许经营权。我们将为严肃的、懂得以透明方式开展项目、保护环境的国内外投资者创造便利。

我们将重新评估所有的公私伙伴关系合同，要求取消所有存在利益冲突和有损于阿尔巴尼亚人利益的违法合同。

我们支持和推进的公私伙伴关系是建立在明确的公益性目标、鼓励性的有效立法、透明规范的程序和负责任的主管公共机构之上的。

（六）支持阿尔巴尼亚的生产者和出口商

阿尔巴尼亚经济的生产性行业表现欠佳。20年来，唯一有利于生产性行业发展的政策基础是：低廉的劳动力成本、忽略保护环境和工作条件的规定要求。制衣业和制鞋业经常面临全球市场威胁。阿尔巴尼亚不能也不应成为欧洲最低工资水平国家。只有提高生产率，阿尔巴尼亚人才可以开始谋求更好的生活水平。

发展工业和经济园区没有任何结果。尽管几年来政府通过了7个相关项目。但这些项目没有一个开工。

生产性行业增长的可能在于找到新的出口市场和替代进口。我们将努力吸引国际企业来到阿尔巴尼亚发展。同近邻意大利发展关系获取的经验有助于我们开拓更多市场和建立其他伙伴关系。

当然，这些行业稳定增长的能力还取决于基础设施质量、劳动力素质和直接支持企业的财政金融政策。

阿尔巴尼亚的基础设施是薄弱的。但我们承诺在这方面行动起来。农产品加工业还很脆弱，尽管气候、林地和水资源适宜发展农业。

时至今日，阿尔巴尼亚的生产性行业活动在世界上还不显著。企业的互联网利用率还特别低，并已成为发展的重要障碍。在今天现代化的世界，网络不是选项，而是必要的交换经贸信息的渠道。我们将支持建立国家经济信息网,来指导国内外投资者。

我们将帮助阿尔巴尼亚企业从国家的地缘优势中受益,推动和帮助他们相互建立伙伴关系,建立完整的生产链。目标就是提高"阿尔巴尼亚制造"产品在欧洲和全球市场的竞争力。

我们将改革和实现国家投资促进机构的现代化,支持经贸企业界,帮助他们在国内资金和智力基础上实现彻底转变。

(七)发展农村和农业——稳定增长和发展的重要组成部分

农业仍在阿尔巴尼亚的经济中发挥着重要作用,实际上是重要的行业。全国一半的人口生活在农村,一半的劳动力从事农业。农业对国内生产总值的贡献率是五分之一,利用了大约40%的国家土地资源。但可悲的是,农村家庭的平均收入不到城市家庭收入的一半。这种状况应彻底转变。我们准备好实现这一转变。

农业生产能力低、农业技术水平低和农民间缺乏相互协作是阻碍阿尔巴尼亚农业稳定快速发展的几个因素。国内约60%的农民无法在阿尔巴尼亚市场上销售他们的产品。阿尔巴尼亚参与的自由贸易协议使得我们的农产品对外出口,直接面对邻国市场激烈的竞争。时至今日,阿尔巴尼亚农业仍是自发性发展,没有国家的扶持,仅仅依靠农民不知疲倦的劳作,仅仅为满足国内市场需求。但是,国内市场需求并未很好利用。今天阿尔巴尼亚农产品的进口是出口的9倍。对我们而言,这是不可接受的。我们准备改变这种状况。

阿尔巴尼亚农业和农村地区发展面临的主要挑战是农业从生存型生产行业转变为稳定的、现代化的和竞争性的行业,有能力面对地方和地区发展挑战,可以应对气候变化和人口增长导致的对农产品需求的增长。

今天的阿尔巴尼亚农业是完全建立在家庭模式之上的,这就导致它受限于稀缺的耕地面积,且易受财产所有权冲突影响。我们将巩固农业的法律基础,尊重私人土地所有权。

我们将尽可能使阿尔巴尼亚农民从我国农业的优势中真正受益,如林业土地、丰富的水资源、充足的日照天数,并将阿尔巴尼亚产品推向市场与邻国竞争。我们将支持我国的农业传统,将20年的成功历史经验发扬光大,鼓励农作物生产创造更多价值。

我们承诺优先持续关注农业,不干涉私有企业有效的活动。相反,我们的政府将促进私人投资,同时加强机构建设,保证农牧业种植繁育质量。我们将确保优质的兽医和植物检疫服务,合理有效地管理耕地,建立行之有效的水利系统和基因工程管理模式。为增加和促进生态农业竞争,政府将帮助建立一个值得信赖的有效体系,保护阿尔巴尼亚产品原产地,确保阿尔巴尼亚农牧产品商标的真实性。

农业与发展农产品加工、拓展旅游和保护环境相协调,将成为经济稳定增长的组成部分。为此,我们将努力建立全国性的农产品征收、储备和大宗交易网络,目的是使国产农牧产品长期屹立于阿尔巴尼亚市场。

当前,油价比2005年上涨了3倍。执行了3年的农产品销售增值税6%的退税政策并未取得成效。这不是农民的错,因为在农村现代自由市场经济机制没有发挥效能,贸易加工活动仍然是不正规的。我们的农业应该像城市中的企业一样设立相同的条件。我们的财政政策将聚焦直接降低农业机械价格和农业用电价格,旨在降低生产成本,增强竞争力,为国产农产品在出口市场上"走出去"创造便利条件。

种种资料表明,阿尔巴尼亚农业能够更具竞争力,特别是在基础设施条件改善的情况下。但农业不能在没有政府财政支持的情况下发展。我们的新政府将大力推广国内扶持农业的金融机构(如储蓄贷款公司)的积极经验,为农村银行体系创造便利,促进合作,分散农户风险。

我们将把农村地区发展公共投入资金提高5倍。

在阿尔巴尼亚缺乏保护林业和其他自然资源的有效政策。2005年后林业管理部门出台的政策显然导致了林业面积受影响和腐败现象活动空间扩大。大面积的滥采滥伐现象致使约两倍的林木被非法砍伐,以及过度放牧和森林大火,给林业土地造成了损失,导致耕地遭侵蚀和生物多样性严重退化。

我们致力于林业资源管理体系的非集权化,但同时让中央政府充分负起责任,制定通过该领域的调整性政策。农村地区发展也将迎来高潮,这主要受益于国土良性管理。我们将恢复用于采石场的大面积植被,促进二次林业生产。

阿尔巴尼亚的领土上幸运地有 3 个跨境湖泊,他们都具有独一无二的自然价值,有着巨大的发展潜力。

斯库台和奥赫里德两个环湖地区,以及普雷斯帕湖地区都得到了上天的怜悯。这些地区的发展都缺乏环境友好的特点。我们将通过与邻国合作,制定通过地区发展计划,稳妥利用优势,造福当地。根据与渔民达成的备忘录,所有的湖泊,包括内陆湖、自然湖和人工湖,都将禁止一切危害渔业资源储备的活动,让捕鱼业回归正轨。

(八) 21 世纪的旅游服务业

旅游业应成为经济的主要支柱,中小企业将可能支持这一领域的成功。

阿尔巴尼亚旅游业的主要形式集中在海岸沙滩游。40% 的游客仅在 7、8 月来我国旅游观光。

1990 年后,地缘政治的变化使得阿尔巴尼亚的海滩变成了全体阿尔巴尼亚人的海滩。今天 60% 的来阿旅游观光游客来自科索沃、马其顿和黑山,这表明阿尔巴尼亚的旅游还是民族游。旅游收入并未伴随游客人数增长而增长,这一行业未实现财政收支平衡。

在很多具有旅游发展潜力的地区仍做不到不间断供应饮用水。交通也不是像邻国那样井然有序。环境污染,国道两旁和旅游目的地到处堆满了城市垃圾。连续 6 年,政府封闭海域不仅表明无力保护海岸线不受非法活动侵害,还表明诸多旅游项目破产。

我们要解放和唤醒海洋,使之促进承载着社会责任的旅游业和经济稳步发展。

我们的旅游业发展政策主要包括以下三个方面:

第一,我们将详细分析游客来源组成,明确区别阿尔巴尼亚籍游客、阿尔巴尼亚族游客和外国游客。我们的目标是提供更具吸引力的服务,不仅仅集中在夏季旅游月份，还要覆盖到全年。今天，阿尔巴尼亚的文化遗产、全年旅游的真正潜力都没有得到利用。我们古老和现代遗产宝库中的一切，都可以用来发展旅游业。有着适宜气候、美景、文化传统和丰富美食的乡村环境可以纳入面向国内外游客的旅游服务。

第二，我们承诺开展密集的信息推广活动，以吸引更多的首次来阿外国游客。重点是恢复传统古城和旅游中心。我们将很快实现现代酒店住宿和推广阿尔巴尼亚传统民宅宾馆之间的良好平衡。新的执照评估体系将加快国内旅游服务与欧洲旅游网络的快速融合。

第三，我们将制定旅游发展长期规划，做好该领域的重大战略性投资规划。不幸的是，阿尔巴尼亚今天仍面临无序的工业化压力，使阿尔巴尼亚的文化和自然遗产遭受破坏的威胁。正是这些文化和自然遗产使阿尔巴尼亚成为欧洲一个独特的国家。国家旅游发展总体规划将与国家发展规划相协调，在三个基本方向指导每一个国内外潜在投资者，即哪里允许发展？允许发展什么？发展地区都发生了什么？

（九）现代化的基础设施——欧洲基础设施的一部分

我们致力于建设运转正常的基础设施和有效的基础设施服务体系，这将加快国家发展和经济增长。建立在举债之上的公路基础设施支出（不包括都拉斯至库克斯公路的一部分）没有成为欧洲标准的投资。阿尔巴尼亚需要依照欧洲标准彻底改善基础设施状况。

改善交通网络在国家发展中发挥着基础作用。交通使得人员和货物自由流通便利化，有助于个人和企业实现他们的经济目的并满足生活和社会需要。

我们致力于建设包括公路、水路、航空和铁路的一体化交通基础设施。这将为实现发展经济、国土与社会和谐统一服务，并将纳入国家发展规划。

地中海正在成为连接欧亚大陆的桥梁。利用好这一发展机遇是我们的责任。

薄弱的公路基础设施致使阿尔巴尼亚商业成本高昂，在国际市场不具优势。在很多情况下，公路成为上班的障碍、将农产品运送到城市消费者手中的障碍、学生上学的障碍、就近就医的障碍。因此，我们将全力发展包括国道、城市道路和乡村道路在内的公路网络。

发展乡村公路网络将把所有的村庄用主要公路网连接起来，还可以把沿海地区连接起来。

我们的城市道路规划是改善公共交通体系，修建现代化的公共汽车站和泊车场所，完善道路使用者立法，强化交通管理和保护观念。城市将因我们的执政而实现彻底转变。

我们社会党人意识到，我国最大的财富就是国民，政府的责任就是利用各种条件保护国民的安全与生命。20 年来已经在公路基础设施上花费了数十亿美元，但今天仍不能确保道路安全和舒适度。我们将在道路安全方面加大投入。在今天的阿尔巴尼亚，人均汽车拥有量比欧盟成员国少 4 倍，但道路死亡率是欧盟成员国的 4 倍。我们不允许阿尔巴尼亚的道路出现这样一组悲剧性的关系。

海运在跨国商品运输方面发挥着重要作用，但我们的政策没有很好地利用地理优势，并将此转化为阿尔巴尼亚实现发展的一种选择。我们将把阿尔巴尼亚转变为光荣的海运国家，同时成为东西方货物的中转地。

这一目标的实现不仅要靠都拉斯港扩容，还要靠建设至少一个新的商业港口。发罗拉港无疑是一个尚未利用甚至被滥用的潜在港口。深津港凭借水深成为一笔战略性的财富并对国家经济产生更大的价值和影响。

我们将建设两个物流中心，并通过铁路和公路将港口连结起来。首先是确保海事部门运转正常。我们将完成必要的立法工作，为阿尔巴尼亚沿海地区的海事投资开辟道路，推动旅游业发展。

铁路运输将不再荒废。我们将在人口稠密地区发展高频率轨道交通，提高国家铁路网的现代化程度和运输安全。这需要优先将铁路网与马其顿铁路网、新发罗拉港、PORTO ROMANOS 港和新深津港连接起来。

阿尔巴尼亚电力领域的目标是通过国内资源和可接受的成本向家庭和非家庭消费者不间断供电。电力供应市场清晰的规则设定和透明度是必不可少的。为此，我们将健全电力领域的技术纪律，做强主要企业——OST输变电运营公司。作为唯一的从事调节电力供求市场的重要公共事务性公司，该公司将进行重组，增强应对东南欧地区电力需求增长的能力。拥有一家独立、高效和透明的能源管理集团非常重要。这一对电力、天然气乃至全国至关重要机构的独立性，是与高效、称职和及时，与政治彻底分离的决定紧密相连的。

对电力的高需求将通过家庭用电、生产性和私营商业用电的发电多元化实现平衡。

我们是有雄心壮志的，正因如此，我们希望每个市民和企业能够从有着无限可能的因特网中受益。信息通讯技术需要严肃的而非宣传口号式的承诺。光缆基础设施在普及因特网方面有必不可少的意义，但是在发展中遭遇严重障碍，经常出现垄断。现政府迟迟未通过有关法案，导致网络重复建设，给消费者增加了不必要的消费成本。我们要重点加强通讯领域的竞争，给予地方政府和那些功利主义的公司参与服务市场的机会，尽可能地提供免费或最低收费的因特网服务。

我们将避免近年来市场上出现的各种运营执照颁发程序不透明的现象。在可接受的成本范围内，我们将加快有关收费各环节审批和执行的衔接，实现固定电话便携性。

信息技术不仅有使公共服务更加高效的潜力，还有让全民参与政策起草的潜力。

为了实现信息社会的经济和社会效益最大化，我们将创建一个合法的、规范的环境，制定可信赖的、透明的、非歧视性、有能力推动技术创新和竞争的政策，以利于建筑和基础设施领域的必要投资和新兴服务业的发展。

（十）为今天和明天留下清洁的环境

经济转轨20年来，破坏和滥用自然资源，连同环境问题已成为阿尔巴尼亚社会主要的隐忧。今天的阿尔巴尼亚没有人打扫，不处理垃圾。这些垃圾在很多情况下就像中世纪时期一样在道路两旁、河边以及耕地里被烧掉。国内的大部分地区垃圾的收集、分拣和处理是完全失控的。

阿尔巴尼亚缺乏符合欧盟标准的处理垃圾的能力和基础设施。除此之外，20年来阿尔巴尼亚一直缺乏清洁垃圾的政治意愿。国土污秽不堪已成为国家最紧迫的问题。改变这样悲剧性的状况刻不容缓，我们已做好准备予以改变。

同时，在今天的条件下，阿尔巴尼亚已完全不能进口垃圾。正因为这样，我们将禁止进口垃圾。这是我们能保证的。

阿尔巴尼亚人都见证了全国各地城市垃圾与日俱增，河床淤积，各大海滩海水污染，以及森林面积的明显减少。

最近20年来的局面需要及时有力的干预。我们的目标是在第一个执政任期内设立国家卫生清洁监察员，力争创建一个没有垃圾的阿尔巴尼亚。

保护环境意味着为了今天，为了所有人，稳定发展与社会责任相融合，不再延缓经济发展。环境问题和环境教育应成为阿尔巴尼亚各级学校必不可少的一门课。

社会再生

◇对每个阿尔巴尼亚人普遍适用的、负责的卫生事业；从医院和医药分配网络彻底根除腐败。

◇保障最低工资；退休金不低于平均工资的40%。

◇覆盖全体国民的自来水供水、电力、电话和因特网；建立安居基金——一个帮助新家庭和居无定所人员的机构。

◇教育预算等于国内生产总值的55%；独立的高校评估和排名体系；职业教育网。

◇每个孕妇的生育保障。

◇每名75岁以上阿尔巴尼亚公民的社会养老金，不管工龄多少。

◇老战士和受政治迫害者的社会和经济地位。

◇禁止雇用童工。

◇保护消费者不受虚假价格、粗制滥造和不利合同侵害。

◇一个国家理应保护生命、自由和财产。

(一) 惠及全民的必要生活服务业

阿尔巴尼亚已转变为消费社会。非常不幸的是，似乎什么东西都可以像商品一样买卖，这不排除对每个社会都至关重要的服务行业，如教育、卫生、文化和通讯。

我们将坚定地改变现实并以社会团结的精神重建我们的社会。我们视民主社会生活中的必要因素为面向所有人的共同的福祉。真正的造福全体的生活服务业，有着高质量和可接受的价格，是社会发展指标和我们对社会主义阿尔巴尼亚的观点。我们相信，每个家庭和个人有权利自由选择居住地，能够拥有有尊严和成本合理的住房。我们的目标是面向所有人的合理的可接受的住房供给。缺少住房是阿尔巴尼亚社会和家庭最尖锐和痛苦的问题。我们现在要推动这一问题的解决。

现在每15个家庭中就有一个家庭是没有住房的。城镇地区近半数的家庭没有足够的住房，住房条件有限，或面对无法接受的价格。农村地区的居住条件因为贫困正变得日益困难，基础设施、生活服务相对缺乏，而建筑成本和劳动力成本却日益高昂。

缺少住房和住房困难不是因为客观上不能解决，而是源于缺少住房政策。建筑业快速发展并没有帮助大部分人的改善条件，这是不可接受的。地拉那市和国内其他大城市无住房的家庭数量与未售出的住房数量基本持平。

住房是一项必要的权利。为了使新家庭得到巩固和解放，自由参与职业的和激动人心的选举，我们将在一个特别机构的管理下设立符合社会政策和人口住房需求的适当的安居基金。通过这一基金，我们将减少社会拒斥的危险，促进社会流动性。

水是一种很好的自然资源，也是人们普遍的权利。因此我们支持的原则是，个人和集体获得饮用水的权利不可侵犯、不可剥夺。地表和地下水源头都应按照协商的原则去使用。

水资源是阿尔巴尼亚最宝贵的但也是最受到破坏的财富之一。

为了面对与日俱增的饮用水、农业灌溉用水、发电用水和企业生产用水需求，需要充分和协调利用地下水和地表水资源。阿尔巴尼亚仍是一个非常不重视自来水的消费国家，有关指标是欧洲发达国家的好几倍。在城镇地区只有90%的自来水能够输送到家庭，在农村地区仅有55%的自来水输送到家庭，每天的平均供水时长为12个小时。自来水管网状况更是触目惊心的，城镇家庭的覆盖率仅有65%，在农村仅有3%。近20年凌乱的建筑和失控的开采水资源，给相当一部分地下水资源造成了不可修复的损失。

在阿尔巴尼亚还没有一份完整的地下水和地表水资源地图，同时缺少一个年度内天然盆地水能蕴藏量和径流量数据等基础性资料。我们将设立国家水利登记办公室，以查清准确的全国水资源的储量、年发电径流量分布。

我们将帮助贫困家庭承担用水和污水处理成本。

电力供应是阿尔巴尼亚家庭必需的另一项服务。尽管消费者面对的是频繁的断电，依然做不到电压稳定的供电，电价却一年比一年高，即便德林河的发电状况较好。输变电系统的私有化并未带来更高的服务质量和更大的透明度。我们将加强电力部门以提高供电服务质量，并通过财政政策缓解电价上涨带来的影响。

（二）教育、知识、文化

对我们而言，人力资本是国家的宝贵财富。发展人力资本将使阿尔巴尼亚人以更智慧的方式劳动，跟上时代快速变化的步伐，在国内外市场上拥有更强的生产能力和竞争力。教育不仅对个人，对社会都是具有决定意义的因素。我们致力于为每个孩子提供高质量的教育，不论他们的居住地、家庭环境和经济状况。

对现政府而言，教育不是现实的重点，只是虚拟的重点，完全没有得到财政支持。教育预算在国内生产总值中的比重在下降：从2004年的3.4%到2011年的2.8%。最近两年，政府取消了2005—2009年度已执行的教育改革，这表明完全缺乏对阿尔巴尼亚教育事业未来的规划。

政府关于普及高等教育和推广信息通讯技术的宣传完全无视近年来的败笔：高居不下的文盲率和公开或秘密的辍学率、大学教育落后、科研资源有限、授课质量差、陈旧的体系管理、薄弱的教导和试验基础、教育与劳动市场联系有限、教育与职业培训缺乏协调、高校入学竞争下降、缺乏阿尔巴尼亚学历在发达国家认证、令人迷惑的盲从的改革和高等教育投入政策，或者是学校自身教育作用下降。

［我的名字叫波拉，我20岁。我上学是为了得到一个学历，而不是一份职业。我们年轻人需要很多。我们要工作，不是一张没价值的废纸。社会党的青年教育就业机会是我们期待已久的解决方案。］

我们坚定地不允许任何教育歧视，因为教育更多是为获得知识和技能。学校应培养学生的道德价值观、社会能力和创新能力、积极进取的精神、审美观、政治文化和民主行为。我们将为每个学生——不论家庭出身和经济状况——每位有能力和资格的教师，确保有现代知识的课本、激励的环境来学习培养技能，批评性的思维和解决问题的能力。

我们将加强学前教育和9年制义务教育，提高中等教育和职业教育的质量，提高大学教育、公立教育和私立教育的标准。

我们认为，公立学校教育和接受公立大学教育是所有人的天然权利，但只能通过竞争和成绩获得。

我们将使学校回归文化场所，教授学生有选择权的文化、体育、德育方面的培训课程。

青年文化教育有着重要意义。艺术课程也能在中等教育中找到特殊的一席之地。每个中学生都应该选择一门这样的课程，如音乐、文学、美术和诗歌。学习可以在校外环境中进行，或把来自不同学校的学生聚集在一起。

我们将争取使所有5岁以上的孩子都接受教育，并为有需要的家庭提供社会服务。我们的教育政策是使每一个青年在学校或劳动地点接受教育或职业培训直至18岁。

在阿尔巴尼亚，教师是改写教育篇章的力量。我们将改善教师的实际收入，同时他们的补贴标准建立在工作、专业能力和学生成绩之上。我们将一劳永逸地结束校园政治激进和教师因政治信仰和归属受到迫害。教师—学生—家长是我们的新教育政策不可分离的主线。

学校是一个对孩子们安全的环境，对各种反社会的行为实行零容忍。我们将给予教育必要的财政投入，不少于国内生产总值的5%。因为我们相信教育是最好的经济政策。

职业教育将与职业培训相协调发展，培养有知识、技能、进取精神的青年，鼓励他们融入劳动市场。我们将在各大城市推动成立国家职业培训学院，在每个市设立社区学院和每个乡设立流动职业中心。

我们将重视为自然科学和工科教育提供必要的资源和奖励。当前，只有五分之一的学生参加自然科学和工科学习。这是不可接受的，与经济增长的要求相冲突，教学内容应更具技术性、更具竞争力、更加全球性。

我们将努力使公立和私立大学增加自主性，提高教学质量和标准，培养能力全面的敢于面对21世纪挑战的学生。我们将确保独立的评估体系和高校排名体系有效运转。

我们支持科学研究，优先支持阿尔巴尼亚学、民族语言、历史和文化，支持发展科学将包括给予科学院、大学和公私合作注资办学科研的学术科研机构补贴。

我们将努力使阿尔巴尼亚的学校培育第二和第三专业教育。我们将根据个人兴趣和劳动市场需求，创造各种条件开展职业和新技术的教育培训。

政治将彻底与艺术和艺术机构分离。追求那些粗俗和平庸的文化并予以资助，不是我们的新文化政策所能承担的。选择公共资金投入的文艺项目，在一个彻底改革的体制内将是透明和民主的。

（三）平等的、普遍的和负责的卫生事业

今天的卫生体制深处危机之中。阿尔巴尼亚卫生事业没有实现下述的任何一个职责：预防、诊断、治疗、康复。

我们有改变这一令人痛苦的现实的愿望和勇气。我们将通过进行彻底改革，提供最普遍的医疗服务，不让一个市民置身于卫生体制之外，而今天有100万人处于医疗体系之外。

市民享受的是越来越不安全和无礼的医疗服务。然而医疗工作者被冷落，公共资金投入完全不足，处于腐败政治的保护和持续的健康安全威胁之下。我们面临的挑战是帮市民找回对卫生事业失去的信心，通过一个普遍的医疗服务体系保护他们的健康，并为医疗工作者提供优质服务创造必要条件。

我们的卫生财务体系滋生腐败、极端官僚主义和大规模的歧视。有限的公共资金被滥用和犯罪，而市民却为了享受这一至关重要的服务不得不掏钱。这种行将末路的卫生体制，不能满足国内一半人口的需要。同时，贫困者被排除在外，不能获得医疗保障，甚至那些缴纳保险的人也不能行使他们的权利。

我们将帮助市民找回失去的对医疗服务的信心，为医疗工作者创造提供优质服务的必要条件。公共卫生事业是共同的财富，因此任何人都不能被排除在普遍的医疗服务之外。

100万劳动适龄人口不能享受到公共医疗服务，仅因为他们失业。政府甚至将这100万人的医疗费用提高了四到五倍。自2011年初，失业者每次就医治病的费用上涨了10%。事实上，这就把那些不因为他们的过错而无法支付的人排除在卫生体系之外。

我们把公共卫生事业视为共同的财富和基本的发展要素。我们将向所有因贫困和失业无法享受医疗服务的人们提供免费医疗。他们将得到国家的保护。所有缴纳保险的人们将有可能获得完全免费的优质服务。

我们将取消10%的医疗服务和药品税费。今天五分之一的地区没有医疗服务。我们将成立国家卫生服务机构，使得全体人民都得到保障，有可能享受应有的医疗服务，不论他们的收入、社会地位、居住地、性别和年龄。

我们是健康者和病患间共同社会责任的倡导者。

遗憾的是公立医院的状况是可悲的，都已成为公款滥用的源头。医院缺医少药是常见的现象，阿尔巴尼亚人都已"习惯"带着药和床单去医院。我们将开辟医疗港湾，实现医院和诊所的基础设施现代化和提高医疗安全水平。公立医院将不仅成为人们治病的地方，还将成为体现社会责任文化的中心。

我们将加大公共卫生和疾病预防投入，制定预防肿瘤疾病和心血管疾病计划。药品费用占整个医疗支出的三分之一。药品价格常常比欧盟国家还要高。在农村地区缺少药品，现在仅四分之一的地区全部或部分覆盖登记处方药品。

我们将降低阿尔巴尼亚的药品销售价格。我国销售的登记药品价格将不会高于原产地价格。我们将提高药品的质量安全，使之符合欧洲标准，同时还将加强医药销售链质量监管。我们将扩大全国合格药品服务的覆盖面，确保公共药品服务覆盖私人医疗无法覆盖的地方。

我们将坚定地站在医生、护士和医疗工作者一边，尊重他们关心自己同胞健康的奉献精神。因此，我们将经常性地与他们进行对话，以解决所有他们关于培训、科研、专业自主和参与临床的问题，不忽略填补多年来国内医疗队伍留下的空白。

阿尔巴尼亚卫生事业中经验丰富的杰出教授们，将是我们改革青年医生培训体系的伙伴，并把"特雷莎修女"大学医疗中心转变为阿尔巴尼亚医科大学。他们将在这里传授他们宝贵的经验。

（四）关爱家庭、儿童和老人，特别关注民族解放战争中的老战士和受共产党专政迫害者

今天，阿尔巴尼亚每 2 个人中有 1 个人是穷人；每 5 个人中有 1 个人每天的生活费少于 2 美元；每 20 个人中有 1 个人的生活费少于 1 美元。

官方贫困率是大约 13%，但真正的贫困率是大约 30%，在一些乡村甚至达到 50% 以上。这一指标清楚地体现了贫困程度，也表明阿尔巴尼亚的地区发展不平衡，存在极度贫困地区。

最贫困家庭都是新家庭。在阿尔巴尼亚贫困表现为不仅缺乏谋生手段，还缺乏接受重要的公共服务，这就影响到了人的发展。贫困家庭不可能将孩子送去学校，不能接受公共医疗服务。

平均每月4000列克的经济补助生活费并不够。失业补助每月不足7000列克。

根据国家统计局数据，阿尔巴尼亚一个两口之家每月最低生活费应是3.5万列克，然而城市中两个退休者每月加起来才能得到2.5万列克。

侨汇下降正使得阿尔巴尼亚家庭的生活恶化，他们中的一部分陷入贫困。

需要另一条道路来帮助有需要的阶层。尽快计算最低生活保障线，是重要的第一步。快速有效地确定最低生活保障线是必要的。

我们社会党人不说含糊话："你贫困并不意味着你运气不好，也不是说你无能，而是因为有一个糟糕的政府。"

我们不会像现政府那样用提高对穷人的救济金来衡量社会政策，而是仅用彻底脱贫家庭数量。考虑到贫困家庭的尊严，我们将用真正的就业代替经济补助。

我们将用积极的与贫困斗争的政策，代替消极的救济金，因为这只会增加失业。所有生活在最低生活线以下的人都有可能接受应有的职业培训，使得这部分阶层可以尽快走出贫困，重新进入劳动市场。

我们将增加残障人士的社会保障覆盖面。对残疾的评估，除了现有的医疗因素，还要包含社会因素。

我们将改革社会保险体系，目的在于使阿尔巴尼亚人在不能从劳动获取报酬的条件下，可以保持一个可以接受的生活水平。我们承诺确保每个努力加入就业计划的阿尔巴尼亚公民享有最低生活保障，这是普遍的社会价值观。

75岁以上的老人将获得社会保障，不论他们的工作历史长短。

退休金将不会低于平均年劳动收入的40%。17年来支付的各种赔偿金都将成为退休金的一部分。每次提高退休金都将在全额发放退休金收入的基础上执行。

我们将帮助新生婴儿的母亲们，每个母亲都享有产假，不论她们缴纳的社会保险多少。国家和社会将关照新生婴儿和他们的母亲。我们将在全国为孕妇、母亲和婴儿提供更加优质的服务，不论他们的社会状况和经济状况。

我们认为家庭是社会的基本单位。我们将继续按照阿尔巴尼亚家庭的美德努力工作。

我们承诺，作为首要任务，让每个家庭的孩子在良好的无暴力环境中接受初级教育。

我们主张建立坚实稳定的家庭，在这里不同年代家庭成员相互理解和尊重。我们支持所有的家庭生活方式：婚姻家庭、同居、单亲家庭以及其他形式的伙伴关系。我们认为家庭性暴力是对社会的严重威胁，将动员一切社会资源和力量与之作斗争。我们支持家庭计划生育政策，支持父母决定想生孩子数量的权利，支持预防意外怀孕。

我们认为优生优育是社会问题而非私人问题。不让一个孩子落后——这是阿尔巴尼亚社会党人的任务。

现政府即便花言巧语，也没有能解决阿尔巴尼亚儿童面临的问题。每4个儿童中就有1个儿童是贫困的。每3个儿童中就有1个儿童是有需要的，但仅30%的儿童得到相关服务。

公立和私立医疗服务仅能满足不足半数儿童的需要。孩子是阿尔巴尼亚家庭的最薄弱环节。孩子享受医疗、社会保护、教育、发展和参与的权利已远离儿童正常成长的条件和标准。

很多儿童成了奴役、强迫劳动、贩卖毒品、性侵犯、危害身心健康的家庭式危险劳动的牺牲品。戈尔戴茨爆炸事件造成的悲剧，撇开腐败的致命性爆炸不说，还展示了滥用童工的奴役现象。

每3个阿尔巴尼亚儿童中就有1个童工，主要是从事恶劣劳动，这就是丑闻。我们一定要改变这个令阿尔巴尼亚和全社会感到耻辱的状况。

超过5万适龄儿童没有上学，被迫辍学从事家庭式劳动。官方统计承认，儿童自杀是经常发生的家庭暴力和侵害的恶果。

我们社会党人是性别平等社会责任的倡导者，认为男女平等是解放社会的一种方式，距离达到可接受的程度尚远。性别不平等成为阿尔巴尼亚福利发展的一项基本障碍。法律平等并未自动带来平等的可能。

妇女依然受到男性排外思想的严重威胁。

妇女在劳动市场上受到严重歧视。当她们找到一份工作，与男性同工但不同酬。

在政治决策方面，妇女依然是少数。我们社会党人是提高妇女参政的典范，我们保证就像我们在党内实现性别平等那样，在国家公共部门和整个社会生活中实现性别平等。

对我们而言，性别平等不仅仅是简单的社会道德价值观，也是面对人口挑战，加强民主和提高阿尔巴尼亚家庭福利的解决途径。

据法院提供的报告显示，每天有两名妇女因遭受暴力寻求保护。我们将要求加大对妇女施暴的惩罚力度。

我们将为劳动市场上的性别平等奋斗，消除歧视，工资报酬按性别区别对待。我们将增强对父母，特别是母亲的可塑性。我们将通过减轻促进失业妇女就业企业财政负担促进就业。妇女的报酬将不低于男性。我们将通过法律和政治惩罚措施保护妇女不受经济、性和人口贩卖侵害。

社会党人承载着阿尔巴尼亚爱国主义和民族解放战争老战士爱国情怀的最美好价值观。我们向我们的民族历史和反法西斯民族解放战争致敬。英雄和烈士，都是历史上的光辉篇章，老战士的作用是不可动摇的参考点。老战士们把国家从纳粹手中解放出来，让阿尔巴尼亚与世界上其他解放力量一道，找到应有的历史地位。他们通过努力和牺牲，为国家的发展作出了贡献，并创造了为祖国服务的劳动文化。

我们的公共社会政策将尊重老战士的地位。对老战士的服务和关心是我们社会不可剥夺的重点。所有对老战士的公共服务都将是免费的。

社会党人在反共产党抵抗运动中的烈士和牺牲者前是谦卑的，怀着敬意高度评价受共产党政权政治迫害者的遭遇和牺牲。

我们将结束20年来对受政治迫害者的伪善和侮辱，我们将和他们合作，有尊严地抚平不予他们赔偿造成的伤痕。

我们对受政治迫害者的新赔偿方式将扩大受益者群体，根据判刑年限执行进步的补偿。75岁以上的受迫害者补偿发放将在一年内完成。我们的公共社会政策将尊重前受政治迫害者的地位。所有针对前受政治迫害者的公共服务均将由国家负担。

我们将建起一个欧洲历史记忆机构，来记录和告诉公众共产党执政下的迫害史。

（五）重建公共秩序——一个国家、一个警察

我们要非常慎重地对待市民的不安全感。似乎有组织犯罪和黑社会谋杀没完没了，市民们现在总是感到受到犯罪、银行盗窃、入室盗窃和路上扒窃的威胁。这段让人想起90年代初的无政府黑暗日子的历史，早应该结束了。那些国家机构领导人，像议员、乡长、法庭庭长或情报部门特工被疯狂杀害的案件，即便凶手去向不明，但依然留下了踪迹。在贫困地区和没有国家机构的地区依然在种植毒品。贩卖毒品和人口依然是深深的伤口。

对我们而言，安全是国家有责任向公民提供的一种公共福利。

我们的安全观是不仅毫不妥协地与犯罪作斗争，还要每天与造成犯罪的原因，如失业、贫困和社会排外情绪作斗争。

我们向阿尔巴尼亚人民提出的是一种涉及政治、经济、社会和机构等领域的安全政策。

在政治领域，我们将使安全力量完全独立于政治。警察部门中政治任命、使用释放的罪犯担任保镖的时代已经结束。阿尔巴尼亚国家警察应是职业的、无差别的，不论籍贯和政治信仰。这是我们的郑重承诺。

在经济领域，我们将确保为安全部门提供必要的财政和装备支持，重新评估转轨年代中宝贵的人力资本以及被现政府严重滥用的人力资本。

在社会领域，我们将拉近警察与社会和市民的距离，支持将公共意见纳入对安全力量的工作表现评估标准中。阿尔巴尼亚国家警察应体现我们社会党人倡导的社会责任文化。

在机构领域，我们的解决方案是简单实用的。警察多元化是有着高昂财政和社会成本的失败之举。警察体系缺乏监督、制裁、机构建设，没有协调配合，造成了国内的混乱和维护公共秩序，保护公共和私人财政、保护环境和公共服务等国家责任的缺失。

我们将彻底改变这一混乱的现状，大幅降低不安全水平，减少任何形式的损害公民、社会和国土犯罪数量。

阿尔巴尼亚国家警察将执行多种安全任务，掌握新的法律权力，解决一系列广泛的问题，使"蓝衣部队"保卫每一个阿尔巴尼亚市民的安宁。

（六）全国和地区的和谐统一

20年国家经济发展给阿尔巴尼亚带来了严重的地区不平衡。90年代初曾出现一场涌向大城市的国内移民浪潮。边远欠发达地区人口向大城市转移，尽管这里的卫生和教育资源极其有限。

例如，在地拉那—都拉斯地区，大部分的企业和家庭都是转移而来的。现在除了交通和农业，地拉那集中了国内超过40%的企业，其中55%的企业集中在地拉那—都拉斯走廊两侧。

然而，企业和家庭集中在大城市，将边远地区的经济社会服务水平降至零水平。作为经济集中在地拉那—都拉斯走廊的后果，阿尔巴尼亚其他地区被迫仅靠农业为生。

现在很多地区不能从经济发展中受益。我们将通过新的地区政策，实现全国性的经济社会发展。

违规建筑合法化将很快结束。"违规"地区城镇化是我们社会党人决心要完成的首要任务。我们相信只有城镇化才能使"违规"地区的居民过上发达地区的生活。

我们的目标不仅是农村地区和违规建筑的统一，更重要的是这些地区居民的社会和谐统一，建立一个旨在融入欧盟的社会。

作为一个民族，如果我们能够成功实现应有的国土和地区的和谐统一，我们将提高每个公民的生活标准。

国家总体规划和与之相配套的阿尔巴尼亚12个大区的地区性发展规划

对我们的经济、社会和城镇稳定发展新模式是十分必要的。我们承诺将尽快制定这一符合欧洲高标准的规划。

各地政府将加强同中央政府的紧密协调行动。只有这样才能使国家的全部财富服务于经济快速增长和达到新入盟国家的生活标准。批准国家总体规划将使地方政府认清各行政管辖单位的边境，并与全国的地方发展前景协调行动。

我们将鼓励地方政策制定者与中央政府合作，以帮助他们更好了解他们对本地区、本单位、各个社区、各级政府间未经协调行动和不相符政策的后果。

我们相信，这样将彻底结束国土管理中普遍存在的混乱以及中央和地方政权关系极端政治化造成的机构崩溃。

（七）监管政策和高效服务，作消费者的健康和经济利益的守护者

尽管观念和行动上十分落后，自由市场经济给阿尔巴尼亚公民带来了显著的优势。经济对本地区、欧洲和全球市场开放，自然提高了阿尔巴尼亚公民所能享受的商品和服务的丰富程度。但是同时，这也将阿尔巴尼亚消费者置于难以选择的境地，常常在不掌握信息的情况下被迫作出选择。

我们的市民不知道商品的产地、质量、成分和保质期。大规模中毒事件在全国都发生过。所有驾驶汽车的人都对燃油质量不满。除了直接对健康和环境造成的损害，伪劣燃油意味着每个汽车驾驶员每年要付出200美元的汽车损耗和修理费用。近来对液化气很快用完和热力不足的投诉也明显增多。

一些传统上由国家提供服务的私营经营者经营风险增加，市民总是独自面对市场的盲动。

近年来，公共和私营经营者在垄断市场上欺行霸市的现象增多。自来水、电力、固定电话通讯服务的运营商不愿意让消费者知道如何与之建立联系。

电力或自来水肆意乱收费、随意调电表增加了消费者的直接成本，在无事先通知的情况下突然修改固定电话合同条件令人担忧，这些在阿尔巴尼亚家庭的日常生活中处处可以找到。

我们将保护消费者不受市场盲动力量的损害。自由市场"看不见的手"的影响应由政府"看得见的手"监督行动予以补偿。我们反对水电表、重量、刻度和质量监督服务的私有化或授予特许经营。

公共事业公司的测量和计费系统将由国家公共部门监督和授权。

我们新财政政策将成功降低国家农牧业产品成本，为向阿尔巴尼亚人民提供价格低廉的产品，我们将加强立法和保护竞争机构的作用。我们的目标是同控制阿尔巴尼亚普通百姓消费所需的产品和服务的垄断寡头和卡特尔作斗争。

我们将规范城镇农业产品销售点。任何人都不允许在不适宜的环境中出售产品。我们将是消费者经济利益的律师。我们将确保消费者在市场上的选择自由、合法知情权、产品和服务安全、质量、数量、成分和价格保证。

我们将批准提高购买新电器产品和其他家用产品的质保期限的必要立法。

我们将促进适当的广告运动，不得欺骗消费者。我们将确保立法程序中的消费者志愿联盟的代表权，投入公共资金来通知市民他们所享有的维权权利和方式。

民主重建

◇实现自由公正的选举标准；重返议会，尊重在野党。

◇缩短案件审理时限；快速高效和职业的司法。

◇消除腐败体系和有罪不罚文化；符合公共利益的良性竞争；停止面临司法调查的每名官员的职务。

◇非政治化的、专业的和负责任的公共部门。

◇恢复地方自治的活力和完善的地方财政。

◇改进非政府组织活动立法和资金管理措施。

◇停止政府对独立媒体和电视盗版的暴力；阿尔巴尼亚广电总局的彻底转变。

(一) 建设民主社会

尽管经历20年建设一个民主体系的努力，萨利·贝里沙政权统治下的阿尔巴尼亚，正处于去民主化时期。这种去民主化模式实质上表现为对人民意愿施暴，滥用公共资金，将议会变为批准政府独裁决定和扼杀在野党的机构，宪法机构沦落，提供法律罪人作为职业示范，有罪不罚文化顽固，公司企业寻求权力照顾，后者滥用公共资金和国家财产为前者牟利。

去民主化的模式建立在如下基础之上：执政者受一个因与集团和政权关系户裙带关系有关的阶层经济利益影响，做出和执行决定。绑架国家和司法体系，公共部门职能脱节；对媒体施压和操纵信息公开；扼杀公民社会。

阿尔巴尼亚作为北约成员国，距离"北大西洋联盟民主"尚远。在联盟内，举行的是自由公正的选举；全体公民不论社会地位，在法律面前人人平等，腐败和有组织犯罪通过独立的司法受到惩罚；财产受到保护和尊重；公共部门为公民服务而不是为执政者服务；信息自由和官方资料的精确度不受影响。

对我们进步人士而言，建立一个民主社会始于自由公正的选举，但不仅限于选举。没有选举，就没有真正的社会和平和社会公正。我们应该建设一个深深植根于真正民主文化、真正民主机构和竞争自由、信息自由发挥不可替代作用，社会参与决策的民主。

领导我们政治运转和行动的"一个党员一票"的原则，是阿尔巴尼亚真正民主选举的安全起点。

我们社会党人认为，自由表达思想，透明和受监督地行使民主权利，被选举人对选举人以及政府对在野党的解释责任，民主只能用民主的方法建立和保护的原则都是神圣的。

我们相信，多数人的意志是对少数人不尊重的专制。我们的政府将视在野党为不可替代的伙伴，和跟我们持不同思想的公民的代言人。尽管如此，我们依然希望看到他们和阿尔巴尼亚成功。

我们建立民主社会的目标是清晰的。我们将把议会从一个批准政府独裁决定的独裁机构，转变为为人民行使权力的阿尔巴尼亚庄严的政治决策中心。我们将通过在国家和政权间设立清晰的不可逾越的界限来加强宪法机构。我们将推动建设性的政治对话和辩论，通过榜样和非榜样的力量体现公民的政治责任和执政能力。我们将推广民主、自由、包容、社会责任、权利平等、稳定发展、稳定、安全和和平的价值观，提高市民在各级政权活动中的影响和参与度，支持就需要公共意见的决定举行地方和全民公决。

（二）法治国家

当今阿尔巴尼亚司法体制的特点是缺乏信任和职业化，决策屈从于腐败利益和行政部门的压力。践踏宪法原则和准则、践踏人权已成为普遍现象。司法体制准入、法律面前平等、权利至上、尊重法律和宪法机构距离我们期待融入的欧洲民主标准还很远。

法治国家缺失造成了腐败和有罪不罚文化、犯罪、滥用职权、当权者傲慢和悬而未决的社会冲突横行。行政机构和与腐败利益相关的特定政治集团控制着宪法法院、高等法院和其他司法机构相当一部分决策权。拉关系、腐败和当权者利益施压风行于司法体制的领导和监督机构。这体现了司法和检察机关的职业精英体制的失败。工资体制不能保证支撑一个积极的和职业的司法体系。不仅由于不尊重行为准则和管理规定，而且因为缺乏相应的设施，审判的严肃性缺失严重。

刑事调查是不清楚的、分散的、非职业和无效的。检察院对其职能和效率漠不关心，作为结果，不履行宪法和法律赋予的职责和责任，根除顽固的有罪不罚文化。

一般法律服务和针对有特殊需要的社会团体的法律服务距离欧洲标准还很远。法律教育体制还很薄弱。初级培训和职业再培训苦于缺乏足够的人力、财力和装备资源。

争端调解与和解虽然是阿尔巴尼亚人的古老传统，但不再能像需要的那样在法律之外解决冲突。

我们认为，发展民主和巩固法治国家，完成全面深入的司法体制改革是欧洲一体化进程的重要条件。这建立在一个能够确保司法体制走上欧洲之路的全面战略之上，其制订过程对市民、利益团体和民间团体是透明的。

我们的重点是建立一个法律起支配作用和致力于实现社会公正的社会。对我们而言，权力独立与彼此制衡是宪法职责。我们的任务是巩固宪法体系和法治国家，使所有的公民在法律面前和执法过程中都是平等的。

为实现这一目标，尊重和执行宪法和规定国家活动的法律引领着我们的政治和社会行动。我们相信一个独立、有效的司法体系将为保护自由和人权提供最佳保障。

我们进步人士希望建立一个公正的欧洲式社会。阿尔巴尼亚的司法和法律应成为欧洲司法和法律的一部分。法院应转变为最大限度保障国家运转、保护国家和公民间的关系的机构。通过我们的行动，我们将确保一个符合宪法和欧洲标准的独立的司法体系，一个对所有人都一样的公众信任的司法体系，一个快速高效和职业的司法体系。

我们将推动和支持通过立法进程和执行一系列法律和机构措施加强司法机构的责任感和效率，确保建立和巩固职业体系，不允许任何形式的渎职；确保彻底改善司法工作者的物质待遇；确保彻底改善司法工作者的劳动条件；确保决策不受影响和独立；确保判决不受侵犯及有效透明的机制，以依法确定和惩罚明显因缺乏职业化和/或建立在非法利益基础上判决的案件；确保有效执行新的法官和检察官评估考核体系，司法公职人员队伍反腐败斗争取得的进展；确保改善法院和检察院巡视，包括避免职能冲突；确保法官和检察官的职业培训和相关职业能力认证；确保落实司法体系官员和工作人员行为准则；确保在所有的法院建立一个功能全面的、统一的、协调的、一体化的案件管理体系，包括收集完整的统计；确保避免案件调查和审理程序拖沓。

我们认为通过在国家预算中设立强制性的标准，确保检察院和法院的财政独立十分重要。这不仅将保证日常工作运转，而且还将保证在加强人力资源和基础设施方面取得进展。

我们支持通过具体措施提高司法公正透明度和公民诉诸司法，卸下所有严重阻碍所有人真正享受宪法权利的法律和行政包袱。

我们将努力使阿尔巴尼亚共和国的刑事诉讼和起诉成为独立有效体系的一部分，并完全符合欧洲标准。我们将对每个犯罪案件和践踏法律的人创造适当的惩罚氛围，贯彻落实法律面前人人平等的原则。我们承诺为行使刑事诉讼追究每个践踏法律行为人责任的、有能力的和责任感的检察官创造必要的条件。我们将为一个积极、有效运转的起诉机关创造条件，最终实现刑事诉讼和起诉非政治化，对履行职责的检察官给予必要支持，彻底改善刑事诉讼质量，改革司法警察，建立检察官真正的领导和监督，以此作为开展积极深入调查的条件。

一个欧洲式的法制社会视法律服务为欧洲法律服务的必要组成部分。我们进步人士致力于使这些服务更加真实，并让阿尔巴尼亚人像欧洲公民一样享受这些服务。我们将努力在采取法律、行政和财政措施方面作出贡献，使任何人诉诸法律和法律援助成为可能。我们将推动职业的、有信誉的律师服务，为社会弱势群体诉诸法律创造便利。我们将致力于创造各种法律和行政可能，建立高效快速的执法服务，确保及时坚决执行所有的司法判决，包括那些时至今日仍未执行的判决，严惩非法阻碍执行判决。我们将建立可信赖的、职业的和标准化的公证服务，对公共专家服务进行深入改革，使其在提供刑事和民事司法服务方面有效运转。

（三）消除腐败体系和有罪不罚文化

腐败已成为一个体系，不幸的是它在每个层面影响着政治体制。当权者为了明显的腐败目的控制了每项公共福利、每个公共合同、每个企业特许经营或完全独立经营活动许可、每项公开拍卖，一年又一年将公共财产私有化，舍弃公共利益。

国家政治和行政决策，以及立法正日益受制于法外利益。市民根本无法面对并屈服于这一体系。每项服务、每个权利、每个出售的公共财产、每个不论小额还是大额合同都通过腐败体系渠道。

腐败伴随着绑架国家。在一些地区公共投资状况愈发严峻，或者是那些当权者关系户有经济利益，或者为了相同的目的把耕地产权变成了城市用地产权，或者合法产权转移到腐败体系产生的产权人手中。

公共财政和财富的管理明显违背公共利益，并以越来越严峻的规模被滥用和盗窃。

阿尔巴尼亚最重要和最赚钱的市场都被当权者的关系户掌控。政府的裙带腐败决策为洗黑钱犯罪活动提供了环境。

我们社会党人准备好结束这一可悲的局面，建立公平竞争和维护我们执政基础的公共利益，开放和发展经济社会。同时为根除腐败体系，我们将认真审理每个腐败案件，坚决要求司法惩处每一个造成公共利益受损的践踏法律者。

不同于现政府，每一个逃避司法的高级官员，我们社会党人将建立一个公共责任新标准来根治腐败和有罪不罚文化：不仅要减少被选举人的豁免权和使每个被起诉者对簿公堂，还要停止每个面临司法调查公共部门高级官员的职务。

（四）欧洲式的公共管理

公共事务管理和公共部门自身饱受缺少观念和效率、立法混乱和恶意执法、结构组织性混乱、过度政治化和裙带关系之苦，缺少规划设计能力及非常缺乏说服力的预算。

我们社会党人不仅将彻底改变公共事务和服务管理，还将改变公共部门的自身运转。为此，我们实施所有与"良好施政"有关的实践，如：

◇公众参与制止和司法
◇有效立法和执法
◇决策和解释透明
◇为所有人提供标准服务
◇达成社会共识

公共财产的管理。对我们进步人士而言，公共财产与私人财产一样神圣。国家是公共财产的管理者。只有人民通过法律和公决决定公共财产的转移。我们将在公共财产独有权力的基础上制定公共行为准则和标准,最终确定公共财产和私有财产的界限。我们将确保民用交通领域的公共财产像私有财产一样,以提高公共部门对私有财产和公共财产的责任感。

公共事务管理。对我们进步人士而言,公共事务是国家赋予改善基础设施和生活质量的责任。我们将建立一个唯一的标准化的公共事务管理体系,提高公共事务管理效率,提高决策机关的透明度,同腐败行为作斗争,制定明确的管理规定和具体的审计责任条件。

公共服务管理。对我们进步人士而言,每个公民都应享受良好的、公正的和高质量的公共服务。我们将确保各种公共服务,成立一个在法律框架内活动的职业机构。我们将使公共服务管理行为标准化,具体调整个人与公共部门间的关系,设立科学的测评参数和改善服务质量,最终确定地方政府和中央政府提供服务的规模和水平。

公共部门。对我们进步人士而言,如果人力资源被低估、政治化和不正当管理,任何改革都不会成功。我们将建立称职的、职业的和负责任的公共部门,与政党动员活动、裙带关系一劳永逸地分离。我们将对国内外有资格的人力资源进行登记,应用各种的人力资源管理原则,使任何人可以依靠能力为国家作出贡献。我们将彻底改变公务员的录取和晋升程序,以此确保公共部门的稳定和责任感。我们将保证公共部门活动的透明度和通过不间断信息公开改善与市民的关系。

(五)保护和享有财产权

保护和享有财产权的故事,不仅没有显示行将结束,还在以黑社会方式进入人们的生活。因为腐败和无能,现政府在处理这些关系国家经济社会发展的问题上是失败的。

我们进步人士认为私有财产像公共财产一样神圣。因此,我们决定予以解决这方面的问题。

我们将准备通过和执行关于财产的国家战略和行动计划,鼓励根据欧洲人权法院的法理开展广泛全面的协商,如:返还和补偿昨天、今天和明天财产的透明度;制定一部关于在全国建立有效机制来完善和巩固财产权的法律的必要性；批准一系列特殊法律措施打击与财产有关的腐败。

（六）恢复地方自治

现政府关于地方市县每一项宣传为改革的倡议，实质上都不断威胁到宪法和法律，持续限制地方政权当选者的活动空间。这些年来，萨利·贝里沙政府七次违反阿尔巴尼亚共和国宪法和欧洲地方自治宪章，制造了旷日持久的权限冲突，限制地方政权当选者履行职责所需的财政金融管理手段，年复一年地严重干扰地方市县服务社会的工作。

现政府长久以来因政治归属原因歧视在野党管理的地方行政单位，没有执行一项旨在落实地方分权财政战略的措施。相反，地方税收被中央政府肆意降低，明显造成地方政府没有足够财力回应市民日益增多的期待。

有关向地方市县转交财产的工作远未结束。各地方市自2005年起就期待中央政府移交用来建设学校、公园、避难所、社会性公共场所和住所的必要财产。

我们社会党人，支持地方分权制度作为一项改革和转轨进程以实现社会转变和现代化。为提高欧洲水平的社区服务质量，我们将努力工作，满足地方社区对优质公共服务的要求。我们将推动直接民主，把地方政府机关转变为伙伴关系式的自治执政机关，允许地方社区参与公共生活管理。为深化改革，我们将继续改善立法，推动地方执政机关进一步朝着地方分权战略规定的标准方向进行转变。

我们的社区应有更好的服务质量。我们将提高公共服务的质量和效率，进一步提高地方市县行政机构的管理能力。为增强地方政府财政的独立，我们将力争确保足够的收入和必要的支出独立。我们将加强地方市县长官以及村一级领导的责任感，以实现同一地方行政单位内的平衡发展。我们将鼓励进一步提高地区发展规划中大区委员会的作用。

（七）公民社会再现活力

现代民主质量的一个典型标准是公民在国家发展政策中的参与度。在每一个运转正常的民主中,公民社会把公民与发展政策联系在一起。相比政党,公民社会在涉及国家社会经济发展的对话和决策过程中,提供了一种观点、视角和利益选择。对我们社会党人而言,公民社会是检验一个国家民主程度的"试金石"。

这个领域对政权和政治的影响是致命的,这从政府的恐惧和压力,缺乏财政支持,缺乏财政独立,缺乏一个支持发展的环境,以及非政府组织法律框架内的含混不清,都可以得出结论。更多是政治完全支配公开辩论的空间,同时压缩公民社会的空间。

我们进步人士视公民社会为实现欧洲梦想的主要伙伴。我们相信,加强公民社会是消除公民与机构间鸿沟的一个重要手段。我们将同公民社会建立真正的伙伴关系,认为加强他们的作用是社会民主化和解放进程的必然。

今天为一个自由、真正独立、有效、稳定、服务于民主发展的公民社会创造健康氛围是十分必要的。我们将成为这一氛围的倡导者,从改善规定非政府组织活动的立法和财政举措开始,视他们为维护公共利益,而非个人利益的服务员。

我们将为公民社会参与执政和纳入决策创造便利,将帮助他们提高服务领域的能力,而国家还无法做到加强这些促进民主化的重要因素。为妇女、儿童、老人、罗曼人和其他有需要的利益群体提供更好的服务,加强公民社会,是我们的责任。

(八)媒体自由与广电总局回归公众

我们社会党人认为,媒体是执政好坏的监督者和公民利益的代言人。公共媒体应是纳税人的仆人。不幸的是现政府不这么看媒体。政府对媒体自由的干预程度和控制媒体自由独立的企图是明显的,并给不听话的媒体所有者施以黑社会式的压力。不尊重对阿尔巴尼亚媒体自由活动作出规定的法律,已成为严重威胁言论自由的准则。我们决定要同媒体建立起全新、公正合理的关系,为加强这一维护民主健康的特定群体创造适宜的社会、政治、法律环境。

我们关于媒体自由不受侵犯的政治社会道路很简单：我们将立即阻止任何形式的针对独立媒体的暴力和压力；结束任何形式的特定媒体从国家得到照顾；坚决阻止任何形式的电视盗版，以及彻底将阿尔巴尼亚广播电视总局从政府的宣传媒体转变为服务公众的手段。

（九）宗教信仰自由与实践

我们社会党人尊重每个人的宗教信仰，并将为思想和信仰自由和相关宗教机构的宗教信仰实践活动提供必要的空间。我们尊重宗教团体根据有关规定自由建立组织，并不受任何一种持原教旨主义的宗教干扰，尽可能少地威胁阿尔巴尼亚宗教间传统的包容和谐关系。我们尊重并认为宗教教育是相关团体的问题，但国家和公共教育是世俗的。

回归欧洲

◇同美国和欧盟的战略伙伴关系。

◇履行加入北约的承诺；国防预算等于国内生产总值的2%。

◇获得加入欧盟候选国地位和开启入盟谈判。

◇进行改革，以迅速获得首批入盟援助（地区发展、人力资源发展、农村发展）。

◇欧洲问题青年专家培训特别基金。

◇深化外交改革；基于国家的政治、经济和文化利益，重新评估阿尔巴尼亚在世界各地的外交存在。

◇领事服务改革；加强对海外侨民、留学生的服务。

◇海外侨民、留学生远程投票。

◇国家公共电视二台计划，加强对海外侨民儿童的教育。

（一）欧洲式阿尔巴尼亚的对外关系和海外阿尔巴尼亚人

我们都为我们的民族历史和在世界各地的同胞取得的成绩感到骄傲和自豪。

我们明白我们在内心情感上和文化上属于欧洲，高度评价阿尔巴尼亚加入北约，并与发达民主的北约成员国重新连接在一起。同时，加入欧盟是一项国家目标，将使阿尔巴尼亚社会按照欧洲统一的价值观和原则实现民主化和转型。

巩固阿尔巴尼亚在联合国、北约、欧洲委员会、欧洲安全与合作组织内的地位，加入欧盟进程，同美国的战略伙伴关系，加快建设经济外交和文化外交，为地区政策作出贡献，构成了我们关于欧洲式阿尔巴尼亚对外关系的观点。

我们奉行的欧洲式阿尔巴尼亚对外关系的基本原则是国际上普遍认可的国际法准则，包括国与国相互理解和尊重、尊重人的自由和基本权利、睦邻友好、地区合作和维护国际社会团结。

欧洲式阿尔巴尼亚的对外关系建立在同美国和欧盟的战略伙伴关系、同意大利、希腊等邻近欧盟和北约成员国的坚实关系之上，他们在地中海和巴尔干的影响和行动力是不可替代的。全面深化与德国、奥地利的合作，鼓励加强同法国、英国、西班牙、土耳其的双边交往，加强同其他欧盟国家的关系，加强同中国、日本、俄罗斯、印度、巴西等全球性重要国家的交往。

欧洲式阿尔巴尼亚对外关系的中心任务是维护民族利益，维护国家的独立、自由和主权，预防冲突，为本地区和更广阔地区的和平稳定作出贡献。与新生国家科索沃建立多领域的伙伴关系，用国际法解决恰默里人（注：在希腊的阿尔巴尼亚族人）财产问题，尊重邻国阿尔巴尼亚族人基本权利，对本地区的和平、民主、发展和稳定有着战略性意义。

阿尔巴尼亚是欧洲移民流动率最高的国家。我国30%以上的人口或约40%的活跃人口生活在境外。大约150万阿尔巴尼亚人在欧盟成员国和北美国家工作生活。阿尔巴尼亚人已成为希腊最大的移民群体，占当地移民的60%以上；阿尔巴尼亚人的第二大移民目的地是意大利，约占当地移民的12%；第三大移民目的地是欧盟成员国，约占当地移民的3%。侨民收入已成为阿尔巴尼亚大部分人口消费和生存的手段。但政府对侨民的关注是最少的，领事服务水平低下可笑，腐败丛生，不给予我们的移民一点帮助。

我们力争在首个执政任期内为全体在国外工作和学习的阿尔巴尼亚人平等服务。我们支持世界各地的移民和侨民活动，通过建立阿尔巴尼亚文化推广中心，使阿尔巴尼亚人得以保持民族语言、文化、传统和习俗。我们将改革海外领事服务，根据主要移民来源国的有益实践经验建立对移民的特别服务。阿尔巴尼亚公共电视台将开通卫星频道，传播面向阿尔巴尼亚移民及其子女的教育文化节目。

通过学习我们同胞工作生活的发达国家的模式，我们将首次实现阿尔巴尼亚人海外投票参加议会选举。这是宪法赋予的职责，但现政府一直拒绝实施。

在社会党人的侨民政策中，侨民的资金、人力和社会资本，作为投资和发展资源，将占有重要位置。我们将制定鼓励成功的侨民回国创业的政策，并鼓励利用他们的资金投资阿尔巴尼亚经济和公司。

欧洲式阿尔巴尼亚的对外关系认为少数民族是联系和促进各国人民合作的桥梁，认为在阿尔巴尼亚少数民族特色是文化财富。我们承诺按照各种国际法尊重少数民族的权利。

（二）作为北约成员的欧洲式阿尔巴尼亚

阿尔巴尼亚加入北约是一个水到渠成的过程，是阿尔巴尼亚国家和全社会努力、贡献和改革的结果。尽管如此，阿尔巴尼亚政府仍未兑现我国加入北约时的承诺。

我们关于欧洲式阿尔巴尼亚的主张，要求我们重视履行政府未履行的入约承诺。这关系到战略问题、战略规划和国防规划、个人教育与培训、集体训练与演习、后勤。

我们关于北约内的欧洲式阿尔巴尼亚主张，承诺将国防预算维持在2%的水平。

我们关于北约内的欧洲式阿尔巴尼亚主张要求严格执行军人待遇制度，加强武装力量内的民事民主监督。我们完全支持我国武装力量参与北约任务并作出贡献。我们相信联盟将发挥更大作用，为维护民主的和平与稳定作出重要贡献。

我们关于北约内的欧洲式阿尔巴尼亚主张要求在北约框架内建立有效的国防体系。我们进步人士认为，保卫祖国的职责是与社会民主生活、非政治化、武装力量现代化和提升备战水平紧密相连的，符合时代条件和要求，服务国家利益和北约利益。

我们关于北约内的欧洲式阿尔巴尼亚主张，高度重视同美国、其他北约和欧盟国家的军事合作，支持每个致力于裁军、防止大规模杀伤性武器扩散和加强全球安全与和平的倡议。

（三）加入欧盟进程中的阿尔巴尼亚

我们社会党人主张在我国建设欧洲和欧洲价值观。我们的任务是获得入盟候选国地位和尽快开启入盟谈判，推进阿尔巴尼亚回归欧洲进程。

阿尔巴尼亚是稳定与联系进程的一部分。该进程是欧盟针对西巴尔干国家的总体政策框架，伴随着政治结构、机构设置、经济机构和社会结构的变化，将使西巴尔干国家的生活质量和发展标准得到提升。

设立稳定与联系进程的主要手段是签署《稳定与联系协议》，一方面这是阿尔巴尼亚与欧洲社会的协议，另一方面也是阿尔巴尼亚与欧盟成员国的协议。《稳定与联系协议》于2009年4月1日生效，之后是阿尔巴尼亚于2009年4月28日提出入盟申请。

阿尔巴尼亚连续两年开创了恶劣先例，丧失了申请入盟的历史性机遇。今年欧盟仍未就开启入盟谈判和获得入盟候选国地位开绿灯，原因是阿尔巴尼亚在欧盟委员会设立的12项重点问题方面均未达标，即议会运转正常和"建设性国家"原则批准法律；完成一个民主健全的宪法选举任命过程；在国际标准和修订的选举法框架内举行自由公正的选举；公共机构改革；司法改革；打击腐败和有组织犯罪；保证财产权符合欧洲人权法院的司法实践；加强和保护人权，特别是妇女、儿童和罗曼人的权利；改善各地拘留所和监狱被拘禁者待遇。

让我们不再抱有幻想，这20年的政策在拉近阿尔巴尼亚与欧盟距离方面发挥的作用很小。

正因为如此，有必要让所有的政治阶层团结起来一致行动，应对欧洲一体化的挑战。民族自觉、共同的欧洲命运和相互利益应成为所有政治力量共同的名称，使阿尔巴尼亚在走向欧洲的道路上阔步前进。

对我们社会党人而言，阿尔巴尼亚入盟进程是我们政治和社会行动的重点。我们认为欧盟是一个民主价值观共同体和经济社会发展空间，将为自由企业公平竞争提供社会经济空间。我们关于自由、公正、责任、性别平等、基本人权和反对歧视政策的观念均体现在欧盟的项目和价值观中。

我们认为，阿尔巴尼亚的欧洲一体化进程对国家发展、民主化和社会欧洲式转型具有根本的不可替代的意义。我们进步人士将把人民对这一进程的支持和达成的一致转变为稳步改革的具体行动，以巩固法治国家民主，建立和加强运转正常的、有能力面对竞争的市场经济，并在日常生活中执行欧洲标准。

认真执行《稳定与联系协议》，履行所有有利于获得入盟候选国地位和开启入盟谈判的责任，是阿尔巴尼亚入盟进程提高质量和速度的必要因素。我们致力于加快这一进程，承诺推行一条彻底的改革路线，把欧洲一体化进程转变为国家的发展政策。

我们认识到，欧洲一体化进程要求彻底改变执政理念，这也是行政改革效果和重塑国家发展政策相结合所必须做到的。我们致力于国家的转型，不仅仅通过行使行政权，而且通过逐步建立与社会伙伴、公民社会、学术界和利益团体对话机制，提高他们参与政策制定过程并发出声音。

作为潜在入盟候选国，阿尔巴尼亚仅仅获得欧盟 IPA 政策（入盟前契约）五分之二部分内容的援助（转轨和机构建设援助）。这些内容仅仅是横向援助。同时在履行建设一个发展国家的欧洲一体化日程，我们坚信，阿尔巴尼亚极其需要吸引和经营 IPA 政策其他三部分内容的援助（地区发展、人力资源发展、农村发展），使市场和个人经营者从中直接受益。我们承诺推动国家完成进入上述三部分内容所要求的必要改革，并建立一个在中央和地方层面真正细化的架构，分散高效透明地吸引和管理欧盟援助。相比援助管理机构，我们社会党人承诺将制订一个更好的战略规划，以涉及国家发展和转型的重要领域为中心，包括农业和农村发展、交通、基础设施、环境和旅游业。

我们认为，欧洲一体化进程的成功是与灵敏的沟通紧密联系的，应包括所有的角色，特别是社会伙伴、公民社会、学术界和利益团体。只有这样，国民的期待才将更加现实，改革才能得到应有的支持。

对我们社会党人而言，传统的和新的欧洲共同价值观的精神反思和整合意味着保护和发展我们的民族身份，确立阿尔巴尼亚人的文化和精神起源价值。

我们十分重视欧洲问题青年管理人员的教育。为此，我们将设立特别基金，使得欧洲问题青年管理人员到欧洲最负盛名的机构进行培训。

（四）多边合作中欧洲的阿尔巴尼亚

欧洲的阿尔巴尼亚通过重塑联合国及其组织框架下多边合作，为维护和平、安全和应对全球性挑战作出贡献。

欧洲的阿尔巴尼亚承诺在欧洲委员会内通过巩固法治国家、加强民主机构、尊重人权、打击腐败和地方政权自治，致力于实现该组织的目标。

欧洲的阿尔巴尼亚认为，欧洲安全与合作组织框架内的合作使成员国为应对地区性挑战、发展援助和新民主，以及预防冲突开展对话成为真正可能。

欧洲的阿尔巴尼亚重视同国际货币基金组织、世界银行和世界贸易组织的合作，认为这是经济社会进一步发展，巩固宏观经济，通过与其他成员国协调政策加强贸易桥梁的一次机会。

（五）地区合作中欧洲的阿尔巴尼亚

我们的"欧洲的阿尔巴尼亚"，支持为了地区和平、安全和福祉而开展富有成果的地区合作的努力，避免冲突的起源和原因。我们希望阿尔巴尼亚成为不同的地区合作政策的一部分，使巴尔干人民生活在和平中，为民主进步而努力工作，推动各领域的互利合作。

维护和巩固民主的和平与稳定，深化所有西巴尔干国家成为欧盟成员的地区合作的终极目标，构成了引领我们欧洲式阿尔巴尼亚主张的主渠道。充满冲突的痛苦过去已被本地区扔在身后，但也让我们迫切需要采取每一个措施，避免巴尔干地区成为新的冲突策源地。

我们支持阿尔巴尼亚在那些有利于和平安全、促进沟通、经济发展、改善基础设施、开展自由贸易方面的地区性倡议的主张。我们高度评价新的地缘政治和经济现实，这使得地区有关各方有可能优先需要一个以平衡和睦邻友好为特点的外交政策。

我们的"欧洲式阿尔巴尼亚"主张我国在所有的地区性倡议中作出更大贡献，其中重点关注政治、经济、社会、安全机构、打击腐败和有组织犯罪。

我们主张就相互关心的问题进一步密切同西巴尔干国家、在欧洲一体化进程方面取得积极进展的国家、以及欧盟和北约成员国的双边合作。

（六）外交改革背景下的回归欧洲

因为极度的政治化、裙带关系、缺乏竞争和取消职业外交官体制，阿尔巴尼亚外交正在进入最黑暗的时期。这一问题的根源在于不执法或恶意执法。

国家面临的挑战使得外交改革至关重要。我们进步人士，将使外交重回法律轨道，尊重和推动职业外交官体制。我们希望建立一个由国家利益而非政党利益和裙带利益引领工作的外交体系。我们希望建立一个服务国家和国民而非当权者的外交体系。

我们将基于国家的政治、经济、文化利益，重新评估在世界各地的外交存在，同时加强在多边组织以及与外交政策优先事项直接关联的主要决策中心的代表机构。

我们现在已准备好把这一纲领变为现实。

（本章根据2011年阿尔巴尼亚社会党全国代表大会通过的《阿尔巴尼亚社会党纲领》翻译）

（外交部　白云斌　译）

保加利亚社会党纲领[①]

引 言

今天,保加利亚公民正面临许多问题——我们需要什么样机遇才能过上体面的生活?我们生活着的社会和国家经过过去20年的转型实现了什么?我们应该有什么样的价值观?我们为什么在日常生活中面对那么多不安全、不稳定和不公正的待遇?我们为什么对国家感到特别失望?我们为什么没有平等参与国际社会生活的信心?

我们保加利亚社会主义者现在提出新纲领的原因是想努力回答保加利亚今天和明天遇到的上述问题和许多其他的问题。我们的观点和建议以这些答案为基础,并可以进行必要的修改,旨在让每一个保加利亚公民在自己的国家——作为欧洲大家庭的一部分和向世界开放的国家——享受舒适的生活。

提出新纲领的保加利亚社会党,是成立于1891年的具有百年历史的保加利亚社会民主党的继承者。我们维护和捍卫历史遗产中的民主传统,强调历史的重要性和保加利亚几代社会民主主义者、共产主义者、社会主义者在上个世纪后半期为自由和人权所作出的斗争。与此同时,我们反对并谴责过去的所有违背社会主义、民主主义和人文主义的思想。

我们党在悠久的历史中最可贵的价值是保卫人民群众的利益以及社会公正、团结、平等、共和主义、爱国主义和国际主义的原则。

[①] 原文为保加利亚语。

1994年，保加利亚社会党的新纲领"新的时代，新的保加利亚，新的社会党"的结论是：带领保加利亚渡过危机，实现面向21世纪的经济现代化以及国家和社会制度的民主化。这曾经是并仍是保加利亚社会党人工作的愿望、执行的理念。保加利亚社会党正转化成一个现代民主社会主义的政党。

今天，保加利亚经过20年的转型正进入全新的阶段，它揭示了新的发展方向，也产生了许多严重的问题和挑战。因此，为了更有效地实现转型最后阶段的改革以及转型完成初期的进一步现代化，保加利亚在未来10年或20年的崛起需要一个新的战略性政策。

为把保加利亚建设成为一个21世纪的现代欧洲国家，我们需要一份纲领计划，其中包含着共同的战略方针、优先事项与政策。我们需要勾勒出这份纲领计划。我们的共同观点是，战略性政策在很大程度上取决于代表了保加利亚社会党新变化的新纲领。

一、我们今天的党——团结的本质、价值观、目标和政策

今天的保加利亚社会党应该再次证明，它是理想的社会主义政党——承载着历史上一直以来为自由、民主、平等、社会正义、团结等普遍价值观而进行的斗争。社会党反对资本主义的意思是，我们的斗争是为了社会市场经济，反对市场压制社会："要市场经济，不要市场压制社会！"

保加利亚社会党是人民的左翼党，因此，我们的责任是为了希望和正义而斗争。我们的责任是为劳动者、穷人、被遗弃的人、雇员以及在广义上的中产阶级提供可靠的保护，以及全面发展。保加利亚社会党是爱国的党，我们的首要任务是保卫保加利亚的主权和领土完整，保护和促进保加利亚的文化遗产和维护保加利亚的公民身份。保加利亚社会党从来没有沙文主义以及一切形式的仇外主义、排外主义。

社会党是群众的党，它汇集了志同道合的人——来自社会各界的社会主义者，无论其社会、教育和财产状况，性别、种族和信仰。社会党是议会党，我们的行动完全按照保加利亚共和国宪法，在公民生活、经济与社

会生活中贯彻宪法原则和规范。我们通过议会选举、参与各个层面的政府、与民间社会的积极互动实现纲领。

保加利亚社会党是欧洲左翼和世界左翼的一部分。现代全球化致使无法在民族国家层面解决人和社会的关键问题；全球化的挑战需要全球合作和新的国际主义。保加利亚社会党是社会党国际和欧洲社会党的成员，是他们成功实现为社会正义和繁荣而进行斗争的一部分。

保加利亚社会党是民主社会主义党。对我们来说，民主社会主义仍然是一个自由、公平和团结社会的愿景。践行民主社会主义是我们永恒的任务。在实现民主社会主义基本价值的道路上，社会党致力于根据保加利亚的现实条件建立一个欧洲标准的社会福利国家。

二、转型时期的反省

实践证明，1989年之前，保加利亚具有了相当程度高水平社会保障和平等生活的机会。

与此同时，1994年的党纲揭示出，包括保加利亚在内的专制社会主义国家，虽然摆脱了落后局面，但未达到更高程度的自由和民主。他们失败的根源在于为实现社会主义而建立的政治和经济制度具有根本性的缺陷——陈化僵硬、故步自封。

除了坚决反对复辟的幻想外，我们也深刻认识到基本价值观、思想、政策的不一致是专制社会主义失败的根源。在1994年的党纲中，我们清楚地解释了失败根源：

专制的政治制度不仅没有发挥民主，而且压制了公民的基本自由和权利；

低效和官僚主义的命令——高度集权的计划经济体制，财产的过分国有化、曲解市场经济、经济缺乏竞争力；

党政合一，严重曲解自治和政党作为社会—政治和议会形式的角色；

政治和政府精英的危机，他们把党和国家的管理权置于缺乏政治、思想、职业道德和素质的人手中；

保加利亚的转型带来了深刻的社会分裂，引发了新的社会矛盾。贫困、失业、犯罪、文盲和疾病成为日益严重的问题。收入微薄的人们——工资和养老金，无论其工作在城镇或村庄，大多数专家和官员清楚知道，为了自1997年后的货币和金融稳定，承担了最严重的代价。

朝着多元化社会的强大意识形态转型引发了破坏性的社会对抗和政治危机；社会把所有精力集中在政治上层建筑的转型，而忽略了经济问题。圆桌会议在经济改革的主要方向和优先事项上没有达成共识。

社会党对保加利亚转型的反思开始于这个10年，它发现转型导致了资本主义最可怕的形式，导致了社会经济和社会精神的衰退。我们的反思反映了千万保加利亚公民的生活现状，虽然未包括资本主义取得的其他成就，如社会与国家的民主化。

它主要是由于民主力量党推行骇人听闻的货币改革造成的，而社会党倡导的社会市场模式改革并没有实现。进行休克式的货币改革成为民主力量党掠夺经济和控制国家机构的借口。

即便在当时，我们清楚地确定了党的名字和责任，但社会党应承担未能坚持和贯彻转型的社会模式的巨大责任——它两次赢得议会绝对多数席位。虽然付出了政治代价，社会党却没有实现其政治意愿和实现必要的替代性的经济和社会改革。

近年来，社会党在国家、社会和个人生活中并没有坚决贯彻国家宪法。主要原因之一是党内不团结，党在解决党内基本问题或进行基本政策改革时并不团结，而且思想越来越多元化。同时，转型的结果对社会党最主要的、也是对未来最重要的经验教训是要实施保加利亚新宪法，作为保加利亚进一步发展成为民主、法治和社会国家的基础。

三、新的全球化时代

现代全球化

工业革命后，当今世界正在经历最大的历史变革，政治、经济、社会和文化革命。信息革命、电子化的媒体和其他先进技术改变了空间和时间，在历史上第一次导致了涉及全球大部分人口的工作分工。

现代全球化第一次给予人民与饥饿、贫穷和流行病抗争的机会。世界上从来未有过如此之多的信息和知识。技术发展达到了前所未有的高度和深度；体力劳动越来越成为过去；今天我们能医治以前治不了的疾病。

21世纪或者是一个平稳发展的、社会环境和文化进步的世纪，为所有的人提供更多财富、公正和民主；或者是一个暴力的世纪，为权力和资源激烈战争的年代。国家边界越来越开放，民族和文化间和睦共处的可能性越来越大，但是因恐怖主义、宗教主义、政治原教旨主义，整个国家崩溃的可能性也越来越大。

在21世纪，可以解决地区性和结构性问题、全球治理问题。这些问题解决后将会出现两种可能：第一种可能，世界会达到和谐，按照法治，平衡国家和社会的利益。第二种可能，按照强权的原则，强化不同性。

当代资本主义

大概150年前，马克思和恩格斯在《共产党宣言》中揭示了资本主义制度全球化的可怕一面——资本主义会剥削全球市场，让世界的生产和消费变成全球性的。各个民族的互相交流和国家的相互依赖将代替原有地域或国家的自给自足和封闭。

当今世界的全球化呈现出现代新自由主义的更高级资本主义的形式。金融资本获得了前所未有的权力，投机性资本主宰的金融资本，导致了虚拟的股票市值上升，形成一个具有巨大的破坏性潜力的"泡沫"。

当代全球资本主义缺乏民主和公正，导致两极分化和国家分裂，世界变得不自由、不包容，不仅新旧矛盾尖锐，也产生新的冲突。

在这样的情况下，国家面临着沦为单纯的全球资本投机的地方。资金全球流动取替了国家对社会不公平的纠正。

目前的模式建立在20世纪80年代初的华盛顿共识基础上。一般来说，这个模式是一些国家、地区乃至全球在进行休克疗法时，为了实施新自由主义经济和社会的方案而提出的总的战略。

这个模式在前社会主义国家的改革中产生了深刻影响。国际金融机构为了稳定金融，严格执行新自由主义政策，导致了社会形势急剧恶化，严重限制了人人平等享受教育和医疗的权利，以及非常规经济的严重扩张。产生了以有组织犯罪和腐败为基础的平行权力的危险条件。

到目前为止，全球化的新自由主义模式导致了世界金融领导中心的银行和信贷系统处于倒闭的边缘，需要国家直接和紧迫的干预来保证私有的银行和信贷公司的稳定。实际上，华盛顿共识在基本政策上已经枯竭。它无法使全球经济稳定和持续增长。

社会的另一种抉择

针对当代全球化的弊病，我们主张以社会化来替代新自由主义模式的政策。它向现代世界提供了导向以人为本的新经济、民主社会、明确社会和环境需求的方案。

通过参与国际政治，全球左派坚定不移地反对一切商品化的模式——权利、安全、教育、卫生、文化、自然环境。

在当今全球化的条件下，坚持和落实左派的价值观需要全球和区域性的团结、包容及社会调整。在国内层面实现的经典的民主社会主义，应该置于全球背景下构建。

现在很明显，根本变化是国际货币基金组织和世界银行必须返回到原来的职能范围，以保持平衡增长、增加就业资本，而不是取悦于资本。它应该再次把提供额外的货币资源的发展政策提上日程，如引进全球征税、托宾税之类的策略。

世界左派应该采取措施来恢复生产和金融资本之间的平衡，为了停止前者的忽然下降限制后者投机性本质。此外，左派应该坚定地致力于遏制军火贸易和加强国际控制，以及国际机构有效地严格禁止和控制大规模杀伤性武器的流动。

欧洲和全球的左翼必须付出更多努力来保护环境，继续重新定义人与自然的关系。我们需要新的国际规范来规范人与自然的关系，需要共同努力和共同观念来解决环境对现代世界的挑战。与此同时，这些规则应适当平衡国家的快速发展的优先目标和全球环境安全。

尤其重要的是，为了解决全球化的挑战，现代全球化的另一个发展方向应该坚持欧盟的社会化的政策。到目前为止，欧盟为向上述方向发展而斗争，是欧洲社会主义者的新社会欧盟计划。

要努力促进体面劳动成为全球的目标，通过欧盟式体系来保证就业质量和工作条件，防止不稳定的就业，包括通过就业代理机构的就业。此外，在工资、工作质量、继续教育以及企业重组等方面，实行全面的欧盟三方社会对话机制。

我们也应采取共同的法律框架来保护公共服务，包括健康、社会服务、终身学习的权利，提供更大规模的欧盟基金。我们需要制定优先领域如儿童保护、科学研究公共投资的战略。

在新成员国中，欧盟社会政策的定位还需要考虑到许多特别尖锐的社会问题。因此，需要引进更流畅、更高效的结构和具有凝聚力的政策和机制来解决优先项目。

四、人类发展——需要改变

现在的趋势

到目前为止，国家未来 10 年或 20 年的发展趋势应是改变现在的发展模式。一般来说，现在的发展模式是基于新自由主义的自由市场、广泛私有化和国家角色最小化的理论而修正的休克疗法。

保加利亚目前的新自由主义政策来自于华盛顿共识，它的基础是货币、市场和私有化。迷信"国家是一个坏的所有者"的教条和错误的自由主义，而不是导致建设性的市场竞争，导致了"寄生和枯竭"类的资本主义。它追求一种快速方便的利润、偷税漏税、不尊重劳动人民的权利，将雇主利益置于社会责任和国家之上。

近 5 年，社会党参与政府工作，导致了以这种模式为导向的政策向相反的方向转变，强化了自由家庭和积极的社会政策。毫无疑问，2007 年保加利亚获得欧盟成员国资格，成为未来发展前景和政策进步的显著标志。

目前的财政政策，制造业预算"余额"封顶，最小化和单一化直接税，增加间接税以创造良好的投资环境，吸引和促进外国直接投资。大量投资对于保持国家的货币、金融和现金平衡以及宏观经济稳定都是非常重要的。

然而，这一政策也有其局限性：阻碍了实际收入以及支持基本的社会部门和公共服务的社会保障资金的快速增长，增加了两极分化。绝大多数人的生活没能够得到充分改善——按照人们的预期达到欧盟标准，因此限制了国家最宝贵的资源——人的发展。

需要的改变

我们根本无法接受保持国家目前发展的趋势。它不满足绝大多数保加利亚公民的需求，不利于公共的利益。

我们建议：用"社会的另一抉择"模式来代替新自由主义模式——每个人都有尊严地发展。人的发展是指：全面优质的终身教育；享受优质的医疗服务和拥有良好的健康状况；收入水平足以满足优质的生活。

成功实施为人的发展战略的先决条件是制定和执行一个长期规划和发展战略计划，以及各领域和活动的长期发展趋势。它的完全实现需要吸引及鼓励科学家为国家更努力地工作。

我们相信，人的发展战略符合人民的根本利益，社会正义的根本要求，是加速发展和国家现代化的优先事项。我们强调，在社会和国家体制所有领域，基于明确的价值观、有机联系的观点和政策的深刻变化，这样的改变是可能的。

我们的价值观

当今世界，每个人都会支持被视为普世价值观的自由、正义和包容。但经验表明，不同政治派别在如何去理解、实施和实现它们方面存在深刻分歧。因此，我们第一步要做的是，清楚地认识我们的本质特征和我们的价值观。

平等的自由是正义的本质。自由、正义和包容是民主社会主义的基本价值。它们仍然是我们评估现实政治的标准，也是我们建设一个更好的社会的目标和行动指针。

自由。自由就是决定自己生活的能力。现代对自由的理解超过了个人选择的自由，自由不是与生俱来的；"所有人平等自由"的原则不仅是经济的，更是社会的。自由的实现需要现实的形式，也需要物质条件；需要更多的个人责任，也需要与对他人的责任相结合。

正义。正义是每个人平等地拥有个人尊严。它是反映了对个人为贡献社会进步所作贡献的承认。同时，每个人都应该有机会利用整个社会的成就。

团结。团结就是相互依存、互相结交和协助。是人们愿意站起来互相帮助。它涵盖了社区或社会团体的团结，以及为了共同利益的团结。它会产生变革的力量。这就是劳工运动的历史经验。

平等。不只是法律面前人人平等。对我们来说，它是一个基本价值观，通过消除社会两极分化，得到平等的机会和机遇，以及拥有一个体面的生活；限制各种各样的剥削和歧视；保证性别平等。平等也意味着穷人和弱势群体拥有社会保障的权利。

除了左派的传统价值观，我们也承认将为并未实现的普世价值而工作：

和平不仅仅是没有战争。和平是体面生活，以及为实现稳定的、更好、更平等生活的社会计划的基本条件和保障。

劳动是一项基本权利，是实现社会人格的主要因素。我们认为劳动是一个基本价值，建立在每个人的社会福利基础之上。

人道主义——是我们复兴个人的角色和价值，以及在新的全球信息时代促进人的价值和人道主义的希望，在此过程中必须服从人民的利益，而不是相反。我们仍然相信我们的理解，全球化社会的人道主义是现代民主社会主义的最高价值的标志之一。

人与自然的和谐——今天的生态平衡变成人类特别关注的和特别重要

的价值。保存和维护生态系统是实现长远解决方案的价值基础。

作为一个负责任的民族的政党,我们仍旧根植于爱国主义传统:保留保加利亚的民间传统和美德,如爱国主义、艰苦奋斗、热爱学习、向世界开放、诚信、热爱家庭、珍惜友谊、热情好客、善良、相互帮助——正如我们的1994年纲领所体现的。

我们的目标

对我们来说,如何正确回答为人民利益而发展和改革,是保加利亚左派发展的计划。因此,我们目前的目标是实现这个计划——建立欧洲福利国家的形式,并根据保加利亚的特殊国情适当调整。这样,保加利亚会成为一个灵活的、主动的、有企业家精神的、有良好教育的社会国家;一个能创造条件减少贫困和不平等,社会更加公正和团结互助,为受影响最严重的社会群体提供支持与保护的福利国家。

不仅如此,一个积极的福利国家能战胜社会两极分化,能消除贫困和社会排斥,为所有的公民提供平等机会特别是儿童和年轻人,女性和男性之间的平等,反对任何形式的歧视和发掘每个保加利亚人的潜力。只有这样的国家才能够吸引足够人力和物力资源来快速发展保加利亚,在稳定和安全的条件下成功实现保加利亚现代化。

同时,民主社会主义是我们永不改变的目标。我们旨在争取自由、公正和团结互助的社会,为保加利亚公民提供高质量生活的社会是保加利亚社会党一贯的追求。民主社会主义需要一个结构性的社会、经济和国家,保证所有人基本的、公民的、政治的、社会的和经济的权利。

民主社会主义是一种建立民主社会元素的社会实践。民主社会主义是在公正和团结的基础上形成的社会;政治实践旨在创造这样一个社会,其本身就是在这些价值基础上形成并实践这些价值的结果。这是一个所有人处于个人没有剥削、压迫和暴力以及社会安全的社会。

我们的政策

为了今天和明天有尊严地生活,保加利亚人为达到这些目标,需要提出并实施人的发展战略。它建立在下述源自我们价值观的若干基本观点之上：

自由的公民，能够有效地充分实现宪法赋予他们的权利和自由——个人的和公民的政治、社会和经济权利和自由，保证个人和政治自由。

正义的国家，执行有针对性的调控政策，以解决社会两极分化；统一适用法律——为建立有体面的生活提供法律的、经济的和文化的条件，为每个人提供平等的工作机会特别是儿童和年轻的一代，努力提高社会福利。

团结的社会，独立和负责的公民追求保护共同利益，以及认识到合作原则对现代社会的体面生活至关重要，否则这个社会是不团结的、不完整的。

争取平等、团结的社会，同时不能限制公民的隐私，违背一视同仁的平等原则。这样，我们就有一个真正有凝聚力的社会，具备了必要的保护和防范手段，抑制、惩罚和解除滥用职权的行为。

在现代的保加利亚，我们认为应该在宪法基础上建立自己的政策，在未来15—20年内以实现上述的理念。

国家宪法在序言中也把个人的权利、尊严和安全作为最高原则！在具有根本性重要的第一章节，它提出了所有国家的权力来自人民，没有人能够凌驾于人民主权之上！

人民·国家·社会

人民

今天，严重的社会分化、失望、迷失和反对现代社会，阻碍了有能力的人真正成为权力的行使者，民主的政治文化成为营造个人专断和民粹主义的沃土。

我们的总体战略和政策是拉平人民和政府间的沟壑，实现主权在民的伟大梦想！它建立在人民统治的基础上，而人民的统治则建立在保加利亚人的公民权利意识以及保加利亚民族和公民的美德。

作为一个国家，今天我们面临的挑战是现实的，即保加利亚处于一个持久的人口危机的状态下，并且可能会演变成一场灾难。许多原因，包括20世纪80年代人口负增长和1989年以后大规模移民，需要的不只是一个国家层面的新的人口政策，而且需要涵盖所有公共和私人机构，地方团体和地方团体的综合解决方案。

总之，克服人口危机的关键条件是，将保加利亚建设成为一个适合当代和未来的保加利亚人生活的理想之处。这是必要条件，它需要一个新的国家替代战略，尊重人的优先发展、公民和社会利益的战略。

国家

自民族复兴伊始，保加利亚人就有一个伟大的国家理想——建设纯洁和神圣的共和国！今天，我们保加利亚社会党坚定地接受保加利亚的议会共和国制度，作为建设民主、法治和社会国家的框架。

但是，我们必须清醒地意识到，我们仍然与完全民主的、真正法治意义上的和真正社会性的国家还相距甚远。要真正实现宪法的实际内容，至关重要的是议会、政府和法院，地方政府有责任和能力保护公民的利益，使保加利亚成为一个21世纪的现代化的欧洲国家。

目前，我们认为最迫切的事情是为公民提供良好的服务。我们倡导的福利国家的目标是，防止基础物资和服务的高价格垄断，如食品、燃料和其他通信服务，保持和发展教育、创新和商业之间的直接联系，以保障社会行业的战略利益，如能源、农业、环保、技术和经济关系的行业。

作为现代化进程中的优先发展方向，地方政府会发展并保持单一制国家的特征。我们将奉行一贯全国所有地区均衡发展的全面战略，以克服巨大的地区差异。保加利亚农村在新条件下的持续发展是主要的优先事项之一。

社会

受市场经济影响，保加利亚社会在收入水平和居住水平上出现了两极分化。随着新的中产阶层的形成，社会分层更加清晰，出现了一个长期处于社会边缘的社会阶层，贫困人口至少占据五分之一的保加利亚人口。与此相比，更加明显是，高收入阶层的收入远远高于全国的平均收入水平。

保加利亚现代社会主要缺乏正义。转型时期，所有权的转型应该按照权责明确和充分高效利用资金的原则执行，而不是莽撞地把国有资产"剥离"或出售给外国人。后者造成的结果是，几乎扼杀了团结努力和行动的基础，造成全国不同的社会阶层和群体差异，压制了人民独立的发展，取而代之的是建立在个人牺牲和社会基础上的发展。

保加利亚社会贫穷的核心问题是没有约束好市场的破坏力量，没有足够的有效的国家干预。在这样的情况下，平等的基本价值观、为拥有体面生活而需要的就业、组建家庭的平等机会原则形同虚设。

因此，我们的首要任务是基于人道主义和平等的原则和价值来实现社会的发展。总的来说，建设一个不是由金钱和政治来决定体面生活机会的社会，隔离和约束市场对政治和政府的影响。

社会党优先任务还有在现代社会中努力消除根深蒂固的陈旧观念——女性在社会中的角色。因此，我们的使命是消除女性在职业生涯中所遇到的全部障碍，平等包容，无论在商业、政治，还是个人生活中。这是我们与现代其他左翼政党的共同使命。

儿童和孩子的保健和发展不仅是父母的责任，也是整个社会的责任。因此，我们鼓励父母有责任的教养，主张加强公众监督和坚决反对一切违反儿童和孩子权利的行为。我们将为每一个家庭创造条件允许他们自由生育，而不需要父母牺牲自己的职业。

为儿童和老年人建立便利的优质服务，为女性提供积极参与公共生活和就业的机会。今天，兼顾工作和家庭是父母难以完成的任务。责任不仅在于社会，也于在企业和雇主。他们可以采取适当措施让工人和技术人员的工作制度与家庭责任的需求相结合。

应对保加利亚全国人口问题和加快经济发展、实现知识型经济增长的模式，需要国家制定长期的青年政策。它的基石应该是认识到青年人是应当给予投资的国家财富。

在这个基石之上，保加利亚必须进行教育体制改革；特别支持年轻家庭和儿童教育；在政府各级机关里接纳年轻人，包括优先考虑他们的经济和社会生活。我们将要为保加利亚的年轻人提供一个有价值的职业生涯。创造条件，吸引移民的保加利亚年轻人返回祖国。

种族宽容是保加利亚社会历史上的一个巨大成就，它形成于困难的条件下，来自不同族裔的保加利亚公民互相依存。我们的目标是巩固现有成果，并以此为基础促进保加利亚少数民族平等地、完全地融入社会。

社会党对于不同种族和宗教群体的政策是：保障每个人拥有平等的权利，个人发展作为社会中宗教和民族持久的互相包容、互相理解的基础。据此，社会党致力于创造合适的条件使保加利亚不同种族和宗教的公民继续和发展他们自己的传统文化、宗教和保持他们自己的身份，并有效地融入国家的文化和语言中。

社会党促进每个人在法律面前思想自由、信仰自由的平等权利，无论其宗教信仰和文化传统。我们社会主义者珍惜保加利亚东正教在保加利亚精神和国民身份认同方面的重要作用。社会党支持不同文化和宗教间的平等对话，作为国际和国内合作的新全球共识的一部分。

教育·保健·收入

教育

保加利亚人力资源的质量，以及实现一个知识化、科技化、崇高价值观念的世界，依赖于保加利亚的现代化教育。这对国家的未来至关重要。这是我们党的优先任务——培养年轻下一代，使每个保加利亚公民在不断变化的世界和统一的欧洲中拥有竞争力。

从小对每个孩子的教育投资是个人前途和发展的条件，同时，要创造条件使所有儿童和孩子平等地接受高质量的教育。因此，社会党坚持16岁以内完成初中义务教育，不迟于18岁。

受教育权、专业培训和终身教育是我们的基本原则。它们塑造每一个公民的未来，是经济公平、社会成功的必要元素。

保加利亚的教育模式需要保证良好的保加利亚语言知识，发展语言技能，扎实的数学、人文科学和社会科学知识，文明社会的常识，以及利用最新的高科技信息和通信技术。国家应颁布法律，鼓励企业和雇主投资于员工的教育和培训，提高他们的知识。

更重要的是，全日制学校提供平等教育的机会。这样，父母有更多时间参与工作和社会生活。主流学校的基本任务是培养个人责任和自我管理、自我发展的能力。学校是人们接受教育、掌握能力、学习生活常识和互相帮助的地方。

知识经济社会需要越来越多的受过良好教育的毕业生。完成高等教育将给予人们更多的自由条件和成功的机会。大学作为知识和科研活动的中心，是一个新的视角。

保加利亚必须拥有一个综合战略，来有计划地提高劳动力的竞争力，也必须拥有具体的目标、目标期限和负责机构。我们将根据经济和公共服务的条件，提前预测劳动力变化，以实现完全就业和提高生产力。

保健

近年来，保加利亚的医疗保健系统发生了许多明显的变化。医疗服务的融资原则已经改变，已引入了财务控制的新形式和新机制，提供医疗保健服务。我们已经有法律规定了医院的新的所有权形式。保加利亚几乎全部的法律都遵循欧盟的立法程序。

医疗保健服务的主要问题，不仅是保加利亚所面临的问题，也是全球所面临的问题。人口结构的变化、新的昂贵医疗保健设备和治疗方法，导致了医疗迅速上升的成本与有限资源之间的矛盾。在1998—2001年间，保加利亚的医疗保健系统几乎完全瘫痪。医疗保健服务的垄断模式导致了严重后果——人民使用医疗保健服务的权利受到严重限制，尤其是偏远地区，降低了人口健康状况的保健和治疗，而药品价格却极高。

今天，社会党进行医疗保健改革的出发点是保障每个保加利亚公民可以享受优质的医疗服务。我们将依据宪法来执行这一政策。为此，我们将努力：

——预算，为每个人提供可接受的优质医疗保健服务，通过国家保健卡，人们无论其居住地和社会地位，都可获得及时和优质的服务；

——优质和有效的急诊和专家会诊；

——有效预防疾病、治疗和康复，重点是社会常见重大疾病，特别关照孕妇、婴儿、儿童和老年人的健康；

——引进"健康在于政策"办法，加强国家各部门改善工作条件的作用，减少环境的负面影响；

——根据医院出具的实际成本，为各个医疗部门提供所需资金；

——为便于交换医疗电子数据，立即建立联合的医疗保健信息系统，更好地协调各部门工作；

——通过高等医学教育和研究生培养，促进医疗人才发展，提高他们的社会和经济地位，提高医疗科研水平。

公民健康与活力战略不可缺少的部分是：第一，发展年轻人的体育活动，创造合适的条件让更多年轻人积极参与体育活动，这是减少青少年犯罪、吸毒及酗酒的重要因素。第二，特别要为残疾人的体育活动创造条件。

收入

劳动和资本关系的特点是工人工资远远低于其创造的价值，远远低于欧洲国家的平均水平。同时，必须认识到，保加利亚的劳动生产率也落后于欧洲国家。目前，保加利亚工资水平大约是欧洲平均工资的五分之一，而保加利亚的劳动生产率大约是欧洲平均水平的三分之一。

这些比例意味着，保加利亚人的工资大约只是欧盟平均水平的50%，劳动收入不超过欧盟平均水平的20%。根据这些数据，保加利亚劳动力显而易见被大大低估。从劳动力成本占GDP的份额也可看出，保加利亚只有30%，而欧盟平均水平是45%。

这种差距需要通过快速提高实际工资来解决。与此同时，需要加大投资和员工培训，增加高科技生产的资金和方式。在未来10—15年，显然难以缩小工资差距，但这并不影响我们的责任。我们应该努力创造新的有效方式快速提高工人收入，使其接近其他欧盟成员国的标准。

通过法律确定最低工资标准，而不是行政干预的方式。按照国际惯例，最低工资标准应取决于一些客观条件，如生活费用、劳动力市场和国家经济竞争力。社会合作伙伴也应直接参与最低工资标准的制定。

要在法律上确认员工获得公平薪酬的权利，这依照本领域权威的国际文件——国际劳工组织文件及已被批准的欧洲社会宪章修订法案。

公共部门必须引入更灵活的机制，真正提高公共部门人员的薪酬，以激励他们的工作。薪酬极端偏低而其工作极其重要的公共部门，薪酬将率先增长。

科学·文化·信息

科学

保加利亚面临的严峻问题，即保加利亚欧盟成员国身份的认可问题，需要所有保加利亚科学家作出全面分析、制定完善的发展战略和解决方案。实现这个目标的第一步是在与科学界、社会、商界作出充分讨论后，制定出发展科学研究和创新战略。

第二步，提供高质量的管理和高水平的科研筹资。社会党将要努力建立管理机构，成功协调和科学指导新的研究。我们将提供可靠的资金支持科研和创新，并建立有效指导科研和创新的机构。

目前，我们应该对高中、高等学院、大学进行不断的系统优化。依照欧盟标准努力提供优质的教育，并且创造条件实行有效的认可体系，促进国内和国外大学间的学分互认和叠加。

我们致力制定长期政策，不断壮大科研和教学人员。这需要新法律来解决职业发展的综合问题，解决科学家责任问题，以及适应欧盟相应的建议和法规。

今天，在保加利亚，如果没有与商业的直接充分合作，科学的成功发展与实施是不可想象的。我们应该通过研究院、政府机关和企业的共同努力尽快改变这一不足。

为了在国家发展中成功发挥科学的重要角色，需要所有人达成广泛的共识。社会党将会参加建立和维持一个讨论机制，定期讨论和批准实现科学的主要方针和必要条件。

现在，对保加利亚至关重要的是恢复和发展创造基础科学和应用科学的能力，以及借鉴外来的科学成就。当前落后和畏缩的科学格局，始终和不可避免地威胁着保加利亚的经济增长和社会发展。我们致力于将实现新的科学发展政策作为政府与科学机构积极合作的首要优先任务。

文化

在今天全球化的世界中，文化是国家身份的表达，被理解为物质和非物质的文化遗产与当代艺术的结合。作为民族精神、道德和传统，它是各国和各民族间对话的工具。文化的持续发展是形成个人价值观的保证，以及实现更高生活质量的指标。

文化是民族团结的一种工具，对于建立在和平、互相理解、国家和人的价值、保护语言多样性和保护人权基础上的全球化世界，文化的多样性及文化间的交流是一个挑战。

我们推崇的政策是保护和促进国家文化的各种活动，过去的遗产与现代化多样性的融合，高层专业艺术家和业余艺术创作的结合，传统与创新的结合。

我们的文化遗产，以现代化式样，构建和推动着文化进步和社会进程的政策变化。现代文化政策处于相互碰撞、相互交流的时代，支持相互丰富、深刻思考和发展文化多样性，支持保留21世纪文明生活和消除交流的障碍。

积极的国家政策是保护和发展保加利亚文化的必要条件之一，是文化发展和存在的公共活动。我们在里斯本战略框架中要努力实现文化创意，作为经济和就业增长的催化剂。因此，我们将致力建立一个全面的社会和文化工程，作为促进国家的经济和社会进程的一部分，文化行业将会积极增长。

新科技已经改变了文化进程，提升了文化产品的传播，导致推动刺激消费的理念，使众所周知的高水准的世界和欧洲的文化黯然失色。因此，我们正在实施的政策是为提升审美标准和品位，不断地提高艺术和文化领域的高质量演出。

在今天的市场经济条件及全球化的巨大影响下，我们将努力加强文化遗产及当代文化的各个领域创新工作的法律保护。通过保加利亚法律协调与欧盟立法的标准，我们将要寻求新的方法和形式对保加利亚文化进行投资。我们认为，文化就是人民和社会凝聚的元素之一，因此，我们支持保加利亚政府，地方当局和民间社会努力创造物质和财务环境支撑当代文化的进程。

发展新的"文化产业"作为主要的经济成就之一，需要在更广范围内重新评估国家的能力——文化遗产的数字化、文化教育、版权保护、保加利亚语言的保留。文化产业需要创造条件快速发展科技以利用文化产品，大力支持打击盗版和非法出售文物的版权保护行为。

我们相信，艺术家的事业精神和文化产业创新的发展形式是未来创新的唯一来源。为了国家更好的现在和未来，我们会认识到这个发展潜力，并充分加以利用。成功参与跨文化之间的对话，需要重新审视保加利亚杰出艺术家的地位，发展文化和商业的合作。积极推动年轻人参与继承传统文化遗产和其作为现代文明生活一部分的转型。

现代媒体也是国家文化的一部分。社会党放在第一位的是保加利亚所有公民得到可靠的、丰富多彩的媒体信息的权利。保护这一权利需要坚决反对媒体垄断，提供充分的竞争力，特别是确保媒体的多元化和多样化。

我们认为，公共媒体应该因受到积极支持而具有竞争力，而无需把每一个产品都变成商品。我们必须付出努力，让公共媒体可以成功实现基本义务：保护国家利益和人民普遍的文化价值；充分协助人与人之间的相互理解和宽容；保护保加利亚文化，保存保加利亚语言的纯度。

社会党将要加强和建立独立的公共监管机构，通过一定的权力负责提供高质量、可靠、丰富多彩的信息，及确保媒体有效的竞争环境。

信息

我们一致同意，我们生活在一个信息社会。在那里，全新的结构和管理基于全球性连接以及信息、通信网络和服务的使用不受到国家、地域或其他限制。

在保加利亚社会进行全面现代化的过程中，信息社会的发展至关重要。为达到保加利亚现代化的目标，应该进一步发展信息社会，在目前所获得的成绩的基础上，信息化的过程必须遵守下列的优先项目：

——信息科技应该广泛引入到教育、保健、贸易以及安全电子金融交易中；

——为保加利亚人利用信息科技创造机会，也应该特别关注弱势群体；

——国家在各个领域提供（高速）互联网，包括在人口稀少的地方；

——建成国家电子通信网络，满足国家、省、地区和市的需求；

——继续发展电子政府，使其能提供全面的电子行政服务，满足和便利公民和企业的需求。

经济·社保·财政

经济

在过去20年，保加利亚经济经历了从中央计划经济向市场经济的休克改革，引起了生产结构和工业关系的巨大变化。因此，目前在保加利亚成功运行的市场经济，创造了巨大的财富，但是收入和生活质量明显落后于欧洲的平均水平。

社会党执政时，经济获得了强劲增长，失业率明显降低及吸引了大量外国投资。保持和加强了国家宏观经济和金融市场的稳定。

与此同时，国家经济竞争力仍然不足。收入水平和生产率显然不如欧盟平均水平；人口中出现了低收入和高收入群体，社会急剧两极分化。合格劳动力日益短缺，而且没有知识和能力的人士就业难的比率仍然很高。

交通基础设施发展程度明显落后，现代信息资源和网络应用也未全面开放。农业处于长期的结构危机之中，而附加值大幅下降。

随着内部面临的挑战，外部宏观经济环境严重恶化。全球金融危机将导致实体经济显著衰退，经济迅速增长和结构调整的外部条件明显恶化。

所以，我们认为，未来必须制定和实行新的经济战略。现在最重要的是通过稳健的财政政策，保持和加强金融和信贷系统的稳定性。我们相信，实现快速增长及收入较快增长只有通过加强市场激励机制和稳定的金融与新的战略预测、国家规划、指示性计划相结合，才可能实现。

国家战略计划应根据深入的分析以及对世界经济未来发展的预测来制定。这需要在综合分析与部门发展领域直接引入科学。规划应基于广泛的公众对话、与议会政治力量、社会合作伙伴及民间机构的讨论和预估来研判。

我们的战略规划和计划的重要指标是："经济恢复和社会重建战略"——其实它最新的形式常被称为"里斯本战略"，以及可持续发展的原则。我们认为，战略规划和计划的主要目标和参数将被纳入到2013年国家的新规划文件中——"保加利亚国家发展计划"、"保加利亚国家战略参考框架"和旨在吸收欧盟基金的"欧盟项目计划"。

经济规划的具体表现应该是明确制定工业和出口的政策。据此，确保工业部门生产高附加值的产品，尤其是在制造业、源自常规能源和再生能源的发电业和服务行业——信息科技和旅游等行业领域。

极其重要的是出口政策，因为它是保加利亚解决当前进出口账户赤字的最大挑战。此政策不可或缺的一个环节是应鼓励在高附加值行业投资，确定出口市场和出口产品，支持公司的出口营销和推广系统。

按照指示性计划和战略计划的指标，我们应该更新和完善调控和激励系统——整体经济活动和优先行业的活动。为了实现这个目标，需要进一步改善机构之间互动，以及与商界和工会之间的交流。

经济和产业政策的主导思想应该是整体经济的现代化，主要通过新水准的能源竞争，依靠新的能源平衡，环保生产，以及在所有领域和活动引入信息技术。

快速发展和现代化建设战略的一个不可缺少的部分是员工培训，提高生产劳动奖励和扩展灵活的劳动力资源分配。现代化进程的结果应该是形成以信息和通信技术为支柱的知识型经济。知识经济，通过密集的创新过程，应该促使国家经济更有竞争力以及更有效的投资和出口结构。

左派重要的社会经济承诺是确保农业的可持续发展，作为人类发展战略方向变化的一部分。从这个角度来看，我们将要出台许多政策来加强和确保农业就业者的收入，按照市场上的需求生产优质的产品，促使农村地区经济活动的发展。

社会党在农业领域的主要政策将是要实现：

——农业可持续发展，这意味着农业应该继续保持繁荣，满足社会的需求和要求；应用积极的政策，通过各种共同农业政策措施，保证农民的稳定收入；确保为下一代保护环境；

——通过良好运作的连锁店，确保食品质量和安全。两个保障特别重要，即食物链的透明度和创新支撑；

——知识和创新的投资方面，国家将建立创新战略，保证提供必要的财政资源；

——提高农业的经济环境，优化农业监管程序；制定管理项目适应参与者的需求。这与实施综合的措施有关，包括保护知识产权与有效管理土地；建立高效的生产结构；积极支持农业协会和合作社，作为发展小规模生产的基础；增加农产品和加工农产品的出口量；国家积极调节基本共同农业政策的原理和机制。

经济增长和现代化进程的配套政策要求实现和保持私有财产、国有财产和市政财产之间的真正平等，并发展互助合作的管理形式。据此，应该形成广阔发展的和各种形式的公私伙伴关系，不但在经济领域，也在公共服务领域。还应该确保可持续发展和快速增长，在社会不同阶层的利益中保持更有效的平衡，通过相关保障措施——保护私营业主、员工、公民团体、地方或国家的权利。

社保

客观地讲,很多人难以自理,他们有理由依靠公共的支持。这些人大多数是退休者或孤儿、残疾人及其他弱势群体。因此,我们首先要努力工作来改善社会保险和保护体系,以确保今天每个人的需求,为每个人在社会中安全和尊严的生活创造条件。

因为退休者在改革中付出了沉重的代价,所以现在我们需要新的政策,令人民对养老保险制度的发展怀有信心。团结是保险制度的基本原则。保证日益增长的适龄退休人员有机会领取公平合理的养老金;此外,不应把负担转移给其贫穷的下一代。

因此,我们视社会保障为基本权利。我们认为,虽然面临人口压力,集体保护、防止社会风险应该是保险体系的基本原则。不能否认,每个人也需要为自己的未来承担个人责任,为了体面的晚年生活,私人养老金计划的前景已经日益重要。除此之外,还需要平衡——国家扮演主要角色来保证每个人的社会保障权利。

养老保险制度的主要目的是为退休者脱离劳动市场时提供足够的保护。退休金不应阻碍经济增长,也不能违反其保障的特征来有意刺激经济增长,或者影响财政稳定。

养老保险数量应该是足够宽裕,足以让养老保险制度有必要的支持来履行它的社会角色。为了这个目的,我们不应该低估保险人的付出。退休之后,每年的工作经验和支付的保险费应该得到公平的补偿。

养老保险制度,尤其是最低限的养老金对于减少老年人的贫困风险具有非常重要的作用。我们在短时间内要调整最低退休年龄,养老金水平以及国家的贫困水平指数。

对于一个社会来说,如何关心残疾人能够彰显它的整体道德水平。对我们来说,为全社会的利益而工作是一种责任。我们将采取行动,消除所有障碍——心理、文化、体育、建筑、教育、经济和社会的,妨碍残疾人公共生活的所有领域的障碍。

我们将创造条件将残疾人引入到劳动市场——促进个人创业或鼓励雇

用残疾人士。为每个有残疾的孩子提供一个有利的环境，根据其具体情况接受优质教育。我们承诺，所有残疾人获得足够的物质支持，能有一个体面的生活，有机会获得所有需要的预防、康复和治疗措施。

财政

对社会发展方向至关重要的是税收与预算政策，更宏观地说，是执行的全部政策的本质。一个没有足够竞争力却开放的经济，应该按照最低税率征税和有约束的财政政策。

不过，我们反对"单一税"和财政限制会创造更大的公正和团结的论调。相反，我们相信，无论估值还是补偿都加深社会两极分化，限制国家和市政执行社会政策和无障碍的公共服务。

因此，通过税率使经济完全欧盟化和"白色化"后，在未来四年的末期，我们要依据社会团结的原则和对国库的贡献——依据公民的收入和平稳地向累进税过渡，做出结果分析和评价未来全面实施财政政策的可能性。

提高经济竞争力的同时，加强税收体系和其他的财政预算体系，改变财政预算收入高于支出的事实，保持财政预算和必要储备的平衡，按照国家法律所定的优先项目明确分配成本。

土地·水·森林

当代全球化的负面影响导致了环境和气候的挑战，成为未来人类文明发展和存在的关键。各种政治、社会力量和组织目前计划的备选项目，已经提出了应对环境和气候挑战的管理、解决方法和应对政策。

备选项目的基本分界是经济和道德规则之间的平衡，以及市场价值、标准和实现方法之间的平衡。这就是生态政策和全球变暖政策面临的背景环境。

我们主张复杂的可持续发展政策，合三为一——经济，社会和生态。事实上，对保加利亚未来十年或二十年来说，应该发展工业，合理利用和保存自然优势和国家资源、高价值的信息和服务。与此同时，在欧盟的政策和资金帮助下，保持和给予所有的保加利亚公民现代欧盟的生活水平。

土地

保加利亚的土地特别需要关注和保护，主要是因为它是保加利亚人丰富生活和繁荣的来源，是环保型经济环境的基础。保加利亚土地肥沃，也是民族自豪感和自信心的来源。因此，我们决心加强和扩大土地保护立法并严格严格遵守，打击破坏土地的行为。

水

水将会成为人类生存的一个日益重要的因素。可持续管理和合理并充分地利用地表水、地下水、矿泉水、地热水，是我们的首要任务。

森林

作为人生存环境中的一个重要因素，森林和生物的多样性不可取代。保护和发展保加利亚森林和生物的多样性是我们优先的政治任务。

安全·法治·国际合作

安全

全球化时代各种挑战，相互依存和相互连接的全球、欧洲和区域安全体系，以及保加利亚特殊的国情，凸显了安全问题的重要性——包括个人和国家安全、国防安全、外交和国内安全、能源和食品安全、人口安全、信息安全和环境安全。似乎在未来一二十年，公民、国家和社会安全的挑战和威胁将进一步加剧，尤其是非对称威胁。但是，在未来的十年内，保加利亚并不认为常规军事冲突的危险会威胁到国家主权和领土完整。

因此，国家的第一要务是形成一个内部安全和公共秩序体系，以确保公民进入国际安全体系时的个人权利，并能够利用现代信息技术和组织资源。这意味着现代科技的监视和跟踪手段，应该为国家垄断。

我们主张有效地运行组织和规则，能够对遵守公民权利和合法运行安全系统产生真正的控制。我们还认为，必须加强执法的公信力和权威性，以有效地反击公众犯罪、有组织犯罪和腐败。

全球环境的变化需要全新的保加利亚安全战略，适用于复杂的现代威胁和风险，有步骤地建立一个有效的应对系统。保加利亚军队在转型和现代化过程中，需要和发展必要的作战能力以履行他们的使命。

执行国防政策应该确保国家主权、安全和独立，保护领土完整，参与北约和欧洲安全与防卫政策，以及有效地利用国家潜力和资源。发动所有的民用和军用专业技术，形成和实施一个整体模式的国家防卫政策。

应该明确军人的发展模式，在社会福利的一揽子方案中应保证军人的教育和培训体系，保证为国防和军队人员的选拔、培训和升迁输送高质量的人才。极为重要的是，要找到对人员——国防最重要的资源——和军事装备投资的最佳平衡点。

法治

民主社会的基本要求是真正的法治，以表达人民的主权意志。它是个人自由，是有效反击犯罪，有效的市场经济和可持续经济增长的重要因素。

法治的一个关键因素仍然是法院。但是，在转型的过程中，法院系统至今仍是国家正常运作的一个问题，甚至一定程度上导致了对保加利亚欧盟成员国资格的质疑。它的根源主要是鲁莽地干预法院的活动，尤其是偏袒行为。

今天，法治受到的最大威胁是腐败。它腐蚀政治制度的基本结构和各行各业。导致国家主要功能陷于危险，国家好像不足以提供尊严、个人权利、个人自由发展和公民社会创造条件。

我们决心作出更多努力，确保只服从法律的独立而有效的法院的存在，使法院活动更加透明和负责，确保所有保加利亚公民平等地获得有效的司法保障。

民主原则和实践的最严重威胁无疑是在国家和社会主要结构中的有组织犯罪，它明显影响到我们国家的正常发展。我们决定，首先限制有组织犯罪的经济资金基础，削弱他们影响政府官员和法官的能力。

国际合作

保加利亚作为国际社会负责任的一部分,一贯珍惜自己的声誉,为东南欧和黑海地区的稳定、安全与合作作出了重大贡献。保加利亚作为欧盟和北约成员国的新身份,提供了发展自己地缘政治优势的机会,奉行积极和平衡的外交政策,以确保保加利亚公民的富足、国家安全和领土完整。

作为欧盟成员,我们国家必须充分参与有助于加强欧盟角色和能力的国际活动,即欧盟作为有利于建设国际合作和集体保护、提供各种方法和政策确保会员国安全的角色和能力。欧盟的目的是协助世界各地的稳定,以建立一个可靠的全球安全与合作的系统。保加利亚的利益是发展更有效的欧盟共同外交和安全政策及形成一个欧盟安全和防卫政策。

需要维护和扩大国家在东南欧地区的能源枢纽的角色,在能源运输和欧盟制定能源政策中扮演重要角色。保证保加利亚公民获得欧盟最低的能源价格以及确保保加利亚在能源市场上的领先地位。实现这些目标,只能通过启动预期的大规模能源项目,以及有效分离特殊能源和利用可再生能源。

对我们来说,最为重要的是开发和使用有效的全球集体安全系统,根本在于有效改革联合国。联合国系统应该整合多边机构和方案,以解决目前人类所面临的主要风险——贫困、饥饿、疾病、自然灾害、气候变化和国际犯罪网络及无政府状态。

欧盟成员国身份

加入欧盟为保加利亚充分发挥其国家潜能提供了伟大的历史机遇。同时,它至少也是一种挑战——保加利亚在新的全球现状下需要证明自己是一个有能力和能够成功发展的民族和国家。

保加利亚进一步成功的发展取决于全面和平等的欧盟成员国身份。保加利亚实现加入欧盟的目标,所以应该找到一个可以延续的新的全国性的目标——通过引入欧洲统一市场的新投资、技术、管理经验和支持落后地区的政策,加速社会经济发展。

同时，我们为欧盟政策和制度的发展和改革、克服缺乏民主的官僚，努力作出自己的贡献。欧盟不能有"一等""二等"公民，首要的是形成团结和有凝聚力的发展的机制。

我们认为，上述努力获得成功的前提和保障是欧洲社会主义者编制的"新社会欧洲"战略计划。我们的纲领符合并结合了欧洲社会党的现代纲领中的十项原则：所有对象的权利和义务；全面就业；为了人的投资；包容的社会；全面照顾孩子；男女平等；社会对话；多样性与融合——我们的力量；可持续发展的社会；为了人的活跃的欧洲。

我们在欧盟的共同目标是建立一个新的稳定的社会生态——可持续发展的国家，其特点是全面就业、社会融合、终身发展、融合和可持续发展。"新社会欧洲"应该是地图上的一条新路线，不是基于国家间的竞争，而是欧盟整个社会的利益。我们支持包含了所有对象——国家、企业、工会和个人的权利和义务的新欧盟社会契约。

目前阶段，在规划2013年欧盟预算的过程中，我们将致力于形成有利于一个明确的社会导向的欧盟政策，包括快速发展的需求。这些努力要获得成功最重要的是吸收欧盟资金，以及加强欧盟对保加利亚作为一个有责任的、平等的欧盟成员国的信心。

五、保加利亚社会党——执行保加利亚左翼的计划

为了能够处理保加利亚所面临的新的历史任务和挑战，以及能够真正执行现代化和发展的左翼计划，保加利亚社会党需要在整体发展——纲领、章程、结构中迈出全新的步伐。

左翼党

社会党是具有社会主义理想的政党，社会民主主义的政党，致力于超越资本主义的历史过程，以及减少和削弱它的作用。这个过程是与不懈追求实现民主社会主义的社会结合在一起的，民主社会主义社会的主要价值是人类的基本需求和权利。

目前阶段，我们的主要工作是有效保护劳动者、贫穷人、被遗弃的人和雇员的利益。我们要努力推进形成一个广泛的中产阶层，为了所有人的发展，把政策建立在自由、民主、平等、公平和团结的价值观基础上。

社会党是人民的党，因为我们为每个社会群体制定相关的政策和建议。社会党不会与任何社会阶级、社会组织或社会群体斗争。相反，我们承担着社会的希望和争取正义的责任。因此，我们与其他欧洲左翼政党一起完全拒绝有些右翼政党掠夺和控制"人民"的尝试，或把左翼政党描述为分离社会的与"阶级敌人"做"斗争"的党。

拥有纲领的政党

在社会党100多年的历史上，社会党一直是一个有纲领的党。虽然带有不同历史时期的时代印记，社会党纲领总是主动寻找保护劳动人及人民群众的切身利益的愿望，以及政策必要的纲领基础。

1994年的纲领"新时代、新保加利亚、新的社会党"是苏联和东欧专制社会主义社会失败的惨痛教训，以及坚信社会主义的社会进步和人道主义的思想和价值观的产物。社会党自我定义为一个现代的社会主义党，一个保加利亚、欧洲和国际左翼的党，一个重建的民主社会主义党。

通过1994年的纲领，社会党采用了经典的三合一的民主社会主义价值，它们体现在社会民主党和社会党国际的纲领和实践中。这样，这个纲领奠定了社会党作为一个现代化的社会主义政党发展所需要的基础，能够制定和实施为国家和社会民主化的政策进行经济和社会改革，以及根据欧洲模式建立一个民主、法治和社会的国家。

通过今天的新纲领，我们为保加利亚公民进行必要的改变提出建议，以满足社会的期望和国家的需求。在纲领实施的过程中，我们将为建立在社会和公民共识基础上的政治参与，为了保加利亚的利益，以及实现这些目标所需要的共同政治责任而工作。

民主的党

自1989年以来，社会党确定自己是一个议会政党，捍卫民主的理想和价值观，尤其是在极其复杂的条件下。当时，保加利亚右派尝试垄断民主主义的概念，通过决定强制限制权利，不管是公民个人的权利还是政党的权利，并尝试迫使地方政府失去权力。

社会党追求的政策是进一步扩大民主化，根据左派政党的理解，社会和政府机构循序渐进的民主化是非常重要的。这意味着，加强民主平等的原则，进一步发展直接制民主和代议制民主。

民主是社会公正和团结的政治基础。我们努力把民主的优先事项和经济发展、社会公正、团结和保护环境结合起来。

实现更民主的管理，需要恒定和不受约束的最新的公共与管理信息；同时，政府机构和官员需要定期发布工作报告。应该积极支持"参与式民主"，促进公民以自发形式成立社会组织，保证公民参与国家、地区和社区的管理。

作为一个接受男女平等原则的党，我们致力成为先进的政治力量以在公共生活的所有领域推动这一民主的基本原则。在党内将促进女性与男性平等地参与各级管理机构，平等地成为社会党在议会和行政机构的代表。

群众的党

作为人民的左翼党，社会党规定其工作应该在保加利亚当代社会各阶层中首先保护劳动者、流离失所的人、难以自理的人的利益。党通过参与各级政府，与工会、整个民间社会的积极互动，来开展活动。

社会党作为群众的党，在党员、志同道合者和同情者间，通过社会党的基层党组织、党在地级市、省和国家的结构，一直保持着政治活动。党发起和认同政治的或公民的行动和活动，以保障公民的基本民主权利和利益，以及所有公民在法律面前的平等。

通过积极参与政治和公共生活，社会党争取每个公民更广泛的自由，以及义务和责任，基于社会公正和团结实施政策。因此，党全面推进和加强向民主社会主义的社会结构前进的历史趋势。

议会党

自成立之时起，保加利亚社会民主党视议会为传播和保证社会理想的适当场所。它参加了选举，在议会中拥有代表，赢得过地方政府选举。社会民主党通过它的代表，成为劳动者的利益和民族大义的杰出代表，推动了保加利亚议会和代议制民主的发展。

社会党作为体制内的议会政党是其在新条件下改革的一部分。自从第七次国民议会至今，社会党作为执政党和在野党，都无条件地遵守议会制度的原则，努力为建立欧洲模式的议会和地方政府而工作。

在未来一段时间内，社会党将发起一场深刻的议会改革，无论是在内容、还是在组织上，以确保议会的工作符合宪法和法律规定，向选民开放，与选民保持联系。这个变化不是目标本身，而是作为强化国家机构权威和法律规范的重要条件。只有这样，才可能提供投资增长的活力以实现经济和收入的快速增长，同时有效保护公民的权利。

电子参与的党

现代信息社会的交流，尤其是年轻和受过教育的人之间，越来越依赖电子网络。形成了一个新型社区，它具有自己的风格、交流语言和别具一格的论坛。在社会党的活动中，我们将发展不同形式的电子参与来吸引党的新的支持者和同情者，拓展政治活动的空间，这对社会党在社会中的地位和成功非常重要。

我们认为，社会党在主要活动方向上的改变——开发软件，社区活动，包括在议会通过电子信息网络工作——是一个长期的重要的政治任务。这将发展团结的原则，自下而上的相互依存，促进我们的政策与决定。

六、必要的基础——人民的赞同

在转型时期，社会党源源不断地得到人民的支持是保加利亚在全新的条件下继续发展的必要基础。社会党已经证明，它将国家利益置于党派利益之上——维护国内和平和尊重宪法规范，即使在最困难的时候。

人的发展战略，我们保加利亚发展的成功，只有优先发展目标——高品质教育、良好的医疗保障和体面生活——在社会上获得广泛赞同的情况下才能实现。因此，我们要积极同所有国家的公共和政治生活的参与者开展社会对话和政治合作。为达到必要的利益平衡、加强人们间的权利和义务、确保经济稳定、加速增长和提高生活质量，这样的交流是必要的。

社会伙伴关系是努力协调人类发展的方针和政策的核心。这样的伙伴关系，应基于以下内容，努力发展与工会和雇主的关系：

——保持利益的平衡，以保护工人和雇主的权利；

——实施一项政策，促进经济领域的企业自有与保证员工的社会经济权利的结合；

——社会伙伴和国家都应履行职责，保护社会公共利益，减少黑色经济活动。

应该扩大国家层面的三方合作的范围，应该向社会伙伴咨询所有决定国家的未来发展的重要事项。我们的主要目标是在经济和社会政策的优先事项、原则和机制上达成共识。

虽然没有直接参与双边的社会对话，国家也有责任为其全面实施创造条件。考虑到社会伙伴的主要角色是就经济活动的基本参数达成一致，因此，应鼓励所有层面——行业、产业和企业的对话和集体谈判。

*　　　*　　　*

对我们来说，体面的生活并不是遥不可及的事情，相反——我们宣布，在此时此地努力保护每个人的尊严和自由发展，因为这是公民和宪法的要求。但是，我们希冀它能通过法令和口号来实现。

只有在一个高品质的社会才能实现真正自由和尊严地生活，具有足够的物质条件来保证个人充分发展和隐私免受侵犯。这个社会没有剥削，没有贫困、愚昧和暴力——即一个真正团结的社会！

（本章根据2008年保加利亚社会党第47次全国代表大会通过的《保加利亚社会党纲领》翻译）

（北京大学国际关系学院　Raya Stoycheva 译）

波兰民主左翼联盟基本纲领[①]

我们是左派，左派主张什么呢？

我们是左派。这是为什么我们把个人真正的社会利益和现实利益置于所有抽象的市场机制和国家机制之上的原因。当资产阶级和工人阶级发生矛盾和冲突时，我们会永远支持工人阶级。为了使每个人都有公平就业和发展的机会，我们要建立和实施一些原则。每个人都要有尊严的工作，而且工作要得到应有的回报。

在保守的社会规则和现代化的社会规则发生冲突时，我们赞同现代化的社会规则。我们要为人类发展创造更多的空间。在这些规则中唯一例外的是公众利益。在专制理论和民主思想发生冲突时，我们会永远维护民主思想。

我们与右派和民粹派的区别是什么？

区别是很明显的。我们认为原教旨主义和民粹主义对政治生活来说是危险的。我们不认同右派的一些观点，如：领土自治的范围及其重要性、对少数民族实行特别宽容的政策、妇女在公共生活中发挥更大的作用、妇女在就业中具有真正平等的地位。我们相信，社会政策不能只建立在市场分配的基础上，还需要考虑个人的需要和幸福。最后，我们争取成为一个中立的国家，希望教会在公共生活中的影响力下降。不像右派，我们不会挑起内战，也不会激起人与人之间的冲突。我们赞赏的是沟通、共处、妥协。

---

① 译自英文。

在经济和社会分配方面，我们与自由派的看法不同。我们认为国家不能完全放任经济自由发展。自由市场经济不是万能的。国家在调节市场分配方面发挥关键作用。我们要帮助穷人，让富人在社会公益事业方面作出更大贡献。

在对欧盟及欧洲的政策方面，我们与右派、自由派、民粹派及原教旨主义者的看法也不同。右派和自由派对成立一个自由、现代化的欧盟是非常抵制的。实际上，只有左派重视欧洲政治一体化。我们认为财富状况、出生和居住地决定不了个人的能力。当然，我们也不希望限制从父母那里继承财富、地位的机会。

我们在政治方面是活跃的，其言外之意是什么呢？

政治意味着理性地融入社会生活。复杂的社会群体日益需要有意识地相互交流。有越来越多群体需要我们，我们也想影响他们。我们要通过政治更好地保护弱势群体。我们的任务是要让那些持有公共利益理念的雇员和雇主加入到现代社会中，我们所说的公共利益理念包括：降低失业率，机会平等，基本的生活保障、知识保障，消除极端不平等。

我们代表谁？出于社会和文化方面的原因，我们代表那些在就业、教育、财富、价值观念及表达个人利益诉求方面处于弱势地位的人。我们尊重那些怀有进步观念，并努力使这个世界更加美好、公平的人，那些尊重个人权利的人。

一、我们的传统

我们把社会民主党和社会主义者的过去看做一种警示，从而把我们的活动放在更加宽广的历史背景中。因此，我们特别重视西方社会民主党和战前波兰社会党取得的成就。我们尊重1956年波兰"十月事件"参与者、波兰统一工人党内部的改革思想、1989年圆桌会谈的发起者及波兰社会民主党的经历。我们也尊重波兰的集体主义运动，如女权组织、自由思想者运动。同时，我们也没有忘记波兰共产党，但是不认同它的极权主义模式。同样，我们尊重数百万忠诚的波兰人在社会主义时期取得的现代化成就，但谴责假借文明和社会主义的名义对人民造成的危害。

二、波兰民主左翼联盟的政治转折点

我们已经进行了四次重大改革，以此来规范我们的政治活动。

新的社会方向——朝着社会左派的价值观和那些被忽视的矛盾迈进。这些矛盾包括：雇员和雇主之间、城市与乡村之间、主体民族和少数民族之间、贫富之间。现代福利国家提倡通过分配增长实现公共物品的增加。

新的知识方向——朝着现代欧洲左派的论点和价值观迈进，并面对人类持续发展、文明化带来的挑战。我们需要面对全球化尤其是过度开发引发的社会问题和经济失衡。我们需要面对科技发展带来的令人头疼的伦理问题。我们加入到关于人类面临的重大挑战的讨论中去，并提出问题，从而捍卫我们的自由。

新的组织方向——朝着新的社会、政治活动和公共精神迈进。党员意味着在组织和社会团体中比较活跃，其中包括各种形式的社会经济活动及当地的文化、教育、慈善活动。所有组织，只要不是旨在获取和维持权力从而影响国家决策的，我们都支持。

年轻一代的方向——主要是指那些在公共生活和民主左派联盟参与水平低的年轻一代。这是一种客观存在的现象。然而，从长远看，我们肯定会赢得他们认同的，会与他们有更多共同语言，能够更好地理解他们面临的挑战与机遇，因为我们左派的理念不仅有助于他们的职业发展，还会让他们感知到什么是公共活动。

三、我们的价值观和原则

我们以现代方式阐述启蒙运动时期的传统理性原则，认为这些原则在21世纪应该这样理解：

自由——我们把自由视为选择、意见、科学、艺术、公民权利、生活方式和理解的自由。同时，自由意味着对其他国家持有宽容态度和意识形态中立。自由只存在于以宪法和规章制度保障人权的民主国家。人民有权展示自己的特殊性。一个民主的社会国家是保障自由的必要条件。国家需要为公民提供真正的安全，不论是在个人层面上还是在社会层面上。保障个人的社会安全是国家义不容辞的责任，而不是施舍。个人只有在经济上独立才称得上真正的自由。

平等——国家应该保障每个公民有一个公平的起点，使社会差距不至于太大。我们不能接受的是，出生地、家庭财富或者年龄成为一些人不可逾越的鸿沟。决定一个人幸福的关键因素应该是工作而非机会或偶然事件。每个公民都有接受教育、获取工作的机会。我们还必须确保男女平等。

博爱——我们把博爱视为社会团结，就是说我们要创造一个强大的社会纽带，保障人与人之间的互助互利。博爱把当今的全球化市场变成全球化发展。如果家庭、社团、社区、欧洲及国际社会都团结了，就可以给所有弱势群体提供援助。社区是民众日常生活的地方，因此，我们需要加强地方政府日常事务的决策权。

下列原则是我们开展活动的依据，根据这些原则我们制定具体的行动。

第一条原则——可持续发展而非单纯的经济增长。经济增长和投资应有助于提高全体人民的生活水平。国家应该致力于可持续发展，因为这是个人和私营企业做不了的事情。国家需要提供基础设施，关注公共服务的质量。我们反对把社会生活的各方面都私有化，尤其是教育和医疗卫生服务。提供高质量的公共服务对国家来说不是负担，而是社会发展的一种投资。

第二条原则——保护被社会排斥的群体。那些被剥夺参与社会和经济生活权利的人失去了公民应有的参与机会。社会排斥是民主的无能。在少数民族聚居地区（不论贫富）、城市及贫困地区实行隔离政策是非常危险的事情。贫困和排斥产生挫败感，增加了很多危险的社会现象发生的几率，例如吸毒、犯罪、违法。任何人都不应该因为其种族、年龄、宗教、性别受到歧视。工作是参与社会生活的最重要的方式，因为它不仅仅是获取物品和谋生的手段。工作报酬应该保障个人和家庭的适当的生活水平。工作的权利不仅是个人尊严的基础，还是建立一个民主的社会国家这一欧洲理念的基础。

第三条原则——所有人的知识和文化。教育应该给所有人提供普遍、平等的学习知识的机会，不能仅限于富人和特权者。学校不应该实行种族隔离政策。对儿童和青少年的种族隔离是实行种族隔离的初始化。教育并不是为了制造人力资源或者机械化的人，而是培育有意识的公民，能够面对 21 世纪的挑战。知识是现代波兰最大的财富之一。波兰的主权依赖深厚的科研背景、大学、现代化的社会和有教养的年轻人。文化也是一种公共物品，不应该商业化，也要免受政治、宗教审查。

第四条原则——自由选择的权利。我们需要捍卫公民自由和自由选择以反抗道德和宗教压力。民主国家是个人自由的保障；没有自由选择权根本谈不上个人的自由。只有国家意识形态中立，也就是说不伪善、不愤世嫉俗、不迷信的国家才称得上是现代民主国家。妇女可以自由地决定生育与否。性教育不再是意识形态问题，它关系到人类和科学，是欧洲的一个标准。

第五条原则——为"社会欧洲"而奋斗。我们认为欧盟应该是社会价值观和团结的集合体，是追求发展和所有成员国福祉的政治共同体。欧盟成功与否应以欧盟中最贫困国家和地区社会经济状况为评判标准。民主左派联盟与欧洲的及国际左翼紧密合作。波兰积极支持欧盟进一步政治一体化。它必须与所有国家合作，以面对当今的挑战。"欧洲的波兰"意味着政治、经济和社会生活方面实行更高的欧洲标准。

第六条原则——一个与时俱进的服务型国家。一个强大的动态国家是实行积极的社会、经济政策的前提。公民需要确保国家对他们负责，需要一个高效公正的、驾轻就熟的政府。地方政府的全面发展是与时俱进的、服务型国家的前提条件。只有满足公民期望的国家，才可能赢得广泛的尊重。政府并不是越弱小越好。相反，我们需要的是强大的、高效的、友好的和与时俱进的政府。

我们想把波兰变成什么样？

右翼试图把国家变成服从型的。自由派想把国家变成一个只有利于富人的、组织力量弱小的国家。如果按照自由党和右翼党的构想，波兰会变成一个欧洲和世界的怪胎。这就是为什么需要左翼——新的民主左翼联盟。

我们理想的国家状态是，在这个国家里，每个人都能找到自己的空间和活动领域，每个人都是成功的，也就是说是一个可以提高人民生活水平的国家。在这个国家实现自己价值的权利不是依赖于——就像保守派希望的那样——个人继承的财富和特权。与右翼不同的是，这个国家不仅仅是依靠宗教和权威进行威慑。也不像自由派提倡的那样，要求自由市场可以决定一切。我们民主左翼联盟，想创造一个现代、公正和民主的国家。

现代——意味着向全世界开放，能够对抗全球经济、文明的挑战。一个不盲从，利用科学、技术和文化成果满足公民需求的国家。现代意味着完全的欧洲化，尊重社会的和民主的标准，能够与其他国家和社会一起创造一个团结的欧洲。

社会公正——意味着国家建立在团结的基础上，可以消除所有形式的排外，与不平等作斗争，能够帮助穷人和弱者。

民主——意味着代表最大多数人的利益，支持强大的地方政府。意味着强大的、独立的市民社会，监督政府，监督他们对人权的尊重情况。

四、建立新波兰的同盟

波兰可以通过数百万民众的努力而发生改变。但是，变化不是由政府或精英完成的。当数百万工人意识到他们机会来临的时候，变化就会发生。这些工人现在处于困惑阶段，对改变自己命运的能力不自信。我们的声明就是给他们看的，为了给他们希望。我们向所有那些正在寻求满意的工作、社会活动空间的人发出呼吁。没有人会替我们去改变波兰。

我们对左翼复兴寄予很大希望。关于波兰社会的未来，我们相信左翼已经提供了最精彩的论坛以供讨论。

　　政治性的、有组织的左翼应该团结起来为选举奋斗。我们面对的最大威胁是波兰右翼，他们头脑僵化、反现代、沉迷于历史纷争。我们反对资本主义非人道行为和社会剥削的共同理念走在了时代的前列。我们的理想虽然没有消除差异，但是提供了讨论波兰未来的机会，那就是建立一个社会主义人道主义的、富足的、积极的、现代的波兰。

　　只有团结起来，我们才能建立一个民主社会主义的波兰。

（本章根据1999年波兰民主左翼联盟第一次全国代表大会通过的《波兰民主左翼联盟基本纲领》翻译）

（山东政法学院政治学与行政管理系　夏纪媛 译）

捷克社会民主党的价值观、目标和原则[①]

一、社会民主党

社会民主党是一个开放的左翼政党。社会民主党正致力于逐步发展为一个通过民主的人道主义的努力，将该党逐步发展为一个人人平等、人格尊严和自由权利得到充分尊重的联盟。

在高度发达的工业社会，社会民主党寻求一种在不同国家、不同民族乃至全球的社会生活各个领域的民主改革新方式。面对各种风险和问题，我们需要把握时代契机及蕴含其中新的社会政治的变化。我们支持地球生态重建，致力于实现男女平等、种族平等，消除南北差距，呼吁在集体安全的基础上和平开展各国间的平等合作。

社会民主主义深深植根于古代民主哲学中，植根于犹太教和基督教伦理中，植根于文艺复兴和宗教改革中，植根于人文运动和启蒙运动的传统中，植根于17世纪和18世纪的人权与公民权变革的声明中，植根于欧洲社会主义和国内国际工人运动及其经验中。

今天的社会民主党不再是典型的工人阶级政党，那只是资本主义初期一定条件下的产物。今天所有国家的社会民主党成为新老解放运动和政治力量的交汇点，包括自由主义和民主主义的运动，争取社会公正的运动，保护环境与维护和平的运动，其工作主要是致力于社会政策的重大改革。

---

① 原文为捷克文。

1951年的国际论坛，联合了全世界的社会民主党和社会党，共同奠定了社会党国际的基础。在欧洲一体化的背景下，欧盟各国社会民主党联合成立了欧洲社会民主党，努力探索欧洲国家在社会、政治和文化方面推行一体化的经验方法，逐渐建立了以保护和繁荣社会的凝聚力为基础的欧洲社会模型。

二、捷克社会民主党

捷克社会民主党是捷克历史最悠久的政党，与现代捷克的命运息息相关。捷克社会民主党于1878年4月7日在布拉格—比耶诺威召开成立代表大会。之前，党的核心经过了相对复杂的发展过程（1862—1875年间成立了德国社会民主党；1874年成立了奥地利社会民主党；1878年成立了奥地利社会民主党捷克区域和摩拉维亚分部）。经过艰苦卓绝的努力，它度过了艰难的第一个10年，期间饱受警察和司法官员的欺凌迫害（其中，包括创始人P. 斯特拉霍夫、L. 扎波多茨基和泛奥地利利贝雷茨地区的社会民主党代表F. 施瓦茨）。19世纪到20世纪间，它在以工人阶级、知识分子和个体商人为重要组成部分的民众中，逐步取得了主导地位。

捷克社会民主党成功地为工人争取了合法的8小时工作制，成功实现了全体公民的普选权。

捷克社会民主党一直领导着捷克反抗奥匈帝国民族压迫的先进解放思想。它决定沿着T. 马萨里克争取独立的、民主的捷克斯洛伐克共和国的道路，运用一切可能手段实现从奥匈帝国中获得解放。社会民主主党领导人F. 苏库普、A. 哈珀和F. 图萨尔为"10月18日独立日"作出了巨大贡献。

捷克斯洛伐克社会民主党不仅创立了捷克斯洛伐克共和国，也提出了自己的T. 马萨里克人道民主理念。"要T. 马萨里克！不要列宁！"曾是社会民主党中央保卫共和国，抵御共产党，努力发展自身民主的口号。自19世纪90年代以来，T. 马萨里克成为社会民主主义发展的重要人物，他的妻子夏洛塔在1905年成为社会民主党党员。F. 图萨尔集中发展了社会民主主义，为新的民主共和国奠定了基础——他也在1919年第一次民主选举中当选为共和国总理。

纵观历史上的"第一共和国"，除唯一的一届外，所有政府均有社会民主党人参与执政。其中，涌现了很多优秀的部长，他们为共和国不断深化的民主主义进程作出了杰出贡献，帮助建立了那时最先进的福利制度，保障了社会各阶层的权益和安全。

捷克斯洛伐克社会民主党与苏台德地区的德国社会民主党，是欧洲纳粹主义和法西斯主义泛滥后，捷克斯洛伐克民主进程的最忠实支持者。数以千计的社会民主党人积极投身于国内外反纳粹的斗争中，成千上万的先辈努力为后人打造幸福生活的基础，自己深陷纳粹集中营和监狱中。第二次世界大战期间，社会民主党也是流亡伦敦的贝奈斯政府不可分割的一部分。

"二战"后，社会民主党再次努力创建共和国的基础。共产主义试图在战后的中东欧建立新的极权主义的权力制度，在极为不利的国际局势下，社会民主党努力在有限时间内建立了新的民主制度。在这场斗争中，许多民主党人牺牲了生命。1948年2月夺取政权后不久，共产党便试图否认社会民主党的独立性，并违背社会民主党人的意愿将其兼并。共产党看到了独立的社会民主党对其开展极权主义计划的极大威胁。

社会主义民主党的代表在国内以及流亡国外的过程中，仍然为自由进行不懈斗争。在50年代，社会民主党是国内斗争的主要受害者。在50、60年代期间，社会民主党人由于成千上万共产党人的迫害，身陷共产党的监狱和劳教所中；即使出狱后能够侥幸存活的话，也长期成为"第二类人"。

流亡的社会民主党人，在流亡地区积极开展为祖国恢复民主和自由的相关活动。比如，在第一个流亡的11月，经过大会选举，前自由捷克斯洛伐克委员会主席G. 霍拉克成为捷克社会民主党主席。流亡的社会民主党主要负责人是捷克斯洛伐克流亡人士中的杰出代表W. 玛雅、W. 伯纳德、G. 洛伊、P. 亚尼尔、K. 格罗斯以及其他杰出人士。他们中的很多人后来经历了 11 月 17 日事件，并积极参与了社会民主的重建。流亡的社会民主党是社会党国际的合法一员，在社会党国际的范围内运作。社会党国际非常强烈地反对苏东集团的共产主义实践，并在物质和道义上给予了流亡社会民主党极大支持。

社会民主党在 1968 年努力尝试恢复自己的独立活动，并参与当时的有限民主改革。当时，即便是共产党也公开表示要认真考虑社会民主进程的内容，而且不能完全排挤社会民主党。期间，Z. 贝赫列一直站在社会民主重建工作的最前沿，积极参与"二战"期间西部的军事抵抗运动。他是社会民主党在第一共和国期间领导人 R. 贝赫列之子。然而，共产党人对社会民主进程的改革没有表现出极大兴趣，只是在虚意应付。在支持社会民主重建的过程中，一些重要的社会人物作为最激进的改革者作出了贡献，包括 W. 哈维尔、捷克现代最伟大的诗人 I. 斯维塔克、后来的诺贝尔文学奖得主 Y. 塞弗尔特——也是早期的社会民主党党员。社会民主党在 8 月 21 日坚定地挫败了将导致改革变得无力甚至流产的最后的阴谋——共产党企图重建社会民主党并引入华约组织的军队。这又一次迫使许多社会民主党人流亡，可是他们仍然积极参与流亡人士的活动。

许多留在国内的人，成为七八十年代持不同政见运动中积极的政权反对者的典型。其中，包括 W. 哈维尔和 R. 巴杰克在内的社会民主主义者和民主社会主义者在 1978 年发表了一项百年捷克社会主义声明，重点强调了社会民主主义与社会主义总体上的不可调和的矛盾，并签署了许多著名的宪章。在 60 年代时，他们曾签署了一些关于社会民主主义地位的文件，并交送给了一些著名改革派共产党人。

1989 年十一月事件发生前不久，流亡的捷克社会民主党在古老的海德堡召开了代表大会。大会上的气氛十分喜悦。每个人都希望捷克斯洛伐克的共产主义能够早日垮台。代表大会举办了数十场重要活动——不仅仅邀请了西方盟国党派的代表，也邀请了一些积极的社会活动家——已经在共产主义国家茁壮成长或建立的民主党派。代表大会向捷克斯洛伐克当局发出了一封请愿书，要求立即释放政治犯。W. 哈维尔在当时被代表大会推选为共和国总统。

在成为民主国家前,我们的国家已经有20年没有让人民自己解决自己的问题、没有让人民自己决定自己的未来了。在这个进程中,我们已经取得了很多成就。大多数人民的生活水平得到了改善。捷克共和国已经稳定了自己作为一个欧洲—大西洋共同体的民主国家的地位,在北约和欧盟中努力建设成为一个民主和自由的国家。捷克社会民主党在此过程中作出了巨大贡献,作为最成功的当选政党,它三次赢得众议院选举、两次赢得参议院选举。今天,在全国大多数地区和主要城市,捷克社会民主党都占据了主导地位。

尽管如此,我们仍面临着严峻的考验。还有许多同胞,不满意他们的社会地位,并认为提高自身地位、改善生活条件的机会太少。今天,我们面临着经济危机的严重后果,右翼势力在本国和在欧洲各国试图拆散民主的福利国家,而对我们来说仍需要一个完整的社会发展的基本政治框架。对我们来说,社会民主主义不能一次实现所有国家的民主和自由,却应该为赋予每个人尊严、提高每个人的地位作出不懈斗争。这是我们为了自由和民主的未来作斗争的传统,赋予我们的崇高责任。今天的捷克社会民主党是后共产主义的欧洲部分唯一强大的民主左翼党,不是由于执政党的崩溃。从1907年在布拉格的赫本斯卡街头的人民之家开始,社会民主党拥有了历史性的席位。

三、我们的价值观

尊重人权

我们的核心价值观是尊重每个人作为独立的人的权利。

自由与责任

我们将努力确保每个人都能行使获得个性自由发展和作出自由选择的公民权利。同时,我们力争每个人在作出每一个决定前、参与每一个决定时遵循自己的良知。个人自由应以他人的自由为界。

平等

我们捍卫每个人在尊严、自由、权利和生活机遇方面的自由平等，不因其性别、年龄、种族、国籍、宗教和政治信仰、健康状况、个人的经济和社会地位、家庭的社会地位的不同而有所差别。因此，我们努力为所有的公共机构创造平等的机会，努力建立平等地适用于所有人的经济和社会准则。让所有人拥有平等的受教育、获得工作、实现公民权和个人价值的权利。

团结

我们的政治建立在团结基础之上，富国和穷国互帮互助，老年和青年互帮互助，健康人和病人互帮互助。提倡人民之间和人民与国家之间互相帮助，尤其是对于社会弱势群体以及其他处于不利地位的人们。

社会公正

既无平等的机会，又无合适的社会原则的社会，不能创造平等的个人和家庭的生活质量和条件。社会不平等不应该不断扩大，而应该受到限制，社会应向着可以接受的和有益的方向发展。因此，我们力争通过公共预算和税收制度进行一定程度的再分配，确保公民能平等地获得社会公共服务和拥有平等的生活条件，让人民拥有有价值的和平等的生活。

可持续发展

我们努力促进经济的可持续发展，不遗余力地保护自然资源和管理自然资源，这是当代人对子孙后代的责任所在。我们要培养尊重地球上所有生命的意识。

人道的民主

努力使每个人的自由发展能够促进人道的民主的全面发展。这意味着两个方面：基于尊重人民自由和人权的政治体制，不断改善的体现代议制民主机构以及民主参与和直接管理机构，提供有效的公共服务。

四、我们在当今世界中的目标

捍卫和发展民主的福利国家

民主福利国家的概念是捷克社会民主党政策的重要部分。目的是要创造一个自由、繁荣、团结和公正的社会。我们的概念基于有条件的市场，例如，历史经验证明市场本身并不能解决社会紧迫问题，而需要完善和有效的监管，才能为团结、社会公正和可持续发展提供最有利的条件。

福利国家为全体社会成员发挥能力和发展创造了平等的机会，鼓励人们通过不断努力加强社会的凝聚力。我们认为，建设福利国家是提高民主质量的必要条件。没有福利国家，民主便不能持续发展且开始退化，并最终演变为一个依靠权威而存在的极权主义国家。

在欧洲和世界发展进程中承担的责任

我们支持捷克共和国家加入欧盟。我们认为，欧盟是一个独立的、自主的、社会民主的、不断争取和平与经济繁荣的欧洲国家组织。我们提倡，捷克共和国在欧盟中拥有合适的地位和位置，并决定其未来发展方向。欧盟可以被看做是一个跨国的大型机构，在其范围之内，可以有效地维护欧洲社会模式和民主福利国家，并推动其发展。

同时，我们应当共同为全人类的命运负责。我们支持第三世界国家战胜贫苦的国际民主机制和方案，采用和平方式解决各种冲突；提倡以社会民主主义的价值观和目标来解决全球化带来的难题。

五、捷克社会民主党的优先计划

民主的发展

扩大公众参与政治进程的规模，支持直接有利于民主的元素；加强政党资金使用的透明化，设置竞选开支的上限；加强对说客的监管；引进专业的公共管理机制，实行新的"公务员法"；微调地区及城市政府机关公共管理的内容；促进政府、工会和雇主代表间的对话和集体谈判；加强国家与非营利组织的合作；扩大民间机构的组织范围（基金会、社团、民间协会）；加强公民获得信息权利的一致性；支持全球治理。

福利国家的发展

保持稳定的高水平的就业率，以实现充分就业；按照"同工同酬的原则"促进公平薪酬，同劳动力市场上歧视女性的行为作斗争；通过长期而可持续的养老金制度、疾病保险、意外伤害保险、健康保险和失业保险，生育保障和家庭福利的方式，确保公民应有的社会保障权；支持有效的家庭政策：保障家庭稳定和睦、就业和承担公共义务的条件，家庭不论父母收入差距，平等一致地教育和培养儿童，建设一个广泛的儿童和青少年的服务机制（幼儿园、托儿所、体育俱乐部、儿童之家和青少年辅导中心），促使儿童和青少年依照其兴趣和特长充分发展；保障基本的体面的住房需求（推动住房建设、住房合作、住房补贴，合理调配住房租金，建设房屋储蓄和贷款的制度，建立社会保障房制度）；保证实施以强制公共健康保险为基础的平等的保健和医疗健康保障制度；通过国家持续保障的养老保险和国家支持的自愿养老保险来保障养老金。

税收政策

基于积极税率的有效和公平的税收政策。税收制度在促进经济持续发展的同时，必需保障足够资源来促进经济和社会的可持续发展；在欧盟正常水平内强调直接税收，努力提高财产税的份额；在欧盟平均水平内努力提高复合税配额；改革生态税，增加对生态环境造成危害的商品和服务的税收；不遗余力地打击偷税漏税行为：引进资产申报制度和支持非现金结算。

经济发展

基于平等的增长因素的保护竞争力——科学发展和技术创新。拒绝通过社会和倾销的方法保护竞争实力；支持经济可持续发展；支持重点风险企业的重组；支持能显著促进创新和经济增长的中小型企业的发展；支持工业区的建设，推动废弃和污染环境的工业用地的加速改造；国家协调新的工业投资的区域分布,以推动尤其是尚欠发达地区的经济和失业率较高的区域的经济水平;通过政府贷款的方式推动出口经济发展;以增长为导向的宏观经济预算和货币政策;经济环境的文明化,建立经济的法律和道德框架;各种所有制形式的平等,支持合作,提高县、市、省作为所有者的角色;国家应保留对关系战略命脉的经济的关键控制权,包括电力和网络系统的所有权,以及对运输、水利资源和邮政的监管;减少原材料和能源的生产强度。

环境

积极主动地保护自然资源和景观,特别是国家公园、绿色景观和自然保护区;保护土地资源,土地的使用必须基于景观和城市规划并处于有效的法律和技术的监管之下;高效管理森林资源,充分利用其生态和再生功能;保护水资源,继续建设污水处理厂;推进生态税改革;保护原材料资源,使用可再生资源,促进资源的回收和再生;保护可再生能源;支持公共交通,不提倡个体运输;支持铁路运输,不提倡公路运输。

社会认知

强制和免费地为所有儿童提供儿童期最后一年的幼儿园教育;发展小学的外语教学;支持职业教育发展;提供免费的大学教育;支持科学发展和技术创新。

安全

支持将捷克共和国的警察系统打造成一个统一、合格、有组织和训练有素的安全部队,以保障地方和全国安全。

推动与国际安全机构的合作(欧洲刑警组织和国际刑警组织),为安保人员提供薪酬;推动军事力量改革,均衡发展在捷克共和国军队和在北约及欧盟境内的专业化军事力量;密切捷克共和国军队与其他综合救援力量的合作。

欧盟与周围世界的成员

支持深化欧洲一体化进程；加强与欧盟、北约、联合国的安全合作；支持成立欧盟对外事务部，以确保欧盟在世界上的外交影响力；捷克社会民主党将努力加强与欧洲社会党和社会党国际的交往和合作，建立联合智囊机构，密切欧洲社会民主党间的合作；在捷克共和国，我们应努力建立一种优先考虑欧洲和外交事务的长久共识，包括执政党派和在野党在内；支持引进欧元，推动捷克共和国加入经济和货币联盟一体化的进程；加强对全球金融市场的更严格的监管；支持全球治理。

（本章根据捷克社会民主党官方网站 http://www.cssd.cz/program/hodnoty-cile-a-principy-cssd/所载文件翻译）

（北京外国语大学　王世毅 译）

斯洛伐克社会民主方向党 2012—2016 年计划方案的重点①

本计划的编写，是建立在由人民授权并代表人民利益的政府在行使权力时的经验和成果的基础之上的。政府工作的开展得益于社会民主党的主政——社会民主主义将会消除金融危机的影响，以确保斯洛伐克拥有统一的经济、社会、政治和环境的发展。

一、社会稳定和公民安全

在当前局势下，斯洛伐克已经不允许再一次尝试组建不稳定的联合政府。没有稳定的政府，斯洛伐克就没有机会来应对现在混乱的外部环境。不稳定的政府权力会让我们失去所有斯洛伐克公民的支持。联合政府的稳定性为人民生活水平的稳定增长创造了必要条件。

稳定的政府可以只是这样——拥有合格和获得认可的施政技巧，以及人民的信任。人民的信任必须基于通过民主和人道的方式来实现人民生活质量的可持续发展；保障社会、经济、生态的稳定，从而为人民提供安全的生活。这为斯洛伐克成为欧盟和世界的可以信赖伙伴创造了条件。

稳定的政府不应该被认为是一成不变的、不民主的政府，而应该拥有如下能力：

——运用灵活熟练的知识来预测国内外社会生活的内外部的变化。

——灵活地应对变化，不断协调经济、社会、政治和社会环境发展间的平衡，维持平等的秩序。

---

① 原文为斯洛伐克语。

——在履行自己职责的基础上,不断强化公民的安全意识,让他们知道如何持续提高生活质量。

——使人民重新获得生活在公正、安全的社会之中的期望,在那里人民自己当家做主,实施民主治理的原则,国家尊重法治并坚定不移地建设法治社会。

近几年的发展已经显示,全球化不单加快了经济发展,也使其复杂化。深化经济、社会发展,增加主权凝聚力的需求不断上涨。因此,政策必须既立足于长期且可持续的公共财政,又必须确保有效地形成和运用国家的发展潜力。这将会导致经济的发展和社会的进步、凝聚力的增强和生活质量的提高。除了采用最好的实践经验外,政策工作还必须主要立足于有创造性地、灵活地运用世界最新的知识和经验的方法和程序之上。只有这样,才能有效面对斯洛伐克社会中的新挑战。

社会全面发展的国家现代化,必须建立在斯洛伐克作为欧盟成员国的基础上。因此有必要在欧盟的共同利益、其成员国的利益以及斯洛伐克的国家利益和国防力量方面获得平衡。

实现计划目标的基本方法:

以社会民主方向党为执政党的政府(以下简称"政府"),活动的基础是保证斯洛伐克经济、社会、政治和生态环境的统一。这四个社会发展的组成部分处在一个不断更新的平衡状态中。

(1) 政府将保证进一步巩固斯洛伐克在欧盟和世界中的地位。支持所有成员国的公民就欧盟政策及其机构的决策和活动展开广泛讨论。同样,支持欧盟为了实现均衡的经济增长和平稳物价的可持续发展所作出的努力,支持欧盟为了社会的市场经济发展所作出的努力。我们将奉行均衡外交政策,将重点放在捍卫民族和国家的利益及加强经济外交之上。

(2) 政府全面推进斯洛伐克的经济发展和可持续发展,以提供更多更好的就业机会和所有社会活动的物质条件。计划方案规定了如何使斯洛伐克成为一个有强大竞争力的经济区域的具体措施——立足于知识、社会凝聚力和环境发展,经济更快增长和可持续发展,人民更高层次的就业,社会的进步。

（3）政府将扩大国家的活动范围，丰富国家活动的内容，增强国家活动的强度。最近，国家活动被过分削弱了。有必要重新界定国家干预的范围，它在保障公共服务的供给、改善斯洛伐克人民的生活方面不可替代。为依法治国创造条件，确保人民遵守法律，强化法律的权威性，坚决打击有组织犯罪。

（4）政府全面支持知识型社会和教育的发展。这不仅仅是为了跟上"时代的趋势"，也是为了应对当前斯洛伐克社会发展动力的实际需要。

（5）政府将增强社会凝聚力作为提高生活品质的必要条件。计划方案建议将方向主要集中在以下价值上，比如家庭、就业、医疗保健、老年人的生活质量、子女教育、住房和社会政策。

（6）政府将为进一步促进区域发展和为消除区域差距创造条件，特别是通过经济投资，充分和有效地利用欧盟资金，加强基础设施和区域生产，在统一的欧洲之下消除区域差距。

二、提高斯洛伐克在欧盟和世界中的地位

斯洛伐克在欧洲—大西洋和欧洲框架中成员国的身份，从根本上改变和决定了斯洛伐克的国际地位。今天，国家的安全和平共处深刻影响着国际间的决定和进程，也直接影响着国内公民的生活质量。

首要的方法是在维护斯洛伐克的国家利益的基础上，增加其对国际关系的影响，以及对国际稳定与发展的责任。

在未来，斯洛伐克希望既能不断加强国际地位，也能对国际稳定作出重要贡献。

尽管历经重重危机，欧盟仍然是决定斯洛伐克及其公民的日常现实的组织。

斯洛伐克将积极支持和努力促进欧洲可持续发展的基础，这是均衡的经济增长和稳定的物价的基础，是旨在提供较高竞争力的社会市场经济的基础，是实现较高就业率和社会进步的基础，是高水平的生态环境保护的基础，也是提高大力扶植科学质量并促进科学发展的基础。

在欧盟允许的范围内巩固斯洛伐克的地位，让人民感受到：

——政治安全

——经济安全

——社会安全

小国的国际地位有如下普适原则：借助较强的国际机构和原则来限制国际关系中的无政府状态因素，以改善和加强小国的地位。欧洲是而且一直是斯洛伐克最主要的活动环境，它最直接地影响斯洛伐克的国际地位和公民的生活质量。

欧洲和欧洲—大西洋地区安全的主要保障仍然是北约，作为一个军事机构，北约公开表达与欧盟相同的价值观念。

成功加入欧盟和北约，并使其作用得以有效发挥，是斯洛伐克的国家利益，因为二者的国际地位也决定斯洛伐克未来的国际地位。面临的主要挑战包括：

——全球经济变化

——世界政治制度的重新建构

——安全问题

——人口迁徙和不利的人口问题

——能源的获取和气候的变化

——提高教育、科学与研究的重要性

（一）斯洛伐克的基本外交政策及与欧盟的关系

斯洛伐克将继续积极地参与欧洲的政策制定，全面参与欧盟的立法工作小组的相关工作和参与整个制定过程，在欧盟理事会的活动中采用欧盟政策。斯洛伐克将尽其所能，使欧盟成为一个充满竞争的、知识型的和社会化的组织。

为了实现这些目标，斯洛伐克要积极地在欧盟内部寻找盟国并建立伙伴关系，努力推动上述价值观的发展，同时，积极支持欧盟成为一个真正的重要的全球政治的参与者。在这个框架内，斯洛伐克可以充分实现自身的价值和认知。

因此，政府在今后一个时期将着重：

——普及社会市场经济的知识。作为新的"欧盟2020年战略"文件的共同起草者，"智能的、可持续的以及包容性增长"可以创建有凝聚力的社会并让人民过上体面的生活。政府在欧洲政策方面的注意力将重点放在实现高就业率、社会保障、消除社会排斥现象、提高教育水平、专业培训、保护人民健康、增强研究和创新上。

——消除欧盟经济环境的结构性弱点。优先考虑稳定金融体系，维持适当的金融和经济环境监管水平。作为对无数次失败的回应，支持增加财政政策的有效协调性。我们希望在国内和欧盟范围内掀起一场有关于欧盟经济政策重大问题的广泛讨论。

——分析我们在欧盟中活动的经验，包括我国凝聚力政策、社会政策及地区凝聚力政策的实际情况，以及它们与欧盟统一市场和其他优先事项之间的联系。政府将有意发展社会市场经济，立足于智能的、包容性的和可持续的增长以应对全球挑战，重新评价政策的凝聚力。斯洛伐克一直在努力筹备2014—2020年新的欧盟财政预算方案，以便有效地利用欧盟在世界舞台上所扮演的角色的附加值。

——让欧盟更亲近人民。积极传达目前欧盟关于斯洛伐克公众的议题，目标是让欧盟更亲近人民，让人民更好地理解《里斯本条约》签订后欧盟的深化与一体化进程。我们将广泛促进人民参与欧盟层面的决策，推动在教学和课本中引入欧盟问题，为斯洛伐克人民加入欧盟机构做好输送和准备工作。

——为斯洛伐克在2016年下半年成为欧盟理事会主席国做好最充分的准备工作。

——发展与欧盟成员国的关系，在双边基础上提高斯洛伐克的经济增长和保持经济稳定。将注意力转向努力促进投资以生产出更多的高附加值产品，在更多领域运用高科技技术、生物技术、纳米技术，促进未来科技中心的发展。

——促进斯洛伐克和欧盟的科技现代化，这是经济增长和社会进步的先决条件。

——积极实施欧盟运作的条约基础——《里斯本条约》,特别是更广泛地参与欧盟议会的决策,参与欧盟的对外活动,推动欧盟东扩计划。

(二) 世界政治和多边关系

世界经济政治的变化和不同地区某些国家不断增长的野心,增加了外交活动及在必要情况下使用武力的可能性。

因此,斯洛伐克把重点放在:

——有效地利用斯洛伐克在联合国、联合国专业机构和其他国际组织中的成员身份,解决社会经济稳定、和平与安全的全球性威胁和挑战。继续推动国家的民主和法治,保护人权和自由,拒绝极端主义包括种族主义、不包容、仇外心理、有侵略性的民族主义和反犹太主义。继续和更加重视在打击毒品交易、贩卖人口和有组织犯罪方面的国际合作。

——通过北约成员国身份增强斯洛伐克的安全。今后,政府在北约的活动将着重积极参与北约的转型过程。作为一个可靠的伙伴和盟友,斯洛伐克将积极利用欧盟和北约成员国身份,维护欧洲和世界的和平与稳定,预防危机与安全的威胁,包括在可能的情况下积极参与维和特派团的维和行动。

——斯洛伐克将参与国际社会打击威胁全球安全活动的斗争,比如大规模杀伤性武器的扩散、常规武器的不断升级以及国际恐怖主义。斯洛伐克将把建立在欧洲安全与合作组织平台上的信任和安全措施,作为实现欧盟共同安全和防务政策的主要手段。

——更好利用在经济合作与发展组织中的成员国身份,协调成员国间的经济和政治合作,在新的投资和国际贸易自由化中担任中间人,以有利于未来的经济发展、抑制失业,实现国际金融市场的稳定和发展。

——加强能源安全,这仍然是斯洛伐克外交政策中优先考虑的部分。在相关谈判中,继续强调斯洛伐克的重点问题,尤其是能源载体(天然气、石油)的安全供应,努力实现多样的和创新的目标。

——保护生态环境,缓解气候变化的趋势和影响。特别是,针对具体的国内情况，需要付出更多努力来提高国内生产总值而减少高能耗，这也是为了发展绿色经济和保护生态多样性。

——谨慎处理少数民族问题；对此，政府将给予更多关注。

——斯洛伐克作为国际社会的一部分，发展人道主义援助，以履行国际承诺和应对一系列的全球性挑战。

（三）双边关系及与邻国的合作

斯洛伐克将支持与第三世界国家，以及国家间组织、区域组织或国际组织建立和发展伙伴关系，他们应该承认以下原则：如民主、法治、人权和基本自由的普遍性与不可分割性，尊重人的尊严、平等和团结以及遵守联合国宪章和国际法中的各项原则。

斯洛伐克将非常重视发展友好、务实的关系以及密集的政治对话，特别是与周边国家、欧盟成员国以及其他与斯洛伐克一样处于经济转型的国家。尤其注重国家层面，国家是国际事务的主要代表。

斯洛伐克区域层面外交政策的基本路线是在平等和公平的双边对话的基础上，发展睦邻友好的关系，重点促进经济、社会和领土凝聚力和团结。

在促进战略伙伴关系和国家利益的前提下，斯洛伐克将继续在维谢格拉德集团内积极活动，为了欧盟内的共同利益和主题，与欧盟新成员国罗马尼亚和保加利亚开展区域合作。斯洛伐克将利用这些平台，为了大战略尤其是欧盟"多瑙河流域战略"、2014年后的"凝聚力政策"、2014—2020年欧盟的新财政框架，做好准备工作。

《里斯本条约》改变了防务伙伴，我们将优先发展与成熟的民主国家，尤其欧盟和北约盟友的关系是斯洛伐克外交政策的基础。在安全领域，以及共同安全与外交政策，我们将一如既往地将欧盟、美国和北约其他成员国作为主要盟友。

加强与国际社会中其他伙伴间的双边合作，特别是与俄罗斯联邦，以及那些被称为新兴经济体的国家（中国、印度、巴西），同时还有日本、加拿大、澳大利亚和阿拉伯世界，亚洲、非洲、南部美洲和拉丁美洲以及其他地区的贸易伙伴。斯洛伐克将根据现实利益制定具体的务实的外交政策。

经济外交的优先事项是吸引具有附加值的科学、研究、创新和传递现代科学技术领域的投资,扶持中小型企业,鼓励其拓展非欧洲地区的业务。

三、斯洛伐克经济的可持续发展

(一)经济发展的因素

自2008年后,外部环境极为动荡变化,要求更多地增强斯洛伐克公民的信心。

公民的信心可以确保长期的、可持续的经济增长,在全球环境中实现真正有竞争力的经济,这

——不是立足于廉价的劳动力、不确定的劳动关系、降低工作的健康和安全、职业介绍所、投机和欺诈行为。

——取决于来自员工的全球竞争力,掌控全球最先进的科学技术、方法和技巧,并可以灵活使用和改善它。

——有效的公共管理与基本稳定的商业环境相结合。

——在稳定的法律环境中工作,法律必须得到遵守和执行。

——是丰富的开放与平等的社会对话。

政府立足于这样的信念:斯洛伐克的经济繁荣和可持续增长可以通过保持足够的社会经济凝聚力,整体向欧盟成熟国家的经济靠拢来实现。需要:

a) 稳定;

b) 有利的商业环境;

c) 提高竞争力。

经济危机不仅需要投入大量资源来减轻其负面影响,同时给当前发展留下了一些负担。经济发展的必要条件包括在保持团结力和凝聚力等核心

价值的同时，提高公共部门的效率，以及执行经济长期可持续发展所需的其他相关措施。

尤其是，经济增长、公共财政和失业都表明，全球金融危机造成在稳定经济增长和保证必要的社会经济凝聚力等方面耗费了更高的成本。增加了对于在统一和可持续的公共财政下有效的管理措施和经济政策的需要。实现国民经济均衡和可持续发展的主要手段有赖于金融和实体经济问题的财政和经济政策，这将决定斯洛伐克进一步发展的性质。上述政策已经成为斯洛伐克的制度性内容，指导市场经济的社会的和环境的导向，巩固居民生活。

（二）金融政策

在缺乏货币政策控制的情况下，政府将有针对性地加大财政政策工具的有效使用，来保证社会经济的发展和确保统一、长期可持续的公共财政。

以上述目标为背景，加强平衡的和共同的市场，精简国家的作用，包括在资源配置、收入分配、经济发展方面的作用，通过有效使用国家财政、预算、税收和支出政策强化公共财政系统的稳定作用。目标是巩固宏观经济的稳定性，特别是能创造就业机会的商业发展的知识性增长。政府的首要任务是通过财政支持健康和社会服务的效率和质量。

财政的特别是广泛的全方位的税收政策以及大幅精简国有金融资产的工作，使政府可以为创业提供足够的条件和公共资源。公共资源的协调使用将为政府及时有效地使用欧盟资金创造条件。政府负责任的税收政策将确保长期的社会经济增长。因此，政府将实施长期的战略规划，提高税收体系的效率和社会正义，鼓励企业发展。

为了中期的整合，必须提高政府财政收入在 GDP 中的比重，以便不会使为大众提供的公共服务受到限制。政府将寻求重新分配公共部门在不同部分的开支，以有针对性地应对公民的实际发展需要。政府拒绝消费征税作为增加公共收入的唯一来源，以削减赤字。

在个人方面，建议将个人所得税税率提高到 25% 水平，这将适用于年收入超过 33000 欧元的个人，目前，涉及 25000 位纳税人。

在法人实体方面，建议针对收入缴纳累进税，对于 3000 万欧元收入的企业采用 22% 的税率，目前，涉及数十个法人实体。

政府计划对于个人的股息和股票收入征税，税率为 5%。

政府将大力促进对欧洲的金融交易征得税收，以打击影响欧洲经济的投机性金融交易，以及获得实现整合目标的公共预算的额外资源。

政府将通过 UNITAS 计划完成税收征管体制改革，以确保统一的税收、关税和社会保障的缴款，打击偷税漏税，并提供额外的财政资源。

政府将继续巩固公共财政，以减少财政赤字在 GNP 中所占的份额，并维护公共债务在国内生产总值中均衡的份额。这将用于特殊的有效的花销、透明的投资和购买公共服务。继续执行减少预算的措施，增加公共开支的社会经济利益。

政府在财政预算的法律责任方面实行宪制性法律，以增强经济的可持续性以及确保当前和未来几代人的社会和经济的凝聚力和向心力。为此，政府要保证多元的财政预算。

与现在相比，政府将加大力度打击大范围的灰色和黑色经济的持续性威胁。政府将通过立法和制度上的安排，尤其是经济过程中主要和工商、税务和刑事的相关法律，有效打击税务欺诈。目标是为针对欺诈行为而采取的广泛全面的处罚提供有效的法律支持，同时也是为了消除为犯罪和恐怖主义洗钱的行为。政府将创造条件，检测异常的金融交易。为此，法律要求金融市场实体有义务提交报告。

政府方面，欧盟实行《里斯本条约》旨在平衡经济增长和物价稳定，以保证欧洲的长期可持续发展。因此，尽可能地采用欧盟立法，促进货物、服务和能源价格的稳定。在市场自我监管机制缺失的情况下，将采取符合欧盟法律的适当措施，防止不正常的价格变化。

政府将与其他欧盟成员国一道支持在金融部门引入有效的监管和透明的政策，支持欧盟采用统一的监管规则。同时，建议在金融市场中加强对消费者的保护，以及普及金融知识。

（三）经济政策

政府将促进由跨部门的政策组成经济政策，作为支持实体经济发展的主要工具。政府将确保经济政策中互相对应的各部分遵守机制，彼此结合并创造更多的协同合作。

经济政策的各部分的基础作用将是塑造经济增长的潜力，这将立足在有效利用知识的长期趋势上和运作过程中不断增加的生产力因素上。特别重要的是，为在知识型经济中有发展前景的商业提供适当的支持。政府主要考虑以下领域：药物创新、纳米技术、数字技术产业和食品工业中的创新技术。对于它们的发展，政府将支持创建技术平台和有效参与欧洲科研领域。

为了更好开发斯洛伐克科学研究和应用的潜力，政府将引进有利于那些其研究成果已经被成功应用的研究者的机制。

提高国有资产的盈利能力和改善国家的经济功能。

关于提高国有资产的盈利能力和改善国家经济功能的政策的基本目标是：

——加强公共财政收入，提高非税收收入。

——更好地改善竞争环境。

——加强国家经济的稳定。

——促进就业。

通过提高国有资产的盈利能力来发展公共财政并改善国家的经济功能，现在尤为重要，因为全球金融危机提高了经济增长中国民经济的成本，增加了公共财政预算，以实现保持经济增长的动力和保证商业环境的质量。实现成功的比例在很大程度上取决于通过合适的立法，来清晰界定国家作为所有者该如何提高效率以及将最小化任人唯亲和欺诈性等行为的可能性。

（四）经济环境

为经济增长创造条件的良好的经济环境，必须首先具有稳定性。必须避免因自身变化而产生的改变，从而限制了经济活动的范围。经济环境的稳定必然主要依靠较低的行政负担、法律的强迫性、与其他法律标准的内部复杂联系及简单执行。对其自身来说，经济环境不仅仅是简化征税和纳税的责任，也要通过金融和非金融手段支持保障就业的经济，并在大型外国投资的合作认证、后勤保障等方面提供帮助，以及培养熟练的技术工人。

在经济政策方面，国家将继续改善经济环境，通过发展政策的"组织"功能，尤其是更合理、更有效的协调。除了经济措施，也支持旨在确保经济发展的立法倡议。必将继续通过改善条款和条件，来加速和简化经济活动的创建。通过国家与社会总体的协议或者专门的协议，支持整体的经济服务政策。

通过简化社会贡献税，改善经济进程。国家创造条件征收临时的资本税和社会贡献税，作为缓和处于暂时的或者潜在的危机中的企业的途径之一。政府将解决改善破产的可能性和对商业实体的清算，为提高金融经济的活动创造机会。

（五）中小企业

支持中小企业对发展就业至关重要。建设交通运输基础设施和服务对劳动力流通至关重要。支持专业间和区域间的流动是解决就业问题的关键条件。

中小企业必须更多地参与到跨国公司的生产网络中，为此，国家要创造稳定的经济环境，包括刺激中小型企业在全球性的生产网络中的活动。中小企业必须成为支持发展就业的骨干力量。

在经济政策方面，国民经济的各个部门需要改善促进中小企业发展经济的、财政的和体制的条件，以作为就业增长的重要因素。有必要采取适当的财政刺激措施激励中小型企业的利益。按照欧盟的意见，把免除净销售额不超过一百万欧元、平均职工数不超过15个的微型企业的年度决算义务，作为简化中小型企业经营环境的第一步。

（六）外国投资的流入

外资流入方面的经济政策主要集中在：

——通过所谓的"投资之后的关照",支持现有的投资者扩大他们的活动。

——政府机构的一个根本变化是,建立一个专门机构来管理投资。

——提高寻找新的高质量投资者的能力,主要投资领域是物质生产、物流、能源、旅游观光等方面,以及服务和研究支持已经进驻的跨国公司发展新机构。

(七)就业

政府就业方面的经济政策建立在劳动力市场只能看作是商品和服务市场变化的迅速反应的执行系统这样的观点之上。一方面是经济和社会的需求,另一方面是员工的能力,而创造机会和未来工作的战略必须平衡两者之间的关系。经济实体必须能够应对短周期波动,销售、商品和服务需要改善战略管理,灵活运用技术和管理流程,以及能够预见全球环境的变化。所有工作必须不损害员工的社会境况。

工作是在评估人们工作的过程中产生的,因此,创造就业的政策必须是以市场为基础的,以实现在斯洛伐克经济有效地使用劳动力,并创造条件提高劳动力素质和不断改善劳动力的生活质量。

以下就是需要创造的经济政策的条件:

——推动终身教育。

——为企业在人力资本和社会资本的投资增长创造条件,特别是中小企业。

——减少企业的行政负担,包括简化税收制度。

——在更大区域范围内有区别地支持中小型企业。

(八)工业

工业领域的经济政策的目标是在速度和质量上使斯洛伐克的经济水平向先进的欧盟国家靠拢,通过创新和投资逐渐生产出高附加值的产品,来增加工业生产的竞争力。斯洛伐克的工业不能只通过跨国垄断经营参与国际经济,还要通过经济外交,主要是与俄罗斯、中国、印度、拉丁美洲、土耳其和亚洲中部和东部国家的积极的经济外交，参与到国际经济中。

为了最有效地实现这一目标，政府主要集中在：

——提高科学研究基地的创新潜力并提高科技在工业中的应用。

——减少能源密集型经济，以提高能源生产和运输方面的效率。

——最大限度地减少生产对生活环境的影响，支持可再生能源。

——通过推动具有高附加值的现代化的和前瞻性的生产，在全球经济周期性衰退时逐渐减少斯洛伐克的敏感性行业。

（九）能源

在能源方面，政府继续执行2006年制定的能源作为优先事项的方案。能源被视为国民经济各部门和整个社会运行的主要影响因素。能源安全是战略安全中不可分割的部分。

接下来，政府考虑把充足的能源供应以满足经济运行和正常家庭生活的需求，作为国家安全的重要部分。因此，支持在单一的能源政策下创建一个新的能源结构体系。由于其地理位置，斯洛伐克可以成为其本国和欧盟的能源稳定和安全的保障中一个重要环节。为此，政府将加快波胡尼策的新核能设施建设，并尽全力完成在莫赫维策的第3组和第4组核电站的建设。

加强燃气管网互联包括液化天然气和周边国家的电力系统互联的后续建设，政府将加强能源供应的安全保障，不再依赖单一的供货商，这也有利于改善竞争环境。

主要任务是继续改善能源的商品和服务供给，在合理的价格内为每一个客户提供充足的电力、煤气、水。

实施欧盟的第三能源一揽子方案的同时，政府将考虑斯洛伐克及其国民的经济利益来修订国家能源政策，重点强调与中欧地区的跨国合作。

在能源和公共事业方面，必须减少有缺陷的和非透明的私有化的不良后果，不断减低自然垄断行业滥用其垄断地位的机会。执行欧盟的第三能源一揽子方案，扩大国家监督企业、产品质量的权力，促进斯洛伐克的能源竞争力，发展斯洛伐克的能源市场。

在可再生能源的使用方面，政府将保证优化能源结构，更多地发挥本国的能源潜力，同时创造更多的新的就业机会。

（十）建筑业

建筑业领域的经济政策的目标是发展建筑业经济的发展，保证建筑的质量尤其是在交通基础设施、住房、环境基础设施建设、维修和改造存量住房等方面。

政府认为，有必要创造条件使建筑行业达到这样的水平——斯洛伐克公司在欧盟国家和国内市场的竞争中获得成功。逐步提高住房水平，为更多的人提供足够的住房。越来越多关注政府公租房的发展，也关注私人租赁部门。在这方面，政府将通过立法解决租赁关系中私人业主和租户的问题，公租房业主和租户的关系，保证保障性租房的建筑。政府为所有的房屋开发者创造一个框架，强化公共部门、私人和非政府机构的合作。

接下来，政府将继续从公共资源中发展金融工具来支持住房建设（房屋发展计划、国家住房发展基金、国家支持的按揭贷款、有国家担保和保险的建筑储蓄计划）以及为使更多私人资本参与到年轻人的租赁房建设中来而作出修改。

政府提出新的建筑法案，引进必要的施工培训动力和更严格的制裁违法行为的机制，尤其是与规划方案不一致的"黑色"施工，禁止其合法化。

（十一）农业

斯洛伐克是农业国家。政府政策是促进农村发展和改善农村人口的生活条件。因此，农业被视为战略性行业，其中，粮食和林业——木材行业拥有共同的国家战略。

农业领域的经济政策将尊重欧盟方案的文件，目的在于促进经济增长，在农业和林业方面体现尊重平衡的原则，平衡经济和生态的管理方法是保持农村长期可持续的社会市场经济的先决条件。

最大限度地鼓励斯洛伐克的代表参与各种国际机构，鼓励他们在各理事机构捍卫民族和国家利益。在欧盟共同农业政策方面，努力实现优先考虑斯洛伐克，联盟内均衡拨款，从而提高斯洛伐克的农业和粮食生产在国内外市场的竞争力。

运用欧盟的直接援助，使用国家补充性的直接支持和援助计划，支持增加生产安全和优质的食物原料，促进斯洛伐克农民在统一欧洲市场的竞争力。

资助政策将主要集中在有效地支持集约化作物的生产方面，比如葡萄种植、水果种植和市场培育、牲畜繁殖，因为它们代表了国内附加值增加的发展空间和复兴农业就业、大范围创造新的就业机会的空间。

使用一切可以利用的经济和法律手段，促进高质量的和新鲜的产品直接销售给国内消费者。

支持长期可持续性的林业管理来提高其竞争力，保证为居民提供非生产服务的公共职能。在此背景下，建立法律和经济条件，对向公众提供环境服务的森林资源的所有者和经营者进行补偿。

使用一切可以利用的经济和法律手段，支持民营的林业部门发展，使其成为国家的战略伙伴，以增加斯洛伐克最贫穷的森林地区的就业。

国家森林财产被视为战略性的国有资产，因此要保障其不被私有化，加强其高效地、透明地使用，以支持农村发展和为公众提供环境服务。

政府将支持对未开发的农业土地和其他非林业用地优先进行造林计划，防止土地被水侵蚀。目标是更好地利用土地资源，减少土地废弃，提高生物产量，通过固碳封存来减少生态环境的温室气体负担，通过增加水库和水电站降低洪水的风险并在农村创造新的就业机会。

促进木材加工的能力——作为国内最重要的、环保的、可持续性的再生材料——最终产品以创造农村地区的就业机会和增加木材产品的附加值为目标。政府支持在生态基础上的经济发展，目的是为了提高国内再生资源的利用效率。这将有助于减少环境负担，减少温室气体排放，改善人民生活的条件和提高生态质量，在农村地区创造新的就业机会。支持农业、林业和水资源管理中生物资源的发展，比如传统的食品加工业、木材行业，新兴的工业如生物技术、能源、化工等行业。

创造条件加快解决土地所有权，完成森林物归原主的进程，保护私有林所有者的财产权，加快满足归还请求的进程，支持完成原有的土地注册登记，并为土地整理增添活力。

（十二）交通运输、邮政和电讯行业

政府将促进高质量的传播，便捷和一体化的交通基础设施，有竞争力的服务，人民可以接受的运输，环保、能源高效利用和安全的运输。在建设停止后，将优先继续建设高速公路运输网络，给予其更大的空间。政府确保平衡、公平的竞争环境，以避免尚未完成项目破坏企业的整个供应链。以行之有效的公私合作项目的形式来建设公路。政府对参与建设新的宽轨铁路分支项目感兴趣。而消除地区差距的基本先决条件是继续建设高速公路以连结布拉迪斯拉发和科希策。在斯洛伐克的交通基础设施中，政府将加强水路运输的作用。

鉴于欧盟在运输方面的资金至2015年不会殆尽，政府要采取迅速的反应机制来确保资金的最大化利用。

停止高速公路建设会导致现有高速公路建设计划的停止，因此，政府将尽最大努力来签发许可证以创造足够的储备项目。如果有必要，政府将实施与宪法法院的裁决结果一致的特殊法律，为这一重要进程提供新的动力。

其他的优先事项将包括稳定铁路货运在运输市场上的份额，将民众的公共交通维护费用于公共利益的事项。政府将确保协调客运列车和公交汽车的运输，提高客运列车的竞争力并解决综合运输系统的问题。

保障这些优先事项的主要手段是有效利用资源运输方面的资金，为运输基础设施建设创造多重资金来源，均衡发展交通工具，以及在欧盟创建有关法律时保证斯洛伐克的权益。政府的目的是提供优质和畅达的运输基础设施，通过连接欠发达地区促进社会包容，增强斯洛伐克的国际竞争力，发挥其过境国的地缘潜力。

交通、邮政和电讯领域的其他经济政策将主要集中在以下方面：

——邮政市场自由化和提高邮政市场的功能。

——协调在电子通信市场的经济竞争，提高网速。

——战略决策，特别注意交通运输对生活环境的影响。

（十三）贸易

贸易领域的经济政策将主要集中在：

——实施共同商业政策的所有工具，促进斯洛伐克在欧盟和世贸组织中的利益，根据世贸组织的规则和措施的贸易保护，以增强斯洛伐克产品的竞争力。

——在消费者权益保护方面，采取与欧盟一致的立法，调整对于消费者权利方面的集体执法的机制。

——促进欧洲层面的措施，不滥用连锁贸易的经济力量。

——加强对市场情况的监管和国内市场的协同合作，包括价格监管状况评估。

——提高对消费者的教育，提高他们的认识。

（十四）旅游业

旅游业的经济政策的目标是提高旅游业的竞争力，更好开发其潜力，旨在平衡地区之间的差距和创造新的就业机会。为了实现这一目标必须要：

——制度化审查管理并协调相应活动的实体，以发展各个级别的旅游业。

——为推动旅游观光业发展制定新的战略，以提高其质量和竞争力。

——鼓励更好地利用斯洛伐克的旅游潜力。

——提高用于促进旅游业发展的公共资源的有效和透明地使用。

——交易活动中，长期坚持运用道德和伦理的原则。

（十五）服务业

在经济政策方面，政府将创造条件加快服务业发展，使其成为扩展就业空间的重要部门。为各个层次的人，尤其是老年人提供广泛的、显著改善的、经济实惠的全方位服务。

我们支持形成所谓的"银发经济",即让部分的国民经济为老一辈服务,生产服务对象主要是老年人的有价值产品。

特别强调增加与教育相关服务、卫生和社会服务的份额,创造适当的组织系统提供社会服务,并在公共服务和私人服务提供者之间进行高效率的劳动分工。

创造条件继续支持发展知识密集型的服务(特别是研究和开发服务、教育、软件、各种咨询服务)。

(十六)使用欧盟资金,支持经济发展

政府实现有关凝聚力政策方面的战略目标,在经济方面以更高水平向欧盟15国靠拢,提高斯洛伐克的竞争力和改善生活质量。着重考虑循序渐进地履行斯洛伐克在2007—2013年间的国家战略框架的战略目标,关键是实现在基础设施领域、区域准入领域、知识经济领域以及人力资源领域的目标。

落实来自欧盟的资金援助和支持,政府将创造一切条件促进有效合作的凝聚力和农业政策,重点是使用干预政策保证可持续的就业,创造新的就业机会,并制定有关措施减轻全球金融危机对就业方面的负面影响。

政府将按照他们的目标和优先事项,确保2007—2013年计划结束时真正有效地执行了计划。2013年后,政府将促进欧盟共同的凝聚力政策路线。在实行2020年战略过程中,保证可持续增长和就业的主要优先事项是通过知识和创新来创造重要的价值,通过高就业率来提高公民在包容性社会中的力量,建立有竞争力的、绿色生态的经济。为此,政府将创造条件按照2014—2020年共同战略框架条款,执行新的计划。

(十七)可持续发展

在可持续发展进程中,政府要考虑到斯洛伐克的国家利益,实现和保持高质量的生活环境,合理地、保护性地利用自然资源。

经济发展方向是生产的可持续性,这是可持续发展的关键和重点方

式。为此，要协调生态需求和企业需求。政府特别致力于在不发达地区的环境基础设施上使用闲置劳动力。

政府将对于人口少于2000人的城市给予关注和财政支持，特别处于河流源头和上游的大城市，这些地方预防下游地区发生洪水以及为斯洛伐克保持不可替代资源——优质的水资源——至关重要。政府增强对水资源保护区的社区的注意力，促进保护水资源的措施。执行防洪措施时，必须保障农业和森林土地受到整体保护。政府将重新制定斯洛伐克防止洪涝灾害的计划。

政府主要致力于优化土地使用的空间布局和功能（农业、林业和城市），保护环境和文化遗产，构建环境监测和信息系统，提高人们的环保意识和环境知识。

企业的基本任务是实现自然资源的合理利用和保护——水、土壤、空气、岩石资源、野生动植物。因此，政府将检查和调整与企业的关系，这些企业主要是将国家的水资源用于商业用途，如饮用水、矿泉水和医疗用水。

政府将致力于减少空气污染，减少汽车污染物的排放量，使其始终符合排放限值，并倡导使用小排量的汽车。政府支持利用新的废物回收方法和国内科技，扩大纺织废料的分离，扩大加工能力。采取措施处理过去的环境负担，有针对性地开发之前农业合作社的建筑。

特别注意的是，政府计划合理地利用国内矿产原料，并促进企业使用不对生态环境造成不利影响的开采技术。消除环境风险的起点是控制环境安全，发展绿色建筑物、设备和产品。政府将促进生态易受破坏的土地的使用。社会和经济活动的发展必须把尊重和维护现有的历史、文化和自然价值，作为生态旅游和旅游业发展的前提。

政府想要解决和明确边界问题，制定一个国家各种地区系统，包括国家公园、2000年欧洲自然网络以及执行管理保护区的方案。同时，政府将促进环保意识的发展和规范旅游业，进一步发展兼顾自然和风景保护的基础设施建设，延长自然道路网络，发展地质公园、信息和教育设施。

政府将鼓励旨在恢复被破坏的生态环境、保护和振兴已不堪重负的生态环境和保护区的地方、企业、非政府组织的活动。加快实施方案，直接在被破坏地区优先建设民用建筑和设施、生产设施，旨在将他们逐步纳入有序的、有价值的、有文化审美的城市和农村的景观。

四、国家和公共部门的作用

（一）公共权力的行使

政府的目标在于优化国家在适当消除危机影响中的作用，以及全面创造条件来提高斯洛伐克的生活质量。政府及其所辖机构，所有涉及生活和社会的公共部门，必须保持最佳运行状态。确认失去平衡与恢复平衡的过程尤其是在全球发展所造成的动荡关系中。

金融与经济危机产生的动荡在一定条件下影响国家、国际社会、经济，以及其他社会方面。特别是，这些危机不仅是一种周期性或者结构性的危机，而且是关乎价值观、社会目标、世界两极分化、全球性消费的危机。

国家应消除外部与内部的负面现象和进程，同时有效地保护经济利益，保证国家防务，维护个人的生命安全和身体健康，维护社会秩序，提供社会保障和社会服务。

政府建议在范围、内容和强度上加强国家行为，其在近期被过分削弱了。有必要重新界定国家干预的范围，政府危机的应对与解决21世纪初的突出问题不谋而合，从而为过渡到现代治理型政府创造条件，树立符合欧盟的基本价值观和基本目标。

政府将推行更全面和更系统的方法，以丰富国家职能。主要包括以下方面：

——市场经济下的国家的经济职能。

——社会内部结构关系的组织和管理的职能。

——为社会生活不同领域的发展创造政治、法律、经济的条件。

——确保法律受到一致尊重，打击有组织犯罪和腐败。

这些职能的推行是均衡的、符合市场的、确保了公民生活质量的提高。

国家作用的行使的重要方向：

——保证国家法制化。

——使公民了解国家的政策以及欧盟机构的决策。

——创造一个合适的经济环境。

——可持续性的公共财政，在有效实行现有社会政策的同时，精简公共部门。

——视加强国家在优化公共消费关系中的作用为可持续增长的一个元素。

——加强对于公共安全的各个层面的视角的多元化。

——在尊重工会和雇主组织关键作用的同时，改变社会对话的管理方式，参与重要的社会决策，包括知识界、教会和宗教社会。

（二）治理的战略层面

在转型时期，斯洛伐克无法逃避因为对于长期发展趋势和决策的重要性的绝对误判所引起的问题。解决问题的方法在于集中力量以充分应对变化，以及具有正确的观念、工具、知识和管理方法。

政府强调，政府需要创造新战略层面的条件，来预测发展方向，确定优先事项，战略治理成为国家与社会对话的永久性要义。实现这一目标的重要前提是树立有效的优质的愿景与战略。

政府赞成，支持战略治理政策作为各机构运行的先决条件。我们喜欢稳定的政治环境，强大而稳定的政府并不是执行庞大数量的工作，而是其工作是有概念的、有系统的、有效率的。

政府表示，形成科学的能力以探索国家的未来是十分必要的。同时，考虑有必要建立政府战略治理中心。

有必要强调，协调和实现社会、经济和环境目标的政策的必要性。

政府鼓励公开讨论有关斯洛伐克战略方向的问题。

（三）国家和经济

全球性金融与经济危机的后果是，拒绝了赞扬"市场的神奇的手"以及弱化国家在经济领域的作用的观点。自然意味着需要更全面地看待波及国民经济的问题。

政府侧重最全面的国家经济政策，最好的系统性方法和协调经济的措施，特别是在改善国民经济运行的关键条件，解决包括劳动力市场的稳定和增加就业在内的经济可持续增长的问题方面。这些措施不会扭曲市场。

政府反复强调，确保斯洛伐克经济、社会、环境的统一发展。因此，有必要在市场经济的条件下，更大力度地行使国家的经济功能。

政府认为社会经济成功走向繁荣的重要的先决条件是在建设一个平衡的市场环境以及在平衡公共和私人利益的同时，保障社会正义。

（四）公共部门的重要性

政府建立在以下基础上：斯洛伐克需要通过国家的公共政策来建立一个优质的公共部门，保障公共资源的有效管理，确保高品质并良好运作的教育系统、医疗保健和社会安全。只有一个良好运作并且充分有效的公共部门才能有效支持社会的良好发展、经济的平衡和公民的人身安全。

政府将在保障公共财政长期的可持续发展的同时，根据具体情况及时处理教育系统、医疗保健系统中存在的问题，并重点提高社会安全体系的有效性，对其提出有效和有质量的改革措施。这将是满足公民需求、促进知识型社会形成的基础。

（五）公共管理的作用

公共管理的现代化是实现政府行政措施的必要改革，它将会彻底精简国家各个方面的负担。

下一届政府，公共管理活动的全球化目标将是"提高公共管理机构的效率，改善公共服务的内容，以促进斯洛伐克社会、经济增长，提高公民生活质量"。

实现这一目标的根本是促进所有公共管理结构的经济化、信息化和职员的发展。这将需要：

系统改善公共管理的法律框架。公共管理工作流程不应复杂，不应为公民带来过多的不必要的负担。同时，立法和执法机构必须不断地同社会和经济生活中长期存在的消极现象做斗争。

政府将严格预防腐败和严惩腐败行为，最大限度地减少腐败产生的机会，并且创立一个有效的惩罚机制。这将保障国家行为的质量，而检察机关充分的活动可以更好保障公平的经济环境，为改善公共预算的财政收入创造条件。

公民以及满足公民的生活需求是公共管理机构的职责。对于公民而言，公共管理需要更加透明，更加开放，使其可以通过合适的方式参与到公共决策与管理中。更重要的是，政府在与公民的接触中，应当根据"信息在流通，而不是公民在奔走"的原则，一下子解决问题。同样，需要改善"公民—官员"的个人接触形式。

"地方政府现代化"的概念中，政府将支持建立"联合市政办公"网络以及提供所需要的设备与信息技术。这样就可以在地方一级"公民—官员"沟通的基础性网络。这将促进地方政府的工作理性化，提高其工作质量。

政府将处理存在模糊的不合理的地方行政机构，以加强国家在解决该地区的社会经济问题的协调作用。在复杂的经济和法律分析的基础上，政府逐步探索出合理的中央政府的组织结构与管理形式。

政府正在逐步建设公共管理的战略规划与管理系统，以确保它与财政系统间的沟通。这将保证战略与政策部门长期的、即时与即地的沟通。这也将联通地方政府的战略计划文件。加强科研力量参与国家管理活动，尤其是高校。

政府部门的内部管理水平在改善公共管理的过程中扮演着重要角色。这一前提是遵守相关法律法规的行政管理。此外，还需要采用现代化的管理手段，监督政府部门每一个单位的运作，监控开支和资金的有效使用，反馈公民满意程度。实现这些的基础是发展现代化的信息与通信技术。

公共管理的经济基础将以每项公共管理活动的成本为依据。以客观数据为基础，在财政预算制定中，尽可能客观地反映每个个体的财政需求。这也是国有财产管理合理化、集中化的基础。

政府将确保主管部门的工作重点集中在消除各级政府在采购中凸显的各种问题之上。为实现这一目标，政府将逐步建立集中的电子公共采购措施。

在管理过程中，政府将逐步运用统一的公共管理的人力资源管理系统。

政府的战略目标将是建立一个全方位的电子政府，有效把握行政、管理、决策与执行的全部流程，统一所有的行政部门及其管理形式的标准。

（六）公正

政府意识到，加强执法力度是切实有效地保障宪法中公民公平权利的必要条件，因而需要建立一个独立、公正的法庭审判流程。政府将纠正2010年在司法体制中产生的干预法院与检察机关的行政违宪行为。

政府将提出立法措施使起诉方式现代化，去除法律中的违宪规定，这些违宪规定已经被宪法法院决定停止使用。

在根本改革司法部门的过程中，政府将与利益攸关者、法官专业组织、科学与学术界的专业团体进行讨论与磋商。

政府确保的优先事项有：

——采取措施简化并加速法院的诉讼过程，增加法律的强制性，改善执法与即时判决中对公民宪法权利的保护，评估司法程序中关于解决争端问题的流程，重估现在的法律条款、司法人员、司法候选人员及他们所作的决策，促进替代纠纷的解决方案。

——采取措施改良包括司法电子化在内的法庭技术设备。

——改善目前在法庭上司法空间明显不足的现状。

——调整法律以改善法官地位、法院管理与司法机构的地位，以达到国际标准。

——采取措施稳定法院管理人员。

——继续编纂私人权利法。

——分析留置物品情况，进行妥善管理和拍卖，同时拒绝滥用行为。

——改善公共服务以提高斯洛伐克境内房产所有权的透明度，保障业主的相关利益。

——在公司清盘前采取措施防止欺诈行为，强调被清盘公司在法定机构终止其活动前应承担的责任。

——明显提高在刑事诉讼中受害人的地位。

——根据斯洛伐克的国际义务，依据欧盟条款修正刑事法律。

——政府将对现行的刑事法律和诉讼流程进行评估，以提出更好的方案来弥补不足之处。

——重点关注犯罪学和预防犯罪。

（七）国内秩序与安全

每一个民主和法治的国家，都视保护国家内部秩序和安全为建设社会秩序的重要工作，缺乏法律的状态将按照法律规定被取代，相关法律将保护公民的生命、健康、财产、权利和自由。

在2006—2010年所获得的丰硕成果的基础上，政府将：

——把预防措施作为保护公民健康与财产的重要部分。

——重点减少各种犯罪活动，把提高破案率作为提高公民安全的基础。

——继续同任何形式的极端主义、种族主义、不包容行为、仇外心理、侵略性的民族主义和反犹主义进行毫不妥协的斗争。

——用高效和现代的方法打击新型的计算机犯罪与互联网犯罪。

——进一步采取措施加强反腐败斗争，优化专业警察队伍，加强反腐办公室的相关工作，采取新的有利于侦测和调查的法律和技术手段，减轻腐败对社会的危害。

——继续减少死亡、受伤与交通事故的数量，保护守法司机的权益，坚决打击道路抢劫，保障对于交通安全至关重要的道路畅通。

——增加基层公安部门的数量，这意味着更多警察将参与到减少犯罪和交通事故的工作中，同时着重发挥交通警察、防暴警察以及调查委员会的作用。

——领导警方在为人民提供公共服务的同时，不妥协地同违法犯罪行为作斗争。

——加强安全部队的现代化建设，更新设备与技术，使用欧盟资金建设斯洛伐克警察、消防与救援部队，建立具有综合功能的救援体系。

——继续建立稳定和专业的警察制度作为社会稳定的基石。

（八）军事力量

政府重视和促进斯洛伐克军事力量的现代化水平，使其有能力执行以下几个基本功能：

——在军事或非军事威胁前，确保斯洛伐克的人口与领土完整。

——参与北约、欧盟或联合国领导的国际行动。

——强调军事力量参与在自然灾害与其他事件中的救援活动。

五、知识型社会和教育

作为知识型社会和经济的基本支柱，政府需要关注教育、科学、研究和创新、信息化、数字化。希望通过教育和培养，引导人们变得更人道、宽容、团结、协作、负责任的生活态度和对未来坚定的信心，确保把共同的文化和民主价值传递给下一代。对此，政府的政策目标集中在提高对全体公民特别是年轻一代人的教育和培养的水平及质量上，促进发展和利用知识和创新能力，提高人民的适应性和专业技能。这是斯洛伐克社会（人民和个人）的发展计划。有教养、有创造力和适应能力强的斯洛伐克人民的竞争力决定了斯洛伐克的竞争力。为此，政府需要建设综合性的教育系统，涵盖从学前教育到终生教育的整体系列。需要促进教育发展与实践的结合，特别是在社会和技术的现代化方面，集中解决自然科学和技术领域教育的不足。

在社会发展的具体过程中，将优先考虑2020年欧盟战略。相对于以往来说，未来的发展将更注重以下主要目标：培养团结精神，提高社会凝聚力，建设知识型、学习型社会。

政府认为，教育领域的重要任务是保障不同层次学校的老师在社会中的地位和重要作用，因此，需要提高老师在社会中的地位，必须在政治、专业等其他方面对教师行业提供支持，以及财政上的支持。教育进一步发展的前提条件是以自然权威模式为基础恢复中小学教师的纪律和权威。

（一）地区教育

政府将逐步发展公众教育计划，使得其与国家新的教育政策、学前教育以及当前教学实践的要求相一致。将改革教育内容，使之满足未来劳动力市场的专业素质需要。以终身教育为背景，着重发展所有公民的数字技术水平。

政府将重新考虑在偏远地区以自愿为基础为儿童开设可操作性的寄宿学校。

政府认为在教育中需要特别注意对即将毕业和选择专业的学生进行职业教育和职业辅导，提高他们的就业能力。为此，需在基础教育中新增一门培养职业技能的课程，明确学生在中等职业学校学习时的专业方向。为使教育和培训的内容符合劳动力市场的需求，政府将在地方和全国创造条件促进教育单位与用人单位间的信息交流。

政府教育部门将进一步提高从事教学和职业教育人员的教学水平。将主要集中在以下方面：

——简化证书授予过程并使之合理化，剔除官僚主义作风。

——审查教育部门员工的绩效的财务评价体系。

——引进更多专业，大力促进学校的终生教育。

政府加大督查以给予国立学校更大的独立性，为其专业品质和表现提供更好的人力、物力、技术和法律条件。

政府建立一个新的地方教育管理和财务系统，以此来：

——明确教育领域的自主管理、国家管理或教育部门直接管理的机构的职责，着重协调非国家教育部门之间的协作。

——逐步推广以质量和层级为依据,而不是以学生为依据的拨款模式。

——通过财政手段使得更多学生接受中学教育。

——通过补贴提高学生对职业学校的兴趣。

通过建立管理和教育领域的创新机制,政府可以彻底检查教育改革的结果,高水平重组国立和公共管理学校,提高欧盟项目实施进程。

集中关注人力资源的发展和质量,着重关注提高教育部门职员的专业和个人能力;改善学习环境,提供新的教学资源和数字化的技术装备;提高儿童、小学生和中学生的综合竞争力,使之符合欧洲评价标准的竞争力,比如国际学生评估项目。

政府将提高学生对民族传统和天主教传统的尊重与了解,改善这些方面的教育情况;通过现代的教育方法发展爱国主义。

政府将创造条件在所有层次的学校保障学生接受具有民族精神、传统价值和历史文化价值的教育。

政府促进经济部门参与教育发展,以长期维持在全球范围内的竞争力。

(二)高等教育

政府保证公立大学提供免费的高等教育并制定预防乱收费的法律。

在高等学校方面,将着重提高毕业生的质量。考虑教师结构非必要的无限扩张与不必要发展,这对毕业生的质量产生了消极影响。根据教育的质量和效果,将对高等教育进行分化,在科学领域研究与社会经济需要相关的项目,在技术领域进行具体实践和创新产出。

支持改革大学教师的批准任命,使其在科研和教育方面接受来自科学院和国际领域的评价。这意味着在质量方面需要有统一的教育和学术的评判标准,并去除有差异的评价方式。同时,需要制定一套全国统一的日常教学和研究标准。需要重视大学的选择,重点培养高质量的毕业生,使其能够在国内和欧洲的劳动力市场中获得成功。创造条件全面承认大学本科学士学位。

我们认为以下内容对大学教育至关重要：不同等级教育（学士、硕士，博士）的比例平衡，以及与国家社会经济发展趋势相一致的多种专业的教育（人文、理工、经济等学科）。

学士学位在高等学校还没有关于其适用性的明确规定。因此，需要尽快完成相关立法，确保所有学士头衔能够完全被社会接受。学校评审委员会必须更加注重毕业生的质量，关注学生数量的增长，评估其执行机制的评审标准并提出解决方法。因此，需要修订高等教育法，有效和透明地提高不同项目、专业、学院和大学在质量、成功、创新和开创性等方面的衡量标准。

在高等教育范围内，提高博士生的工作质量，鼓励其参加国内和国际的科研项目和教育活动。重点为促进和保证海外博士毕业生回国创造系统的条件，以促进大学和斯洛伐克科学院博士后站点的稳定。

重点发展和大力支持自然科学领域的教育研究，促进形成教育、研究、创新的知识三角。

（三）科学和研究

我们认识到在经济、社会、财政和道德发展不足的时期，科学和研究是斯洛伐克进一步发展和进一步提高人们生活质量的最重要因素之一。

研究和发展的基本目标是推动与自然和社会发展规律相关的知识创新（基础研究），推动经济和社会实践进一步发展所需要的知识创新（应用研究和实践发展）。当前重要的是促进经济实践领域的研究协作，以及与欧洲研究机构的合作，更有效地促进国内研究与欧盟、世界其他发达国家的先进技术和创新研究接轨。

只有大力提高科学研究的投入，特别引入经济领域的投资，才可以在本国竞争力的创新和提高方面取得显著成果，克服日益严峻的危机，提高创新价值，为创新成果应用于生产技术创造客观环境。

因此，要明确国家的职责及其与斯洛伐克其他科学研究主体的关系。研究中心的建设不可一蹴而就，需要逐步创建最好的研究中心，特别是那些在大学或其他科研机构中具有较高教育水平、拥有专业人才和良好环境的中心。

基于新的医疗手段的预防性医疗方案扮演着重要的角色，因此，我们支持在斯洛伐克科学院的指导下建立全面的诊断中心，并且改善大学中的临床研究与科研工作的条件。

为了落实里斯本战略，政府将会提高在科研上的支出比例，到2016年至少占GDP的1%，其中经济领域投入占GDP的0.6%。

在制定科研方面的政策时，政府还将推动：

——把科学和研究机构转变为公共机构，并强化其跨部门的作用。

——建立斯洛伐克技术局，作为产业研究经费、实验性开发和工业企业环境革新的执行机关。

——用最好的实践手段，继续推进落实《斯洛伐克现代化21条》。

——通过风险投资为创新活动进行融资。

——创造环境和条件减少斯洛伐克的"人才流失"，增加他们回国工作的机会，进一步发展国际合作，发展最尖端的实验室设备，为他们在高校科研机构、斯洛伐克科学院和其他一些领域的工作站的工作创造机会，特别是在农业和食品质量领域。

——推动教育和科研——大学和斯洛伐克科学院建立联合研究，创建科研小组，更好地促进斯洛伐克科学院参与博士的培养。

——在斯洛伐克建立优秀的研究中心并定期进行评估，以推动它们与欧盟国家的教育和研究领域的优秀研究中心形成跨国网络。

——重新规划研究项目，优先考虑斯洛伐克和欧盟的重点研究项目，重点推动具有明显跨部门、跨学科特征的发展与创新，例如在能源、绿色技术、运输材料和系统、计算机科学、机械工程和电气工程等方面的相关研究。

——通过修改法律，为国外的优秀学生与科研人员到斯洛伐克学习和工作创造条件。

——在布鲁塞尔设立办事处，支持研究、发展和创新，以便有效利用新的欧洲资源和项目，改善欧盟科研机构内部的信息和交流。

——创造法律条件，鼓励更多私营部门加大在研究、开发和创新方面的投资。

——通过建立科技园区来建立有效运作的国家创新体系，形成科技成果转化中心。

——创建一个正常运作的国家创新体系，建立科技园区，推动知识和技术的转化。

——在欧洲多瑙河战略实施过程中，特别注意形成知识环境。

（四）作为学习型社会的知识型社会

在此方面，政府将重点采取以下措施：

——在社会未来发展的具体方面，依据欧洲2020战略，确定优先实现以下目标：培育团结、有凝聚力、不断学习新知识和新技能的学习型社会。

——支持真正形成新的现代化社会的人才，具有新知识科学、研究、发展、创新的人才，包括雇员、雇主和政府的代表，以及科学、研究和大学的代表。

——创建并形成良好运行的现代化国家创新体系。

——除传统国家安全外，更加注重"国家知识产权安全"。

——加强和优化基础研究和应用研究的结构，在创新过程中促进科学和研究成果的转化，形成知识技术转化中心，建立国家技术平台。

——通过建立电子政务、互联网和数字化存储系统，稳步推进社会信息化，发展金融知识。

（五）青年和运动

政府将会为全民运动创造条件，提倡运动的社会功能和教育功能，强调其有利于健康的方面：

——将为培养顶级运动员和运动天才创造条件，建设运动基础设施。

——在国家政策方面，国家将为改善儿童和青年的生活质量、社会公正和机会平等创造条件，保障他们的合法权利，促进就业，提供就业机会并鼓励他们参与社会生活。

——注重在儿童体育、青年体育和体育研究方面与地方政府合作。

——根据欧盟的建议，制定运动法以确保多源和长期的财政支持。

——继续为中学和小学的教育、文化、体育活动拨款。

（六）文化

政府认为，文化不仅是斯洛伐克社会中身份和精神生活的基础，也是一个有助于知识经济发展、提升整体竞争力和最终经济的发展的潜在领域。在今后一个时期，政府有以下目标：

——建立斯洛伐克文化基金，作为一个公共机构和文化多源融资的必要工具，以替代现在的文化部拨款系统。

——在文化领域建立新的组织——斯洛伐克视觉艺术中心，其中包括当代艺术画廊以弥补表现当代视觉艺术发展领域的空白。

——完成位于布拉迪斯拉法的斯洛伐克国家画廊的重建工作。

——同 2010 年改革公共广播系统的组织机构的结构形式相关，确保建设合适的组织、法律和财政框架以保证公共广播系统的运转，建立新的媒体综合体作为复兴和现代化的动力，以及公共广播系统稳定的资金和创作内容的来源。

——准备改写目前法律中著作权和与著作权有关的权利规定以适应欧洲的关于创作、分配、作品的使用和保护、艺术活动、音像制品、广播和数据库的趋势，以及大众数字化进程，向公众公布斯洛伐克文化遗产，特别强调坚持实施欧盟法律。

——在文化部，恢复有关少数民族文化的议题，因为少数民族文化政策是斯洛伐克统一的文化政策中不可分割的一部分。

——修改关于非物质文化遗产方面的教育活动法，以实现从国家文化中心到国家业余文化中心的转型。

——妥善保护民间文化传统。

六、团结凝聚的社会产生的生活品质

政府认为,斯洛伐克决定性的力量建立在公民的团结一致的信念之上。社会凝聚力取决于社会各个阶层的团结一致,它需要强劲的经济政策与社会政策的结合。它依赖于斯洛伐克人民生活质量的长期的持续增长——可以通过支持教育、研究和创新开发,以及为了全体公民的经济和社会发展而创造的必要的现代基础设施来实现。在考量个人和社会的生活质量时,需要考虑的不仅是物质生活水平,也必须考虑包括健康、教育、工作在内的丰富的个人活动,政治与公民参与的空间,政府行为的影响,人际关系和社会交往,经济和自然的确定性或不确定性,以及生活环境的质量。这一切都必须在社会中均衡发展,并适用于知识社会的模式。

过去的一年半里,右翼政府让斯洛伐克公民对政府失去了信心,也影响了他们的生活质量,主要体现在公共卫生的丧失、实际工资的削减、失业率上升与长期失业有关的问题得不到解决、劳动保护的状况不断恶化、针对老年人的社会服务政策的混乱、国家机关和地方政府的不协调、社会对话的中断。整个社会系统,由于过去政府在针对最弱势群体政策方面探索的失败和失控,贫困不只是在经济脆弱地区不断扩张。社会系统被破坏,公民丧失了政府解决社会生活中各种问题的信心。

政府认为,制定一些稳定社会框架的政策,是重建斯洛伐克人民信心的关键任务,以下内容将占主导地位:

——关心公民健康,振兴和稳定公共健康事业无疑将再次成为新的执政力量的主要任务。

——家庭作为保障优质生活和公民安全的一个基本要素,需加强重视。

——解决长期的失业问题以保证发展计划,改善弱势群体在劳动力市场上的就业机会,特别是加强对低学历人群的培训,包括通过单独辅导、集中再培训、就业补贴、为创业者提供补助金等灵活计划。

——提高老年人的生活质量是一个复杂的问题,却可以有效增加社会的凝聚力。

政府重振经济、社会和国家的凝聚力，是发展斯洛伐克人民潜力以及斯洛伐克在全球竞争中稳定而现代化的竞争力的关键。因此，政府将竭尽所能，采取大多数人民支持的实质性措施。在执行时，将尽量避免为了达成社会—政治共识而引发的广泛的专业争论。在这个进程中，不可忽略的是社会参与者的代表性。开展有效的社会对话是社会接受这些措施的基础，但是近几年并未开展有效的社会对话。

（一）家庭：保障优质生活的基本元素

过去20年，家庭作为人类社会基本结构的组成部分，在斯洛伐克经历了显著变化。工作收入的需要和家庭的需要之间产生的矛盾，明显地改变了斯洛伐克的家庭结构，形成了新的家庭行为模式。结婚人数下降、离婚率提高、结婚年龄推后、出生人口和生育能力明显地下降、堕胎骤减、越来越多的非婚生子女、人口老龄化严重、倒退到多代人居住在一间公寓或一幢房子、持续朝着单一家庭模式发展和兄弟姐妹关系疏远。所有的这一切都导致失去了迄今为止斯洛伐克所认可的唯一的家庭形式——传统的婚姻家庭——的意义。我们忽略了后现代的影响——先进的社会需要更多的工作时间，越来越多的妇女进入到劳动力市场。这扭曲了工业部门关注对象和经济支出的历史关系。这削弱了社会凝聚力，损害了家庭这样的重要决定因素。在以知识为基础的社会模型中，需要公民社会在社会发展中发挥重要作用。市场对家庭生活的压力将创造一个更加多样化的家庭模式。在尽量不改变原有家庭模式的基础上，产生更加多变的家庭模式。

因此，政府将努力推动：

——将家庭政策作为国家社会政策的中心部分。

——重新平衡家庭的经济角色和社会功能，为此，除了其他支持之外，还要发展金融知识。

——恢复人口生育的自然平衡。

斯洛伐克政府执行部门在家庭政策方面采取以下措施：

——在2020年之前完成建设斯洛伐克家庭政策的新概念，确定方向、方法、步骤和技巧，以振兴家庭生活，显著地恢复家庭的社会功能以改善生活质量。

——筹备并批准有关于家庭的新法律，更显著地平衡家庭的社会功能和经济功能，规定国家和公共管理的义务，明确雇主的职责和公民社会的地位。

——促进现有家庭支撑系统的转型，重点在提高出生率上。

——在所有的立法建议中，将更有指向性地支持两性平等的原则，加强它的制度化，在斯洛伐克国内系统监督它的发展情况。

（二）工作：社会和公民优质生活的来源

政府的基本观念是就业在经济活动中对公民生活发挥着关键作用。就业不仅仅是为了生计，也是个人身份在社会中获得集体认同的重要组成部分。就业不仅是为了获得一些财富，也是为了塑造就业者的地位和生活价值。斯洛伐克在21世纪的第二个十年，将集中精力改善雇佣关系的质量，这将塑造社会的价值和性质。因此，在立法中，将优先考虑依据斯洛伐克宪法而制定的《劳动法》。平衡雇主和雇员之间的关系，为长期可持续地提高斯洛伐克人民的生活质量创造条件。

因此，政府的第一个事项就是准备修改《劳动法》。

工作是在人类劳动的过程中产生的，因此，政府认为就业率对于斯洛伐克社会和公民生活质量极其重要。因此，实现社会政策目标的保证是促进社会包容性、充分发挥劳动力市场的作用、发挥教育系统的功能、增强流动性并释放人们的创新和创造潜力。过渡到一个长期可持续发展的新的社会和市场、更智能和环保的经济，必须以创新的实践、更好地利用资源和知识为基础，必须在创造新的就业机会的同时抑制失业率不断上升，并且不断同社会排斥和贫困问题斗争。为了实现可持续增长，必须采取措施，将人民和国家的责任放在第一位。

优先考虑的事项是：

——在知识增长的基础上创造价值。

——在包容性社会中提高人民力量（获取新的技能、促进创造和创新、经济发展以及两次就业的平稳过渡)。

——提供更多的工作机会来培养更多的适应能力强的人。

——提供体面的、安全的、舒适的和合理薪酬的高质量的就业机会。

——改善年轻人工作的机会,促进学生结束学业后整体进入劳动力市场。

——加强关注弱势群体、性别不平等和社会凝聚力等问题。

我们的首要任务是必须保护公民免受全球金融危机最坏的影响。重点在于减轻金融危机对就业的影响,对社会参与者活动的影响。在此背景下,政府将在充分的社会保障方面扮演重要角色,在刺激就业的同时,保持购买力。

因此,将必须:

——根据欧盟2020年战略计划中的优先事项,继续实施欧洲的就业战略。

——建立预测劳动力和技能市场需求的系统,在劳动力需求和供给之间尽可能实现一致。

——通过提高劳动力的技能和适应能力,借助积极的劳动力市场政策,增加劳动力的竞争力,满足劳动力市场的需求。

——加强灵活的计划,主要针对技能较低的工人,采取单独辅导、集中进行再培训、学徒制教育、就业补贴、为个体经营者和创建公司的人提供补助金等措施。

——设立支持最弱势群体的计划。

——提高监测能力,使得职位空缺的实际需求与预期符合。

——审查领土内的公共就业服务组织,确保乡镇、城市和自治州的有效合作,设计和实施旨在促进就业增长的地区政策。

——继续实施解决长期失业问题和改善弱势群体在劳动力市场获得就业机会的计划。

——基于国际劳工组织、欧洲理事会和欧盟的标准,不断提供就业培训。

——继续打击非法就业。

——修改法律,为在劳动中进一步关心雇员和个体经营者的健康和安全提供法律依据和详细实施细则。

——时刻关注逐步提高最低工资标准的进程。

——建立现代化的社会保障制度。

——进一步落实执法工作,继续在个人和职业方面加强监察和检查力度,以符合欧盟的监督标准。

失业人数的增加是全球经济危机的残酷结果。随着失业率上升,产生了其他相关水平的下降,在某些群体和部分地区尤为严重。要想改善这些方面的现状,不能急功近利。这需要一个过程,至少在中期需要一个全面的战略方针。因此,政府这样认为:

降低弱势群体的失业率,并把在劳动力市场对他们实施保护作为斯洛伐克减少贫困的战略的一部分。在斯洛伐克,消除贫困的战略是一个多维进程,涉及创造就业机会和与就业方面相关的服务。

因此,政府行使职权时:

——运用新的原则和规则设计最低生活保障以建立一个公正和全面的社会制度,这将会纳入斯洛伐克的法律框架。

——在未来,让残障人士和残疾人融入社会,在县、城市、自治州、民间组织及教堂中共同发展。

——更好地解决长期失业造成的就业问题是一个复杂的过程,需要通过一系列的多种类政策——尤其是区域政策、教育政策、住房政策、公共服务政策,为让这些人更好地适应劳动力市场和社会创造条件。

——推动教育机构和雇主间更好合作,通过公共管理和就业服务减缓劳动力市场中青年人流失的趋势。

——整合边缘化的罗姆人社区,将继续按照"2005—2015年罗姆人融入社会十年计划"和"斯洛伐克境内2007—2015年罗姆族发展的中期战略"交叉进行,高效集中地使用财政资源。

——对罗姆人社区实施包容性战略,主要通过地方综合战略和建立具有社会包容性的伙伴关系来实现。

——阻止雇佣关系中、就业中和工作场所中的一切形式的歧视；因此，特别需要精简国家劳动监察局的工作。

——创建一个完整系统来查找和严厉打击非法用工，雇主组织和工会组织要有效地配合国家劳动监察局、地方政府和斯洛伐克警方的工作。

——继续推进劳工办事处和社会及家庭事务组织的转型，使其不仅有登记和行政职能，也提供就业服务，为易失业人群、雇主、工会提供咨询和顾问服务；在乡镇和城市采取全面措施为公民就业创造条件和提供社会保障。

（三）医疗保健：病有所医和医务人员的成就感

公民健康是社会最大的价值和财富之源，需要保护和发展。健康的生命对提高生活质量有着显著的贡献，需努力降低死亡率、发病率、疾病和意外事故的长期和暂时影响，并提供专业的、高品质的、高效率的医疗卫生医疗保健，支持个人和社区卫生服务。

医疗保健的权利是基本人权和公共利益的优先事项。

政府目前的医疗卫生政策是基于欧洲传统以及斯洛伐克的具体实践。医疗保健的权利是基本人权和公共利益的优先事项。基本原则必须是在提供优质的医疗服务时保障公民的平等和团结。公民的健康是实现经济力量强大和提高社会满意度的最好投资。

经过2010年议会选举后发生的实质性变化，健康成了从事医疗保健业务的金融集团的商品。政府优先考虑做出以下重大变化：

1. 废除将医院改造成为股份制公司的法律

将高校的、学院的和公共的医院改造成为股份制企业的转型，只是将其私有化和降低医疗服务质量的开始，而这将会威胁到医院的存在。

2. 公共卫生

支持加强公共卫生体系建设和国家调控。我们准备的战略文件包括了国家健康促进计划和最重要领域的预防方案，例如关注儿童和青少年、妇女、老人、癌症患者以及其他弱势群体。

3. 医疗卫生医疗保健的质量

高质量的医疗是医疗卫生医疗保健系统获得信任和满意的先决条件。政府的目的是维持在当前的医疗知识水平的基础上提供更好的医疗卫生医疗保健。引进标准的诊断和治疗方法，不断培育医疗工作者，以及评估卫生医疗保健提供者的质量。

4. 医疗卫生医疗保健工作者

在卫生部门中，对工作者的工作进行绩效考核来提高工资，是医疗卫生事业中的优先事项。政府还将推出有关管理、金融和部门制度的机制，以便有足够的资金来支付日益增加的专业医疗人员的费用。在医疗卫生工作者的教育方面，支持调整教育系统避免缺乏提供正确和全面的医疗卫生医疗保健服务所必需的专业。政府将严格确保在卫生医疗保健设施方面符合劳动法和规范程序，以保障医疗卫生医疗保健工作人员的权利。

5. 医疗卫生医疗保健的提供者

政府保障国家管控之下的医疗卫生医疗保健提供者的网络，保证公共医疗保险的覆盖范围，覆盖到所有患者。

政府将严格管理医院，避免不必要地消耗财政资金。在近期，医院负担了许多债务。为减少医院债务，政府不允许私有化医院进程中图谋私利，给予医院稳定的财政支持。

6. 优化医疗卫生医疗保健提供者的网络

政府将支持优化医疗卫生医疗保健提供者的网络，重点强调根据人口需要提供医疗服务。减少不系统地干预病房和门诊。

7. 药物政策

在2006—2010年选举期间，公共机构在药物政策方面采取了一些积极政策。政府将继续之前的做法，在确保降低成本的同时，增加药品和医疗器械的供应，对于所有重大疾病不收取任何费用。我们不会吝啬医疗卫生医疗保健的财政资源，增加药品和医疗器械的整体支付。

8. 健康保险

政府将采取措施，按照宪法和适用的欧洲法律，最大程度地利用资金，通过法律收缴人民健康保健基金来诊疗病人。政府将采取法律和组织措施，使得法律规定的医疗保健划拨资金得到有效利用。建立一个公平和透明的医疗保健资金的制度。

9. 电子健康记录

应用电子信息系统是政府领导改善健康和提高医疗保健质量的基本条件之一，是更有效率地管理健康资金的工具。电子信息系统应用后，有望为人民提供更高质量的医疗保健，在卫生系统各个环节间提供更多的信息和更灵活的通讯，显著节约和经济地、有效地、充分地管理公共资源，减少包括人民在内的各个方面的行政负担。

10. 紧急救治和急救中心

紧急救治和急救中心是救援系统的重要组成部分，严格意义上说是关键的跨学科的专业医疗部门。我们将进一步完善紧急救治和急救中心网络的建设。

11. 更有效地保护不吸烟者的权益

12. 提供覆盖全国的医疗保健系统

根据医疗、业务和技术的检查结果，政府将支持完成现代化的全国范围内的医疗—教育复合指南，保证医疗保健系统覆盖整个国家。同时解决斯洛伐克医疗保健教育基地的问题。

13. 卫生部门间的对话

卫生部将积极与职业组织、专业组织和贸易组织合作、沟通和寻求解决方案，代表医疗保健系统的工作人员，解决斯洛伐克卫生系统中的所有关键问题。

14. 老年人的医疗保健

政府发展和实施针对老年人的全面的医疗保健系统，发展针对老年人的医疗卫生部门和特殊的社会关照，包括提供财政方面的支持，在国家、自治州、城市和乡镇开展专项工作。使用更多医疗器械来提高健康。

（四）老年人的生活质量：一个有凝聚力的社会的决定因素

老年人的生活质量是一个复杂的问题，而不是单纯的经济问题。主要关系到每个人退休后生活方式的转变，需要立足于推动高度的个性化，让老年人更积极主动地参与社会生活。它与健康相关，与包括护理服务在内的优质和全面的社会与健康服务相关。重要的是为老年人提供负担得起的优质的专业产品，包括药品和服务在内。这也取决于能否生产和提供人类文明成果的新产品，它们对于老年人的终生学习来说更容易。老年人的住房问题也同样重要。

所有这些为国家经济中稳定的国内需求创造了基础。建立专门的老年人退休金制度，是创造为老年人提供可持续的优质生活的条件。它是可持续的优质的老年人生活制度的重要组成元素，但不是唯一元素。

因此，政府认为有必要：

——制定一个新的支持和保护老年人的国家计划。

——制定一个新的改善残疾人生活条件的国家计划。

——对残疾人进行人口登记，以便社会给予他们更多关注。

如何保持老年人的收入和退休人员的需要，以确保他们享有可持续的优质生活是未来十年严重的社会问题和经济问题。不仅如此，退休金计划的收入在持续下降。因此：

——必须将养老金制度置于整个复杂的社会保障和税收体系中。将养老金制度置于整个公共财政系统之外是一个根本的错误，这导致了2002年之后斯洛伐克社会凝聚力的巨大扭曲，这不仅是暂时，更是长期的。

——作为欧洲文明基础的团结精神，应该作为未来养老金制度的基础。这需要每一代人的团结，需要富人和穷人的团结。基于通用的原则来定义未来理想的养老金制度，即公正的、择优的原则，这意味着归属感、责任和团结；同时正确地将自发和义务、国家和私人实体的功能结合起来，确保养老金制度的资金和正常运作。

——养老金制度应建立在所有人拥有相同的退休金的权利之上，以保证最低的退休收入，平衡团结和应得的关系。

——养老金制度的目标是确保老年人不受贫困侵扰,随着时间的推移始终保持他们的合理的生活水平,保障每个人都可以获得能够满足他们生活需求的收入。

为了满足这些原则,政府将实行以下措施:

——社会保险仍然是社会制度的关键部分,架构清晰的不同类型的保险满足了资金需求并有着相对低廉的运营成本,为此,要实行统一的征税并统一征管社会捐助,在控制和监督之下更加充分地发挥保险的强大功能,使其能够自我运作,以及充分利用三边原则。

——养老金制度的收费方面的重点仍然是保障其资金的可持续性;拥有稳定的、可持续收入的养老金制度将更有助于"统一征收税款、关税和募捐"项目的实施。

——再次在老年养老保险储蓄中采取自愿的原则,并审查资金账户的有效性,以保证相关权益。

——改善老年人的收入情况,为其退休后可以继续正常的生活创造条件。

——恢复养老保险储蓄的意义,主要是通过增强它对那些需要养老保险的人们的吸引力。

——采取立法,规定老年人的最低收入。

——逐步对各种专业和职业采用一视同仁的原则。

创建老年人充分参与的和谐和可持续发展的社会是一个复杂过程,包括为老年人提供高质量的、便利的和专业的医疗健康服务,以及提供充分的社会服务。针对老年人的社会关系和文化背景,必须实施一个连贯的家庭政策,需要自治区、地方政府、民间组织和教堂的积极参与,也需要之前的雇主和雇主工会的积极参与。这对于老年人能否拥有方便和优质的护理服务非常重要。

(五)住房:可持续的生活质量的重要部分

政府认为住房发展的主要方向是:

——继续使用先前建立的支持方式,专注于重新评价居住环境的质量,特别是预制屋和城市中心。

——提高从欧盟建筑基金中获得资金的可能性,恢复有关地区定居点活力的全面计划,使用欧洲联合支持可持续投资城市区域基金为地区振兴增加贷款。

——在欧盟理事会的建议下,继续通过财政的和社会的方法为社会弱势群体提供合理的住房。

——为住房发展创造法律和体制条件,根据公共—私营部门的伙伴关系,增加私募资金来源,稳定相关资金在 GDP 中的份额。

——继续并开发新能源,降低住房的能源消耗,更多地使用可再生能源的建筑材料。

——针对住房水平较低的居民,创造条件保证市政租赁住房的建设的资金;为罗姆人定居点的基础设施建设创造条件。

(六) 社会政策:永久的、可持续的生活质量的工具

社会保障领域的优先事项之一是为批准"欧洲社会保障法律"创造法律条件,这将在整体上提高在失业、疾病、工作意外和职业疾病的社会保险水平。

更高层次的经济和社会凝聚力可以通过从根本上调整公共支出结构来实现。加强公共支出预算以执行国家的重要职能,保证人力资本的开发、维护和增长。只有这样,才能重建斯洛伐克的经济和社会发展目标间的平衡,无论是关系到劳动力市场(积极的就业政策)还是家庭(主要加强对单亲家庭和老年家庭的支持,他们在社会风险面前最脆弱)的政策,比如在住房政策方面(建设社会保障住房)。

政府将采取全面的社会政策,通过优质生活促进社会各阶层的凝聚力,在公民权利平等的基础上加强社会诚信。个人主义和利己主义团体主要的活动方式是牺牲其他个人、团体和整体社会的利益,而维护和加强人民普遍接受的社会权利加强了非常可靠的社会诚信。这就要求有相应的体制框架把家庭、社区、村庄、地区、教堂、宗教的族群、公民社会和国家结合为一个和谐的整体。

斯洛伐克政府在落实社会政策时所实施的相关措施将与欧盟一致。《里斯本条约》和"欧盟2020年战略"中，强调未来的欧盟将会发展成为以知识、社会和环境为导向的社会。其中，可以看出欧盟在全球竞争实力的来源。在《里斯本条约》附的关于公共利益服务的协定书中，着重强调了包括社会服务在内的公共服务的重要性。它明确了成员国加入后应当履行的责任，以及他们参与活动的组织的责任。《里斯本条约》在明确社会权利方面取得了重大进展。《欧盟基本权力宪章》在朝着社会的欧洲的发展中提供了相似的贡献，社会对话不仅承认了社会伙伴的作用，尊重他们的自主权利，也建立了以合约为基础的涉及欧洲社会的合作伙伴、国家元首、欧洲委员会和其他合作伙伴的"三方高峰会议"。因此，斯洛伐克政府不仅接受这些新的法律义务，还要在斯洛伐克国内和欧盟的层次上制定切实可行的政策。

为了斯洛伐克社会的可持续发展和公民生活质量的提高，政府需要：

——在公民权利平等的基础上，加强社会诚信。

——加强所有政府计划行动的相互依赖，共同推动社会政策与经济政策的协调。

——发展熟练的方法研究斯洛伐克社会的演变和发展，通过合格、系统的监测方法分析斯洛伐克的社会进程，通过社会科学建立优秀的社会研究来划分斯洛伐克社会层次，建立预测斯洛伐克社会发展趋势的研究基地。

——修改社会对话的现有规则，使其在地区、行业特别是企业和组织的层次上有效运作；使三方功能演变为包括以科学代表为第四方的四方功能。

七、斯洛伐克地区的发展

政府意识到，斯洛伐克公民有品质的生活必须在斯洛伐克这一特定区域内形成。因此，在促进横向和纵向的地区协调发展时，需要考虑不同区域的情况。政府的政策将创建和实行一种社会经济的方式，来缩小地区差距,提高地区竞争力,提高生活质量。提高地区竞争力的原则意味着加强地区的能力,以灵活应对各种不断变化的条件,适应自身的经济结构,预测未来的发展变化并对其进行引导。在斯洛伐克,到目前为止,所采用的战略策略主要是消除弱势区域,核心应该是根据每个区域的现实情况制造促进经济增长的机会。方法之一是支持群体倡议,这不仅局限于旅游城市。政府将通过加强指定的管理组织与当地政府的合作,支持发展有针对性的旅游业。

为了实施这些决策,政府将以国家区域发展战略为依据,作为最初的战略文件,国家区域发展战略全面确定了国家长期促进区域发展的战略方式,以及尊重可持续发展的原则。在此过程中,政府将继续利用欧盟资金平衡地区差异,发展各部门的发展政策和计划,促进各自治州、城市和乡镇的社会发展。

政府将继续支持区域内的经济发展,并强调从创造新的就业机会角度出发,支持中小型企业和旅游业的发展。这也将为改善和创新区域机构的活动创造条件。

政府认为,成功和透明地使用欧盟基金来促进区域发展是必要的。它将尤其有助于修订2007—2013年的区域行动计划,其主要目的是提高各地区和县的公共基础设施和设备的可用性与质量。

目前的实践表明,自治州建立的中介机构,显然有助于成功地使用区域行动计划中的资金。因此,在欧盟的援助和支持下,政府将创造条件在自治州建立相关的管理和执行机构,使其符合与2014—2020年间新凝聚政策的战略目标。对地区进行协调和重点干预。基于足够的高质量的工程,实施复杂和全面的项目,创造条件充分吸纳欧盟的帮助。政府也将显著提高协调能力和支持区域系统集中。确保详尽阐述和应用"欧盟2020战略"来影响斯洛伐克的地区发展。

政府将采取进一步的分权措施来管理和使用欧盟资金。更好地提供可靠的统计数据,它们对作出相关决策和评估政策效果是必不可少的。政府将努力提高透明度,减少行政诉讼。

为了完成上述任务和确保 2013 年后优先发展新的运行方案，需要和欧盟机构合作，制定更加紧密的欧洲政策，将重点放在开发斯洛伐克的区域潜力和促进区域发展方面。政府不仅要促进资金的最大化利用，还要有效地控制资金的使用效果。重点主要是均匀使用建筑基金和凝聚力基金。

政府将采用全面方法来实施地方战略，优先采用《2007—2013 年国家战略参考框架》，为被边缘化的罗姆人社区获得社会包容创造条件。它的目标是在被边缘化的罗姆人社区增加就业、提高受教育程度和改善生活条件。它主要会提高教育、社会、改善环境和合理利用资源等方面的服务水平。政府为持续保障"在罗姆人定居点，支持基础设施建设，为较低生活水平的人建设市政租赁房计划"的实施，创造提交和提供财政支持。保持对被社会排斥和边缘化的罗姆人社区的财政支持计划，协调促进中央机关、相关直辖市、自治州、非政府组织和其他利益相关者的合作，政府认为这是区域成功发展的重要部分。

在边境地区，政府支持建立欧盟地区协会，并依靠欧盟基金贯彻实施跨国界共同合作计划。

在农村地区，政府将支持将农业发展成为多功能的部门。创造条件全面支持农村旅游和农业旅游的发展，包括基础设施的建设、机制的完善、信息和预订系统的建立，以及对旅游市场的支持等。

［本章根据斯洛伐克民主方向党官方网站 http://www.strana‑smer.sk/3261/programove‑zameranie‑strany‑smer‑socialna‑demokracia‑na‑roky‑2012‑2016 所载文件（2011 颁布）翻译］

（北京外国语大学　王世毅　译）

匈牙利社会党纲领

新折中计划——进步、安全、民主①

匈牙利社会党不仅是在为选举做准备,还是在为未来做准备。匈牙利社会党为今后几年走出危机提出以下计划:变革的计划。

匈牙利社会党自社会制度转型以来,三次在选举中赢得选民信任。1994年,选民希望我们能化解制度变革以来的危机,将国家带到持续发展的道路上。我们做到了。尽管在这个过程中我们不得不采取一些不得人心的举措。2002年我们再一次得到选民信任,一扫此前的不安定局面,代之以团结合作;杜绝滥用职权,代之以民主合作;我们帮助人们过上富裕的生活,即使面临经济下滑时也帮助人们过上小康生活。2006年选民们又一次选择了我们,让我们继续完成这些工作。我们有过成功,也有过失败,但最终,我们战胜了世界危机。危机带来了新的局面,新的局面要用新的战略去应对。没有现成的配方。政治威信降低。信任不能用允诺奇迹来建立,而要用负责的、真诚的言语,用务实的计划,用对关键的国家事务的新折中计划来建立。我们为此准备着,我们想要这样做。2010年我们再一次请求选民相信我们,相信我们会重新加强安全,不让任何人阻碍民主,不让进步的进程倒退。

我们的纲领不仅包括危机治理,还展望全球经济危机后的前景。我们感觉到,整个世界包括匈牙利在内,已经到了一个转折点。随后的几年,甚至几十年,国家有可能走下坡路。这在很大程度上取决于我们现在如何

---

① 原文为匈牙利语。

选择。危机更指明，我们正面对新的问题：社会运作和经济运行的很多方面需要改变。无论是在国内还是在世界范围内，人们都需要更安全、有秩序、可预见的未来。对此，有两种政治选择。其中，一种选择只能改善少数人的安全状况，限制自由和民主，却要拥有不受控制的权力，与世界其他地区隔绝，与周边邻国对立。这是现在匈牙利右派给出的选择。而这条路是错的。

另一种选择是左派给出的。我们相信，匈牙利需要做出改变，共同增进安全和进步、秩序和自由。我们希望，在我们的国家，能力、成果和尊严都能得到有效体现，才干能够有机会发挥。我们社会主义者希望能向前迈进，希望和民主拥护者团结起来，昂首向前。为此，我们需要用社会安定、正常的对话代替破坏性的政治斗争。19世纪的折中带来了现代化。发展、安全和社会安宁需要新的折中，不仅在政治世界中是这样，在日常生活和人与人的关系中更是这样。在遏制极端主义时我们要和民主、温和的党派达成一致，要和一些社会团体、经济活动参与者、公众人物、民主进步人士和组织、工会组织、平民、教会达成协议。

为了我们的利益，我们改良了匈牙利的左派，匈牙利社会党的大门更敞开了。我们向民主主义者提供前景和计划。我们提供保障，倡导用新途径来对付各个生活领域出现的不公平和不公正。我们不允许任何人被排斥、被侮辱、被诬蔑、被逼得走投无路。

那些不想倒退的人，那些理解民主、担心民主、保护民主的人，那些拒绝仇恨的人，那些追求更开放的社会的人，都可以信赖和依靠匈牙利社会党。

一、我们在哪儿？我们得到了什么？

每个人都不同程度地感觉到了危机。在困境中人们往往会忘记我们得到的，而只是环顾四周。在过去8年中，匈牙利进步了，发展了，更自由了。在成功的治理危机之后，我们将重回本地区最稳定经济体的地位。我们可以在欧洲自由活动，我们加入了欧盟。我们立法将青年人从兵役中解放出来了。

我们没理由怀念回到 8 年前的生活状态。8 年里，我们以前所未有的速度，以超过经济条件的程度增加了收入，扩大了消费。8 年里，毛收入和净收入都几乎翻了一番，尽管全球经济危机阻碍了经济的持续增长。工资和养老金的购买力增长了 30%。2001 年的平均退休金为 38000 福林，现在已超过 80000 福林。一个有两个孩子的家庭 2001 年只能得到 9400 福林的家庭补助，现在能拿到 26000 福林。对每个人而言，尽管现如今有种种困难，但我们的生活还是发生了变化，我们生活在一个不一样的更为发达的国家，现实生活方式发生了变化。现在我们可以用手机打电话。在 2001 年有一半人没有预付费手机，而现在预付费手机的数量已经超过了居民人口数量。2001 年只有 6% 的住户家中接入了英特网，现在则有一半家庭有网络连接。100 万人搬进了新家，还有 100 万人通过申请资助翻修了或是正在翻修住宅。2002 年以来 21 万家庭得到了 400 亿福林的国家资助来装修住宅，现在有约 8 万套住宅在用国家资助装修。私家车的保有量已达到 50 万。各地都建成了公路和高速路。以前要四五个小时才能到达边境，现在两三个小时就可以了。

尽管改革是痛苦而艰难的，但为了今后几十年的稳定和可持续发展，我们对养老金体系进行了改革。缩短了一些退休人员之间存在的不公正的差距：大多数退休人员在一般性的退休金增加后要接受退休金调整。严格了社会保险支付的审查，不再有漏网之鱼；扩大了纳税人的范围，漂白了经济。

国家运行更为节省。去年国家财政支出比之前减少了近 1 万亿福林。在电子政务的背景下开始推行行政服务改革，使公民办事手续更便捷更现代。现在有超过 80 万人在使用我们的服务门户，3 万行政机构能提供电子服务。

最近这些年政府为农业生产提供了很好的环境。不同规模的企业在竞争中表现得更好。农业生产的现代化是历史性的进步。从未有如此多的资金流入农业部门。

一群为交红包发愁的人挑起了政治战。尽管这种现实的政治战影响了医疗改革，但仍新建了不少新诊所，在小地方新建了医疗和诊断中心。

近一半学生得到了免费教科书，免费或优惠午餐。幼儿园给家境困难的孩子提供补助。补助和培优计划已启动。调整大学和学院的财政和结构，使高等教育更符合学生和劳动力市场的需求。

我们启动了匈牙利历史上最大的开发项目之一。2004年起欧盟投资成倍增长。2004至2008年间有6700亿福林的发展资金，2007至2013年间为7万亿。公路、桥梁、学校、医院拔地而起。即使是在右派领导的地区，也是如此，随处可见！

否认这些，不是否认政府或是政党的成绩，而是否认国家的成就。试想从生命中抹去那8年，将在困境中前进的匈牙利民族说成是失败的、无能的民族。在我们最需要赢回信任和自信的时候，更需要呵护好我们的民族自信心。

回顾过去，我们的执政经验教育我们：我们需要做出改变。如今地理上的距离很容易跨越，政治、社会和经济领域却出现了危险的鸿沟。反对党出于党派利益屡屡干扰，致使重要的、关乎公众利益的改革频频流产。由于缺少议会2/3的支持，我们无法进行自治政府的机构改良，无法出台新法规保护人的尊严。世界危机使公共安全、社会安全以及罗姆人聚居区的深层矛盾冲突浮上水面，这对不负责任的极端政治力量来说正中下怀。脆弱的、存在威胁和仇恨的土地上，右翼极端的、排斥的、种族主义的、威胁的声音越来越大。语言暴力和肢体暴力越来越多。久违的恐惧再次出现了，人的尊严得不到应有的保护，以致我们的日常生活、民族自尊都遭到破坏。缺少对抗仇恨、腐败和玩忽职守的工具。国家需要作出改变，政治需要做出改变，我们需要做出改变。

二、我们站在哪一边：我们的利益和途径

匈牙利社会党寻求有意义的合作，但也参与政治竞争，追求本党的利益。简单地说，我们跟右派不一样。

匈牙利社会党站在进步、现代化的一边。我们拒绝闭塞，拒绝虚假的历史怀旧情结，拒绝阻碍自由的、过时的解决方案，拒绝自上而下决定的生活方式和思考内容。人与人的合作不仅局限在匈牙利经济领域，在文化和经济关系中我们也都是开放的。我们将国家的富强看做现代化的目标，利用我们的天赋尽可能地更好地去适应变化的条件。

匈牙利社会党坚持维护社会安全、公正和团结。作为左派，也不断革新着左派。我们向全国，尤其是向那些靠自己的工资和退休金维持生活的人，向中低收入者利益的代表们宣扬我们的纲领。在冲突中，我们站在劳动一边，我们为劳动的荣誉而奋斗，诚信工作是社会福利的基础。我们为雇员、找工作的人、消费者说话，为在银行、机关或地方政治权势面前弱势的公民说话，他们的安全和权利受到其他权贵或优势群体威胁。我们团结失业者、残疾人士、处于地区或社会困境中的人。

匈牙利社会党是负责任的、有行动力的党。我们不来回变卦，我们不编故事骗人。我们知道，要制订可行的目标。我们曾经犯错，但我们从不对国家的问题袖手旁观。我们没有侧视旁观，没有推诿责任，没有从不受欢迎的危机治理任务面前溃逃。在危机中，在转变中，在危机后新世界的创造中，我们都会挑起重担。我们不要空洞的承诺，要实际的计划，要用耐心和智慧的对话、用理智思考战胜冲动。

匈牙利社会党是民主的党，要用新折中、团结和合作代替持续争斗。我们认为，国家需要每一个人，不分党派、籍贯、宗教或收入情况。我们坚持民主和共和的价值观，这是现在需要得到保护的。为此，我们倡导更有力的行动，更积极更勇敢的合作。我们不能容忍限制民主、污蔑、暴力、煽动仇恨。我们愿意和所有民主政党合作，但我们不和反民主的极端右翼开展任何形式的合作。我们想要国内和平，想要与邻国和睦相处，想要做一个开放的、现代的、自豪的国家。

匈牙利社会党是民族的党。从没将任何人，也不想将任何人从民族中排除出去。我们艰难地保护民族经济和文化利益。我们有权利、有理由、有决心采取反对民族控制的行动。民族没有"派别"的区分。执行历史上最大规模的民族屠杀的人，可能是那些背叛民族，却大谈特谈爱国主义的人。那些他们所批判的对象，不相信极端右翼和右翼主导的国家会有未来。我们为我们的成就和多种价值而自豪，我们信奉多样的匈牙利。我们不把民族看成相同种族、来源的整体，而看成是自愿组成的命运共同体，是匈牙利文化和语言的传承者，是共同传统和未来的承担者。那些不在匈牙利境内生活的匈牙利人，也是这个共同体的组成部分。促进国内外匈牙利人团结，促进国内不同信仰、地位和文化社会团体间的团结，致力于发展这种团结的人，使民族更为强大。

三、我们的工作是什么：真实的问题，真实的回答

日常政治讨论和承诺涉及任何问题，包括一些基本的、不可回避的事件，政党应对此表明立场。

党纲必须回答三个问题：

如何应对危机？

在危急中能为匈牙利的新竞争优势找出何种出路？

会对危机后的匈牙利作何改变？

匈牙利社会党已经证明：有能力在危难中保护国家。我们重建了对匈牙利经济的信心，稳定了福林，已经能看到与危机作斗争的第一次胜利。危机时期还能看出左翼和右翼政治的差异，即使在这种时候左翼也有底限。匈牙利社会党在危机中也采取了加强公共安全、法律安全的措施。成立了新的社会援助形式，减少了困难人群的劳动所得税和采暖税，执行了退休金调整计划，保护了每月所交退休金的实际价值。社会党政府对危机的成功治理得到了欧洲专家和机构的认可，这是有说服力的标准。麻烦的是，右翼至今没有给出完整的危机治理意见。或许右翼知道，他们也给不了别的意见。但他们拒绝承认，或者其实他们根本不知道该怎么做。

过去这些年为国家创造了新的突破机遇。这些年取得的成就有：地区基础设施建设突出（公路网、油库、稳定的能源供给），教育水平提高，预算稳定。尽管采取了强制储蓄措施，但社会福利水平仍低于本地区其他

国家。有些国家现在必须面临紧缩和不断增长的预算赤字，而我们已经解决了这些问题。这就为匈牙利在本地区重新赢得竞争优势提供了机会，我们的优势可能比其他国家取得的暂时成功更为稳定。

危机后的社会和经济部署不会带来之前那种陷阱。我们想要构建可互通的社会结构，机遇和机会均衡的机构。我们想要的，不是新的制度变革，这个口号现在普遍成为了恢复民主、盲目爆发冲动的别名。社会市场经济、多党民主和欧洲团结仍然是重要的、有用的和必须的。然而，我们只能通过巨大的改变来实现更多的安全。我们想要在现代的、前瞻的、开放的国家中无所畏惧地、平静地生活。在那样的国家，完成更多的业绩就能获得更高的生活质量，上诉者、受害者和底层人群等弱势群体能得到保护。

社会民主主义在过去的几个世纪中曾经多次成功阻止了市场竞争中的霸权。就这样，"二战"后产生了福利国家，在90年代诞生了第三条道路。这两件事的目标都是，在激励市场机制的同时，让更多的人有更好的生活的合法权利。这个目标没有变，但为了实现它，现在需要做进一步修订，需要新规则，需要更多的监督。国际左派也在寻求新的途径。为了让公民们服务于这种变化，要向他们提供安全和保护。匈牙利成功应对了危机，2011年起经济将开始增长，正是这种变化的开端。国家不能偏离既定的政策轨道。我们知道，沿着这条轨道，在下一个任期内，国家将有2万亿福林的收支盈余。我们为此制定了详细计划。我们应该并且能够在合理计划的基础上提高安全性，与贫穷作斗争，促进经济增长，减少债务。为此，需要改变国家角色、经济结构和激励机制、社会互通性、对优势群体的保护和保障。匈牙利社会党纲领倡议在这4个重要领域做出改变。

四、我们想要什么：新左派—变革计划

（一）用新的保护反对新的不平等

整个左派政治史都是关于反抗不公正、反抗无助。到目前为止，最大的成绩是在劳动领域，为争取雇员权利，改善地位和收入做的反抗。现在

世界危机指明：劳动力市场出现了新形式的无助，在消费领域、借贷领域、能源市场、机关官僚体系和其他生活领域也有实施压迫的优势群体。

左派必须在工作领域内外获得社会保障的新手段和新社会运动，恢复被打破的平衡，恢复真正的伙伴关系。必须建立法律和机构保障体系，在大型跨国组织面前保护消费者和小供应商，保护他们免受能源服务、食品安全、银行程序、竞争规管等领域的处罚或偏见。检查银行执行准则的情况，提升银行客户的权利。倡导对能源服务采取相关严格规定，使能源账单可以被追踪和审阅，能源成本是真实的，通过节约可以减少成本。对官僚机构执行更严格的规定，使当事人能快速完成手续，避免忍受长时间等待的折磨。

我们坚决反对特权和不平等。左派无法容忍一个新特权制度的建立，这个制度下一切都是允许的。我们支持竞争，但不接受不公平的竞争。我们认识到收入差距的存在，但不意味着默许明显的收入不平等和特权。用更严格的检查和更严厉的惩罚对待败坏公共道德的腐败、机关职权的滥用、政治上串通一气和政治谋利、官官相护的做法。

在保护弱者方面，匈牙利社会党向消费者保护、利益代表、法律保护组织提出合作，向为争取女性平等地位和少数民族权利的人提出合作，向工会、残疾人组织提出合作，倡导合作运动。

（二）更多工作机会，更安全的发展

快速追赶发达国家的最主要条件是扩大就业，创造新的工作机会。为此，在经济政策中需要改变经济结构和经济环境。

私有化进程已经结束。所有制结构的变化不再被视为经济生力军。我们需要新的动力，这就是发展和利用经济因素中的"人力资本"。我们没有经营好这项资本：制度变革后150万人失去了工作，成百上千的人仓皇退休，很多人从此在黑市或以临时工作谋生，甚至失业。匈牙利经济最困难的任务是让他们回到工作领域。我们需要新的途径为残疾人提供工作机会，为想要工作的孕妇以及无故失业的四五十岁的人提供保护。我们将继续并扩大"通向工作之路"项目，在劳动和就业市场间牵线搭桥。财政状

况改善的情况下，我们需要新的信贷政策和利率政策，为中小企业雇主提供帮助。

我们想为50岁以上人群的就业制定特别项目，重新考虑为年长人群提供工作机会。我们需要为年轻人更好地协调教育和劳动力市场间的关系，需要提高专业技能培训。我们想通过下一阶段的税制改革措施促进就业，提高工作荣誉感。我们还将坚持个人所得税的多级税率，因为我们想首先减少自食其力的中低收入者的税务负担。我们要加入征收托宾税的国际队伍中，向投机性资本流动的受益者征收托宾税。

匈牙利经济只有在创造就业机会时抓住两个重点，才能发展。一个是将我们国家打造成最现代化的工业、创新、知识产业、研发的区域中心，吸引外资，创造良好的就业机会，提供先进的研究、科学条件。另一个是经济生活中用新途径向未经过培训的、贫穷的、受教育水平低的人群提供工作机会，更多地利用国内资本，包括劳动力、土地和自然资源，将它们当做经济增长的资源。

这需要提高农村就业能力，出台农村发展项目。今天，数十万的农村人口仍生活在贫困中。农村富强、农村生活质量改善的基础是：比今天更有竞争力的农业和交通、大城市水准的学校、强大的中小企业、合作社式的合作、住房条件的改善。每个人都应当能够享受基本服务。为此，要向农村提供更多就业机会，提高食品供应中国产、价廉物美的商品和安全食品的比例。到2050年，世界上的食品需求将增加70%。如果我们能供应大量品质可靠的食品，我们可以充分利用我们的竞争优势：有优越自然条件的农业。我们支持利用生物制造能源。合理管理水资源、矿泉水资源。继续保护我们最主要的国家资产和宝藏——土地。我们将更大范围的社会任务视为工作，包括护理家庭病患和照顾儿童。

世界危机暴露了经济发展的死胡同：缺乏可持续发展。匈牙利也需要新的项目，"更加绿色"的经济政策。继上次世界危机后有活力的"新政"之后，我们要提出另一个"绿色新政"。只有那些满足可持续发展要求的发展计划，才能一路畅通。我们不能耗尽下一代的未来。我们不能忽视环境的恶化：气候变化、传统能源的枯竭，我们不支持加剧这些风险的计划。

对人的知识和健康的投资是取得经济成果的重要条件。基本技能的熟练掌握、学校的整合扩大、专业培训和高等教育质量的重新评估、对专业工作的尊重不仅是社会的需求，也是基本的经济利益。有健康意识的生活方式、更公平的卫生负担、更易获得且质量更高的卫生服务，同样也是基本的经济利益。帮助求助者和需要帮助的人，鼓励自我照料，都是发展团结社会和有竞争力的经济的条件。

（三）可互通的社会，崛起的机遇

不仅是政治派别间，世界上的强者和弱者、富人和穷人、多数和少数之间都有深深的沟壑。富裕和贫穷的国家、地区、社会群体之间，"中心"和"外围"之间的差异是几乎不可逾越的。匈牙利社会结构是刚性的，容易彻底陷入落后。

我们需要在国内开启社会流动的引擎，融化冰冻的社会结构，消除隔离和封闭。给年轻人提供更好的学习、工作和福利机会。我们需要社会和经济的"无障碍"，以便于找工作、上网、获取信息和数字化。要加快落实消除儿童贫困的项目，加快建设可互通的学校体系，加速发展落后的区域、次区域和村庄。我们需要更公平的社会政策和社会干预的新途径，以防止：一方面，临时的家庭困难造成长期多代落后；另一方面，劣势世代沿袭。我们需要一个援助系统，保证那些需要帮助的人得到帮助。我们需要制定新的方法和法规，不阻断靠救济金为生的人、贫穷、没有受过培训的人的生路，激励他们进步、工作、学习，让他们认识到自我照料和承担个人责任的重要。

社会流动性领域最显著的问题是罗姆人的融入问题。左派不能忍受，上千吉卜赛同胞和他们的孩子没有摆脱贫困和屈辱的希望。没有成千上万吉卜赛居民的融入，匈牙利无法继续前进。让罗姆人融入社会和经济合作中，不是简单的对少数群体的保护，也是多数人的切身利益。我们需要按准确的进度继续执行现在的融入方案，需要扩张幼儿园，需要新的自习室，需要特别卫生方案，需要特别发展最落后的次区域。不仅是给罗姆人，也给一般的非熟练工人提供有意义的就业机会：防洪、林业和水资源管理项目，发展和建设相关的就业机会，重组家庭管理。

住宅问题可能是导致中低收入者堕落、生活质量下降的新因素。生存安全的基本条件是住宅安全。如果公寓变得一文不值，如果能源成本上升，如果没能理解账单和住房贷款的条件，如果贷款负担不可预知，那么就会危害住宅安全。我们要继续翻修公寓，继续调整水电费，增加账单透明度。在重新增长的经济环境下，我们要启动新的房屋计划代替原来的计划，新计划不同于建成后向公民和政府出售的右派房屋计划。匈牙利社会党对银行住房贷款的控制将更为严格，将减少并防止居民被驱逐出住宅，继续执行现在的银行行为准则。我们需要制定一个新的房屋出租方案，提高出租数量和比例，为就业者提供过渡性住房，用来代替关闭的工人宿舍。

年长者事务法中所保障的退休人员的生存安全和权利，我们要予以保护。增加每个人的退休金后，要执行特别退休金调整方案，保证退休金提高的公平性，保证老人的旅行津贴。下一任期内仍会继续执行现在的方案。现在已经按照经济增长的比例，相应地提高了特别养老金的金额。

（四）强大的、节约的、运行良好的国家

基于世界危机的经验，人们大多重新定义了国家的功能。匈牙利右翼表示：国家会告诉你该怎么做。其他人则宣称：我们需要一个小而弱的国家，它什么也不管。社会党则有不一样的看法，重新定义了国家角色的内涵和外延。为了公民的利益，为了代表公民，我们需要一个强大的国家，辅之以强大的民主管理、有意义的利益协商和社会对话。国家元首的职权包括运行能力和发展的维护，社会保护和协助功能。国家在发展中，在支持创造就业机会中，在市场和竞争规则中，在执行体面的市场行为中，扮演强大和积极的角色。

国家的责任是，通过必要的改革，保证大社保系统的可持续运行。还要担负公共服务的责任，改善教育、卫生和社会福利。我们都知道，国家

的参与程度根据需要不时改变。我们建议，在现在的公共教育中，增加国家和自治政府的责任比例。我们的服务—发展型国家正在用新的、可持续的方式行使之前福利国家的功能。在每个层级上削减官僚，建立公民的责任和团结。加强对公民的保护，加强公共政策。国家的力量不是体现在机器的规模、费用的数量或是不受控制的强大权力上。国家没有灌输思想、进入公民家中、强制控制意识形态的国家权力。

除了有效的中央管理，还需要有高度自治的、强大的自治政府。匈牙利社会党想要民主运行、高水平服务的自治政府，理性的、合作执行任务的、不进行不必要的重复的自治系统，前所未有的、真正的自治政府改革。我们的目标是创建区域自治政府。通过发展多功能的区域协会，在不远的将来，为所有生活在小村庄的人提供优质公共服务。

重新思考国家的功能时，首先要强调公共安全和法律安全。我们需要继续执行"秩序和安全"计划，为弱势群体提供新的保护机制。应当恢复守法行为的荣誉。犯罪行为不能逃脱惩罚，也不能让从没做过坏事、钻过空子的人被冤枉。至今为止，几乎没有发生这种情况。经常有道德标准不能接受的事情，却被认定为合法。因此，我们倡导对不明特权、收入不平等和腐败问题制定立法。公共领域中被认为是合理的有：最高工资、超高收入、奖金单独征税、遣散限制。我们想要用更有效的保护对抗政治强权、政治保护主义、因政治原因遭受的不幸。我们要让公共生活纯粹、街道安全、政治透明、党的财务关系透明、国家秩序井然。

匈牙利社会党参考每个负责任的公民、专家和组织的建议和计划制定了这些目标。要让进步和安全、秩序和自由、民族利益和欧洲精神一起实现，不牺牲其中任何一方。

（本章根据2009年匈牙利社会党全国代表大会通过的《匈牙利社会党纲领》翻译）

（中国社会科学院俄罗斯东欧中亚研究所东欧室　贺婷　译）

匈牙利社会党基本章程[①]

匈牙利社会党党员、干部、分支机构和组织,以及由社会党提名和支持的担任公共职务的成员,在政治工作中、社会活动中和为赢得选民而进行的竞选中都应遵守以下基本章程。

第一章 基本条款

党的名称、简称、党徽、代表

第1节

1. 党的名称:匈牙利社会党
   简称:MSZP
   标志:红色石竹花
2. 总部:1066 布达佩斯尤卡伊街6号
3. 代表:党主席,负责党的基本章程规定任务的代理主席,和党的理事。

党的性质、目标和政治宗旨

第2节

1. 匈牙利社会党作为社会民主党,是匈牙利人历史上积淀的民族价值、左派价值和社会目标的继承者和体现者。党的行动遵循匈牙利和国际社会主义运动、社会民主主义运动的永恒原则。

---

① 原文为匈牙利语。

2. 匈牙利社会党是国际社会主义和社会民主主义运动的一分子，是社会主义国际（以下简称 SZI）的成员，作为欧盟成员国的政党，也是欧洲社会党的成员（以下简称 ESZP）。党承担并认可社会民主党在国际社会中的利益。与其他社会党、社会民主党合作，尤其在欧盟范围内。

3. 匈牙利社会党本着和平与安全、民主的国际关系、平衡的经济发展、保护少数民族权利的宗旨，寻求民主国家的团结与联合。帮助匈牙利向发达国家靠拢。在这些过程中，始终代表民族利益，保护匈牙利文化和匈牙利民族的独特性。

4. 匈牙利社会党致力于建设一个基于自由、平等、公正和稳定的价值基础的社会。匈牙利社会党希望在社会大多数的支持下，以对自然环境和社会环境负责任的态度实现自己的目标。

5. 匈牙利社会党代表自食其力者，及所有与党的目标和价值观念相同者的利益。坚决反对一切形式的违法行为和钻法律漏洞的行为。保护少数民族和种族的利益。致力于消灭贫穷落后，消除社会不平等。根本目标是：让每个人都有改善生活质量、接受教育和实践所学知识的机会和可能，让每个人都能生活在一个能用知识和成就改变命运的社会里。

党开展活动和工作的原则

第 3 节

1. 遵守宪法：党的活动在宪法和宪法体系的框架内开展，致力于民意的建立和表达。

2. 民族义务：党在国内外的活动中都要代表匈牙利民族的利益，保护和传播匈牙利文化和民族民主传统等。

3. 公共生活的洁净和责任：党员在公众生活中的行为要符合社会道德标准，要遵守法律，要符合公共利益。

4. 民主：党的行动和政策由党员（直接，或通过代表、推选协会等方式）来决定。机构的设立和运行秩序要按照大多数成员的意愿来执行，同时也要允许体现少数人的意见。

5. 自愿：党员自愿承担应尽的义务，在基本章程的框架内，可以自由选择党内活动的形式。

6. 平等：党员权利和义务对每个党员同等有效。

7. 集体行动：党员必须紧密合作，共同实现党的目标和当前的政治任务。

8. 言论自由和结社自由：党员在党内可自由发表意见，评价党内任何成员、干部、组织、机构的行为，并可在基本章程的框架内，在党内征集支持者。

9. 党内团结：党员之间彼此团结，发生冲突时要相互尊重对方的人格尊严，要遵守党的基本章程。在党员因政治和公共活动受到不公正指责或遭受不幸时，党通过自己的方式保护党员。

10. 信息交流：党员、干部、组织和机构有必要及时告知当事人相关的事实、情况和看法，以便做出更好的判断。

11. 开放和公开：党不分世界观、宗教信仰、出身、职业，对所有人开放，只要接受党的目标、价值观和运行章程。尊重党员的心灵自由。党的活动对舆论开放。

12. 民主合作：为了国家和民族的利益，党可以与所有致力于民主和进步的政治组织、公民运动等社会团体合作。

第 3/A 节

1. 匈牙利社会党通过派出代表和官员，在国际组织中实现自己的目的。在欧洲议会（以下简称：EP）中，作为欧洲社会党的成员，按照其纲领和决议精神以及匈牙利社会党在国内的纲领来开展活动。

2. 匈牙利社会党的代表在欧洲议会和欧洲社会党党团内成立了匈牙利社会党欧洲议会代表处，其党内地位相当于匈牙利社会党议会党团。

3. 匈牙利社会党全国主席团向社会主义国际和欧洲社会党大会派驻代表，关注上述组织的章程和指导方针。

第二章 党员

党员

第 4 节

1. 满足下列条件的人可以成为党员：

a）年满 16 周岁。

b）认可党的纲领和基本章程，不是其他匈牙利政党成员。

c）没有受到法律或基本章程的限制。

d）承诺遵守基本章程中规定的党费条款。

e）基层组织或地方组织的成员愿意接纳。

f）不存在行为能力或限制监护权方面的限制。

第 4/A 节

1. 荣誉党员，因年龄、健康状况或个人情况而不能按照章程主动行使党员权利和履行党员义务，由其登记所在的地方组织或居住地所属地方组织宣布为荣誉党员。荣誉党员资格自收到通知之日起生效。

2. 荣誉党员根据自身能力行使党员权利，但不能参与党的机构的决策，不能参选职务，不能被委派。

3. 荣誉党员不能担任党组织的工作人员。

入党申请程序

第 5 节

1. 党员申请应包括以下内容：

a）申请人姓名。

b）希望参与党员工作的当地组织的名称。

c）申请人提交书面申请，声明：符合成为党员的条件，认可并接受党的纲领和章程，赞同党所代表的价值观念和政治目标，并准备好代表这些价值观念和政治目标。

d）登记所需的其他信息。

2. a）如果有两名党龄两年以上的负责入党审核的党员推荐一名申请人，地方组织负责人应审查该入党申请人提交的申请。

b）地方组织的负责人对入党申请人提交的申请进行审查时，应检查是否符合第 4 节中的条件，并给出意见。如果申请人在递交申请前曾经是党员，且其之前的党员资格（以下简称：党员资格）符合以下情况，则免于接受地方组织负责人的资格审查。

ba）党员资格根据第六章第二节第 k）条放弃，且失去党员资格不满六年；

bb）被取消党员资格不满四年；

bc）退党不满两年；

bd）因 ba）条中所列情形以外的原因失去党员资格不满两年。

c）如果入党申请人符合党员条件，地方组织负责人应于入党申请递交之日起 15 天内听取入党申请人及其两名推荐人的报告。

d）入党申请应安排在 30 天内，最迟不晚于下届党员大会或代表大会进行讨论。党员大会或代表大会应邀请入党申请人参加。

e）如果入党申请人不符合入党条件，地方组织负责人在决议会议之前应将这一事实及其原因提交。地方组织负责人在决议会议之前听取关于接纳入党申请人的意见。地方组织通过公开投票形式做出最后决定。党员大会或代表大会中获得过半数选票即为通过。

f）党员身份自党员大会或代表大会翌日起生效。

g）如果一年中，地方组织中新成员的比例超过了该组织成员的 20%，该组织的进一步扩大需得到地方联合会组织和运行规则指定的执行机构的认可。

h）如果拒绝接纳入党，党员大会或代表大会应以书面形式向入党申请人提供拒绝接纳的理由，并转交本人。

i）如果入党申请人认为该决定与法律或党的基本章程冲突，应在 15 天内向该地区联合会的道德和调解委员会提出上诉。该上诉应在 30 天内，最迟不晚于下次会议提上议事日程。地区联合会道德和调解委员会做出维持原决定或地方组织重新审批入党申请的决定。地区联合会道德和调解委员会的决定应以书面形式通知相关人员。

3. 党员

a）可在登记所在的地方组织中行使其所有权利。

b）只要该组织允许，可以参加任何地方组织的工作，但不得在其未登记的地方组织中参加选举（交流党员）。

c）如果能证明其党员资格没有被暂时取消，党费没有拖欠，没有被执行纪律或道德检查，可以申请转到任一其他地方组织。地方组织召开决议会议，通过公开投票选举的方式决定是否接受转组织申请，申请人本人应到会。转组织申请应在30天内，最迟不晚于下次会议提上议事日程。

d）决议生效后，申请转入的地方组织负责进行党员信息登记，以及中央登记数据交接。如果转组织申请被驳回，党员大会和代表大会应以书面形式向申请人给出正当理由。

e）入党申请人可以在15天内向该地区联合会的道德和调解委员会提出上诉。该上诉应在30天内，最迟不晚于下次会议提上议事日程。地区联合会道德和调解委员会做出维持原决定或地方组织重新审批转组织申请的决定。地区联合会道德和调解委员会的决定应以书面形式通知相关人员。

4. 如果地方组织被取消，党员须在取消之日起6个月内到其他地方组织报到。

5.①

党员的权利和义务

第6节

1. 党员的权利：

a）了解党的任何组织的活动，及时得到公开的，或是允许相关党员

---

① 匈牙利社会党大会2011年11月12日决定删去此条。

参加的活动或重要事件的介绍。

b）在党内会议上以口头和书面形式自由发表和宣传他的意见，评价党内任一党员、工作人员、组织、机构或是团体的行动或不作为。

c）向党内组织、协会或工作人员提出的意见应在30天内得到实质性答复。

d）就党内任何问题，包括人事问题，提出政治性倡议，并寻求支持，或响应其他人的倡议。

e）通过直接、代表或在党内辩论中发表个人意见的方式，来参与党的决定。

f）在党的基本章程框架内参加人事问题的决定，并对经其直接或间接选举出的代表进行政治监督。

g）在所在地方组织内参加党的议员、地方自治政府代表候选人以及市长候选人的选举，发表竞选演说，参与选举相关任务。

h）了解有关其个人的建议，表达对这些建议的看法。

i）只要法律和党的基本章程没有限制，注册党员可以成为任一党内职务的候选人。全国委员会委员，国家官员的候选人党龄应在一年以上。

j）因以党员或党的名义进行善意的、符合道德规范的政治活动而受到不利的、无理的指控时，会得到党的政治、道德和法律方面的保护。

k）享受党提供的培训机会或其他服务。

l）党内权利受到侵害时可向负责道德和纪律事务的党内机构申请帮助。

2. 党员的义务：

a）代表并宣传党的纲领，通过生活方式和个人行为提高党的威信和社会支持率。

b）经常参加党的活动，地方组织和基层组织每年的党员大会至少要参加一半。

c）贯彻执行党的组织和机构的决定。对不认同的决定，应在党的基本章程框架内表达反对意见。少数人的观点在公开发表时只能作为少数人的意见。

d）负责任地、可靠地履行承担的职责。

e）参与党的竞选活动，协助候选人。

f）不支持与党的目标、纲领或党的组织、代表团体、机构通过的决议不相容的政治活动。

g）参加党内辩论时要真诚，尊重辩论对手的人格尊严，避免不必要的冲突，在没有利用党内可能性的情况下，不能在党外寻求法律手段。

h）交纳应负担的党费。

i）积极参与当地公共生活，协助公民组织、工会和其他利益保护组织的工作，支持保护权利的社会倡议，支持对环境、自然和国家遗产的保护。

j）不得有违背党的基本章程的行为。

k）在议员、地方自治政府、市长选举或提名候选人期间，只要有我党候选人参加，不得随意作为其他党派、社会组织的候选人或独立候选人参加竞选。

3. 匈牙利籍党员可成为荣誉党员。

荣誉党员身份可通过以下职务获得：

a）地方组织主席。

b）地区联合会主席。

c）国家级平台或部门的主席。

d）选举产生的议员或机构成员。

e）全国委员会工作人员。

4. 成为荣誉党员的官员、机构成员应在选举、任命后 30 天内，按照议会议员财产申报所要求公开的内容进行财产申报。如果申报人在申报时限内已以议员身份提交过财产申报，且申报内容没有变化，可用申报复印件提交申报。

5. 如果不履行财产申报义务，官员和机构成员的荣誉党员身份将从截止日期翌日起撤销。

6. 财产申报的监督和执行细则由匈牙利社会党全国委员会起草，附在党的基本章程附件中。

7. 成为荣誉党员的官员或机构成员的义务：

a）承担更多的责任：增进社会对党的信任和了解，在个人事务中用比公众人物更高的道德标准要求自己，并以与之相符的行为和生活方式来实践

b）在行使权力时遵循党的基本章程和运行原则，履行党员的权利和义务

c）作为担任公共职务的党员，按党的基本章程要求交纳赞助费

d）经常参加所属党组织或机构的会议，每年至少参加一半的会议

8. 如果成为荣誉党员的官员或机构成员违反第6节第7条第d）款中规定的义务，将取消其荣誉党员身份，并从官员或机构成员中选出新的荣誉党员顶替其位置。如果因不履行义务而被取消荣誉党员身份，在下一次常规选举荣誉党员之前，不能被提名或选为荣誉党员。

党员资格的终止

第7节

1. 党员资格在以下情况下终止：

a）退党。

b）被除名。

c）该党员死亡。

d）受到惩罚，被开除党籍。

2. 党员退党时，应向登记所在地方组织提交退党意向。

3. 在以下情况下，地方组织应将党员资格终止（以下简称终止），并将党员信息从登记中删除。

a）该党员党龄超过一年，因其本人原因导致拖欠党费，在收到地方组织书面形式的通知后仍然拖欠，且没有通过申请成为荣誉党员的方式保留其党员资格的。

b）法院认定为不具有行为能力或有行为能力障碍。

c) 其他情况，例如在匈牙利登记为其他党党员，或违反第6节第2条第k) 款规定的党员义务。

4. 党员死亡的情况下，地方组织负责审查登记的死亡事实。

党员资格的中断

第 7/A 节

1. 如果党员受到道德和纪律检查，在得到三分之二多数党员投票同意后，全国主席团将中断其党员资格，直至检查程序结束。

2. 如果对党员进行道德和纪律检查的党内机构建议中断其党员资格，全国主席团（选举期间为全国委员会）应立刻作出决定。

3. 资格被中断的党员不再享有党员权利，但仍可履行第6节第2条第f)、h)、k) 款规定的义务。在党员资格中断期间，该党员不计入党员人数中。

党员资格的暂停

第 7/B 节

1. 暂时无法履行党员义务的党员可以申请暂停其党员资格。党员向地方组织提交书面文件，说明暂停党员资格的原因以及预计时长。

2. 如果党员参加年度党员大会的次数不足一半，且未给出缺席理由，或入党申请人在收到入党通知后拒不接受党员资格证，地方组织将暂停其党员资格。

3. 党员资格暂停期间，不享有党员权利，不承担交党费以外的党员义务，在此期间的活动不得与党的政策和利益冲突，不得违反第6节第2条第f)、k) 款的规定。

4. 党员提交书面申请，说明妨碍其履行党员义务的条件已不存在，其党员资格自递交申请翌日起恢复。因拒不接受党员资格证而暂停的，不在此列。在后一种情况下，其党员资格自接受党员资格证之日起恢复。

5. 在党员资格暂停期间，该党员不计入党员人数中。

第二/A 章　党的工作的支持者

第 8 节

1. 志愿支持者虽没有党员资格，

a）但认同党的目标和政治宗旨；

b）响应党的号召和倡议，亲自积极参与党的活动。

2. 志愿支持者不能是在匈牙利注册的党员。

3. 志愿支持者有以下权利：

a）了解并受邀参加党的公开活动，在活动中发表自己的见解，通过自己的意见促进党的公共政策目标的实现；

b）在党的基本章程所规定公职的候选人被提名前，给出提名建议。

4. 志愿支持者的资格在注册后以中央电子登记系统（以下简称电子注册）中的注册为准，在该系统中注册后即生效，从该系统中删除即取消。

5. 当志愿支持者的资格通过注册号验证后，即可在党的公开活动中行使相应的权利。

第二/B 章　登记

党员登记

第 8/A 节

1. 党员登记包括地方组织在地方登记处登记和中央电子登记处登记（以下简称中央登记处）。

2. 地方登记处和中央登记处登记一般党员信息和荣誉党员信息。党员资格被终止后历史记录中仍保留其信息，但不再更新。

3. 地方登记处和中央登记处登记有一般党员的以下信息：

a）姓名

b）出生时间和地点

c）住址

d）接收入党的党组织名称，或是转组织之前所在党组织名称

e）联系方式（电话号码，电子邮件地址）

f）党员注册号

g）党员提交的其他信息

4. 地方登记处和中央登记处还应记录：

a）党员资格的暂停及其时间

b）党员资格的中断，其原因、时间和恢复资格时间。

5. 地方登记处应附有党费交纳记录，包括党员交纳党费的数额、时间，以及地方组织批准免交党费的通知及时间。

6. 党员资格终止后，在地方登记处中移除第3条中规定的党员信息的同时，中央登记处应将这些信息转至历史记录。历史记录中应记载党员资格终止的原因和时间。

第8/B节

1. 党员资格生效后应立即将其信息记录到地方登记处。

2. 地方登记处的党员信息按照入党申请人提交的书面或电子版入党声明文件进行记录，包含第8/A节第3条第a）、d）款所规定的信息。入党声明通过纸质或电子文本提交，由本人签名。批准入党的地方组织应保留签名原件至党员资格终止后4年。

3. 地方组织应在审批入党后5天内将包含入党声明和审批决定的登记册送交中央登记处。

4. 党员注册号由中央登记处编制。地方登记处从中央登记处获知注册号，并据此登记党员信息。

5. 党员证由中央登记处在党员资格生效后60天内出具，挂号邮寄给党员。

6. 申请转组织的党员，其信息登记过程中应遵循以下原则：信息更新登记由接受其转入的地方组织负责。

7. 如果在某地按党的基本章程要求建立新的地方组织，在地方组织

登记信息时应更新转入新地方组织的党员信息。

8. 如果某地方组织被取消，在党员转入其他地方组织之前（最多6个月），其信息由中央登记处标记为无组织归属。

第 8/C 节

1. 党员资格暂停时，由地方组织负责提交中央登记处记录。

2. 党员资格终止时，由地方组织负责提交中央登记处记录。

3. 党员死亡时，由地方组织负责提交中央登记处记录。

第 8/D 节

地方组织应以电子文件方式向中央登记处提交登记信息，除非缺乏技术条件。若出现后一种情况，应以纸质材料形式完成信息提交。

第 8/E 节

1. 对于荣誉党员，地方组织和中央登记处应按照第 8/A 节第 3 条中的规定登记其信息。登记中应记载该党员从一般党员转为荣誉党员的时间点。登记为荣誉党员的同时，其信息从一般党员登记中删除，记录到荣誉党员登记中。

2. 地方登记处和中央电子登记处的一般党员和荣誉党员信息每年 1 月 1 日至 3 月 31 日要进行联网核查（以下简称审查）。如果出现分歧，地方组织应与党员本人核对信息。

3. 登记审查可由全国主席团的任一机构安排，必须立即在安排时间内进行。

4. 因接纳新党员、转党组织以及地方组织被取消等情况进行登记时，地方组织主席必须到中央登记处检查党员信息。

党的组织、战略伙伴和竞选盟友的登记

第 8/F 节

1. 党的组织应在中央电子登记处登记（以下简称组织登记）。

2. 组织登记应包括以下信息：

a）组织名称

b）组织的地址、通讯地址、电话号码、电子邮件地址

c）组织内各部门的名称

d）组织及其各部门负责人的姓名和联系方式

3. 如果新建地方组织，应在成立大会后 5 个工作日内通知地区联合会。如果这一新组织的成立符合党的基本章程，地区联合会应在收到通知后 5 个工作日内报告中央登记处。

4. 如果地方组织可以按照基本章程组织代表大会，应将这一事实进行登记。

5. 如果地方组织被取消，按照组织和运行规则，地区联合会应在取消后 5 天内报告中央登记处。

第 8/G 节

党的战略伙伴和竞选盟友登记包括该组织、公民组织或经济组织的名称和代表人姓名。这些战略伙伴和竞选盟友按照与我党签订的协议，为共同的目标与我党合作。如果战略伙伴不同意公开与我党的合作关系，按其要求不予登记。

志愿支持者的登记

第 8/H 节

1. 志愿支持者在中央电子登记处登记。

2. 登记内容包括志愿支持者的以下信息：

a）姓名

b）住址

c）联系方式（电话号码，电子邮件地址）

d）志愿支持者参与活动的地方组织

e）注册号码

3. 志愿支持者的信息通过电子数据提交，除第 2 条中规定的信息，还

应包括志愿支持者的声明，声明其符合第 8 节第 1 条的规定。登记成功后中央登记处应在五个工作日内告知第 8/H 节第 2 条第 d）款中的地方组织。

4. 志愿支持者的信息每年需要联网核查一次。

5. 在以下情况下须从登记中删除个人信息：

a）本人要求删除；

b）其承担的任务没按照地方组织的要求完成，地方组织因此提出删除其信息；

c）经检查，其联系方式无效；

d）进行党员登记时，其信息与已登记的一名党员信息相同；

e）在匈牙利登记加入了其他政党；

f）已经去世。

6. 删除及删除时间应记录到登记数据中，删除信息在历史记录中单独保留，自删除之日起保留三年。

7. 因第 8/H 节第 5 条第 b）款被删除信息且删除不满三年的，不得登记成为志愿支持者。

第三章 党内组织的建立和运行框架

第 9 节

党内组织按级别分为：地方组织，地方合作协会（地方级），州和首都的联合会，区域理事会（地区级）以及全国性机构（国家级）

地方组织

第 10 节

1. a）在党的基本章程框架内，地方组织是一个独立的组织和政治团体，是党员进行政治活动，行使权力，履行义务的基本形式。根据党的基本章程的规定，党的地区级和国家级组织建立在地方组织的基础上。

b）在没有地方组织的居住区，五名以上党员可以创建地方组织。按照党的基本章程以及章程所附的财务管理规定来进行管理。

c）地方组织是负责该地区工作的地区联合会的成员。

2. a）地方组织是按照党员居住地或党员活动区域成立的组织，拥有基本章程中规定的独立权利。地方组织是党员直接、亲自参与党的决定的组织机构。一个地区或首都的一个行政区内只能有一个地方组织。两个或两个以上地区的党员也可以共同组建地方组织。

b）不愿意加入居住地所在地的地方组织的，或者无法建立地方组织的，须加入任一其他地方组织。

c）如果党员们在地区建立了地方组织，地方组织登记决定成立之日起 60 天内应召开成立大会。

d）成立大会上要通过组织和运行规则，选出工作人员和负责人，并将成员名单提交登记。

3. a）地方组织内要设立管理部门，包括基层党组织、党组或党代表。

b）如果一个地区内党员人数或地区结构具备条件，或一个地方组织覆盖多个地区，其中一些地区的党员人数足够，就可以成立基层党组织。也可以按专业领域组成基层党组织。

c）如果地方组织的党员人数超过 200，或是人数不足 200，但向党的全国理事会提出申请并获得批准，可以设立代表大会，行使党员大会的部分权利。地方组织选出参加代表大会的代表人数要达到该党组织人数的四分之一。

4. 地方组织在其运行区域内，

a）在舆论面前，在与国家和地方自治政府机构、社会组织、社会运动接触过程中，代表党。

b）组织当地的运动和活动，就当地公共生活问题表明党的立场。

c）负责执行并向党员贯彻党的决议。

d）决定地方自治政府代表候选人、地方自治政府名单候选人以及市长候选人的提名。地方组织在提名前必须了解选民需要，征询党员、基层党组织、党团和党代表的意见，在此基础上给出成功几率最高的提名。按照基本章程中的同意权规定，在提名前，提名名单须征得相关党组织的同意。

e）与地方自治政府中的党团和议会党团代表保持联系。

5. 地方组织：

a）在党的基本章程、选区协会和地区联合会的组织和运行规则的框架内制订组织和运行规则，内容包括：确定管辖区域，制订运行规则，规定机构的建立，规定工作人员和负责人的选举办法和结构组成，明确他们的权利和职能范围，确定地方组织代表机制和管理规则。制订地方组织与相应的地方自治政府党团、州名单中的议会议员以及独立参选议员保持联系的规则。如果能得到有效多数选票，地方组织在组织和运行规则中可以规定，该规则对党员、内部组织部门和地方自治政府党团都有约束力。

b）党员大会行使权利和义务决定权，如果党的基本章程允许，也可将这一权力转交给按组织和运行规则成立的代表大会、地方组织的领导人或是地方组织的基层组织。

c）党员大会不得将以下权力转交：

  ca）关于组织和运行规则的决定；

  cb）有约束力的决策的决定；

  cc）地方组织工作人员和领导层的选举。

d）党员大会，

  da）吸纳新党员的权力只能转交给代表大会或是有决定权的基层组织；

  db）基层党组织所在地区的地方自治政府候选人提名的决定权可以转交给有决定权的基层组织；

  dc）如果得到所有党员授权，有在会议上的建议权，地方组织工作人员和领导层的选举可以交由有决定权的代表大会进行。

6. 匈牙利社会党全国委员会，根据全国主席团的建议，向地方组织提供组织和运行规则的样本。

7. 如果匈牙利社会党全国委员会决定召开换届选举或非常规换届选举大会，那么地方组织应按照组织和运行规则，一同进行换届。如果全国党内投票需要进行非常规换届选举大会，那么也应进行换届选举。

8. 如果某地方组织被取消，相应选区协会负责按照组织和运行规则妥善完成相关任务。

独立议员选区协会

第 11 节

1. 独立议员选区协会（以下简称选区协会）是选出和提名独立议员，并负责其竞选活动的机构。

2. 选区协会在第十三章规定的选举时间内，由全国主席团组建。

3. 选区协会的决策机构是联合党员大会，由居住在选区内的党员组成。拥有独立议员候选人提名的权力。联合党员大会上，登记在该地区的地方组织内，但居住地不在选区所在地的党员也可以行使党员权利，只要选区协会的执行机构接受其申请，并将其登记入册。

4. 选区委员会的执行机构是选区的选举委员会，其成员为选区所在地地方组织的主席。选区选举委员会从其成员中选出主席。如果选区协会和相关地方组织的管辖区域一致，地方组织也可以作为选区协会开展活动。选举委员会选出的主席，以及选区协会和相关地方组织的管辖区域一致的情况下的地方组织主席，在独立议员候选人选举期间行使其权利。

5. 独立议员候选人自被选为候选人之日起即成为选举委员会主席。

6. 选区协会按照基本章程及其所附财务管理规定来管理。

第 11/A 节

1. 管辖选区协会的地区联合会主席负责召集并举办成立选举委员会的会议。选举委员会成立会议应自决定成立选区协会起 30 天后，60 天内召开。

2. 选区选举委员会

a）筹备候选人提名，确认参选独立议员候选人的人员是否符合基本章程中规定的条件。

b）负责与地区联合会、全国主席团和全国委员会沟通候选人提名人选。

c）给出候选人提名的建议。在此之前必须了解选民需要，征询党员意见，在此基础上给出成功几率最高的提名。按照基本章程中的同意权规定，在提名前，提名人选须征得相关党组织的同意。

d）将议员候选人提名建议提交到党员大会。

e）召集党员大会。

f）负责组织和开展竞选。

g）任命选区协会竞选主任，安排其组织活动。

h）针对竞选进行过程中出现的问题，地方组织有权作出有约束力的决定。

i）决定是否将登记在该地区的地方组织内，但居住地不在选区所在地的党员登记入册。

3. 选区选举委员在全国主席团给出成立选区协会的决定后5个工作日内，按照一般党员在中央登记处登记的信息，对居住在选区内的党员进行电子登记（以下简称登记）。

4. 登记中包含第8/A节第3条中规定的一般党员的信息。通过经常与中央登记数据核对，以及与党员本人联络，来保证登记信息的及时更新。

5. 登记在该地区的地方组织内，但居住地不在选区所在地的党员，须在第二条中的决定作出后25天内，向选区选举委员会提交加入登记的书面申请，并说明理由。党员资格被暂停或中断的党员，不得登记入册。选区选举委员会自收到书面申请起五天内做出评估。

6. 选区协会批准登记入册的党员，可在选区协会行使与独立议员选举相关的权利和义务，在地方组织中行使其他权利。登记入册不影响党员履行其在地方组织中应履行的义务。如果某党员要求从登记中将其除名，应立即满足其要求，此党员不得再次申请登记入册。

地方合作协会

第 11/B 节

1. 相邻的地方组织可以组成地方合作协会，以协调他们的活动。

2. 协会的机构构成：代表大会和主席团

3. 协会的最高机构是代表大会。组成协会的地方组织按照党员人数比例派遣代表。按照主席团的建议，代表大会通过不记名投票从地方组织派出的代表中选出组成协会的人选，决定其权利范围内的人事问题和其他问题。

4. 组成协会的地方组织间订立协议，规定协会内合作规则。

5. 协会主席团由参与合作的地方组织的主席们组成。如果协议中没有另行规定，协会主席由协会所在地地方组织的主席担任。

6. 协会主席团的任务是协调参与合作的地方组织的政治活动，了解地方组织，支持他们的工作。主席团：

a）召集代表大会。

b）收集并整理地方组织对协会职权范围内的人事问题的建议，形成共同的意见。

地区联合会

第 12 节

1. 州和首都的地区联合会由该地区的地方组织组成。地区联合会的法人代表由地区联合会主席担任。

2. 地区联合会的任务是协调地方组织和地区联合会所辖区域内成立的党内团体、党的机构的活动，支持他们的宣传和工作，代表共同的利益，开展与州或首都的社会、经济发展相关的政治工作。在所辖地区内，在舆论面前代表党，在与国家或地方自治政府机构、社会团体或社会运动来往的过程中代表党。

3. 地区联合会最重要的机构是代表大会。组成地区联合会的地方组织按照党员人数比例选出代表。代表大会在组织和运行规则规定的一些问题上，即在地方组织和地区联合会的联系、管理规定、特别重要的政治行动的执行方法上，按照规则中要求的有效多数投票对地方组织、地区政府党团作出有约束力的决定。地区联合会的代表大会按照组织和运行规则中要求的有效多数投票规则来提出解散地方组织的请求。

4. 地区联合会：

a）代表大会上通过联合会组织和运行规则，其中，按照基本章程对地区联合会的运行机制和机构的建立，主席、工作人员、执行部门的成立方式、权力和职责范围，联合会的管理规则，工作机构和地区办公室的运行机制等作出规定。规则中按管辖区域列出地方组织。对地区联合会与州或首都地方自治政府党团、所辖地区的社会党议员的合作方式进行规定。

b）通过派遣组成的执行部门中，地方组织的代表至少要占三分之二。

c）代表大会选出道德和调解委员会、财务审查委员会。

5. 地区联合会代表大会按照基本章程决定匈牙利议会议员地区名单、州议会名单、州议会主席候选人、首都议会名单、首都市长候选人。州议会主席候选人，州级市市长候选人和首都市长候选人提名前，全国主席团可对提名人选行使同意权。

6. 地区联合会组织和运行规则中任命的执行部门，在市长候选人提名决定前行使同意权，但不包括州级市市长候选人提名。如果被提名者不满足基本章程中规定的条件，或是被提名者的行为损害或威胁党的选举利益，提名前行使同意权时可以否决提名。

7. 地区联合会主席可召集地方组织工作人员开会，地方组织需派出代表参加。

8. 地区联合会道德和调解委员会对党员的道德和纪律事务有一级道德和纪律审查权，担任党内职务的工作人员、执行部门成员、欧洲议会和匈牙利议会的匈牙利社会党议员、担任国家公职的匈牙利社会党党员除外。如果全国主席团中断其党员资格，道德和调解委员会应立即将审查转交道德和纪律事务理事会。

9. 如果匈牙利社会党全国委员会决定召开换届选举或非常规换届选举大会，那么在地方组织完成换届之后，地区联合会也应进行换届。如果全国党内投票需要进行非常规换届选举大会，那么也应进行换届选举。

10. 全国主席团定期召集地区联合会主席会谈。如果三分之一以上地区联合会主席书面要求会谈，必须立即召集会议。会谈日程中须包括时政问题，党的全国性机构的决议的执行，以及即将开展的组织和协作任务。

区域理事会

第13节

1. 区域理事会，为配合地区联合会开展与区域制度体系相关的政治和宣传活动，建立并协调欧盟区域发展规划相关的政治目标，组建区域理事会。

2. 区域理事会的组织和运行体系由地区联合会征求相关选区协会的意见后决定。

第四章 党内投票

第14节

1. 一般党员都有通过党内投票的方式参与决定、表达意见的权利。

2. 匈牙利社会党大会职权范围内的问题通过决定性党内投票的方式决定。换届也以决定性党内投票的方式进行。财务、管理和一些人事相关问题的决定不采用党内投票的方式。

3. a) 匈牙利社会党全国委员会的决定性党内投票由匈牙利社会党大会完成，党内投票所需的具体决定可一并明确给出。

b) 匈牙利社会党全国委员会自投票发起提出后30天内对投票发起是否符合第2款中的条件进行审查。如果符合，发起者有权征集开展投票所需的支持。这一征集行动应在做出发起符合条件的决定后30天内进行。

c）当 25% 以上的在中央登记的党员以书面形式支持投票相关的具体决定，且投票发起者在规定时间内将支持意愿书提交到匈牙利社会党全国委员会时，投票才可进行。支持意愿书的内容应包括对投票相关具体决定的意见，支持者的人数及支持者签名。

d）匈牙利社会党全国委员会在征集签名结束后 15 天内检查支持意愿书，与中央登记处核对信息。如有疑问，可以要求支持者证实其真实性。

e）如果匈牙利社会党全国委员会确定了支持意愿书的真实性，全国主席团应在确认其真实性后 60 天内进行党内投票。党内投票的时间不能定在匈牙利社会党大会召开当天或召开前 30 天内。

4. 如果 50% 以上的在中央登记的党员参加投票，且 50% 以上在具体决定中投支持票，决定性党内投票即为有效。

5. 如果党内投票有效，应在下次匈牙利社会党大会上讨论具体决定。如果党内投票安排召集非常规大会，匈牙利社会党大会应召集会议。

6. 决定性党内投票的有效结果对匈牙利社会党大会有约束力，匈牙利社会党大会应接受党内投票通过的具体决定，并对其他相关问题作出决定。这种情况下，不适用基本章程中对匈牙利社会党大会日程的相关限制。

7. 如果匈牙利社会党全国委员会认为党内投票的发起条件不存在，支持意愿书无效，或全国主席团安排的党内投票时间与本节第 3 条第 e）款冲突，投票发起者可在匈牙利社会党全国委员会作出决定后 15 天内向全国道德和调解委员会提出上诉。上诉应在 30 天内处理。如果全国道德和调解委员会认定匈牙利社会党全国委员会和主席团违反基本章程，将发回重新决定，如果没有，将驳回上诉，并阐明原因。

第 14/A 节

1. 如果按照第 16 节第 2 条，匈牙利社会党大会的决议须通过党内投票作出确认，由全国主席团将党内投票安排在匈牙利社会党大会后 60 天内。

2. 按照第 14 节第 4 条，确认决议的党内投票有效。如果匈牙利社会党大会没有另行说明，该决议自党内投票确认翌日起适用。如果党内投票未通过，则匈牙利社会党大会的决定无效。

第 14/B 节

1. 意向性党内投票可在党的目标和原则相关的任何问题中使用。意向性党内投票可用与决定性党内投票相同的方式发起。

2. 意向性党内投票要通过全国性党组织发起。

3. 意向性党内投票的结果对匈牙利社会党大会没有约束力，但应就其建议进行讨论。

4. 决定性党内投票的程序规定适用于意向性党内投票。

第五章　党的国家级机构和工作人员

匈牙利社会党大会

第 15 节

1. 匈牙利社会党大会是党的最高代表和决策机构，每两年召开一次（换届大会），选出基本章程规定的机构和工作人员，听取其汇报，行使基本章程中规定的权力。逢常规议会选举年，换届大会可改在议会选举之后举行。匈牙利社会党大会按照基本章程所附大会规则举办。

2. 匈牙利社会党大会由全国主席团负责召集。

3. 匈牙利社会党大会代表：

a）至少 75% 的代表从地方组织中通过党员直接选举或代表选举产生。

b）按照职位从工作人员和机构成员中选出。

c）匈牙利议会或欧洲议会的匈牙利社会党议员或工作人员。

d）国家级平台的主席。

e）相关联的青年组织的主席。

f）国家级阶级政治分支的主席。

4. 匈牙利社会党大会代表的资格到下次常规换届前或下次非常规大会代表选举前有效。在此期间可终止其资格，并在下次换届前选出新代表。全国主席团应立即就此作出说明。

5. 匈牙利社会党执政期间，议会党团可以邀请党的选举盟友和战略伙伴参加与政府活动相关的匈牙利社会党大会，行使协商权。匈牙利社会党大会规则可以指定更大范围的伙伴参加大会，行使协商权。

第 16 节

1. 匈牙利社会党大会：

a）决定党在国内和欧盟内的政治路线，制定纲领。

b）决定或修改党的名称，决定党与其他党的合并或党的解散。与此相关的决定通过全国范围内的党内投票确认后方为有效。

c）得到三分之二现任代表的投票支持后可通过或修订基本章程，基本章程附件的修改需要多数现任代表投票支持。

d）选出并监督基本章程中规定的国家级机构及其工作人员。

e）批准党的匈牙利议会和欧洲议会选举纲领，在匈牙利社会党全国委员会和主席团共同建议的基础上决定党的总理候选人提名、欧洲议会名单、议会选举的全国名单以及共和国主席提名人选。

f）决定执政任务、组建联盟的条件以及退出联盟。

g）评估议会党团在执政过程中的政府行动。

h）执行社会党国际和欧洲社会党安排的任务。

2. 匈牙利社会党大会的决议对党员、党的组织和机构有强制约束力。

第 17 节

1. 出现以下情况时，在两届匈牙利社会党换届大会之间，要召集具有有效权力的代表召开大会：

a）需要就第 16 节第 1 条第 c）、e）、f）款中的问题作出决定。

b）党主席职位空缺或匈牙利社会党大会选出的全国主席团的成员人数下降到不足原来的三分之二。

c）匈牙利社会党大会作出此决定。

d）匈牙利社会党全国委员会三分之二以上的成员投票作出此决定。

e）经党的全国理事会同意，全国主席团提出此动议，以讨论重要的国际和国内政治事务，确定党在这些事务中的立场。

2. 出现上述第1条第e）款的情况时，匈牙利社会党大会的日程和议案只能由全国主席团制订，但换届和基本章程的修订不在提议之列。除非主席团建议，否则日程中不可讨论其他问题，匈牙利社会党大会规则也不适用。

第 18 节

1. 如果党的全国理事会或匈牙利社会党全国委员会决定召开非常规换届大会，即召开。匈牙利社会党全国委员会关于召开非常规换届大会的决定须得到三分之二以上成员投票同意。

2. 非常规换届大会选出代表前，地方组织、地区联合会和区域理事会要进行换届。

3. 如果是因为党主席职位空缺而召开非常规换届大会，匈牙利社会党全国委员会在召集大会的决议中可以决定：选举党主席的非常规换届大会前不需要进行各系统换届。这种情况下，由匈牙利社会党全国委员会按照全国主席团的建议制订举行大会的相关细则。

4. 除第18节第3条所述情况外，非常规换届大会的举行按照匈牙利社会党大会规则的规定执行。

第 19 节①

第 20 节

1. 匈牙利社会党选举产生：

a）党主席、代理主席、副主席和全国主席团成员。

b）匈牙利全国委员会主席。

c）全国道德和调解委员会主席。

d）中央财务监督委员会主席及成员。

e）道德和纪律事务理事会主席及成员。

---

① 匈牙利社会党大会2011年11月12日决定删去此节。

2. 前款所列人员和机构成员的资格在下次换届大会选举前有效。

3. 换届大会后 60 天内应选出匈牙利社会党全国委员会和全国道德和调解委员会成员，这些成员的资格在下次成员选举前有效。

匈牙利社会党全国委员会

第 21 节

1. 匈牙利社会党全国委员会

a）在两次匈牙利社会党大会之间，在全国主席团的配合下决定党的路线和战略性问题。

b）向匈牙利社会党大会汇报。

c）决定非常规换届大会的召开，在得到三分之二以上成员投票支持后召集非常规换届大会，在全国主席团建议的基础上召集每两年一次的换届大会。

d）除党主席、代理主席、副主席和匈牙利社会党全国委员会主席外，在其他主席团成员空缺的情况下，有权在下次换届大会前，通过获得多数投票选出最多占全国主席团人数三分之一的新成员。如果任一代理主席职位空缺，有权通过获得多数选票从副主席中选出一名，在下届换届大会前顶替代理主席的位置。

e）如果全国道德和调解委员会主席，或全国道德和纪律事务理事会主席，或其成员职位空缺，有权通过获得多数选票选出相应人选，在下届换届大会前履行职务。

f）如果中央财务监督委员会主席或其成员职位空缺，有权通过获得多数选票选出相应人选，在下届换届大会前履行职务。

g）决定选举合作协议的签订，以及此协议对独立议员候选人的影响。

h）根据全国主席团的建议拟定甄选议员候选人，地方自治政府代表候选人和市长候选人的原则，以及与他们签署的政治协议的文本。

i）按照全国主席团的建议和与欧洲社会党的协商，拟定甄选欧洲议会议员候选人的原则，以及与他们签署的政治协议的文本。

j）在全国主席团建议的基础上，通过讨论，在匈牙利社会党大会前拟定关于党的欧洲议会议员名单、匈牙利议会全国选举名单、总理候选人、共和国主席候选人、联盟条件和联盟谈判立场的建议。

k）评估党的欧洲议会名单议员和匈牙利议会全国名单中议员的工作，填补名单中的空缺，欧洲议会名单空缺职位的填补须与欧洲社会党党团协商。

l）持续介绍党的欧洲议会议员和匈牙利议会议员的工作。

m）执政期间听取政府内社会党党员的汇报，定期评估政府工作。

n）听取并评估全国主席团及其成员对职责范围内工作的汇报，根据汇报，在一些政策性问题上提前确定党的政治路线。

o）在时政和公共生活问题上，与全国主席团协商后确定立场。

p）按照全国主席团的建议，选出全国培训和教育委员会成员，每年讨论一次该委员会的报告，并制订此后的计划。

q）决定与全国性社会组织合作的条件和方式，包括竞选合作，以及以党的名义签署相关协议。

r）[①]

u）决定国家级平台的申报和撤销

v）决定全国性机构的申报和撤销

z）按照全国主席团的建议，经听取全国道德和调解委员会的意见，在获得多数选票后，通过匈牙利社会党大会规则以及关于保存和管理财产申报的规则。

2. 匈牙利社会党全国委员会根据全国主席团的建议在获得多数选票后通过的决议，对党员、党的组织、机构和党团都有约束力。

---

① 匈牙利社会党大会2011年11月12日决定删去此款。

匈牙利社会党全国委员会主席和成员

第 22 节

1. 匈牙利社会党全国委员会主席由匈牙利社会党大会选出，代理主席由全国委员会从成员中选出。匈牙利社会党全国委员会主席对匈牙利社会党大会和匈牙利社会党全国委员会主席负责。

2. 匈牙利社会党全国委员会成员由以下机构派出：

a）地区联合会按照组织和运行规则中规定的方式，按照人员比例派出，100 人。

b）匈牙利议会党团，3 人。

c）欧洲议会党团，1 人。

d）国家级阶级政治分支，1—2 人。

f）国家级政策分支（按照相互间协议，轮流派出），6 人。

g）联合青年组织，1 人。

h）缔结竞选联盟的社会组织，1—2 人，担任社会组织领导职务的匈牙利社会党党员应获邀请行使建议权。

e）国家级平台的主席，1—2 人。

f）左翼地方自治政府群体，1 人。

3. 匈牙利社会党全国委员会成员的构成由决定和选举规则决定。

第 23 节

1. 匈牙利社会党全国委员会按照工作计划召开会议。

2. 如果以下机构提出会议申请，匈牙利社会党全国委员会应召开会议：

a）全国主席团

b）全国道德和调解委员会

c）中央财务监督委员会

d）匈牙利议会党团

e）匈牙利社会党全国委员会中五分之一以上的党组织

f）党的全国理事会

3. 匈牙利社会党全国委员会按照委员会通过的组织和运行规则来运行。

全国主席团

第 24 节

1. 全国主席团是党的中央决策和管理机构。

2. 全国主席团

a）参与制订并不断更新党的一般性政治路线和纲领，发起与此相关的任务并提供条件。

a/2）维护党的国际关系，并在此框架内向欧洲社会党和社会党国际里的代表提供建议。

b）与匈牙利社会党全国委员会和专业机构合作，制订和实施党的政策计划。

c）确保党的一般理念和政策理念有效贯彻到党和匈牙利议会党团的活动中，执政时贯彻到联盟协议和政府政策中。

d）在政策上指导议会党团，对递交的法律提案给出建议，在一些法律提案的原则上表明立场，在议会工作相关的其他问题中提供建议。经与匈牙利议会党团领导人协商，在主席团三分之二以上成员支持下，为党团成员订立具体问题中的行为准则。

e）执政期间确保党、议会党团和政府间的合作，敦促政府中社会党党员汇报，向政府提出建议，采取行动。

e/2）持续关注欧洲议会党团的活动，在时政问题中向他们提出建议。

f）确保党组织的运行条件。

g）协调党组织的活动，在此框架内可以要求党的每个机构提供信息，可以向他们提出建议。在与党相关的任何问题中表明立场，在匈牙利社会党全国委员会发起对党组织有约束力的决议。

h）发起下次换届，在需要对第 16 节第 1 条第 c）、e）、f）款中的问题作出决定时，在第 17 节第 1 条第 e）款所指情况下召集匈牙利社会党大会和全国党内投票，完成基本章程中规定的其他任务。

i）行使党的资产的所有权。对一些组织的法人的任命作出决定，对国家级基金会的成立、国家级基金会董事会的组建、经济组织的成立和取消、任何其他经营机构的成立、长期贷款和还贷作出决定。

j）接受对全国中央管理机构的规定，批准党的业务规定。

k）批准全国中央预决算报告。

l）任命和撤换党的全国性管理机构的负责人和党的机构负责人。

m）定期通告匈牙利社会党全国委员会的活动。

n）决定成员的职责范围，使除党主席、代理主席以及党团主席以外的每个主席团成员都能为制订、更新和执行适当的政策理念、行动纲领、起草方案负责。为此，主席团成员要持续不断地与党的各种机构、群体和智囊工作室，尤其是相关的全国分支机构合作，向匈牙利社会党全国委员会汇报工作。

o）通过与全国性机构的负责人协商，根据党的书记的建议确定中央的组织和运行体系。

p）专业工作和组织工作可以委派给代理。

q）决定党的培训理念、下一学年的培训目标，并指定所需资源。

r）执行基本章程中规定的其他任务。

s）与代表党的雇员的工会机构进行合作。

3．全国主席团

a）在全国道德和调解委员会的意见的基础上作出解散持续违反基本章程或违反财务管理规定的地方组织的决定，负责地方组织的重新组建。

b）在根据基本章程有权作出决定的机构决定独立议员、联合会议主席、首都市长以及州级市市长候选人的提名前，行使同意权。

4．如果全国主席团确定，被提名的候选人不符合基本章程中规定的条件，或是被提名者的行为损害或威胁党的选举利益，全国主席团在行使提名前的同意权时应当否决其提名。

5. 党主席代表全国主席团向匈牙利社会党大会汇报。汇报内容应包括对党的国家理事会的活动的评估，以及全国主席团对上述第 3 条第 a) 款中规定的权利的行使。

第 25 节

1. 全国主席团的人数为 14 或 15 人，主席由党主席担任，其他成员有：代理主席、副主席、议会党团主席，以及匈牙利社会党大会选出的其他成员。

2. 全国主席团的部分成员不能参加与基金会或经济组织相关的任何决定的投票，这些成员包括：党设立的基金会董事会的成员，党所有或党持有多数股份的经营机构的领导部门的成员、股东或雇员。

3. 全国主席团由党主席召集会议。

4. 如果三分之一以上的主席团成员请求召开会议，应召集全国主席团会议。

5. 可以参加全国主席团会议，且在会议中有建议权的有：匈牙利社会党全国委员会主席、全国道德和调解委员会主席、中央财务监督委员会主席、党的理事、欧洲议会匈牙利社会党党团主席、左翼地方自治政府群体、全国理事会主席、坦启其基金会董事会主席、朔茨埃塔什左翼青年运动、首都联合会主席、议会主席（如果是匈牙利社会党党员）。

6. 全国主席团的组织和运行规则出台前需提交给匈牙利社会党全国委员会。

党的全国理事会

第 25/A 节

1. 全国理事会是党的全国性运行决策、咨询和协调机构。

2. 全国理事会的主席由党主席担任，成员包括：

a) 党的代理主席，副主席。

b）匈牙利社会党全国委员会的领导。

c）议会党团的领导。

d）地区联合会主席。

e）党的理事。

3. 全国理事会。

a）通过党的年度预算，对其进行修改，确保经批准的预算的执行。

b）听取预算报告。

c）决定党组织的资金支持分配原则。

d）决定全国性部门的成立和撤销。

e）通过决定和选举规则，通过管理规章。

f）审查所有全国性机构涉及财务、经济的汇报。

4. 全国理事会的会议上应邀请有建议权的联合青年组织的领导，以及议会议长或副议长参加，如果担任该职务的是匈牙利社会党党员。

党的主席、代理主席、副主席和党的理事

第26节

1. 党主席

a）是党的第一号人物，在国内和国际关系中代表整个党。

b）在全国主席团的活动的带领下，在包括匈牙利议会党团在内的全国的党的机构，以及地区联合会主席的工作配合下，制订、起草和执行长期和短期的政治决定。为此提出相应的措施。

c）保证全国主席团持续地按计划运行，主持主席团会议。如果需要在时政问题中确立党的立场，可以召集全国主席团非常规会议。

d）始终了解以党的名义担任国家公职的人员的行动，如果有政治上或道德上的不当行为，违背党的原则，应提请相关机构裁决。

2. 代理主席是党主席的代理，按照党主席的授权长期负责处理主席的一些事务。

3. 副主席担负全国主席团组织和运行规则中指定的任务，根据党主

席的授权代表党。

4. 全国主席团在征求党的全国性机构领导人和地区联合会主席的意见后，按照党主席的建议任命党的理事。

5. 除党主席指示外，党的理事：

a）创造党内生活的组织条件，保证党内信息流通，建立相应的登记系统，制订并操作行为准则，保障上述事务所需的人力和物质条件。在职权范围内从地方组织和地区联合会获取信息。

b）保障全国主席团决议执行所需的条件，与全国性机构的秘书处合作。

c）起草并在全国主席团的批准下提交与党中央工作安排和地区联合会工作安排相关的建议，给出意见。

d）确保地区联合会主席定期召开会议。

e）负责全国中央机关的工作安排，按照管理规定对党的雇员行使雇主权力。

f）与中央财务监督委员会一同审查党的年度预算和报表。

6. 如果党的理事职位空缺，全国主席团指派工作人员履行其职责。

社会民主基本价值委员会

第27节

1. 社会民主基本价值委员会是在匈牙利社会党指导下运作的专业理论机构。其任务是分析主要社会政策、党派政治的演变，关注党的纲领的实施，向主席团提出相关建议。

2. 社会民主基本价值委员会的成员是在国家级平台的主席和党主席建议的基础上，由匈牙利社会党全国委员会选出。

全国培训和教育委员会

第28节

1. 全国培训和教育委员会是党的业务培训机构，在匈牙利社会党全国委员会的指导下开展活动。委员会的任务是：为保障党的政治力量的补充，主要为党内的年轻人和新党员，经常组织培训和教育项目，或提供相关机会；协调地方组织、地区联合会和党下属的青年组织，负责大学生选拔、提供奖学金、与参加项目的青年人保持联系；协调地方组织和地区联合会的类似活动，与党的分支、智囊工作室以及教育和学术机构建立联系。

2. 全国培训和教育委员会主席在党主席建议的基础上，由匈牙利社会党全国委员会任命。委员会可以有 8 到 9 个成员，成员由匈牙利社会党全国委员会按照全国主席团的建议选出。委员会每年向匈牙利社会党全国委员会汇报工作，描述下一年度的目标，说明所需资源。

全国道德和纪律事务理事会

第28/A 节

1. 全国道德和纪律事务理事会对担任党内职务的党员、匈牙利社会党欧洲议会议员和匈牙利议会议员、担任国家公职的匈牙利社会党党员和被全国主席团中断党员资格的党员行使一级道德和纪律审查权。

2. 全国道德和纪律事务理事会的主席及四名成员由匈牙利社会党大会选出。

全国道德和调解委员会

第29 节

1. 全国道德和调解委员会

a）保证党按照基本章程运作，推广对基本章程的统一解释。

b）促进党员，特别是担任职务或公职的党员，在日常生活和政治活动中遵循党的道德标准。当党的任何组织、机构或党员的行为违反道德准则，其行为或不作为造成了政治损失时，进行审查。

c）确保党员权利有效履行。

d）协助消除党内矛盾。

e) 在促进对基本章程的统一解释和执行的过程中，表明观点，提出建议。

f) 发生违反基本章程的情况时，要求相关组织或机构毫无保留地遵守基本章程的规定。

g) 否决组织或机构作出的违反基本章程的决定，如果可能、且合理，要求相关组织或机构作出新决定。

h) 如果地方组织不执行全国道德和调解委员会作出的有约束力的决定，应通知全国主席团和相关地区联合会。

i) 根据全国主席团、地区联合会或中央财务监督委员会的提议，停止地方组织主席的职务，组织换届。

j) 在以下情况中执行二级道德和纪律审查权：

ja) 对担任党内职务的党员、匈牙利社会党欧洲议会议员、匈牙利议会议员、担任国家公职的匈牙利社会党党员作出的裁决接到上诉，以及

jb) 裁决对地区联合会道德和调解委员会的决定提出的上诉。

k) 对地方组织持续违反基本章程或财务管理规定的行为表明立场。

l) 裁决对党内投票提出的上诉。

n) 在基本章程制定的情形下，给出对规定的豁免。

o) 向地区道德和调解委员会提供方法建议。

p) 向匈牙利社会党大会汇报。

2. 全国道德和调解委员会在上述第1条规定的权力范围内作出的裁决具有约束力。

3. 以下情形下，应根据上述第1条第k) 款给出意见：如果地方组织六个月不履行义务，视为持续违反基本章程和财务管理规定；如果地方组织做出违反基本章程和财务管理规定的有约束力的决定，或罔顾有约束力的决定，尤其可认定为违反基本章程和财务管理规定。意见中须说明，该地方组织的行为是否严重到除解散外没有其他办法弥补。

4. 解散党组织的情况下，意见中应包括对重建组织和保留党员资格的可能性的指导意见。

第30节

1. 按照决定和选举规则,全国道德和调解委员会主席由匈牙利社会党大会选出,其成员由每个地方联合会派出一名。

2. ①

3. 全国道德和调解委员会从主席和四名成员中选派出道德委员会小组,由其负责执行程序、作出决定。此外,道德委员会小组还有筹备权,以及在第46节第3条的情形中表明立场的权力。

中央财务监督委员会

第31节

1. 中央财务监督委员会是党的财务管理监督机构。

2. 中央财务监督委员会:

a) 监督党的资产管理和党组织的财务管理。

b) 监督党中央的组织、全国性机构、企业以及基金会的财务管理。

c) 可以监督地方组织、地区联合会及其机构、企业和基金会的财务管理。

d) 将监督结果通报党的理事、全国主席团、匈牙利社会党全国委员会和匈牙利社会党大会。

e) 对不符合规定的,提交处理,相关机构和工作人员应在30天内给出实质决定。如果没有处理,可提交全国道德和调解委员会,要求对违反规定的组织的领导层给予停职处分,严重情况下予以解散。

f)

g) 对党的财务管理的相关规定提出意见。

h) 提前给出对党的资产负债的意见以及对长期贷款和还贷的意见,尤其是超出党内所有时期年度预算支持比率的贷款。

---

① 匈牙利社会党大会2011年11月12日决定删去此条。

i）向地区联合会财务监督委员会提供方法建议，可以邀请代表参加协商，被邀请人必须出席。

j）向匈牙利社会党大会汇报。

第 32 节

1. 中央财政监督委员会主席和十名成员由匈牙利社会党大会选出。

2.①

第 33 节②

第六章 政治组织、党的群体

第 34 节

1. 除地方组织外，党员可以自由组建以下组织、群体和活动形式。这些群体包括平台、分支、智囊工作室以及俱乐部、专业学校和工作群体。

2. 这些党内组织形式的运行条件、表达意见的可能性和公开，由管辖组织团体或其所在地区的机构负责。

3. 除平台和全国性分支外，这些党内组织形式在得到相关地方组织、地区联合会或全国主席团的批准后可以使用与党相关的名称命名。

第 35 节

1. 平台是建立在党的部分成员的政治观点的基础上的，坚持党的纲领和路线的部分要素的，独立的，持有与其他人不同意见的公开团体。只有党员才能加入平台。一名党员只能加入一个平台。平台的纲领和运行应符合党的一般路线。如果平台不满足这一条件，匈牙利社会党全国委员会可以按照全国主席团的建议禁止平台继续运行，无论平台是在哪一组织级别中运行。

---

① 匈牙利社会党大会 2011 年 11 月 12 日决定删去此条。
② 匈牙利社会党大会 2011 年 11 月 12 日决定删去此节。

2. 平台有权在党内代表和宣传其观点，获取支持，在不违反基本章程的基础上表明其立场。除国家级平台外，平台名称旁应始终标示它是在哪一个党组织运行的平台。国家级平台在公开场合的代表和意见表达始终由平台工作人员负责。

3. 国家级平台由匈牙利社会党全国委员会批准。平台向全国主席团提交全国认证申请，申请内容包括：运行基本原则，拥有 300 名以上成员，平台代表人的选举，纲领以及机构建立所需的文件。全国主席团给出意见后，再将申请和意见一并提交到匈牙利社会党全国委员会。匈牙利社会党全国委员会完成全国认证。平台认证和撤销认证的细则由匈牙利社会党全国委员会决定。平台只有在获得匈牙利社会党全国委员会认证后才能作为国家平台开展活动。

4. 如果违反党的一般路线，或以其他方式进行损害党利益的活动，或人数不足 300，或因其他原因导致平台无法运行，应当撤销认证。国家级平台的认证确认截止时间按照基本章程所附"最终、生效和过渡规定"执行。

5. 国家级平台有权在党的年度预算框架内使用党的基础设施，按照基本章程的规定参与全国性机构的工作，了解他们的活动。收到请求的机构应在 30 天内给予答复。

6. 在匈牙利社会党大会上，国家级平台在匈牙利社会党大会议事规则中，在规定范围内享有特殊时限。

第 36 节

1. 分支是一个开放的组织，为党员和非党员表达专业意见、参与党的政策制定提供一个论坛，在党内表达并代表成员利益。促进党和参与活动的社会组织、社会运动间的关系。

2. 分支的成员也可是无党派人士。但只有匈牙利社会党党员才可以被选为工作人员和执行机构成员。全国性分支在公开场合的代表和意见表达只能由分支的工作人员执行。

3. 分支可以在地方、地区和全国运行，全国性分支的认证由匈牙利社会党全国委员会决定。

4. 地方和地区运行的分支的认证、运行条件保障和党的机构活动的参与由地方组织和地区联合会决定。目标、运行或观点与匈牙利社会党一般路线不一致的分支得不到认证。这种情况下，无论是地方、地区或全国性分支，匈牙利社会党全国委员会都应予以取缔。

5. 党的机构和党团必须按照自己的运行级别与分支合作，邀请分支参与讨论他们活动范围内的问题，参与筹备决策，为他们提供表达意见的可能性。

6. 全国性分支有权使用党的基础设施，按照基本章程的规定参与全国性机构的工作，定期获知他们的活动。收到请求的机构应在30天内给予答复。

7. 全国性分支在匈牙利社会党大会上的代表有建议权。

第37节

1. 左翼地方自治政府群体是地方自治政府中担任工作人员、议员、专家的匈牙利社会党党员，以及希望参加左翼地方自治政府群体工作的地方自治政府官员的整体。左翼地方自治政府群体参与党的地方自治政府政策和纲领的制定和实施。

2. 左翼地方自治政府群体适用全国性分支相关规定。

第38节

1. 智囊工作室是为研究党的重要社会问题或具体政治问题，制定解决方案而组建的专家团或专业群体。

2. 智囊工作室是开放性组织，其成员可以是党外人士，名称（工作组、工作群、圈等）自行决定。

第七章 党的社会关系

党与社会组织的关系

第 39 节

1. 党在各个层次上与代表相同或相似利益的社会组织开展合作，尊重社会组织的独立性。

2. 党建议其成员根据他们的职业、兴趣或生活状况，积极参与代表其利益的、专业的或其他积极的社会组织的工作，支持社会组织的工作，党的组织和党团欢迎他们提出党认可的措施和建议。

第 39/A 节

1. 全国主席团可以与有意共同制定政策和其他政治目标的社会组织、工会以及经济组织签署战略伙伴协议。

2. 全国主席团可以与有意在代表和实践共同制定的政策和其他政治目标中与党合作的工会、社会组织缔结选举联盟。

3. 由此产生的战略伙伴关系或选举联盟建立在党和合作伙伴地位平等的基础上。合作协议中应包含执行目标。

4. 根据匈牙利社会党全国委员会的建议，协议使得战略伙伴有权参与匈牙利社会党全国委员会的工作，行使建议权。

5. 根据基本章程，党的选举盟友参与匈牙利社会党全国委员会的工作。

党的联合青年组织

第 40 节

联合青年组织可以是这样的机构，它接受并在同龄人中代表党认可的基本利益，按照基本章程，在有关论坛上声明希望与匈牙利社会党联合。

1. 联合协议规定联合关系的内容和合作框架。联合协议的通过、修订和终止由匈牙利社会党全国委员会决定。

2. 联合青年组织有权

a) 参加党的政策制定、决策出台和政治行动。有权向党的工作人员和机构提出倡议、建议，对这些倡议和建议的处理规则与对党员或地方组织的倡议和建议的处理相同。

b) 向有决定权的相关机构提出人事建议，在决策会议上阐明理由。

c) 向全国培训和教育委员会派出一名成员。

d) 向匈牙利社会党全国委员会派出一名成员（应为党员）。

e) 向匈牙利社会党大会派出一名代表（应为党员）。

3. 地区联合会和地方组织必须与相应级别的联合青年组织合作，将基础设施提供给他们使用。

4. 如果相应级别的联合青年组织主席是党员，地区联合会和地方组织必须邀请他参加主席团会议，行使建议权。

5. 匈牙利社会党联合的青年组织是朔茨埃塔什左翼青年运动。

第八章 党的决策机制的基本规则

第41节

党内政治、组织和人事决定由党员大会、联合党员大会、代表大会、匈牙利社会党大会、党的机构或党内投票决定。除任命外，职务安排的决定必须经过公开投票或无记名投票。这一规定对基本章程第43节中的决定同样有效。

1. 如果一半以上的投票人投赞成票，且按组织和运行规则及时接到了党员大会的通知，则党员大会、联合党员大会的决定有效。否则，基本章程以及组织和运行规则可以对决议能力和决定的有效性提出更为严格的条件。

2. 如果决定权所有人按组织和运行规则及时接到通知，且有一半以上参加了会议，那么选出或派出的成员组成的决议会议有决定权。如果同意票占一半以上，决定有效。否则基本章程以及组织和运行规则可以对决议能力和决定的有效性提出更为严格的条件。

3. 决定权所有人在决定前应听取建议，了解相关意见，充分准备。

4. 当选人任命前，选出机构可以取消任命；派出的机构成员可以由选派他的会议召回。

5. 任何对相关工作或生活方式有细致了解的党员和机构都可以发起免职或召回。

6.①

第八/A章 提名、担任党内职务或公职的基本规定

提名条件和利益冲突

第42节

1. 以下人选可以参加党内职务、党内机构或代表的竞选：

a）党员。

b）毫无保留地遵守基本章程中规定的党员义务，党员资格没有被中断或暂停。

c）履行交党费的义务；如果参加公职的竞选，履行支付赞助费的义务。

d）基本章程不限制其参加提名和选举。

2. 除第1条中的规定外，向决策机构递交了党内职务参选申请的人方可被提名或选举。党内职务的申请还需要提交申请人亲自到场征集的、支持其当选的书面推荐意见。

a）申请地区联合会主席职位，需要征集10%地区联合会所辖地区登记党员的支持。

b）申请党的全国性主席职位，需要征集10%登记党员的支持。

3. 参加公职提名的人：

---

① 匈牙利社会党大会2011年11月12日决定删去此条。

a）完成基本章程中规定的义务，基本章程不限制其参加提名和选举。

b）向党内决策机构递交了公职参选申请。

c）参加总理、独立议员、市长和首都市长的候选人提名，还需征集10%有提名权的党组织成员的推荐和10%志愿支持者的推荐。

d）其提名得到基本章程中规定的党的机构的同意。

4. 申请内容应包括：

a）情况分析，任职后希望达到的组织和政治目标，以及实现这些目标的条件。

b）申请党内职位的现任机构成员，对其负责的任务的说明。

c）申请人拥有的能力，其中哪些是担任职务所需。

d）申请人之前担任职务期间取得的成绩。

e）申请人根据党的组织和政治目标制定并执行相应的个人目标，承担相应的责任和义务。

5. 选举执行机构（无论是地方、地区还是全国性的）和党选出的欧洲议会、匈牙利议会和地方自治政府议员名单的成员和候选人，其中至少应有五分之一年龄在35岁以下，至少应有五分之一是女性。

6. 如果该机构因人员结构或其他原因不能给出符合第5款要求的候选人，不能由机构中其他人代替。不能用未获得选举所需数量选票的人代替，以满足35岁以下或女性候选人的条件。这种情况下，职位空缺保留，欧洲议会、匈牙利议会和地方自治政府议员名单除外。

第 42/A 节

1. 地方组织和地区联合会选举执行机构中担任公职的成员人数不能超过机构成员的50%。全国主席团成员中的三分之二可以是不担任国家领导人职务的党员。

2. 一名党员最多可以担任两项党内职务。

3. 党主席和代理主席不能是政府成员。

第 42/B 节

1. 全国道德和纪律事务理事会主席和成员，全国道德和调解委员会主席和成员不能担任其他选举职务，不能是党的雇员、党的经营机构或党参股的经营机构的雇员或成员。

2. 中央财务监督委员会主席和成员不能担任其他党内职务，不能是党的雇员、党的经营机构或党参股的经营机构的雇员、管理人员或成员，不能是党成立的基金会的董事会成员。

3. 地区联合会道德和调解委员会主席不能担任所辖地区的其他选举职务，不能是党的雇员、党的经营机构或党参股的经营机构的雇员或成员。

4. 地区联合会财务监督委员会成员不能是党的雇员、党的经营机构或党参股的经营机构的雇员或成员。

第42/C节

在工作人员或机构成员选出后30天内，利益冲突的情况应予以消除。

第九章 对党提名或支持的公职人员的规定

第43节

7. 在党或党团提名基础上担任公职的人（以下简称公职人员）是指在按照党的法规授权进行的委派、公开提名或推荐的基础上，赢得公共权力或其他公共生活职务的人。

8. 公职人员的任命可以是地方、地区或国家级别的。

9. 公职人员的活动不能违反党的纲领和政治路线。

10. 如果在党提名或支持下申请公职的人不是匈牙利社会党党员，提名或支持的条件是，相关人员要以书面形式声明：遵守党的基本章程的规定。

11. 在党的提名下当选的国家领导人、匈牙利议会议员、首都市长或首都市长代理、州议会主席，与党、地区联合会和地方组织之间不存在工作关系，不存在长期或定期安排任务的关系。特殊说明的情况下，全国道德和调解委员会可以给予对这一规则的豁免。这一禁令不涉及实际费用的报销或党的基础设施的使用。

12. 议会或地方自治政府议员在使用法律和地方自治政府规定提供的、用于完成公务的费用前，要征得他的提名机构的同意。

13. 公职人员每年必须向其提名党组织汇报一次。

第十章 党团

第44节

1. 按照党的提名选出的匈牙利议会、欧洲议会以及地方自治政府议员组成党团，其他议员经党团同意也可以加入党团。党团在匈牙利议会、州和首都议会、地方自治政府代表机构中开展工作。

2. 党团在党的纲领和选举纲领框架内，按照相关机构作出的决定，独立负责地开展活动。

3. 匈牙利社会党大会、匈牙利社会党全国委员会、全国主席团的决定对党团有约束力。党团中的匈牙利社会党党员不能在对匈牙利社会党大会、匈牙利社会党全国委员会、全国主席团提交的问题作决定或表明立场时投反对票。

4. 党团经常和与党内相应级别的执行机构及其工作机构合作，了解他们的活动，经常向他们汇报、商讨建议和意见。

5. 党团成员有义务向党的相关组织、机构和工作人员介绍其活动。帮助党团成员的工作，了解其决定，以及在需要的时候提供建议，是党的机构的任务和权利。

6. 党团的领导团队、内部工作组织和运行规则由其自行决定。

第45节

1. 匈牙利议会党团：

a）其匈牙利社会党成员在议会中执行和代表党的政策。

b）党的政治、道德和责任标准对其成员尤其有效。

c）其工作组与分支、智囊工作室、工作群体合作。

d）对违反第 43 节规定的成员，采取警告或撤职处分，严重的或反复发生的情况下全国道德和调解委员会应启动纪律处分。

2. 欧洲议会、州（首都）和地方自治政府中的党团比照适用匈牙利议会党团的相关规则。

第十一章　党的道德和纪律标准以及党的道德和纪律审查程序

道德或纪律过失

第 46 节

1. 如果党员有以下行为，视为道德过失：

a）引起舆论反感，在私人生活或公共生活中做出降低党的公信力的行为。

b）其行为违反党的道德标准和原则，尤其是违反第 2 节和第 3 节中的党的目标、宗旨和原则。

2. 针对道德过失的惩罚有：

a）警告。

b）谴责。

3. 党员做出有意违反基本章程中规定的义务，尤其是以下义务的行为，视为纪律过失：

a）犯罪或犯轻罪，做出违法行为，有其他行为或滥用职权（例如违反道德，滥用职务、关系或信息），引起对党的攻击。

b）有意违反党的基本章程、内部标准、规定，特别是滥用领导职权；故意隐瞒同伙，要求履行告知义务后仍拒不透露；对竞争对手使用卑鄙手段；不使用基本章程中提供的法律上诉，提交到法院。

c）选举期间违反党组织的全国或地方选举战略、战术决定，特别是公开攻击党提名的候选人，武断发起或支持对立的候选人，传播损害党的竞选利益的出版物或声明。

d）未经同意，随意违反共同形成和通过的观点以及共同作出的机构决议，特别是打破先前通过的平台，或是为个人目的伤害党的利益。

e）故意获取内部信息并转交给政治对手，造成党的损失；未经主管机构或工作人员批准，发布对事件的观点。

f）规避利益冲突相关规定。

g）故意或罔顾警告，不经思考地违反基本章程或其所附规定。

4. 针对纪律过失的惩罚有：

a）警告。

b）谴责。

c）撤销党内职务。

d）开除出党。

第 47 节

1. 道德或纪律审查程序可以由任一党员或党内机构发起。须向有道德和纪律审查权的党内组织提交书面请求。

2. 道德或纪律审查程序须作出决定。程序自申请递交起 15 日内应启动，启动后 60 天内完成。如果全国主席团中断了党员的党员资格，道德或纪律审查程序应在资格中断后 8 天内完成。

3. 道德或纪律审查程序的执行应以书面形式告知相关党员和程序发起人。

4. 道德或纪律审查程序只覆盖执行决定中指定的事务。如果道德或纪律审查程序要调查其他的、与原事件无关的事实，由程序执行机构延长程序。程序延长不触犯第二条中对程序时限的规定。如果延长的程序不能在第二条规定的时间内完成，程序执行机构可以有一次机会作出决定，将时间最多延长 30 天。全国主席团发起的道德程序的时限不能延长。

5. 道德或纪律过失审查期间要听取相关党员的报告，程序发起人可以参加听证。如果通知后缺席，或是非自身原因不能出席，可以取消听证。如果取消听证，可以用听证声明补充。道德或纪律过失审查期间的听证和声明，应以书面形式记录。

6. 道德或纪律审查决定应保留书面文件。决定内容包括：

a）确认的事实。

b）执行程序的机构的意见，包括少数意见。

c）投票结果。

d）作出的党内惩罚决定。

e）告知上诉信息。

7. 道德或纪律审查决定应传达到相关党员和道德或纪律审查程序的发起者。

第 48 节

1. 在收到道德或纪律审查决定后 15 天内，可以递交上诉申请。除非基本章程另行规定，在上诉申请未裁决前，不能执行道德或纪律审查决定。

2. 如果接受审查的党员担任或被提名担任党内职务，且执行机构一致作出开除出党的一级决定，尽管递交了上诉申请，该决定仍可以立即执行。

3. 处理上诉申请的党内机构可对原道德或纪律审查决定做出以下判决：

a）如果程序规则被违反，原道德或纪律审查决定无效，作出决定的党内组织须重新审理。

b）如果该行为不是道德或纪律过失，取消道德或纪律处罚。

c）如果该行为的严重性或发生情况与判决不相称，修改相应的处罚力度。

d）维持原道德或纪律审查决定。

4. 不得对已经结束的道德或纪律事件中已经裁定的事实重新启动道德或纪律审查程序。

5. 道德或纪律审查程序的其他规则由全国道德和调解委员会制订，对每个党组织都有约束力。

第 48/A 节

纪律或道德事件中的二级决定不可上诉。

第十二章 党费缴纳规则和党的财务管理

第 49 节

1. 党员每月按照收入的一定比例公平地缴纳党费。党费最低为 200 福林，不得下调。没有独立收入的，或每月工资低于最低工资标准的党员，按最低额度交党费。每年有不超过 10% 的党员可以免交党费。

2. 党费的数额由党员和地方组织签订的协议约定。

3. 党费应每四年交一次，交费时间截止到这四年中的最后一天。每年的党费可以在交费当年的任何时间付清。

4. 党费由地方组织负责收取，收到的党费是地方组织的收入。如果党员延迟交费，地方组织可以催其缴费。每四年，地方组织向地区联合会、地区联合会向全国中央报一次账。

5. 党费收缴报告应包括以下内容：

a) 收缴党费的凭证。

b) 延迟交费的情况下，催缴党费的记录。

c) 催缴未果的情况下，对该党员实施处罚的时间。

d) 免交党费的决定。

6. 地区联合会财务监督委员会每年审查两次党费缴纳和党费登记。为清算迟迟未缴党费的情况，敦促地方组织收缴剩余党费，或实施对不履行党费缴纳义务行为的处罚。

第 49/A 节

1. 担任公职的党员除交纳党费外，还应缴纳酬金或薪金的十分之一作为对党的物质赞助，直至离职。

2. 如果担任公职的党员从多个职位中获得酬金或薪金，那么赞助金额以总的酬金计算。

3. 赞助由提名组织收取。

4. 党组织运行的预算份额主要由党的国家理事会在通过党的年度预算时决定。对党组织的预算支持按未缴党费的比例下调。

第十三章 欧洲议会、匈牙利议会和地方自治政府选举相关规定

第 50 节

1. 欧洲议会、匈牙利议会和地方自治政府选举期间要按照本章对基本章程及所附规定做出补充和修订。

2. 由全国主席团参考预计选举日期决定选举期的开始。

第 51 节

1. 党的选举活动由选举委员会指挥。选举委员会由 5 到 9 人组成。

2. 选举委员会的成立时间由全国主席团参考第 50 节第 2 条来决定。

3. 选举委员会负责选举相关的法律事务，并在选举机构中代表党，负责竞选的组织，指挥竞选的执行。

4. 应建立地方、地区和全国性选举委员会。选区协会中的选举委员会工作由协会的选举委员负责。

5. 地方性选举委员会由党员大会或根据基本章程由代表大会组建，地区联合会中由党员代表或选出机构来组建。选举委员会主席是地方组织或地区联合会主席。组织和运行规则规定选举委员会成员的选出范围。

6. 匈牙利议会中期选举期间无需成立全国选举委员会，地方自治政府中期选举期间无需成立全国和地区选举委员会。

第 52 节

1. 全国选举委员会的成员有：党主席，党的总理候选人，代理主席，副主席，匈牙利社会党全国委员会主席，匈牙利议会党团主席，党的理事和竞选主任。欧洲议会选举时，还包括欧洲议会党团主席。其他成员经全国主席团建议，由匈牙利社会党全国委员会选出。主席从全国选举委员会固定成员中选出。运行规则自行制定，由全国主席团批准。

2. 全国选举委员会除选举任务外，还有以下权利：

a) 听取党的组织和机构的介绍、汇报，为他们订立协商义务。

b) 向全国主席团提出建议，要求地方组织、选区协会和地区联合会撤销严重危害党的选举利益的决定，同时中止执行有争议的决定。

第 53 节

1. 竞选主任在选举委员会的指挥下负责竞选相关的具体组织工作。

2. 应在地方、选区协会、地区和全国级别上任命竞选主任，由组织和运行规则指定的组织任命。

3. 党的全国竞选主任除竞选主任的工作外，还负责党的竞选的统一性、必要的竞选材料的准备和分发、竞选参加者的准备工作。可以向地方组织、选区协会和地区联合会的竞选主任提供指导。

4. 党的全国竞选主任由全国主席团任命。

第 54 节

党员，尤其是工作人员，在选举期间必须避免在公众面前进行危害党的竞选利益的辩论。

第 55 节

1. 对欧洲议会、匈牙利议会和地方自治政府的议员候选人、市长和首都市长的候选人的提名作出决定时，决定权所有人只能按照事先决定的方案给出立场。

2. 方案在提名会议前自行决定，以匈牙利社会党全国委员会通过的选举原则为基础。

3. 提名过程对党员公开，相关文件和其他信息不对党员保密，不能拒绝党员调查。

4. 匈牙利议会独立议员候选人和市长候选人人选的决定，只有在半数以上决定权所有人参加决议的情况下有效。提名会议应立即将提名决定、投票比例通知地区和全国选举委员会。

5. 除得到半数以上提名的情况外，如果决定通过的匈牙利议会独立议员候选人和市长候选人人选没有得到三分之一以上决定权所有人的支持，在全国选举委员会对情况和环境进行分析的基础上重新启动提名。提名权所有人应在五天内对重新提名给出实质性答复。

6. 特殊原因情况下，如果提名或候选人明显损害党的竞选利益，全国主席团得到其三分之二的成员赞成后，根据选举委员会的建议取消提名，重新安排。这种情形下，之前的候选人不能再被提名。

7. ①

第十四章　匈牙利社会党基本章程的附件

第 56 节

1. 基本章程的附件有：
a）匈牙利社会党大会规则。
b）决定和选举规则。
c）财务管理规定。
d）关于保存和管理担任党内职务的党员的财产申报的规则。

第十五章　最终、生效和过渡规定

第 57 节②

第 58 节③

布达佩斯，2011 年 11 月 12 日
匈牙利社会党大会

按照匈牙利社会党大会 2011 年 11 月 12 日决定，基本章程修订条款 2011 年 12 月 1 日起生效。

---

① 匈牙利社会党大会 2011 年 11 月 12 日决定删去此条。
② 匈牙利社会党大会 2011 年 11 月 12 日决定删去此节。
③ 匈牙利社会党大会 2011 年 11 月 12 日决定删去此节。

◇本修订中关于党内职务的利益冲突和财产申报义务的条款于 2012 年常规换届期间启用。

◇2012 年常规换届前独立议员选区协会仍可适用修订前的规则。

◇匈牙利社会党全国委员会 2011 年 12 月会议上，下次换届大会前，通过党员多数投票选出道德和纪律事务理事会主席和成员。

◇担任党内职务的工作人员，以及机构成员，如果没有按照基本章程第 6 节第 4 条进行有效地财产申报，应在关于保存和管理党的财产申报的规则发布后 30 天内进行申报。

◇党的组织和机构应在 2012 年常规换届开始前决定是否需要按照修订后的基本章程条款对组织和运行规则以及基本章程所附规定做出修改。

◇匈牙利社会党大会授权基本章程起草委员会，在基本章程生效前对因修订偶然产生的格式或拼写错误进行修改。

◇全国道德和调解委员会继续处理正在执行的道德和纪律事务审查程序，作出决定。全国道德和调解委员会将对一级判决提出的上诉转交道德和纪律事务理事会，由其执行二级审查程序。

（本章根据匈牙利社会党大会 2011 年 11 月通过的《匈牙利社会党基本章程》翻译）

（中国社会科学院俄罗斯东欧中亚研究所东欧室　贺婷　译）

克罗地亚社会民主党章程[①]

1. 总纲

第一章

克罗地亚社会民主党通过本党章来规定和确认以下内容：名称，标志，总部地点，目标，向公众宣传的方式，行动原则，党员的权利和义务，组织形式，党的机关和机构，它们的选举和罢免方式，任命和撤销，任期，资金，停止工作，其他有利于党员和党的工作事宜。

第二章

克罗地亚社会民主党是独立的民主的党，由自由、平等和有责任感的成员组成，旨在实现以下宗旨和原则：

——尊重人性，人的尊严，权利和自由，无论其世界观、宗教或种族派别、年龄、性别、性取向、政治信仰和社会地位；

——实现和保护工人的权利，他们依靠自己的劳动生活；

——保障弱势的个人、社会团体和阶层的权利和自由；

——保障性别平等；

——保障人们的医疗、教育、福利、劳动、家庭和其他权利；

——坚持可持续的经济发展，促进城市和农村的稳定发展，保护文化和社会的认同；

[①] 原文为克罗地亚语。

——实现克罗地亚公民及其集体的社会的和民族的平等；

——建立民主制度和法律秩序；

——发展多元化的、公正和团结的社会，增进工人和所有社会阶层的优质生活；

——认同反法西斯主义是现代世界文明的成就；

——社会的快速和谐发展；

——建立促进地区自治、区域均衡发展的政治、经济和社会基础；发展城市在互补性发展中的责任和动力角色；

——保护人文遗产和自然环境。

第三章

为践行党章第二章所示的政治原则和目标，以及社会民主主义的基本价值、社会民主党党纲中的合理性和合法性原则，克罗地亚社会民主党采取民主非暴力的议会手段和非议会手段，拒绝不民主的、极权主义的或其他暴力的、不宽容的方式。

第四章

在实现党纲计划和目标的过程中，社民党与国内政党、组织或个人合作；社民党可以加入社会党国际和其他联盟。

第五章

社民党在克罗地亚活动。

党的全名是克罗地亚社会民主党。"党"可以使用"组织"。"社民党"是党名称的缩写。除了全名，在政治行动和法律处理中可以使用缩写。

第六章

社民党是一个法律实体。社民党是在克罗地亚政府机构注册的政治组织。

社民党的主席代表社民党。根据本党章，社民党主席可以授权其他人代表社民党。

社民党的总部位于萨格勒布市艾博罗洛夫广场9号。

第七章

社民党的党徽是一个红色的正方形，里面是斜体白色字母书写的缩写的党名。

社民党党旗为红色，上面印有党徽，所占比例为2∶1。

社民党的印章为圆形，直径3公分，轮辋上刻：克罗地亚社会民主党。在印章最内圈中间是社民党的党徽。

社民党中央委员会通过专门决议来确定党徽、党旗、印章和党组织印章的使用和存放。

第八章

社民党公开进行活动。社民党的机构、党员的公共活动以及他们与社民党的支持者、选民和公民建立联系和施加政治影响的方式是公开的会议、论坛、圆桌会议和其他方式。

社民党通过公开的会议、记者招待会、声明、新闻保障其政治行为的透明。

关于内部事宜，社民党机构可不公开讨论和作出决定。

第九章

对于促进党纲的成员，社民党可以授予奖励。

社民党的奖励包括授予奖牌、徽章和证书。

社民党中央委员会发布专门条例阐述奖励的详细规定。

2. 党籍

第十章

克罗地亚的成年公民可以成为社民党党员。申请人需要自愿签署一份申请表及其熟悉和接受党章和党纲的声明。

接纳新成员由市或区委员会决定。

按照其居住地，每个新成员能够加入党的市或区组织。在特殊情况下，学生可以成为党员。

社民党可以授予名誉党员。社民党主席团决定名誉党员的授予。名誉党员登记在特殊名册上。

社民党党员不能成为克罗地亚其他政党的党员。

所有社民党党员登记在册，其分布和内容由社民党中央委员会通过的专门条例决定。

第十一章

党员的权利和义务是：

——参与党的政策的制定和实现；

——尊重党章、党纲的原则并且执行党机构的决定；

——促进党的声誉；

——按照党章和基本的政治原则独立活动；

——与其他成员一起，在党内组织特殊的政治派别；

——选举和被选举党的所有机关；

——被提名为党在国家、选区和地方的议会成员的名单；

——被告知党的社会活动；

——在特殊情况下，接受党的援助，尤其是当党侵犯了其权利时；

——参与党的所有活动；

——按照党章的规定行使其他的权利和义务。

第十二章

党员必须定期交纳党费。

党费缴纳到社民党的中央账户。

党费取决于党员的收入和社会地位：

——雇员；

——失业人士、学生和退休人员；

——全职成员享受党的福利；

——全职成员收到定期薪水。

中央委员会通过专门条例决定上述党员的义务和权利。

党员提供财政支持，可以使用捐款和其他支持的方法。

任何提供财政支持的党员不能享有特权。

第十三章

没有支付 6 个月及以上党费的成员，不能为党的机构或党在全国、地方选举代表的候选人。

第十四章

社民党财务委员会有义务每半年接受市和区组织作出的关于党费的报告。

第十五章

社民党党员资格的终止：

——党籍的退出（提交通知或者返还党员证）；

——从党籍记录中删除；

——开除出党的最终决定；

——加入其他政党，或者没有社民党的同意而成为其他政党的或独立的候选人；

——党组织解散。

在本党章第十一章第 5 条的情况下，社民党党员的党籍不能终止。

第十六章

一年不交纳党费后，党员资格从党籍记录中删除。

市和区委员会决定党籍的删除。

删除的决定必须以书面形式的解释提交成员。

8 天之内，党员可向社民党监事会提出上诉，监事会在 30 日内必须作出决定。

在最终决定作出之前，暂停党员的权利和义务。

社民党监事会作出最终决定。

第十七章

党员记录删除后，根据党的党章，前党员可以重新注册党籍。

第十八章

党员直接违反党机关的决定，或者其不忠诚的行为，或者严重违反党的党章、党纲原则和目标，从而损害党的声誉，党有权采取程序性措施：

党的程序性措施有：

——警告

——暂停其所有党内职位

——开除党籍

对党造成轻微损害的党员，根据本章规定，可以给予警告。

施行 2 年暂停措施的对象是：党员所造成的危害轻微并且预计惩罚措施能够对其未来行为产生积极作用。

严重地损害党的声誉的党员，给予开除。

第十九章

市或区委员或根据自己的意见或根据社民党省委员会的意见，对违纪党员作出警告或者开除的决定。

在特殊情况下，社民党主席团可以立即停止党员的所有党内职位。如果估计党员的行为有损党的声誉，主席团根据第十八章的规定可以提案停止党员资格。对于主席团的提案，社民党中央委员会在 30 天以内必须作出停止或开除的决定。作出决定以后，该党员可以在 30 天内向监事会上诉。

在党的程序性措施中，党必须说明论点和证据（证人证词文件）。作出该决定的依据是口头审理会。

党必须允许被告人参加审理程序。负责传审的市或区委员会或者监事会，应当确保社民党中有一名党员支持被告。

口头审理应当保留辩论的记录，需要将参与者的个人陈词书面记录。

第二十章

根据第十九章第 1、2 和 3 条作出的裁决必须是书面形式的且包括关于裁决的解释和上诉的指示，通过挂号邮件寄给该党员。

裁决作出 15 天之后，该党员可以向监事会提出上诉，监事会收到上诉之日起 60 内必须作出决定。

在决定上诉的过程中，监事会应当邀请上诉人以及作出受争议裁决的机构的代表，或者有该机构的书面陈述。

监事会可以确认、修改或废除裁决。

监事会作出最终裁决前，停止党员的权利和义务。

监事会的裁决是最终裁决。

第二十一章

开除党籍者可以重新被接纳为党员。当事人应当把申请提交监事会，事先应征得市或区委员会的同意。

开除的最终裁定满一年之后，当事人才可以申请再次成为党员。

监事会应该在收到入党再申请的 60 天以内，决定批准或拒绝。

第二十二章

社民党的支持者可以参加党的活动。他们可以参加党的会议，但是没有表决权。

3. 社民党的结构

第二十三章

社民党是按照领土原则组织的。社民党党员可以按照自己的利益建立组织。

按照领土的组织原则，成员的组织网络由全国级、省级、市和区级组成。

第二十四章

社民党的党籍按照领土原则分为以下类型：

——克罗地亚社会民主党

——社民党省组织

——社民党市组织

——社民党区组织

在萨格勒布和其他大城市，党员可以按照行政区域建立组织。

在农村和大的人口定居点、区、区的部分地区，社会民主党建立支部。

在没有社民党组织的人口定居点、农村、区、市，社民党派驻专员署理。

第二十五章

在某些政治和社会领域，社民党可以成立特别委员会。

第二十六章

社民党成员可以按照自己的利益组织论坛。

社民党论坛的目的是实现社会群体的利益。

3.1. 克罗地亚社会民主党

第二十七章

社民党是一个由克罗地亚境内的所有党员和组织机构组成的独特的政治组织。

社民党是一个法律实体。

社民党的机构是：

——全国代表大会；

——中央委员会；

——主席；

——主席团；

——监事会。

除上述机构之外，社民党的全国代表大会选举党的副主席。

第二十八章

克罗地亚社会民主党设立：总书记、书记处、财务委员会、中央委员会执行委员会、作为政治咨询机构的中央咨询委员会和作为实现党内群体社会利益的论坛。

3.1.a. 社民党的全国代表大会

第二十九章

社民党的全国代表大会是党的最高机构。

社民党的全国代表大会分为选举会议和报告会议。

第三十章

选举会议每四年举行一次,即在克罗地亚议会选举后召开。

报告会议每年召开一次。

议会选举后,选举结果正式公布后 150 天以内,社民党应当举行选举会议。

根据中央委员会的决定,社民党的主席可以提前召集召开全国代表大会。

中央委员会的决定应当包含选举规则、全国代表大会的成员人数、议程、全国代表大会的主题和报告。

中央委员会根据全国、省、市和区的选举结果,决定全国代表大会的选举和成员数量、比例。

召开选举会议的公告应当在会议前一个月公布,召开报告会议的公告应当在会议前 15 天公布。

第三十一章

党主席可以根据中央委员会、监察委员会或至少 5 个省级委员会的要求,召开全国代表大会。

党主席不依照前述条款的规定在一个月内召集召开全国代表大会的,授权的提议者可召集召开全国代表大会,并负责全国代表大会的筹备和管理工作。

当中央委员会的决定违反党章和党纲时,党主席可以召集召开全国代表大会。

本章第 2 条和第 3 条的情况，召集召开全国代表大会的提议者应当遵照第三十章第 6 条。

第三十二章

社民党的全国代表大会：

——制定党章和党纲；

——在其管理范围内作出决定、声明和其他行为；

——制定党的政治立场和指导方针；

——选举副主席；

——选举主席团成员；

——选举中央委员会成员；

——选举监事会成员；

——讨论和接受主席、主席团、中央委员会和监事会的工作报告；

——作出对于主席、主席团的信任决定，依照党章解散中央委员会和监事会；

——采纳《程序条款》；

——审议有关党的管理的其他事项。

全国代表大会表示对主席和主席团不信任时，应暂停主席和主席团的职责，全国代表大会应选举新主席和主席团。

第三十三章

社民党全国代表大会采取多数制原则，不少于三分之二代表参与的决定方为有效。

多个提案，采纳在全国代表大会中获得最多数票的提案。

在特殊情况下，关于程序规则的提案或单独的提案，获得的票数低于最低通过门槛时，全国代表大会可以提出特殊程序进行多次表决，以求获得选票最终达到党章规定的选票数额。

党章和党纲的通过和修改需要多数票通过。

第三十四章

社民党所有机构的成员均是在众多候选人中通过秘密的投票方式选择。

全国代表大会可以决定使用公开的投票方式。

在相同票数下,启动对于获得同样票数候选人的第二轮投票。

全国代表大会通过公开投票选出自己的机构。

选举中央委员或监事会成员,在相同票数下,缺额性别或年龄没超过30岁者优先。

第三十五章

选举党的机构,社民党首先要考虑的是候选人能够代表党的利益,并考虑领土、性别、年龄、国籍和阶级平等等因素。

选举党的机构或国家、地方的代议机构,社民党考虑候选人的性别比例,保障每个性别的比例不少于40%;60岁以上的成员不少于10%,低于30岁的成员不少于20%,尤其是提名国家机构候选人时。

当未顾及上述条款时,中央委员会可以提出调整候选人比例的提案。

党机构选举的提名,应当考虑代表人的职责分工。

每个党员只能任职于一个党的机构,而不是两个同样级别的机构;党章特殊规定或全国代表大会除外。

第三十六章

党章和全国代表大会议事规则以及其决定明确规定了选举。

3.1.b. 社民党的中央委员会

第三十七章

社民党中央委员会是两次全国代表大会之间的党的最高机构。

中央委员由全国代表大会选出,共103人。

中央委员的名额按照每个省级委员会委在议会选举中的结果分配,但是每个省级委员会最少有两名代表。

中央委员任期四年，可以联选。

当选的中央委员，因其在中央委员会的职位与其全国代表大会的代表职位相矛盾的，或者因其他原因不能担任中央委员的，中央委员会应进行递补，之前未能当选的候选人中得票最高者补选为新委员。

增选的中央委员人数不能超过中央委员总数的15%。

第三十八章

中央委员会：

——贯彻和落实全国代表大会的决定；

——拟定党纲和党章及其修正案；

——讨论与党的活动有关的政治、经济、社会和其他问题，并将态度和决议告知党主席；

——设立党的所有机构的选举标准，并按时通知省、市和区组织；

——按照党章为党选举提名候选人；

——根据党主席的提议，讨论并决定社民党的选举纲领和议会议员的候选人；

——选举和罢免总书记和财务主任；

——根据主席团的提议，制定财务计划；

——根据党主席的提议，作出在议会选举和总统选举中或选举之后与其他政党结成联盟的决定以及其他协议；

——根据主席的提议，提名总统或总理选举候选人；

——委任社民党的选举机构，分析和评估选举结果；

——决定社民党的国际交流，以及与国外政党的协议和合作；

——确定党员财政支持的方式和形式；

——根据党章选举和罢免所有委员会的主任和其他成员；

——选举和罢免中央委员会主任和两个副主任；

——主席和中央委员会的观点存在较大差异的，中央委员会获得三分之二中央委员的支持方可宣布提前举行主席大选；

——至少一年一次评价社民党的议会党团；

——讨论论坛的工作；

——建立工作机构和分支；

——管理党的资产；

——监督财务委员会，并选出其主席；

——决定党的专业服务组织；

——采纳程序性规则；

——按照党章履行其他职责。

第三十九章

如果有必要，中央委员会可以就党章是否有效作出决定，但是该决定不能降低党章赋予党员的权利和党的各级组织的管辖权限，改变党员行动的形式。

若在克罗地亚领土发生变化的特殊情况下，党的组织及其形式可以依规定改变。

中央委员会的决定需获得三分之二委员的支持方为有效。

中央委员会决定的合法性需要提交下次全国代表大会确认。

第四十章

中央委员会会议根据需要召开，至少每三个月召开一次。

中央委员会主席召集召开中央委员会会议；主席不在，副主席或者中央委员会中最高位的成员可以召集召开中央委员会会议。

根据党主席团、社民党国会团或四分之一中央委员的要求，中央委员会主席召集召开中央委员会会议，并把所有申请人的提案和问题提交会议议程。

中央委员会主席 30 日内不按要求召集召开中央委员会会议，中央委员会可以授权其他成员召集召开会议和准备议程。

中央委员会会议应邀请党主席，副主席，主席团的成员，国会议员，总书记，财务主任，论坛主席，财务委员会主任，监事会主任，省、市和区组织的主席。

第四十一章

中央委员会会议的有效决定，需要多数成员出席会议并且获得出席会议的多数成员的支持。

中央委员会对于党主席、副主席的不信任案，需要中央委员会半数以上成员的支持。

中央委员会关于党的总统候选人和国会议员候选人的决议，需要半数以上成员的支持。

一般情况下，中央委员会会议的表决公开进行。但是，对任何事项，中央委员会都有权决定是否进行秘密表决。

第四十二章

在选出中央委员会主席之前，党主席召集召开和主持第一届中央委员会会议。

中央委员会的成立大会在中央委员选举后的8天内举行。

3.1.c. 社民党主席

第四十三章

社民党的主席代表和管理党。

社民党主席的任期四年，可以连任。

社民党主席由所有党员直接选举产生。本章确定候选人的提名和选举方法，遵照社民党主席提名和选举条例。

第四十四章

主席：

——遵守党章、党纲和法律；

——执行全国代表大会的决定，以及社民党根据党纲和政治主张产生的政策；

——确定和表明党的政治立场；

——确保党所有机构的合作；

——建议任命总书记和财务主任；

——为执行党的政策，必要时，协调召开省委员会主席和区委员会主席会议；

——根据党章，或者由于严重违反党章和党内程序的行为有必要召开全国代表大会时，召集召开全国代表大会；

——在两次全国代表大会之间，提交党的活动报告；

——中央委员会主席不接受召开中央委员会会议的建议时，党主席可以召集中央委员会会议；

——提出选举纲领并提交中央委员会；

——向中央委员会提交国会议员候选人名单；

——向中央委员会提交国会选举和总统选举报告；

——根据党章的规定执行其他的职责。

第四十五章

社民党主席有责任向全国代表大会提交报告；有负责执行全国代表大会的决定。

中央委员会、监事会或者四分之一全国代表大会代表可以提议罢免主席。主席本人可以提出对于主席的不信任案表决。罢免主席的提案获得超过半数的全国代表大会代表支持为有效。罢免主席提案通过后，全国代表大会应当组织特殊的主席选举。

中央委员会或监事会罢免主席的提案未能获得全国代表大会支持时，全国代表大会可以表决解散中央委员会或监事会。

任期结束之前，主席可以辞职。主席宣布辞职后，应当提前举行主席选举。

3.1.d. 社民党的副主席

第四十六章

社民党设两位副主席，由全国代表大会选举产生，任期四年。

社民党副主席负责党纲的某些方面，并就其工作向党主席和全国代表大会报告。

第四十七章

党主席可以赋予副主席代理权。

若党主席无法确定代理其职权的副主席人选，将由主席团决定。

3.1.e. 社民党的主席团

第四十八章

主席团是社民党的政治执行机关。

主席团成员10名。

主席团的成员包括：党主席、2位副主席、由全国代表大会选举的7名成员。

党主席为主席团主席。

第四十九章

主席团：

——执行社民党的党纲、全国代表大会的决定和中央委员会的决定；

——讨论修改党纲和党章的必要性，并提出草案；

——讨论当前政治问题并作出决定；

——拟定选举纲领的草案，提出国会选举代表候选人、总统选举候选人、总理选举候选人的意见和建议，制定选举中和选举后与其他政党的合作协议；

——建议任命财务委员会主任及其他成员；

——按照党章决定党组织形式和党的其他利益；

——确保党内信息通畅；

——确保党的物质资产适当使用；

——批准党资产的收购、转让和抵押合同；

——保存党的档案和其他文件；

——建立党机关和支部；

——作出超过党其他机构职权范围的决定；

——采纳规则；

——根据党章执行其他的职责。

第五十章

主席团会议根据需要召开，但至少一个月召开一次。

主席团主席召集主席团会议；主席不在时，由行使代理权的副主席召集。

3. 1. f. 社民党监事会

第五十一章

监事会由包括主席和副主席在内的 11 名成员组成。监事会主席和副主席选出其他监事会成员。监事会主席任期四年，可以连任。

除了全国代表大会之外，监事会主席和副主席不能在其他相同级别的党机构任职。

第五十二章

监事会负责解释党章，确定党的决定的合法性，参与、评估和准备党章修正案，起草新党章。

两次全国代表大会之间解释党章；向全国代表大会作工作报告；监视党活动的合法性；根据党章和代表大会的决议执行其他职责。

监事会的决定是最终的决定，不履行监事会的决定意味着背离党的原则。

监事会需要就党章没有规定的特殊事宜在 60 日内作出决定。

3. 1. g. 社民党总书记和书记处

第五十三章

社民党总书记是中央委员会根据党主席的建议选举产生。

社民党总书记任期四年，可以连任。

第五十四章

社民党书记：

——组织和协调党的活动和工作；

——协助党主席组织活动和召集会议；

——执行主席、主席团和监事会的决定；

——协调省、市和区委员会；

——根据需要召集省委书记会议，通常应该在两个月内至少召集一次；

——协调党的其他组织工作；

——经财务主任批准，提出中央委员会关于特殊服务组织的决议草案；

——根据党章履行其他职责。

社民党总书记对主席和中央委员会负责。

第五十五章

书记处是专门执行主席、主席团和中央委员会决策的机构。总书记管理书记处的工作。

书记处对主席、主席团和中央委员会负责。

第五十六章

社民党书记处包括：总书记、书记处书记、负责某些方面的书记。

中央委员会作出关于书记处书记人数及其职责的决定。

根据中央委员会的决定，书记处成员可以担任专业职务。

3.1.h. 社民党财务主任

第五十七章

社民党设有财务主任，负责管理党的收入和支出、党产、党的雇员，党资产的收购和转让，组织党的金融活动和其他经济事项，管理党的专业服务。

财务主任在合法的交易中代表社民党。

财务主任对党主席和中央委员会负责。

第五十八章

财务主任与总书记准备和协调下一年度的财务计划，协调其他支部的财务计划。

财务主任向主席团提交年度的财务计划。

财务主任向主席团、中央委员会和财务委员会提交金融和经济业务的报告。

3.1.i. 社民党财务委员会

第五十九章

财务委员会是社民党中央委员会的执行机构。

财务委员会设一名主席和四名成员。

社民党的财务委员会：

——监察党资产的使用情况，作出适当的决定并提交书面报告；

——接收党的财务报表。

第六十章

财务委员会在社民党主席团批准党资产的收购、转让和抵押合同前，提出建议。

3.1.j. 社民党中央咨询委员会

第六十一章

社民党中央咨询委员会是党的政治咨询机构。

中央咨询委员会讨论重要政治问题、方案和党的行动策略，提出和编辑纲领文件尤其是关于选举、鼓励党的新活动和公民倡议等的文件，讨论具体问题，向党的其他机构提出建议和意见。

中央咨询委员会的成员从社民党优秀党员中选出，也可以不是社民党党员，但必须是接受社会民主主义价值观和党的基本原则的杰出人物。

中央咨询委员会的主席从优秀党员中选出。

中央咨询委员会主席是中央委员会的成员。

中央咨询委员会主席召集召开中央咨询委员会会议。中央咨询委员会主席可以邀请非党专家出席会议。

根据党主席、主席团或者中央委员会的要求，中央咨询委员会主席应召开中央咨询委员会会议并讨论相关议题。

中央咨询委员会制定中央咨询委员会和专家咨询的议事规则。

根据党主席或者三分之一及以上中央委员的建议，中央委员会选举中央咨询委员会主席。

3.2. 社民党组织形式

3.2.a. 社民党的市和区组织

第六十二章

市和区组织是社民党党员在市和区结社和组织的基本形式。

党的市和区组织的设立遵照克罗地亚的行政区划。

根据省委员会或总书记的建议，中央委员会设立新支部。

根据党章和党纲，每个党组织在各自区域内独立活动，践行党章和党纲的原则。

市和区党组织不是法律实体，按照党章赋予的权利进行活动。

第六十三章

市和区组织包括：

——代表大会；

——委员会；

——主席；

——监事会。

市和区组织设有一个或两个副主席，也可能设立主席团作为其政治执行机构。

除了主席之外，所有机构应遵循《程序条款》。

第六十四章

代表大会是市和区组织的最高选举机构和政治机构。

市和区组织多于200人的，代表大会按照代表制原则组织；否则，所有党员组成全体大会。

党员人数多于200名的市和区组织，有效决议需三分之二及以上代表参加代表大会，并获得半数以上代表赞同。

党员人数少于200名的市和区组织，有效决议需半数以上党员参加全体大会，并获得半数以上参会者赞同。

第六十五章

市和区组织的代表大会分为选举会议和报告会议。

市和区组织每四年举行一次选举会议，市和区议会选举结束后90天内，市和区组织必须举行选举会议。

报告会议每年举行一次。

根据市和区委员会的决议，市和区组织主席召集召开代表大会。

决议包括选举规则、代表大会成员的数量（根据党员数量和市或区选举的结果）。

在特殊情况下，根据省委员会、党主席、党监事会、本组织的监事会或者四分之一市和区代表大会成员的书面要求召开代表大会。

市和区组织主席在30天内不按前述条款规定召开代表大会的，申请人可以被授权召集召开代表大会，准备代表大会的议程和管理工作。

第六十六章

市和区代表大会：

——讨论和决定市和区组织主席提交的工作报告；

——讨论和决定市和区组织监事会的工作报告；

——通过市和区组织的活动方案；

——通过特别决议决定市和区委员会的成员数量和构成；

——选出任期四年的市和区组织副主席、主席团和监事会；

——选出省代表大会的代表；

——根据决定，选出全国代表大会代表；

——必要时对市和区组织的当选者进行信任投票；

——采纳《程序条款》；

——考虑和讨论与支部政治活动有关的其他事项。

第六十七章

市和区组织党员人数少于30名的，不专设市和区代表委员会，除监事会成员外，所有党员都是市和区委员会的成员。

市和区组织党员人数多于200名的，按照代议制原则召开市和区代表大会，党组织的主席由所有党员选举产生。

第六十八章

市和区组织的主席、副主席和书记在区委员会执行相同职责。

第六十九章

未设市和区组织的地区，省委员会将委任一名专员为设立新组织创造条件。

专员与市和区组织具有同样的权利和义务。

第七十章

市和区委员会包括：主席、副主席、书记和由区代表大会选举的其他成员。

市和区委员会会议应当邀请：党在市和区议会和政府的代表，市和区论坛主席，市和区委员会主席，党的更高级别组织的代表，居住在该地区的国会议员。

当选的市和区委员会委员，因其担任的委员会职位与代表大会的代表职位相矛盾的，或者因其他原因不能担任委员会委员的，市和区委员会应进行递补，之前未能当选的候选人中得票最高者补选为新委员。

增选的委员不能超过所有委员总数的15%。

第七十一章

市和区委员会：

——每月召开一次会议；

——在两次区代表大会之间管理市和区组织；

——落实市和区组织的纲领、党纲、党章以及上级机构的决定；

——评估政治决定，明确政治观点；

——鼓励市和区组织的活动，影响区政府；

——确定党在市和区议会选举的候选人；

——确定党的市和区组织选举的候选人；

——确定党在市和区议会和政府的代表候选人；

——至少每年一次，讨论和评估党在市和区议会和政府代表人的工作；

——决定党在市和区选举及选举后与其他政党结成联盟；

——为党在省或国家的代表和执行机构提出候选人；

——选出市和区委书记；

——选出市和区组织的财务负责人；

——根据党章执行其他的职责。

第七十二章

市和区组织可设主席团。

主席团是市和区组织的政治执行机构。

主席团由经市和区代表大会选出的5至7名成员组成。

主席团包括：主席、副主席、市和区代表大会选出的其他成员。

主席团主席召集主席团会议，设置会议议程并主持会议。

主席团会议应当邀请市和区委书记参加。

第七十三章

市和区组织的主席团：

——至少每月召开一次会议；

——讨论区存在的问题，向当地政府提出政治评价和建议；

——发展区内党员和利益共同体；

——执行区委员会所赋予的其他职责。

——与区委员会一起管理党的市和区组织。

第七十四章

市和区组织的主席由区所有党员选举产生。选举方法依据党章规定的市和区组织主席的提名和选举条例。

主席被罢免或者宣布辞职，应提前举行主席选举。这适用于所有市和区组织的主席。

主席应当召集和主持区委员会会议，并按照授权代表市和区组织。主席至少每年一次应当向区委员会和代表大会作工作报告。

副主席在主席缺席的情况下代替主席，并实施主席的决定。副主席对主席和区代表大会负责。主席可以启动罢免副主席的程序。

书记负责落实区委员会的决定，帮助主席召集召开会议，协调区之间、论坛之间和其他市和区组织之间的合作，负责党籍登记，对区委员会和主席负责。

第七十五章

市和区组织监事会至少由3名员组成，由区代表大会特殊决定任命。

监事会监督市和区组织活动的合法性，控制出纳业务的准确性。

监事会成员不能在党的其他同级别组织中任职。

监事会主席应当受邀参加区委员会的会议。

第七十六章

市和区组织所有机构的决定得到三分之二及以上成员的赞同，方为有效决定。

以无记名方式投票的决定，获得半数及以上成员的赞同是有效的。

3.2.b. 社民党省的支部

第七十七章

省级组织是党员结社和组织的一种形式。

省级组织的设立遵照克罗地亚的省级行政区划。

省级组织不是一个法律实体,按照党章赋予的权利进行活动。

第七十八章

省级组织包括:

——省代表大会;

——省委委员会;

——主席;

——监事会。

省级组织设一个或两个副主席,可能设立主席团作为政治执行机构。

除了主席之外,所有机构应遵守《程序条款》。

第七十九章

省代表大会是省级党组织的最高机构。

省代表大会分为选举会议和报告会议。

省级组织应当每四年召开一次省代表大会,省议会选举结束后120天内,省级组织必须召开选举会议。

报告大会每年举行一次。

根据省委员会的决定,省级组织的主席召集召开省代表大会。

省委员会的决定包括选举规则、省代表大会成员的数量、议程草案和省代表大会的报告主题。

省级组织的主席根据省选举的结果决定参加省代表大会的人数。

在特殊情况下,根据省委员会、党主席团、党监事会、省级组织监事会或者四分之一及以上省代表大会代表的要求,省级组织的主席应当召集召开代表大会。

省级组织的主席在 30 天内不按前述条款规定召开省代表大会的，申请人可以被授权召集召开省代表大会，准备省代表大会的议程和管理工作。

第八十章

省代表大会：

——采纳《程序条款》；

——采纳工作的规则和程序；

——讨论和决定主席和省委员会的工作报告；

——裁定监事会的报告；

——通过特殊决议决定省代表大会成员的数目，保证每个市和区组织至少有一名代表；其余名额按照省议会选举的结果进行比例分配。通过特别决议决定省监事会成员的数目。

——选举两个副主席、主席团、监事会，任期四年。

——必要时对省级组织的当选人进行信任投票。

第八十一章

省委员会包括：主席、副主席、书记和省代表大会选举的其他成员。

省委员会会议应当邀请：党在省议会和省政府的代表，省论坛主席和委员会主席，党的更高级别组织的代表，省会员，居住在该省的国会议员。

第八十二章

省委员会：

——每两个月召开一次会议；

——在两次省代表大会之间管理省组织；

——落实省级组织的纲领、党纲、党章以及上级机构的决定；

——评估政治决定，明确政治观点；

——鼓励省级组织的活动，影响地区政府；

——确定党的省议会选举的候选人；

——确定党的省级组织选举的候选人；

——确定党在省议会和政府的代表候选人;

——至少每年一次,讨论和评估党在省议会和政府代表人的工作;

——省议会选举中和选举之后决定与其他政党结成联盟;

——提出省议会或国会的候选人;

——选举和罢免书记;

——选择省级组织的财务负责人;

——根据党章执行其他的职责。

省委员会事先应当向党的监事会问询其所提出的规则是否符合党章规定。

第八十三章

省级组织可设主席团。

主席团是省级组织的政治执行机构。

主席团由经省代表大会选出的5至7名成员组成。

主席团包括:主席、副主席和省代表大会选出的其他成员。

主席团主席召集主席团会议,设置会议议程并主持会议。

主席团会议应当邀请省委书记参加。

第八十四章

省级组织的主席团:

——至少每月召开一次会议;

——确定政治立场,进行政策评估;

——发展地区党员和利益共同体;

——协调市和区组织的工作;

——组织和开展省议会的竞选活动;

——执行省委员会所赋予的其他职责。

与省委员会一起管理党的市和区组织。

第八十五章

省级组织的主席、副主席和书记在省委员会执行相同的职责。

第八十六章

省级组织的主席由省所有党员选举产生。选举方法依据党章规定的省主席提名和选举条例。

主席被罢免或者宣布辞职，应提前举行主席选举。这适用于所有省级组织的主席。

主席应当召集和主持省委员会会议，并按照授权代表省组织。主席至少每年一次应当向省委员会和代表大会作工作报告。

副主席在主席缺席的情况下代替主席，并实施主席的决定。副主席对主席和省代表大会负责。主席可以启动罢免副主席的程序。

书记负责落实省委员会的决定，帮助主席召集召开会议，协调省与省间、论坛间和其他省级组织间的合作，负责党籍登记，对省委员会和主席负责。

第八十七章

省级组织监事会至少由5名员组成，由省代表大会特殊决定任命。

监事会监督省级组织活动的合法性，控制出纳业务的准确性。

监事会成员不能在党的其他同级别组织中任职。

监事会主席应当受邀参加省委员会的会议。

3.2.c. 社民党地区组织、支部和党员大会

第八十八章

根据地方行政区划，社民党党员可以在萨格勒布和其他大城市成立地区组织。

社民党党员可以在村庄、较大定居点、城市和区成立支部。

地区组织的成员不少于50人，支部的成员不少于5人。

所在地的市或区代表大会委员会决定成立新的地区组织和支部。

市或区委员会的决定应包括地区组织和支部的选择方法、数量、内容和活动方式等细节。

第八十九章

地区组织选举地区委员会、主席、副主席和书记，任期四年。

支部选举支部委员会、主席和副主席，任期四年。

第九十章

市或区委员会为制定和执行其政策，可以直接召开全体党员会议。

党员人数太多的，可以组织村庄和定居点的党员大会。

根据市或区代表的要求，或者居住在该地区的四分之一党员的要求，市或区委员会应当召开党员大会。

3.2.d. 萨格勒布社民党组织

第九十一章

萨格勒布设立特殊的党组织，按照党章关于省级组织的规定活动。

萨格勒布各区（萨格勒布市的下级行政单位）设立地区组织。

萨格勒布各区之下（萨格勒布各区的下级行政单位）设立支部。

根据萨格勒布市委员会的建议，萨格勒布市代表大会作出特殊的决定，确定市组织的结构、权限以及之间的合作。

根据萨格勒布市组织的管理条例，萨格勒布地区组织的权利和义务遵照区组织的权利和义务。

根据党章，萨格勒布市代表大会需要询问党的监察委员会的意见。

3.3. 社民党的专业咨询机构

3.3.a. 社民党专家会议

第九十二章

社民党专家会议是中央委员会和党的其他机构的专家建议机关。

社民党专家会议为对于党的政治活动至关重要的特殊领域制定公共政策而创设，例如经济、金融、文化、教育、科学、卫生、社会福利，等等。

专家会议讨论特殊的公共政策以及宏观政治和政策,如提出纲领文件、与选举有关事宜以及向党提出意见和建议。

根据主席团和中央咨询委员会的建议,中央委员会决定召开专家会议。

专家会议的主席召集召开会议,可以邀请所涉领域的非党专家参加会议。

专家会议的成员从社民党优秀党员中选出,也可以是非党人员,但必须是接受社会民主主义价值观和党的基本原则的杰出人物。

根据主席团、中央委员会或中央咨询委员会的要求,专家会议主席应当召集召开会议。

根据党主席、中央咨询委员会或者四分之一及以上中央委员的支持,中央委员会选举专家会议主席。

3.3.b. 社民党的省、市和区的专家会议

第九十三章

省、市和区可以设立专家会议。

根据党章的规定,省、市和区委员会作出建立专家会议及其活动方法和内容的决定。

省、市和区的专家会议应获得社会党中央咨询委员会的支持。

3.4. 社民党的国会党团

第九十四章

社民党的国会议员为协调其行动,建立党的国会党团。

国会独立议员(不隶属于任何党派)可以成为社民党国会党团成员。国会党团根据特殊决定成立。

第九十五章

社民党国会党团是党的机构,通过立法和议会的活动代表社会民主价

值,实现党章和党纲。

为完成其职责,议会党团同党的其他机构合作,尤其是与中央委员会、主席、主席团和中央咨询委员会合作。

议会党团成员选举党团主席和副主席。党团主席只能是社民党党员。

党团应当采用《规则条款》。

第九十六章

议会党团每年一次向中央委员会提交报告。

议会党团在提交所有议案前,应顾忌和考虑中央委员会的建议。

本章的规定应适用于省、市和区组织的议会党团。

第九十七章

提名为国会选举的候选人应当签署遵守党政策的声明。

中央委员会确定声明的内容。

国会党团成员在任期内违反党章和党纲,或者加入其他政党,中央委员会将开除其党籍,要求其辞去国会议员。

关于国会党团成员的规定也应适用于省、市和区的议会党团成员。

3.5. 其他的组织形式

3.5.a. 社民党论坛

第九十八章

论坛是为实现党内某些社会团体政治利益的组织形式,例如青年、妇女、老人等。

党中央委员会作出建立论坛的决定。

中央委员会的决定应根据成员的利益和需要,确定论坛的权利和义务。

非党成员可以成为论坛的成员,但其应当同意党的政治目标、遵守党的党章。

第九十九章

在社会民主党的领导下，论坛根据其自身规则、纲领文件和决定活动，参与党的工作。

论坛的规则、纲领文件和决定不能与党章、党纲和党的决定相冲突。

3.6. 社民党组织的解散

第一百章

根据主席的建议，中央委员会可以在以下情况下解散党组织并召集会议成立新组织：

——不能实现政治目标和政治纲领；

——行动违背党的基本政策和目标；

解散机构的成员有权在 15 天之内向监事会提交申诉。15 天之内监事会必须作出决定。

监事会的决定是最终决定。

选出新机构之前，中央委员会委派专员负责 30 天内召开组织代表大会。

3.7. 社民党的解散

第一百零一章

获得三分之二全国代表大会代表的赞同，全国代表大会可以通过决议终止党的活动。

决议应包括对党产的处置。

过渡和最后的条文

第一百零二章

社民党所有组织及其成员的提名和选举应该遵照党章以及根据党章制定的机构和成员提名选举法产生，第十一次全国代表大会附加并采用了第

1 至 5 条款。

全国、省、市和区党组织主席的提名和选举，由所有党员按照党章以及（本章包括的）全国、省、市和区党组织主席的提名和选举条例产生。

前款规定的规则应适用于第十一次全国代表大会之后所有全国、省、市和区党组织的选举。

第一百零三章

本党章自全国代表大会通过之日起开始生效。

自本党章生效日起，党的所有文件应在 12 个月内符合本党章规定。

第一百零四章

自本党章生效之日起，2004 年 5 月 8 日举行的第九次全国代表大会通过的党章宣告作废。

（本章根据 2008 年克罗地亚社会民主党全国代表大会通过的《克罗地亚社会民主党章程》翻译）

（北京大学国际关系学院　Ivica Bakota　项佐涛 译）

第二章 共产党

"捷摩共"长期纲领——新千年之际的"捷摩共"①

一、需要作出根本改变

我们站在21世纪和新千年的门槛。在新的形势和条件下，我们仍在为人的体面的生活而奋斗不已。

资本主义复辟已经十年，其结果导致了政治、经济、道德和生态领域的深刻危机。私有化已经演化成了单纯的财产转移，而"捷摩共"从一开始就对其缺陷发出了警告。国有财产的关键领域现在已经被少数私有者阶级所掌控。外国资本已经完全加入到了褫夺财富的行列。捷克已经被拖入了以美国为首的世界列强主导的政治军事版图中。北约进入了我们国家的领土，利用我们的人力和物质资源。经济却依然没有恢复到1989年的水平，这直接造成了相当一部分人生活水平下降，生存受到威胁，社会机遇流失，失业和犯罪频增，国家利益受损。在过去的十年中，右翼借助大规模的蛊惑人心和歪曲事实来达到其政治目的。右翼的政策已经逐渐丧失民心。

时势给左派提供了新的机会。囿于其与公民民主党（右翼）签订的"反对协议"，它只能在国家体制框架内行事。它的由来已久的意识形态偏见，致使捷克社会民主党政府没有能力改变国家的发展路线。社会民主党日益背离自己的选举承诺，如果不改变政策，其与右翼相差无几，而右翼反对派提供的选择是不可行的。极端主义者和独裁集团与各种形式的强势

---

① 译自英文。

政府狼狈为奸，并对议会制造成威胁，目的是企图中伤民众的精神。这是一种危险的信号，这种情况有利于法西斯主义——公开反民主的、服务于大资产阶级的独裁政权——的发展。30年代的德国和70年代的智利的历史提醒我们要注意法西斯者，他们会镇压不屈服的左翼。他们首先会鼓动那些叛逆的年轻人做出一些过激行动，这对国家的未来和文明化进程是个威胁。另一方面，他们可以操纵民意。信息化时代的到来使他们可以垄断信息，甚至伪造信息。"捷摩共"同时也警告那些反共主义者，过去他们总是限制民主，剥夺劳动人民的社会权利，危害民族利益。

大部分人对社会发展方式不满意。"捷摩共"就是主要的反对力量，我们制定纲领，试图进行变革，克服当前的社会危机。"捷摩共"纲领的长期目标是建设一个现代化的社会主义社会。这个社会能够保障每个人——无论其财富多寡和社会地位高低如何——真正的、长久的自由和平等。这一理念是以马克思主义为基础的，并吸纳了新思想、新经验。共产主义者一直是竭力维护和促进那些受剥削、受限制、受压迫阶级的利益的。现在我们主要的使命是阻止贫富差距的进一步扩大和文化水平的下降，反抗那些限制民主和公民在公共生活中的影响力的企图。

在召开第五次代表大会之际，"捷摩共"作为一个独立的、在政治光谱中占据显著地位的政党进入新千年。这主要得益于"捷摩共"的原则性政策。边缘化"捷摩共"，或者像一些政治力量、政治领导人那样抵制"捷摩共"的行为都是大多数公民所不允许的。"捷摩共"意识到这一事实：如果希望处理民众日常关心的事务和当今的重大问题，则必须进行体制改革，以此来战胜资本主义。唯有如此，才能赢得民众、选民和民进活动分子的理解与支持。"捷摩共"寻求这些人的支持：利益受到直接影响的人，那些在工作和活动中创造社会财富但自己却不被重视、被剥削的人，那些关心社会公正、民主发展并希望成为国家主人的人。

二、资本主义全球化的帝国主义特性

"捷摩共"意识到处理好国内局势与国际问题的相互联系，对自己实施政策会产生重要影响。我们也承认世界已经发生了质的变化。华约和经互会解散后，以美国为首的主要资本主义国家，强化自身地位，开始控制全世界。新的历史条件也意味着劳动力的国际分工已经到达一个更高阶段，劳动力与基础性的技术创新和灵活组织的生产为基础的新生产力之间的关系更加紧密。资本、商品、服务、劳动力和信息构成了世界市场。人与人之间、国与国之间、机构之间的世界联系越来越深入、广泛。随着劳动生产率的提高和服务业的增长，一线工人的需求数量持续下降。国家间经济联系的日益密切，往往伴随着不平等的国际经济关系，从而导致国与国之间的鸿沟日益扩大。世界性的信息社会正在形成。信息技术使人与人之间、不同的文化之间的沟通更加紧密，从而使一个国家可以在另一个国家开展经济活动并从中牟取利益。

随着劳动力国际分工的发展，资本主义全球化在今天占据了主导地位，这与大多数人利益是冲突的。资本主义意识形态、商品和服务也随之扩散。这加剧了国际垄断，跨国集团把自己的规则强加给竞争者和世界其他国家。当前，世界资本主义在走向现代化，这预示着资本主义制度的生命力延长了。同时，世界各方面的发展日益不均衡，"多余"人口正面临种族灭绝的危险。垄断的加剧还使少数富国对世界产生决定性影响力。跨国公司根本不遵守民主程序，也不尊重他国的政治制度。他们尊崇特权与强权，对弱者充满歧视和无视。全球化的资产阶级充分利用了世界劳动力市场和世界自然资源，他们试图通过信息时代的世界市场控制他国人民。

捷克在没有做好准备的情况下被卷进全球化中，直接受到跨国资本的政治影响，没有保护好大多数人的利益。捷克重新走上资本主义道路，致使国际地位直线下降，给未来发展带来危害。伴随全球化而来的还有全球意识。对资本主义全球化，我们既不能盲目崇拜，也不能盲目抵制，更不能无视它。我们要采取行动，改变资本主义的帝国主义特性，创造一个更加公平的世界秩序。如果左翼之间不加强合作，不加强与国际左翼的合作，就不会发生社会变革，捷克就没有公平的发展机会，过不上有尊严的生活。

世界和欧洲大陆动荡不安，我们的首要任务之一是维护和平，阻止武装冲突。我们反对军国主义，动用武力会耗费大笔军费开支，并给人类带来威胁。1999年捷克加入北约后，我们也没有停止呼吁改变安全结构，退出北约。我们认为可以首先从中止成员国资格开始。我们认为不受美国支配的集体安全的最好方式是欧安会的组织方式，这也符合联合国宪章中规定的以平等、和平方式解决冲突的精神。我们要求停止军备竞赛，裁减军队，禁止使用大规模杀伤性武器，使中欧成为一个无核区。

三、国际左翼的团结与合作

左翼认为全球化时代的国际关系是相互依存的，我们需要联合起来创造和平与安全，推动可持续发展，保护并创造一个世界生存环境，促进经济发展和社会稳定。在左翼看来，通过有效的全球性管理可以摆脱经济、政治的丛林法则，使所有国家和地区都有一个平等的决策机会，都能够享受发展成果。只有民主的新世界秩序才能对抗日益加剧的全球无政府主义。联合国是未来发展的基础。"捷摩共"坚决反对弱化联合国的行为。

为了阻止资本主义在全球化进程中肆意掠夺。受剥削、受威胁的群体必须开展世界性运动，进行有组织的反抗。社会和政治冲突必然会演变成超国家冲突和事件，国际主义者和国家政策也需要赋予新的内容和含义。在这种情况下，国际左翼与新的组织和运动合作，倡导一个更加公平的世界秩序，新的全球性的抉择。"捷摩共"意识到很有必要联合起来反对超级集团、跨国垄断组织的侵犯，成立一个全球性的联合左翼。新机会就展现在我们面前。随着技术的进步，越来越多的白领成为雇佣劳动者。同时，信息革命促进了自我组织、自我意识，提供新的行动指南。

欧洲左翼有着共同的目标。加强真正的左翼、工人、共产党之间的相互联系是格外重要的。在欧洲机构工作是很有收获的，包括与欧洲议会的左翼集团（比如说欧洲议会的左派党）合作。与国民议会中的左翼协调并充分利用媒体政策中的左翼优势也是一项重要工作。"捷摩共"纲领的另一个主要特点是提出与邻国左翼合作，加强现有的机构合作并成立新的左翼合作机构。中欧的人口流动及文化的日益多元性也给"捷摩共"带来挑战。"捷摩共"反对敌视外国人和歧视某些从南部和东部迁移过来的少数民族的政策，旗帜鲜明地反对民族主义、激进主义现象。当然，提振民族觉醒和培育爱国主义精神也是其应有之义。

我们对欧洲经济、政治合作和一体化的明确态度日益重要。未来的捷克不能是孤立的。国际一体化是个现实，一体化的发展可以很大程度上给予国家及其民众大量机会。在全球经济竞赛中，欧洲和单个国家为了保全自己将不得不进行斗争。对我们来说，除此以外，这可以促进左翼力量的合作和一体化。在一体化进程中，国家需要转移一部分主权给超国家机构，这不是容易做到的。"捷摩共"强调互利、平等，要求全面现实地考虑获益情况。我们把一体化视为更大的经济效益，这对文化的发展也有所裨益。然而，我们也没有忽视欧盟的负面影响，它使社会不确定性因素进一步增加，它有助于培育官僚主义，牺牲广大人民利益来提高跨国独裁的收益。这是我们反对欧盟的一个重要方面。

欧盟规定加入欧盟是有条件的，但"捷摩共"认为加入欧盟不能有任何附加条件。这与其他欧洲共产党的看法不尽一致。我们反对政府为了加入欧盟而同意所有条件。不能把欧盟成员国资格与贝尼斯法令联系在一起。欧洲一体化也不能损害捷克的发展潜力，剥夺民众提高生活水平的机会。除了欧盟一体化外，我们认为，捷克有必要利用一切机会加强与中东欧和世界其他国家的一体化与合作。我们要求捷克民众自己投票决定是否加入一体化机构，在投票之前要经过广泛的讨论。我们呼吁欧洲一体化采用民主的形式，建设一个社会主义欧洲。

四、依靠"捷摩共"摆脱危机——是捷克更好的方式

"捷摩共"认为未来的工作重心是阻止危机加深。许多民众希望可以找到摆脱社会形势的四面楚歌。因此，"捷摩共"不仅仅是反对现存政策。解决危机意味着削弱右翼的影响力，而后者需要为当前的危机负主要责任。"捷摩共"极力要求政府实施关心国家利益的强硬的社会纲领。如果

有机会实施"捷摩共"提出的能够代表大多数人利益的纲领，我们可以接受共同执政。但是，任何情况下我们都不同意实施令民众失望的形式化的、三心二意的措施。我们认为彻底解决危机的办法是重新开辟社会主义道路。

"捷摩共"当前的反危机措施是阻止大多数社会部门的进一步衰败。激活它们，使它们得到全面发展，尤其是在经济领域，需要特别关注。那些在资本主义转轨过程中获益的，以社会为代价提高了自己财富和权力的人——贪污分子，大企业主、经理人，金融部门，国家和银行官僚——应该买单。摆脱混乱并不排除使用一些特殊的过渡措施，包括一些非市场的行政手段（比如：调节物价，规范外国资本，采取进口限制）。

局势促使我们要马上进行根本变革。其中，经济复苏是变革的重中之重，在保护国家自然资源的同时使国家走向复兴。我们建议提升国家的管理能力，使民众能够广泛参与。我们要在支持重点企业的同时，同时保护好中小企业。"捷摩共"提议进行广大人民受益的税费改革，并改革货币政策以适应社会发展。打击经济犯罪也是一项迫切的而又长期的工作。我们需要制定政策保护国内农业生产，支持农业企业，尤其是合作社，全面提高人民的生活水平。

"捷摩共"认为实施完善的社会政策是一项关键任务。这需要对劳动力技能进行投资，发挥每个人的才华，创造就业，投资教育、卫生，给年轻人提供一个美好的未来，确保老年人安全的退休生活。通过尊重《基本人权和自由宪章》及社会和经济权利可以实现这一点。实施右翼极力反对的欧洲社会宪章也很重要。刻不容缓的抵制进一步削弱社会文化基础、破坏文化和语言并使之商业化的行为，抵御外来影响。有必要保护自主性、创造性，合理使用精神财富，包括信息和艺术作品。必须确保每个人，不论财富的多寡，都有权享用文学、艺术、文化遗产、教育。对自然资源，要本着可持续发展的理念开发利用，重要的自然资源要收归国有。我们还要加强生活环境法的执法力度。

我们不能因为社会局势紧张就弱化民主，更不能抑制政治体制的多元性。我们的根本问题是要保护弱势群体，打击日益严重的犯罪。"捷摩共"支持公共管理改革，以提高效率，防止不必要的官僚化。我们认为地方政府可以开展广泛合作，当然，前提是广大人民能够享受到这一成果。那些不享受特权、靠自己劳动生存的群体之间也应该进行广泛合作。

"捷摩共"的纲领虽然是一个直接对抗危机的措施，但更是一个计划用十年时间复兴社会的规划。我们的纲领关键是要确保国民经济长期增长，同时实施一个负责任的社会政策，包括生活环境。"捷摩共"提出了自己的经济发展规划，这需要个人、集体和机构的广泛参与。我们纲领的核心是促进增长政策，投资于现代化，刺激国内消费，合理部署所有可以利用的资源。长期稳定的增长需要改变观念，例如加大对科技、培训、生态的投资，提高生活水平。我们要采取措施阻止国内生产的逐渐下降，限制不必要的进口，包括国内市场。我们要求采取法律手段，阻止外国公司利润的可疑性转移，对国际机构的要求要有更加独立的、自力更生的态度。所有这些都要求加强市场经济的战略方针，详细规划主要经济产业的增长方式。

在这个时期有必要改革私有制，完善国有企业管理，强化国家和地方当局作为所有者的管理者的角色。混合型经济体制及所有制形式的平等意味着必须维护国家对关系国计民生的经济部门的控制。"捷摩共"还提议保护现存的集体经济，鼓励发展一种新的集体所有制。提高工人、雇员的管理权和收益也是非常重要的。为了提高生产的自我管理、员工的参与意识，应该成立员工劳资联合会，支持各种形式的员工参与。"捷摩共"将创造条件使员工能够租赁公司，或者接管公司的所有权。

要创造条件逐渐实施强大的、稳定的社会政策。在政治生活领域要强化民众的权利，要加强民众在群众组织的活动和主动性，抵制不民主的行为和对民众的操纵，让民众尽可能地参与到社会管理中。为此，我们要把重点放在教育方案、信息传播上，放到独立的、社会性的科学艺术创造方面，放到复兴、巩固崇高的道德标准的、人道主义的、生态的价值观上。

五、充满希望和精诚团结的党

"捷摩共"与国内其他党不同,它反对资本主义,寻求系统解决社会总危机的途径。我们认为国家需要进行政治改革,以便广大民众直接参与到决策过程中。"捷摩共"与民众进行对话,告诉他们问题如何解决,也支持与其他政党成员之间的交流。"捷摩共"会组织一些活动,让尽可能多的民众参与,尤其是劳动人民及其组织。"捷摩共"还支持民众组织起来进行自卫,比如说工会运动,我们认为在以后的生活中工会的作用会逐步加强。我们知道唯有实际有效的政策才能持续赢得民众的信任。捷克民众可以放心,我们的纲领是可行可信的,公开透明的。

左翼的未来取决于能否赢得年轻人的支持,尤其是那些感觉自己处于困境的和意识到未来威胁的年轻人。"捷摩共"支持年轻人参与到与自己生活密切相关的领域中,理解他们对新的生活方式、生活理念的追求,认同他们选择不同于主流价值观念的生活方式。当然,我们不会让他们孤立于社会。年轻人与左翼的广泛合作是至关重要的,因为他们能够与年轻人的各种组织和非官方团体联系。通过与年轻人对话,可以提供给他们表达自己观点的机会,支持他们那些与"捷摩共"政策一致的意图(尤其是与激进主义和法西斯主义、战争和暴力的斗争,反对妨碍平等、自由的行为,争取工作的机会,反对职业培训的减少,保护生存环境、儿童权益等等,这也符合"捷摩共"的总体社会目标)。

"捷摩共"是由社会活跃分子以民主的方式组织起来的。"捷摩共"的最大优势是党员规模,致力于追求社会公正的支持者人数,以及遍布全国的组织结构。我们这一优势应该充分利用。这就需要我们独立开展工作,发挥主动精神,并在日常工作中亲力亲为。

除了区域组织,我们还有一些专业性组织。我们重视吸纳新成员,重视党员素质。吸纳那些有才华、追求个人发展的人是实现党的纲领的最好方式。健康的党内生活需要定期审查,进行坦率的讨论,建设性的批评。客观评估所有党员在相应组织的活动是党开展活动的基础。

我们要确保制定党的政策的是那些有才能、负责任、有科学知识的人。这就需要"捷摩共"与专家合作,"捷摩共"党员和支持者都可以。与左翼专家广泛合作也是很重要的。在当今这个信息垄断的社会,要给党员和支持者提供接受系统化教育的机会。目前正在考虑建立一个现代化的信息系统。"捷摩共"的媒体政策依靠加强党在民众中的影响力,依靠提供关于"捷摩共"目标和活动的信息。离开所有分支机构的参与,党的宣传工作是无法开展的。

我们希望民众能够意识到自己的权力和义务,最大程度地利用好选举。我们希望民众不要忘记1989年以后右翼政策带来的问题和失败。捷克公民是国家的主人,要对国家的未来负责。

(本章根据1999年捷克和摩拉维亚共产党第五次全国代表大会通过的《"捷摩共"长期纲领》翻译)

(山东政法学院政治学与行政管理系 夏纪媛 译)

摩尔多瓦共产党人党党纲①

摩尔多瓦共和国共产党人党是工人阶级、农民和知识分子的政党。共产党人党以实现共产主义为最终目标,为建立社会主义共和国而奋斗。摩尔多瓦共和国共产党人党充分考虑当前共产主义思潮和工人运动的发展进程,以及摩尔多瓦当前的政治与社会经济现状,把马克思列宁主义作为行动指导。

共产党人党的主要目标是:建立符合现阶段生产力水平,符合生态安全,切合社会问题特点的社会主义;通过苏维埃或其他人民自治的民主形式实现人民政权;保障劳动权并按劳付酬,保障接受教育和免费医疗的权利,保障有体面的居所,保障休息和社会保障,实现以此为前提的公平;建立在消灭人剥削人,公有制占主导以及生产工具基础上的正义;爱国主义和国际主义,国家间的友谊和兄弟情谊,尊重民族传统;公民对社会的职责和社会对公民应承担的职责,人的权利和义务达到统一。

一、历史教训

十月社会主义革命撼动了资本主义关系体制。人类历史上第一次消灭了人对人的剥削,宣告劳动与休息的权利,接受教育和免费医疗的权利,拥有居所和社会保障的权利。

在十月社会主义革命和欧洲、亚洲以及美洲一些国家的社会主义革命之后,资本主义和社会主义之间逐渐显现出水火不容。虽然80年代末和

---

① 原文为摩尔多瓦语。

90年代初社会主义暂时遭受了挫败，但这两种社会制度之间的斗争尚未结束，而是进入了新的发展阶段。

20世纪后半叶，资本主义发达国家通过殖民，攫取了第三世界国家的人力和物力资源，向全球散播劳动和资本之间的尖锐矛盾，按自身情况借用并调整了社会主义的管理方式，成功拯救了资本主义。资本主义的本质实际上并未改变，资本主义的危机仍在继续，而且它使世界走上了另一种矛盾的轨道，并引起了全球性的问题：生态、人口、人种、社会问题等。不论资本主义如何改革，它的本质都是不变的——剥削廉价劳动力。这会导致社会分层与对立、发展不平均、国家剥削国家。支持我们的论据是：西方国家要让摩尔多瓦的经济屈从，要在我们的市场立足，要占有公共财产，要推行不平等合约，要以苛刻屈辱的条件实施贷款，并且要加强我国对外部贷款者的依赖。

苏联时期，摩尔多瓦国家经济有所好转，教育得到改善，社会分化被消除。国家在很短的时间内就恢复了因战争而遭到破坏的农业，建立了有潜力的工业，并创造了先进的科技。在教育、科学、文化、医疗、社会保障和人民物质生活保障等领域都取得了长足的发展。

总体而言，虽然共和国和苏联在经济和社会政治生活中都取得了成果，但是也出现了一些问题，解决问题的方法包括要改善社会关系。80年代，苏联社会走入了危机的轨道，某种程度上是因为苏共的艰难处境所造成的。戈尔巴乔夫改革针对的是制度变革，后被证明实际仍是社会主义残留。

苏联陷入了危机，这其中不乏西方的怂恿，而解体使局面更加恶化。

二、摩尔多瓦共和国当前局势的特点

当前，摩尔多瓦共和国政治和社会经济状况的特点是全方位的深层危机，表现在经济、国家结构、政治、文化等领域。违背人民意愿所进行的主要生产资料私有化之后，国家的经济基础不再是社会主义的属性。强行引入市场关系导致社会贫富分化。社会关系资本化使社会矛盾尖锐，人民生活条件逐渐下降，引起人民大众不满。更甚的是大量工厂停产，失业人数增加，这侵蚀并损害了几代以来创造的国家潜能。农业的境况也在恶化。我们还要注意的是，教育、科学和文化正面临关键时刻，人们崇尚虚假的精神价值、联合主义思想、痛斥过去，这都导致了社会精神的堕落，尤其是青年一代。人民的社会、经济和政治基本权利缺失。

经济犯罪已经超过其他所有犯罪类型，犯罪行为危害公民安全。国内实际上已建立了资本的独裁，并与下层社会同流合污。国家领导管理层中，人民也被清除。

大多数人认为，危机是由于社会主义制度的终结和苏联的解体造成的。多数人意识到，封闭发展的前景即使在西方给予贷款之后仍将相当暗淡，而维持现状又会让我们陷入民族灾难之中。

三、走出危机之路

历史经验与当前现实促使我们重新定义社会发展的道路。摩尔多瓦共和国共产党人党坚定不移地坚持社会主义原则，抛弃教条主义，抛弃理论与实践中的错误，因为它们将改变构建新社会的进程，将其转向不民主与非人性。

为度过当前的危机，共产党人党认为要坚持走完两个阶段。在第一阶段，共产主义者为清除改革恶果而奋斗，为阻止集体财产非法私有化而奋斗，恢复国家经济和科技活力，以改善物质条件和人民文化水平为己任，为重新回归过去的社会关系而奋斗。

摩尔多瓦共产党人党将为重新恢复主要生产资料集体所有权而努力，即通过国家购买私有企业股份的方式。私有部门将继续存在，但主要集中在大规模消费和服务生产领域。

摩尔多瓦共产党人党将积极参与独联体一体化和欧洲一体化进程，并积极参加国际经济组织。

共产党人党将重新恢复人民政权，并强制推行尊重工人阶级的主要社会经济权利。

在接下来的复兴社会主义的阶段，将保证工人阶级直接参加国家管理，将过渡到以最大限度满足工人阶级需求为目标的社会主义经济组织制度。在这一阶段要彻底消除人剥削人，为走出危机采取一系列的紧急措施：

政治生活

通过新的民主的选举法；有关重大社会问题实现全民公投；工人阶级参与到权力代表机构，这些机构整合了国内外工人阶级执政的最佳实践；在复兴人民之间百年友谊的基础上重新树立社会共识；拒绝用武力解决棘手问题；为保障公民基本权利和自由创造条件。

经济领域

对那些建立在社会主义生产关系基础上的经济战略部门的发展，国家予以调整。同时可以在工业、农业、商业和服务业领域发展个人自主创造；消除腐败，减少国家对外部贷款依赖，减少国家资源商业化和知识分子移民，减少摩尔多瓦对其他国家的依赖；改革税制，制订国家支持地方生产者的计划，引入对地方生产者提供特权的体制；重新审查土地法，依照该法土地应该是主要的生产资料并且是国家财富，同时也要把土地分给农户。国家将对农民耕作土地提供必要的帮助。土地不能被买卖，不能成为私有财产；国家管理商业银行、基金和其他金融贷款机构的活动。

社会领域

消除失业，重新确立全体社会阶层劳动、休息、免费医疗和教育的权利；通过并实施法规以保障社会全体阶层的最低消费，工资、退休金、奖学金和相关津贴的调整始终按照通胀率完成，同时保障居住权；国家保障科学、教育、文化发展，解决复合生态问题；国家支持家庭并恢复儿童和青少年医疗机构网络。

四、人类与社会

共产党人党提出：

社会主义社会改造针对消除政治、经济和道德上对工人阶级的奴役，针对消除对人权和公民权的践踏。面对践踏法律和唯意志论的情况，如果依照人权基本宣言，宪法和摩尔多瓦现行法律采用恰当的斗争形式，摩尔多瓦共产党人党将支持公民反抗不屈服；

重新以诚实自愿劳动以及劳动中创造性的态度为荣；

尊重摩尔达维亚语、俄语和其他语言以及摩尔多瓦各民族文化，尊重有民族意义的价值观，它是民族间沟通与社会和谐的基础和工具；

尊重并保护所有民族的宪法权利，保障平等参与所有社会生活；

不允许忽视摩尔多瓦人民于1359年建国的历史，杜绝排外和其他社会文化的异常现象；

减少诋毁苏联历史、列宁及其学说；

公民信仰自由，尊重东正教及其他教派，禁止利用宗教达到政治目的；

防范犯罪、抢劫和其他危害人类自由的行为。

五、加强党的建设

关于党的组织和巩固，摩尔多瓦共和国共产党提出以下任务：

在区和村镇建立基层党支部；将组织和意识形态工作的中心转移至工人团体；保障党的纪律，保障公平和党员之间的和睦关系；在可能的范围内对老年党员给予精神和物质上的帮助；党员完成党的任务，扩大党的活动分子人数；建立共产主义方向的儿童、青年和妇女组织；参加所有类型的选举。

六、共产党的新面貌

在当前政治和社会经济艰难的条件下，要求政治组织能够保障工人阶级的利益。这样的组织就是摩尔多瓦共和国共产党人党。

摩尔多瓦共和国共产党人党是一个在组织章程指导下独立的政治组织。信任集体、团结友爱、扩大民主和自觉守纪是党开展活动的基本准则。党不容忍队伍中有口是心非，机会主义者和野心家的存在，也不允许社会中存在集权和意识形态垄断，不允许党内的个人崇拜和寡头政治。摩共吸取了苏联共产党经验中积极的部分。它的理论基础是马克思列宁主义。摩共为通过符合工人阶级利益的法律而奋斗。它说服青年人相信党确立的明确目标,即保障最合适的培训条件并安置工作。党支持关注青年人问题和青年人未来的青年运动。党组织与工会合作,支持保障工人阶级社会利益的运动。摩共与妇女组织,老年人组织以及其他宣称支持社会公平与正义的各种运动合作。共产党人党还对成立社团和政治团体十分有兴趣,只要这些团体符合摩尔多瓦共和国的利益并且反对那些激化民族矛盾和领土矛盾的组织势力。摩共追求成为一个能获取社会认同的政党。

党为建立一个独立、自主、统一、不可分割的国家而奋斗,为建立一个统一的共产主义组织而奋斗。

摩共保护党员,为他们提供精神、物质和其他性质的帮助。

摩共与后苏维埃国家的共产主义和社会主义政党保持友好的关系,支持制订并实施共同的行动纲领以保障这些国家工人阶级的利益。摩共是共产党联盟—苏联共产党(UPC – PCUS)具有完全权利的成员,它认为巩固该联盟是在自愿基础上建立新的独立平等的共和国联邦的必要政治条件。

摩共希望能与共产党和左派政党在国际共产主义运动中的合作,并且已准备好与它们维系持久的关系,参与保障全世界工人的权利和利益。

摩共的党旗是红色的,党歌是国际歌,党徽是锤子、镰刀和书,代表着工人阶级、农民和知识分子。党的口号是:共和政体,人民政权与社会主义。

(本章根据2001年摩尔多瓦共产党第四次全国代表大会通过的《摩尔多瓦共产党人党党纲》翻译)

(中国社会科学院俄罗斯东欧中亚研究所东欧室　曲岩 译)

摩尔多瓦共产党人党新纲领[①]

一、我们的价值观

我们,现代摩尔多瓦共产党人认为自己是代表全社会长远利益的政党。社会、民族和政治多样性的社会将确保个人有选择的自由及自我实现的条件。我们不仅为捍卫穷人的利益而斗争——我们还要同贫穷进行斗争。我们不反对财富——我们所争取的是财富具有合法来源,而不是靠贪污、掠夺及对人力资源和自然资源的无情掠夺。我们争取条件对等、社会公正及社会对国家有效地进行民主监控。

同等条件对我们来说,不仅意味着法律面前人人平等,还意味着社会和国家为每一个公民的发展、教育、培训、医疗保健负责,为每一个公民的生活水平及自由地参与政治及所有的民主制度负责,为每一个公民的法律、经济和社会保护负责,无论他的财富状况、社会地位和民族血统如何。

对我们而言,社会公正意味着提高全国人民的生活标准,并实施这一标准。社会公正就意味着每一个公民都不受压迫和屈辱,免受贫困和饥饿,并不畏惧失业、疾病和年老。

社会对国家的民主控制对我们意味着,不仅要无条件地执行法律至上的原则,还要使国家的所有决议和行动有"最大透明度",并不断扩大社会及其公民机构相对于国家机构的权限,和地方政府相对于中央的权限。

[①] 译自英文。

我们，当代摩尔多瓦共产党人，不会在现实和周围世界中确立观点的唯一化和主体化。我们赞成各种意识形态和理念、观念和立场的良性竞争。也就是说，我们共产党人坚决反对社会上出现蒙昧主义、狂热、独裁和寡头统治。

我们共产党人坚信，在当前的历史阶段，要重新正视社会构成我们世界观基础的人类价值和理念。时代在召唤我们。我们知道如何顺应这个新时代——在这个时代，没有自由的社会公正、没有平等的民主是不可想象的。

当今世界的新现实对我们寄予厚望。我们的思想遗产使我们能够确信这一点。我们自己的经验——摩尔多瓦共和国共产党人党的经验——使我们能够确信这一点。

二、我们的遗产

（一）思想传统的本质与潜力

有许多界定我们思想传统的尝试。但通常这些界定不全面、过于简单、非常教条。

左翼正统派把我们的思想遗产阉割为一些极简单的口号及失去实践推理的理论公式。右翼教条主义者不断地抨击这些口号和表述，实际上他们没有发现这些口号和表述，不仅仅最先出现在马克思、恩格斯、列宁、布哈林、葛兰西的理论著作中。它们现在仍是经济学家、社会学家、政治学家的有效分析工具之一。只要回顾一下周期性经济危机现象、社会的阶级结构和阶级矛盾、资本和社会自由的种类、意识形态现象、政治极权主义和官僚社会主义现象，就能发现这些口号和表述的重要性了。这些概念和范畴，不是只有马克思主义者、共产党人和社会民主党人使用。也并不是只有他们在自己对过去、现在和未来的分析中遵循对历史和世界的唯物观。

很明显，时间正在对共产党人的理论和思想探索进行修正。工业无产阶级不仅始终不渝地为自己的权利而斗争，但有时变成新的、更积极的社会类别。传统的社会矛盾正明显地从发达国家向经济转型国家和第三世界国家转移。由此，产生了一系列全新的矛盾和冲突。私有制在一些国家转变成了经济和科技进步的强大动力，而在另一些国家，则恰恰相反，带来倒退。诸如此类。在这种情况下，很多老问题需要做出全新的回答。首先要回答的问题就是：过去是什么把自称共产党人的人始终联合在一起？今后什么东西能够并应当把他们联合在一起？

根据一些众所周知的例子，如当跃升权力巅峰的共产党员变成了精神上的导师，剥夺自己的同事和同志使用这一名称的权利时，就会看到难解此问。今天这个问题更加复杂了，因为现在有些本质上反动的政治集团以共产党的名义、以过去的时代为目标，推行孤立主义并压制自由。在一些教条的共产党人即以前的领导人大肆败坏共产主义思想名声的情况下，很难对政治思想传统做出评价。

作为对剥削和压迫世界的另一种选择，第一个社会主义实践模式的出现以及对这些模式的批判，都是19—20世纪全球社会实践和全球理论研究的里程碑事件。通过对这些共产党人历史现实的客观评价就更为清楚：只有不背弃如下三个特性，才能在理论观点和政治实践方面成为真正的共产党人。第一，自己所有活动的目的和动机——把人从社会具体的历史矛盾的消极影响中解放出来；第二，以公正的科学分析的态度批判现实，且每次批判都要揭示出新矛盾；第三，以真正的国际主义和客观认识的态度对待世界历史进程的特点和相互关联性。

毫无疑问，共产党人当时首次宣称自己是一个新型政治流派靠的正是这三个根本特性。只有这些特性在不同国家、不同时代被创造性地变成现实时，共产党人才能成为有影响的政治力量并获得成功。现在共产党人没有发生变化，也就是说只要信奉这些基本原则，他们就是民主主义者和自由的拥护者。

这就是说，当代共产党人首先应该清楚地意识到，作为一种解放运动和人道主义运动，旨在进行毫不妥协的反对剥削和各种形式的人类压迫的斗争，旨在彻底根除贫困和不公正，坚定地确立民主和社会公正原则。

这意味着，当代共产主义运动不仅是政治运动，也是科学运动，无权以一种理论来束缚自己。而应该以自己的思想价值为目标，以对世界的唯物主义的认识的辩证方式大胆地探索对过去、现在和未来的解释，继承和发展马克思列宁主义的思想传统。

这意味着，共产党人无论何时、何地都应该把自己视为国际力量的一部分，在推进全人类进步的背景下审视自己和自己的行为。

这一切都意味着，真正的共产党人负有的使命是要像真正的人道主义者、革命者和改革者那样思考和行动，像设计和创造未来并感到自己对未来负有责任的人那样思考和行动，像善于在自身的政治实践中依靠所有积极的、有利害关系的社会力量，而不是依靠公民对抗的人那样思考和行动。

（二）共产党人政治实践的矛盾性及其教训

我们自己的历史多次证明，当共产党人因某种原因放弃了哪怕是上述原则中的一条时，就会事有必至。

当客观的科学分析让位于伪科学的教条主义之时，当社会解放理论家提出的理论假说变成干涩空洞的教条时，精神上的专制和暴力就会占据统治地位。从这个意义上说，共产党人没有机会成为自由的公仆。

共产党人以捍卫政权的名义，在原来剥削制度的废墟上建立起以官僚化和党的干部为代表的新的统治阶级的金字塔。我们客观性的政治观被摧毁，因为粗俗的政治文化和无情的国家机器无所不用其极地压制革命和进步性改革。

当共产党人背叛了国际主义理想，开始建立自己孤立的、与世隔绝的国家模式时，人类思维反对的一切沙文主义、民族主义瞬间就会复活。

因此，不能片面地阐释我们遗产的历史。它同人类的任何历史一样，是矛盾的。

是的，我们记得，20世纪30年代斯大林政权是怎样消灭并根除了社会、政治、文化和创造自由的，在沙皇帝国爆发的三次俄国革命的压力下。

我们记得，在勃列日涅夫僵化时期，党的新统治阶级压制平等思想，将自己置于平等原则之外，却让贝阿干线工程的建设者、集体农庄庄员矿工、工程师及其他遵守这些原则。

我们记得，在80年代，友爱原则被破坏。那些过去诚挚地信奉国际主义思想的人，全都卷入到极具破坏性的民族战争中去。

我们看到，正是这个最令人讨厌的、极权主义的和压制的金字塔在支配着后苏联时代，他们不断地对财产进行再分配，培植排外性、民族偏执性，挥舞着同共产主义和共产党人斗争的大旗。

但是，苏联共产主义实践的成果也同时显示了对反动力量进行的有力抵抗，因为反动力量一次又一次地企图阻止社会火山的爆发，竭力要阻止受到公正和团结价值观鼓舞的几代人勇敢行进。在20世纪欧洲历史最紧要的关头，当时欧洲大多数民主国家都向法西斯低头了，正是苏联和欧洲的共产主义者，置斯大林专政暴行于不顾，使人类避免法西斯迫害，为胜利做出了无数的牺牲，这决不是偶然的。

在指出苏联时代的全部文明成就的同时，重要的是要记住，史无前例的科学发现、伟大的文化作品，不是领导干部和惩罚机构从人们身上挤压出来的；那些长期作为苏联类型的社会主义再生产和竞争力的强有力手段的经济、社会和人文革新的宏伟建筑，也不是他们设计出来的。这些巨大变革的性质和规模、制度根基本身首先是来自社会上最积极追求自由和进步的那一部分人的规划和宗教般的热情。

当这个社会主义的精神的、科学的、政治的取向与优先发展方向没有同新时代发生矛盾以前，它是具有现实意义的。对新时代而言，没有最广泛的公民自由、没有公开性和竞争性，进一步实现社会和文化需求就变得更加不可思议和无法实现。重要的是要明白，这不只是社会主义自身的危机，而是某种类型的工业社会的危机。与西方发展模式相比，它的发展和现代化是以追赶的速度跃进式地进行的，跨越了客观的发展阶段。对社会资本、教育、文化、科学进行巨额投资最终导致苏联产生了活跃的社会阶层。这个阶层既对当局低水平的管理不满，也对政治生活的调节以及与外界隔绝不满。这就是危机，在这一危机中苏联社会内部客观形成了个人自由与创作自由、多元论、私人生活的自主性、民族文化认同、知情权等价值观，这些与社会现有的经济、政治和意识形态体制相矛盾。

显而易见，局势变得复杂，主要是处于体制性的意识形态和经济危机条件下的社会要求把民主化与增加社会成果、扩大文明市场和增进团结的目标有机地结合在一起，但没有能及时防止意外事故发生的这样的发展方案。这是可以克服的发展的危机，但没有克服，结果是以垮台告终。

国家官僚们充分地利用了这种局势。作为社会上有组织性、团结性的一部分，它厚颜无耻，在没有任何理论和观点的情况下，把自己的历史性纲领变成现实，从而使自己的特权地位合法化。就本质来讲，这是非根本性的变革，既没有带来经济增长，也没有造成民主改革。相反，它牢牢地巩固了最圆滑、最没有原则的行政命令体制的代表，但已是在正在形成的可控民主的框架下，在重新分配私有财产、崩溃的经济破产及普遍贫困的情况下。

正是他们，过时体制的典型代表又成了行政命令式的社会主义所特有的最不好的东西（而它原本与社会主义没有任何共同点）的完美体现者。他们过去是、现在是、将来还会是我们的政治对手，我们还要同他们进行顽强的斗争。

（三）新视野和新目标

认清所有这些现实，我们同时也看到、感受到、也很清楚，新世纪是对另一个时代、另一种政策、对未来另一种方式进行思考的开端。

我们看到，绝对自由主义思想的胜利是多么短暂，它否定团结精神及社会对个人、个人发展和自我实现的责任。我们看到，重新建立的政策和民族偏执性带来了多少苦难，尤其是在东欧诸国、巴尔干和后苏联时代。我们看到，一些左翼和中左翼运动的政策是如此简单，它们试图仅仅用偶尔取得的或多或少的成绩对出现的社会问题做出反应，但不仅放弃了社会发展方式的主要修订，而且还拒绝尝试在全世界范围实现这种发展。

已受到历史考量的不仅仅是苏联时期的人员、道德与文化的损失，还有建立的权贵寡头资本主义及与之相伴的民族战争时期的损失。的确，损失可以比较。但重要的是，要比较的不只是损失。今天，已经清楚，苏联时代的损失不是实现社会主义和共产主义理想的直接后果。如今已经清楚，后来反共时期无以计数的损失也不是实行民主、公开性和宽容性的结果。分析过去的沉痛教训，我们不能不承认，共产主义实践的主要问题不在于平等、公正的人道主义思想，不是因为所推行的社会政策，而是因为民主的实际缺失和缺乏信任。评价以往的经验时，我们明白，压在后苏联国家头上的无尽苦难不是多党制出现、受法律保障的自由选举。苏联的损失，都是权贵寡头占统治地位的体制，剥夺公民社会发展保障造成的。

摩尔多瓦共产党在2001年和2005年的议会选举中取得的巨大胜利，欧洲和拉丁美洲左翼力量取得的显著成功，都是建立在人们努力要把争取社会变革的斗争同争取社会对政府控制的公民权利的斗争结合在一起的基础上的——这一切都是大众政治意识开始积极变化的现实征兆。很清楚，美好的未来只属于那些以民主和社会公正为政治纲领基础支柱的力量，对这些力量而言，没有民主，社会公正是不可想象的，而社会公正也意味着民主。当代人所追求的是生活在一个富足、公正和自由的社会里。我们的遗产也就是共产党人的遗产、我们的政治责任及我们复兴的人道主义概念，要求我们在争取这种社会的斗争中做出自己应有的贡献。

三、当今世界与新的时代矛盾

（一）多极的现代文明

对人类而言，20世纪末21世纪初，是全新的经济、社会发展的全球化趋势最终确立的时段。

第一，连绵不断的信息技术革命造就出了两极化的全球文明。一极是高流动性的世界及技术、通讯的高水平发展，在这个世界金融和投资快速流动、社会结构和价值观迅速变化。最富有的后工业国家是这个世界的核心，它们是所有这些变化的推动力。

第二，我们看到，处于另一极的是占大多数的第二、第三世界贫穷国家。这些国家对后工业发展的价值观小心翼翼地认可（常常是"强制"及逆向的），甚至完全不接受这条道路。不接受更多地表现为力求自我封闭或推行畸形的资本主义模式，而资本主义则是要无情地掠夺自然和社会资源，推行各种臆想出来的过去或未来壮丽图景的主张。

社会、政治发展的这些"极端"在实践中没有表现出任何相互迎合的行动。后工业国家的金融、经济和政治精英，或倾向于向第二、第三世界国家肆意扩张自己的制度，而且扩张既没有考虑到这些国家的心理，也没有考虑到这些国家的文化特点；或是有效避开困扰大多数人的各种问题。发达国家的这些行为和立场被第二、第三世界一些国家巧妙地用来实现自己的反现制度的政治目的：它们轻易就把对自己国家日益加剧的不满从社会保护转向对西方的"文明的复仇"。新的独裁政体的建立就很好地证明了这一点。全世界的金融经济精英的利益具有明显的共同特点——回避长期的社会发展任务，造成互不信任的局面，割裂民族和文明，使之为一些虚幻的价值观而斗争。

这一威胁到现代世界发展的危险的两极，开始在应有的精神责任和政治责任层面上被越来越重视了。世界越来越倾向于阻止两极化加剧，停止日益加剧各文明间的"冷战"和全球生态灾难。世界在探寻这样的人道主义理想，即能够把先进国家的努力和落后世界各国人民的努力联合成一股力量，联合成超国家的、非宗教的推动文明进一步发展的战略。正是在这样的条件下，共产党人的主要支柱——致力于社会解放、批判的科学分析和国际主义始终都具有现实意义。只有在这些目标的坚实基础上，才能构建起对全球化前景的新观点，建立相应的协同政治行动机制。

（二）一个新的社会阶级走上舞台

在发达国家，具有资本主义典型历史特征的阶级对抗已发生根本变化，这已达成共识。人们以拥有科学知识、能力、技术形式表现出来的财产多寡日益明显。社会结构越来越复杂。剥削变得更加巧妙，隐蔽的劳资矛盾普遍存在于世界，知识和权力之间的矛盾更加尖锐。知识本身正变成主要生产力，这意味着要批判性地重新评估工业无产阶级的历史角色，他们是否还是全球社会主义变革的主要的、甚至是唯一的动力。

在正在取代工业社会的信息和高科技社会，知识的本质和作用发生了根本的变化。用马克思的话说，知识变成了社会变革的主要动力。劳动密集型的程式化的活动已经处于社会生产进步的边缘地位。在任何经济领域、在任何重要的社会活动领域——从农业到高科技领域——都极大需求能够做出富有创见性的决议、具有多种技能、受过高等教育的劳动力。

在这种情况下，全新的社会阶级——知识无产阶级走上政治舞台。确切地说也像当时的工业无产阶级一样，他们正在成为社会重大变革的承载者，有着毋庸置疑的历史前景。这个数百万大军就在我们身边。他们是探索新领域的科学家；探求新的管理方式的经理人；在自己的生产领域与时俱进的工人和工程师；在自己的土地上采用农作物新品种或新技术的农民；掌握新知识并把它们传授给学生的教师；使用先进医疗保健方法的医生等。也就是说，所有这些人都以这样或那样的方式积极参与社会进步，他们的最终目标就是建立并完善现代价值观。这是可以在经济、科技和人文领域建立新的社会关系的人，可以自我组织起来、能够实现并捍卫自己权利的人。

这个全新的社会阶级，与其说是追求物质财富，不如说是追求自我实现。它的主要生产工具智力与拥有者不可分割。它生产的产品和服务可以在市场上销售，同时也始终不断地重复再生产。因此，这个新阶级在"全面消费"时代创造的实际上已经不是价值，而是价值观。当前的市场体系只是暂时没有落后于这种难以置信的、与市场几乎没有关系的商品状况。

正是"知识无产阶级"大军对现代国家发出了积极呼吁，因为他们对建设并巩固这样的国家表现出极大的兴致。首先，国家应该加大对个人的投资，比如在教育、科学、卫生保健方面，不仅仅是承担一些社会成本。越来越清楚，没有这种极为重要的职能，社会就不能进行自身的再生产和相应的价值观的再生产。正是这个新阶级,对民主制度的发展水平和质量提出了最高的要求,确保社会能够全球化发展的目标本身进行有效的控制。

在后工业国家中,这个新阶级实际上是各种积极变化的推动力。他们是从严重社会蜕化的农业工人和产业工人中脱颖而出的,再进行政治斗争的可能性已经不大。在第二、第三世界国家,它既同国家官僚对立,又同靠自然地租或者以前的国有财产生活的寡头集团对立。这个新阶级,一方面使自下而上的垂直的社会关系具有完整性,另一方面通过自身的社会、政治和人道诉求的客观共性把世界和文明结合在一起。

(三)所有制问题的变化

所有制问题是当今评价全球社会和政治进程发展的最重要因素之一,它以新的方式展示着我们政治实践的前景,也展示着我们发展理论的水平。过去的整整150年,所有制问题是社会、政治讨论的中心议题,包括私有制与压迫和剥削的密切关系,或相反,社会化——从剥削中解放出来。今天有各种理由认定,上述议题正失去意义。

我们记得,早在19世纪,马克思主义就已经客观深刻地揭示了私有制的历史局限性。这些历史局限,无论是自由主义理论家还是历史本身都不能完全反驳。同时,我们也坚信,全面的国家所有制不仅无法消除社会矛盾,恰恰相反,还会引发新的社会矛盾。而且,对国有资源的垄断式的政治处理在实践中必然产生相应的国家官僚统治阶级和新的压迫形式。在实践中我们坚信,前国有制在变成私有制后,不仅没有产生更高的效益,反倒在后苏联时代复辟了最恐怖的资本主义模式。

可以断言,从某种意义上讲,所有制问题失去了价值。但是,前景堪忧的经济损害了国家所有制的声誉,因为有很多的例证足以说明,正是国家资本集中用于战略发展方面才导致了万象更新和现代化。私有制的剥削性损害了这一关系的基本要素,因为在当今世界有不少例证可以说明,在私有制合理地起作用的情况下,社会提供的公正并不比社会主义国家少。如果社会以民主的方式建立并监督其主要目标:有效性、公共福利、选举自由，则市场经济本身是一种不断进步的有效模式。结论非常清楚：重要的与其说是所有制的具体形式，不如说是管理、分配和控制财产的形式。一切都取决于社会公认的发展目标是什么样的，如何进行国民收入的最终再分配，全社会对权力的监督机制是什么样的。因此，所有制问题如今从占有问题变成了对发展动机的管理问题，从监督企业家活动的来源问题变成了监督其结果的公民机制问题。

正是出于这一原因，对我们当代共产党人而言，现在不在生产资料的重新分配政策上推行公有化，而是在争取对社会财富进行投资的过程中实行，对社会财富的投资可以造成并再现个人发展条件的平等，达到对权力的社会监督和切合实际的社会公正。我们认为，只有这样的社会才符合社会主义是人类发展的有前景远期阶段的解释。当代政治家的责任和当前政策要朝着这个方向推进。这已经不是"通往地狱的路上布满的美好幻景"，而是发展的唯一可能的原则，是避免毁灭人类文明的选择。对这个全球性挑战作出应有的回应不仅是当代共产党人的职责，还是我们的历史使命。

透过我们更新的世界观看到的世界的本质特征基本上就是这样的。这是既决定了我们的自我认同、又决定了我们对当代现实态度的政治纲领的基石。

四、创造的阶段——摩尔多瓦模式

（一）摩尔多瓦共产党人党的执政经验——从危机到稳定

2001年之前，摩尔多瓦是一个社会灾难国。前10年里，国家在去工业化：大多数工业企业不只是被政治精英、国家精英私有化，而且还从经济生活中消失了。与农民分配到土地相伴随的，是对大规模的商品生产和农业的原始性破坏。总体看，法律具有压制性。财政负担和腐败的官僚政治降低了摩尔多瓦企业和外国企业在摩尔多瓦开展经济活动的可能性。城乡整体失业率，反人类的社会政策，长期不支付退休金、工作的津贴，对科学、教育、医疗保健和文化的过低投入，所有这些导致了生活水平的急剧下降。当局在民族关系领域非系统性的政策与对民族团结的漠视，使局势更加复杂。随着德涅斯特河东岸冲突的发生，出现了腐败的政治精英，另一方面，政府在创造一个高效的、和平的统一国家方面完全不作为。官僚集团增加了9倍，并在工业机构重新出现，这一切造就了庞大的统治阶级，他们打着市场自由化和虚假民主的幌子，以半封建统治方式进行着统治。

2001年2月，摩尔多瓦共产党人党赢得了议会大选并上台执政。摩尔多瓦共产党人党赢得了大部分选票，执政后控制了全国所有行政机构，从这方面看，赢得大选是一种天鹅绒革命，赢得了101个议会席位中的71席。大获全胜促使摩尔多瓦共产党人党从当时的制度性危机中探索新的执政方式。从某种程度上说，不仅是欧洲共产党第一次系统性地进行政治批判并提出最迫切问题的尝试，而且是解决全社会面临的重大问题的尝试。

从一开始，摩尔多瓦共产党人党就在社会、经济和国家政策方面确立了三条基本原则。第一，改革的唯一资源是社会资源，更具体地说，是国家的人力资源；第二，一开始就对所有合法财产无条件提高法律保护，并进一步促进合法化和发展；第三，执政几个月后，明显地意识到官僚保守集团和整个社会之间利益的矛盾和对抗的危险性。

时间已经证明摩尔多瓦共产党人党采取的战略战术是正确的，因为我们不仅赢得2005年大选，更重要的是大幅度地变革了国家的经济、社会局势、摩尔多瓦的国际地位，促进了社会、国家的发展。因此，很有必要总结一下我们治理国家的经验，那些代表着变革的主要战略方向的经验。

也就是说，积极的社会政策——逐渐提高工资、退休金和津贴——为国家整体经济振兴打下了基础。尽管遭到反对派的批评、自由派的指责，该政策刺激了需求，成为振兴经济的一种机制。在随后的几年里，虽然国际政治、经济局势比较糟糕，摩尔多瓦经济仍然保持了稳定的增长。

我们已经证明了市场改革确实可以与社会责任一起进行，不论是国内消费市场还是劳动力市场，等等。我们已经证明，只有最终目的是促进全体人民幸福而不仅是精英利益的市场改革才是成功，与我们市场改革相伴随的是医疗体系和义务医疗保险的实施。在科技创新领域、社会信息化领域及知识产权领域的改革都是以这种方式开展的，在苏联时代是史无前例的。

自 2001 年开始，通过降低财政负担，给企业家一些激励等措施，经济上开展了真正的去官僚化、合法化斗争，逐步降低了国家的干预，改革、精简了行政机构人员，废除了作为犯罪活动肥沃土壤的数千条规章，实行了经济行为主体"一个窗口"式的注册制度，大大减少行政审批程序，所得税从 32% 降到 0，大赦资本和财政，所有这些不仅促进了经济的稳定增长，而且同时削弱了官僚机构的经济基础。与此同时，摩尔多瓦完全摧毁了有组织的犯罪，从而把经济从黑社会的保护下解救出来。

在摩尔多瓦共产党人党执政期间，完成了一些重大的、具有民主特性的体制改革。这些改革包括：地方公共行政改革、司法改革、宗教改革、地方法官改革、秘密警察的去军事化、选举法改革、设立公共的独立电台和电视公司、创建大众传媒的新代码。把欧洲现代化道路视为摩尔多瓦民主化、法治化的最重要的工具。之前，摩尔多瓦的执政党没有一个这么做，也从来没有尝试过把欧洲一体化思想和东欧对一体化进程的开放有机地联系起来。

在危机和与反对党发生政治冲突时，摩尔多瓦共产党人党寻求市民社会和国际民主专家的支持，而不是利用警察控制，这在后苏联时代还是第一次。2002—2003 年的"社会公约"、2005 年的政治共识、政治利他主义的推行——依法批准反对派、控制秘密警察、公共财政、中央选举机构——不仅是摩尔多瓦民主制度发展的新阶段，同时也是整个欧洲左翼运动发展的新阶段。摩尔多瓦共产党人党实施的稳定民族关系的政策也同样很重要。另外一些决定也是很重要的：如颁布少数民族权利法并使之组织合法化、确立多重国籍的国家政治观念和法律、给予加高兹自治区更多的权利。这些措施可以集中分散的种族文化和语言资源，增强民族的凝聚力。

毫无疑问,摩尔多瓦共产党人党执政期间有效利用了社会的、文化的、公民的资源来刺激经济增长,甚至在危机和复兴时期都能发挥作用,更不用说在社会和经济稳定阶段了。

摩尔多瓦共产党人党执政经验证明:左翼政党能够进行市场改革,左翼的经济自由化政策是扩大经济自由的工具,并不会导致贫困化和社会退化;左翼政党能够加强社会的民主化改革,提升透明化、国际主义和凝聚力等价值观。

因此,鉴于我们的经验,现代共产党作为一个组织,能够通过革新的意识形态的基本支柱有效地管理国家。在摩尔多瓦,这些支柱是通过5条纲领具体体现出来的,它们可以使国家和社会的面貌焕然一新。这是我们党下一步的重大战略。

(二) 摩尔多瓦共产党人党的五项战略性任务

摩尔多瓦共产党人党的社会、经济和文化需要新的活力。外部政治、经济对现有体制提出了严峻的挑战,摩尔多瓦需要在经济、社会和市民社会领域采取坚定的措施。任何企图以这种或哪种方式阻碍新措施实施、延缓国家现代化的行为,无疑是怀疑摩尔多瓦独立自主发展的可能性。

摩尔多瓦社会、经济、政治的高水平发展是一个不可逆转的趋势。只有这样,摩尔多瓦才能真正实现现代化。

摩尔多瓦共产党人党现代化的主要任务是从根本上改变以农业、官僚阶级为基础的资本主义经济,建立一个以知识、能力、技术、高生活水平和民主化的后工业社会。

完成这一战略目标的第一项工作是加大社会投资,建立一个社会国家。

摩尔多瓦共产党人党将会严格坚持社会公正原则,为所有人创造一个平等发展的机会。

这不仅意味着建立一个有效的社会保障体系,而且还意味着提供一个全新的生活品质。摩尔多瓦共产党人党认为,摩尔多瓦的平均工资水平和退休金应该比邻国高。现在只有这么做才可能同时实现劳动力的再生产和维持国家公民的潜力。也就是说,享受医疗保障的权利不是建立在收入水平的基础上。医疗保障体制应该像一项高效能的技术,用来提高国民的健康水平、出生率、寿命。它是指国家必须切实保障中高等教育免费。教育的质量、结构必须尽最大可能地适应公民的社会、经济和文化需求。

这意味着,为了尽可能地提高文化需求和创造力,摩尔多瓦需要采取坚实的、可持续的和有效的激励机制。只有公民有了主动性和创造精神,能够有效地利用世界文明的文化多样性,才能实现动态的现代化。

医疗保障、教育和文化发展应该是摩尔多瓦进行投资和系统性改革首要考虑的。国家的角色和义务能保证这一政策的顺利实施。这是摩尔多瓦共产党人党的意识形态、社会经济和政治实践的本质。

第二项任务是创造良好的商业环境和具有革新精神的开放的经济。只有这样的经济才能确保高层次的社会标准,维护公民的真正自由。

之前,发达的市场经济和良好商业环境从来没有与社会发展目标直接联系起来。从来没有预见到政策改革会带来一系列相互关联的行为——积极的社会投资和企业发展的激励。这些工作要求实行新形式的改革,其中社会发展和经济自由是相互依赖的。

摩尔多瓦共产党人党认为,自己的任务不只是持续的自由化改革和经济改革,从长远看,投资环境的地域优势将成为独一无二的。摩尔多瓦需要向东西方开放,成为出口导向型工业的平台,运用高素质的劳动力发展技术密集型产业。

摩尔多瓦共产党人党认为,随着经济的发展,农业在国民经济中的比重会下降。农业的发展要利用有竞争力的技术,从而保证国家的食品安全。

在摩尔多瓦共产党人党看来,科学、技术、有竞争性的国内投资环境和人力资本大规模参与的有利环境的创造,是经济发展战略的基础。

摩尔多瓦共产党人党的第三项任务是建立全方位的民主制。

我们的实践有力地证明,只有发达的、多方位的社会控制体系才能保证国家利益的实现、既定政治路线的执行。摩尔多瓦共产党人党认为,耗费了欧洲左翼政党许多心血的现代欧洲民主，是世界上最有活力的体系、原则和政治制度。对摩尔多瓦共产党人党来说，欧洲一体化和高度发达的民主制度的建立不仅是加入欧盟的问题，从更深层次说，是一个国内政策选择的问题，它关系到摩尔多瓦法律体系的现代化，及社会的巩固，也就是说不受专制强权的压迫。

然而，要在摩尔多瓦建立一个全方位的民主制度，要面对的不仅是上述问题。鉴于我们国家的具体情况，还需要建立一个和谐的多民族社会，这个社会以语言和民族文化多样性为基础。只有这样，摩尔多瓦才能保持自己的独特性，从某种程度说，成为一个国家间、语言间和文明间关系的典范。对摩尔多瓦共产党人党来说，民主制的启蒙和发展是极为重要的，因为社会积极创造精神，政治、社会和文化自由的持续发展，需要社会本身的支持。发达的市民社会、主观能动性和独立自主，只有这些才能成为摩尔多瓦民主发展的构成因素。摩尔多瓦共产党人党认为自己的使命是尽可能建立一个有利于市民社会发展的体制，认同、自我实现、高生活标准这些价值观，将会赋予祖国、国家、爱国主义这些概念一个全新的含义。

摩尔多瓦共产党人党的第四项任务是提高国家的竞争力。党的系统性、革命性战略是大幅度地去官僚化，降低行政机构的功能和权限，打击政治、经济腐败，提高国家机器专业化水平。国家不应该成为行政人员的私有财产，而应该是全社会的财产。

摩尔多瓦具有竞争力的最重要条件是改变政治文化，提高公共机构的竞争力，使之能够应对国家面临的挑战。

摩尔多瓦共产党人党的第五项任务是建立一个国家安全的长效机制：永久中立、支持一体化。

摩尔多瓦共产党人党认为，摩尔多瓦没有任何理由加入到军事集团的对抗中去，因为军事集团是个时代错误，与现代社会的价值观是背道而驰的，成了压制自由的工具，对民主和安全毫无益处。从这个意义上说，摩尔多瓦共产党人党将竭尽所能地逐步降低国家间、民族间的对抗，使摩尔多瓦成为一个民主国家。

摩尔多瓦共产党人党认为，解决德涅斯特河东岸问题，实现国家统一，是摩尔多瓦全社会的一项特殊任务。我们坚信需要通过增强公民信心、提高全民族的理论才能解决。

摩尔多瓦共产党人党认为，只有支持一体化，摆脱孤立状态，改变单一的对外政策，才能给国内人民提供一个美好的未来，确保市民的凝聚力，带来新的安全感。在欧洲一体化的大家庭里，摩尔多瓦需要成为一个领土上重新统一的国家，以及经济发达、生活水平较高的国家。

摩尔多瓦共产党人党的主要目标是：建设一个社会化的、有竞争力的国家，这个国家经济开放，具有创造精神、发达的民主和高度的安全感。

五、摩尔多瓦共产党人党——一个欧洲左翼政党

摩尔多瓦共产党人党的执政经验成为改革党的主要理由。需对这一战略及其概念作一些改变，系统分析和评估我党进一步建设的优先事项。摩尔多瓦共产党人党一直是一个群众政治组织，能够将政治战略和日常实践有机结合起来，以便维护国家主权，促进社会经济和精神发展。

摩尔多瓦共产党人党坚决批判后苏联时期左翼运动的一些理论和实践，即那些孤立主义、强权政策、权威主义、民族主义和分裂主义思想。我们得出一个悲哀的结论：那些最不民主的国家和寡头专制资本主义都已经放弃了这些运动。从另一方面看，社会主义思想在西方、中欧和欧盟国家的成功发展，深深地吸引了我们。欧洲不仅是社会主义传统的发祥地，还把这些传统和民主、自由的现代价值观紧密地联系了起来。

可以说，当今欧洲民主制度的凯歌前进是我们左翼政党长期奋斗的结果，是爱国主义、社会公正、保护人权这些思想得以发挥作用的结果。在这种情况下，摩尔多瓦共产党人党认为，自己的使命是积极吸收欧洲共产主义和社会主义的所有思想遗产和政治经验，比反动的民族主义和独裁主义更有竞争力。我们这样的党，为社会主义奋斗和为国家和民主的奋斗是高度一致的。民主和人权是我们为之奋斗的目标，是生活水平和人的发展的共同因素。

今天，摩尔多瓦共产党人党是一个积极支持社会变革的党，将会促进各自所有制形式的发展，将利用全社会的创造性力量，建立一个执行型、智力型的经济国家。现在摩尔多瓦共产党人党是维护国家独立和民族多样性的唯一政党，一个不断追求国家重新统一的政党。

今天，摩尔多瓦共产党人党是一个欧洲现代化的政党，一个旨在对外开放的党。它依照法律、经济和社会标准改变国家和社会，在2007年成为欧洲左翼党的正式成员。

今天，摩尔多瓦共产党人党正成为一个新型政党，在新的历史条件下，为人道主义理念、人类尊严和社会主义而奋斗。

（本章根据2008年摩尔多瓦共产党人党第六次全国代表大会通过的《摩尔多瓦共产党人党新纲领》翻译）

（山东政法学院政治学与行政管理系　夏纪媛 译）

摩尔多瓦共产党人党章程①

摩尔多瓦共和国共产党人党（PCRM）奉行拥护共产主义思想的公民自愿参加的原则。它是摩尔多瓦共产党理念与传统的继任党、继承者。

我党从人类文明进程的历史观中得出结论，为社会向社会主义方向发展而努力奋斗，为树立社会人道主义准则、民主和集体主义、法律权威、人民政权而努力奋斗，为避免民族歧视，保障公民权利平等而努力奋斗。

我党为摩尔多瓦共和国的领土完整与可持续发展而努力奋斗。

摩共表达工人、农民、知识分子、勤奋学子的利益，表达失业者、退休人员的利益，表达摩尔多瓦共和国全体公民的利益，表达社会主义发展思想拥护者的利益，在保护这些利益时携手向前。

摩共依照国际法准则和摩尔多瓦共和国宪法行动，在内部活动中由党纲和党章指导行动。

摩共与所有秉持社会公平和真正民主准则的社会力量合作，通过人民议员委员会的形式表达这些准则，在必要的情况下与他们组成政治联盟；摩共表示，支持树立独联体国家人民兄弟联合体新准则，支持共产党之间的国际团结，支持其他社会主义国家的国际团结。

摩共在马克思—列宁主义理论的指导下，考虑到党的发展，现代科学和国际共产主义工人运动经验目前取得的成就，制订实践活动政策与准则。

摩共开展自己的政治活动，依法参与制订国家政策，组建政权机关和

---

① 原文为摩尔多瓦语。

第二部分　主要政党内部规章制度

地方公共自治机关，提拔代表并争取先锋地位。

为了实现纲领中的目标和任务，摩共依照现行法律成立媒体通报机构，出版具有社会政治特征的文学作品和其他宣传材料，组织文化节、庆祝活动、展览、讲座、社会政治活动，成立妇女和青年协会、机构等。

摩尔多瓦共和国共产党人党有由代表大会批准的党旗、党歌和党标。

党旗和党标符合国家登记注册。

摩共中央机构位于基希纳乌市。

一、摩共党员

1. 摩尔多瓦共和国共产党人党党员可以是任何一名年满18岁的公民，承认党纲与党章，参加基层组织活动，遵守党的决议并且定期缴纳党费。

2. 摩尔多瓦共和国共产党人党党员不能加入其他政党。

3. 摩尔多瓦共和国共产党人党党员有权：

——自由提出并参与有关党的政治问题的讨论；

——参与制订与批准决议；

——参加党的各个机构选举；

——享受党组织的支持；

——获取与党组织活动、领导和执行机构、官员行动的一切相关信息，向党的任何一家机构提出问题、申请、建议，并要求回应；

——在讨论党员的提议、活动或行为时，参与相关机构工作；

——对党的任何一个机构或任何一个共产党员提出公正批评；

——对党的领导机构内不再被信任的人员提出召回；

——自愿退党。

摩共的党员身份不限制公民基本权利，包括信仰自由和参加其他公众组织的权利，不限制那些不违反现行法律，不违背党纲目标的原则。

4. 摩共党员有义务做到：

——诚实，有原则，坚定信仰；

——学习马列主义，党纲和党的其他文件，并在实践中创造性地应用；

——积极推动并始终坚持共产主义思想，推动并坚持在人民群众、公众组织中为了实现纲领目标的党的方针，通过多种方式为牢固党在社会中的地位和权威做贡献，组织劳动者依照摩尔多瓦共和国宪法和其他法律保卫自己的重要利益；

——选举时在国家政权机关和地方公共行政单位为摩共候选人的胜利努力，在人民群众中开展广泛的动员工作；

——严格遵守党纪，有意识地执行党的决议并完成党的任务，为加强意识形态和组织统一而努力，坚决打击机会主义、宗派主义、分裂主义，反对虚伪和阴谋；

——进行登记并积极在党组织中工作，吸收新成员；

——定期缴纳党费，从物质上支持党。

5. 加入摩共应依照申请人的个人申请，其中要包括两名党龄不少于2年的党员推荐。由基层组织批准入党决议，具有最终性。如果申请人的居住地没有基层党组织，入党决议则由上级机关批准。

入党申请决议经参加党员大会的党员或选举机构的党员多数票通过批准。

——其他政党党员入党条件相同，由基层组织做出的决定必须要经相应的区党委会或市党委会确认，并告知中央委员会；

——区党委会代表或市党委会代表向入党的公民授予经中央委员会决议批准通过的统一的党员证。

6. 对于不遵守党的决议，以及其他违反摩共党纲和党章的行为，党的基层组织或相应的上级机关可以对该党员施行以下处罚：批评、警告、严厉警告、开除党籍。

——如果参会党员（相应党组织的党员）投票过半数同意，则开除党籍的决议有效；

——受处罚或被开除党籍的党员，在对基层组织决议提出异议后的两个月内，有权向上级机构进行申诉。申诉在提交之日起的一个月内进行审理；

——如果党员在三个月内无故不缴纳党费，由基层组织进行审理。如果证明党员与党不再有联系，他将被开除党籍；

——基层组织依照党员的退党申请进行决议，批准退党。

7. 被开除出党或自愿脱党的人员原则上可以重新入党，但必须在退党三年之后。

8. 允许被选入或任命在国家权力机关任职的共产党员退党，依照摩尔多瓦共和国法律规定，在这些机关任职不允许有政治组织身份。有关中央委员会和中央审核委员会党员退党的决议属于中央委员会的职权范围，在其他情况下，由相关市党委会和区党委会作出类似决议。这并没有剥夺他们继续物质支持党的权利。重新入党时，这些共产党员保留之前的党龄。

二、党活动的组织原则

9. 在摩共的活动中，承认党员大会的决定性地位，并且保障他们有完全权利解决党的问题，始终遵守民主集中原则，它规定：

——党自下而上所有领导机构定期当选并解散；

——党各机关和各个负责人向他们的组织和上级机关汇报，系统通报他们的活动；

——在制订和批准决定的过程中遵循集体领导原则，严格党纪，少数服从多数，未遵守已通过的决议以及未完成已承担的任务则个人承担责任；

——下级机关必须履行上级机关的决议；

——提议与责任结合，自觉守纪和组织精神结合；

——公开党组织和领导机关的全部活动。

10. 涉及摩共全国活动的政策与战略问题，只有代表大会或中央委员会有权作决定。因此基层组织可以向中央委员会提出建议，但无权通过决议。

11. 党的统一和斗争性由以下几点保障：

——自愿入党，认真完成党的任务，意识形态的沟通以及对所有党员一视同仁的党纪；

——全体党员权利平等，义务平等；

——各党组织在解决内部组织生活的一切问题时，依照摩共党纲进行自我管理；

——确保参与党组织制订并实现党各项政策的可能性；

——扩大党内生活民主化，为自由言论、建设性批评和讨论创造条件，少数派在决策过程中也有表达观点、坚持观点的权利。当出现违反党纲和党章中的要求的情况时，中央委员会可以作出决定，重新登记（解散）相应的党组织。

解散党的基层组织之后，共产党员没有在中央委员会规定的期限内重新登记，被视为脱党。

12. 在选举代表会议和代表大会的代表的同时，可以提名党的高级机关候选，由代表会议和代表大会作出最终决议。

13. 党的选举机关成立下属的服务机关，并决定其组织结构。该机关职员待遇依照劳动法规定。

14. 党可以依照现行法律建立必要的媒体通报渠道。该渠道负责人由中央委员会全会任命并解除。

15. 为了协调党的活动，选入政权代表机关的摩共党员在该机关的任期之内可以组成小组、党派，服从于推荐它们的党组织。

16. 市级、区级和基层党组织的选举机关到授权期满时，在党代表会议或特别全体党员大会上可以部分或全部进行更新，当：

——本人提出辞职；

——不少于半数的相应党组织成员申请；

——经中央委员会决定。

特殊情况下，允许吸收新成员加入中央委员会、中央审查委员会、市党委会、区党委会，以及各审查委员会。经相关机构参会成员多数票通过，批准决议。

17. 在党名单之外的权力代表机构提交选举候选，或没有在自由委任选区的党的机构推荐，摩共党员将不能享受党的支持。

18. 党的基层组织书记，所有层级领导机关的负责人以及代表会议和代表大会的代表都是通过直接投票或无记名投票选出。投票方式由全体党员会、代表会议、代表大会决定。

19. 从中央委员会或其他选举机构开除党员的问题由中央委员会全会处理，或在其他选举机构的全体党员大会上通过该机构到会成员投票的多数票决定。

20. 依照摩共的名单（顾问、市长、议会众议员）选入地方和国家权力机关的摩共党员，或是被任命担任这些机关或执行机关领导职务的摩共党员，一旦拒绝履行党的决策，拒绝推动党的政策，党将追究他的责任，某些情况下将开除党籍。

21. 针对劳动者社会保障，摩共将与工会进行合作。

22. 摩共支持共产主义青年组织，把它看做党的补充储备力量，同时摩共也与社会主义妇女组织合作。

三、党的组织结构

23. 党的组成遵循属地原则。基层组织在居住地建立，在区级和市级党组织中集会。在镇政府所在村子建立基层组织，该镇其他的村子建有区组织，赋予基层组织可以接收新党员的权力。

24. 在共产党员提议下，经相关党委会同意，可以成立一些党组织书记委员会、老年党员委员会，以及其他一些涉及特定利益或问题的党员协会，并组织活动。

25. 党的组织和思想统一是活动成功的稳固条件。除选举机构任期内的共产党员—议员联合和共产党员—顾问联合，摩尔多瓦共和国共产党人党不允许组建有内部纪律和结构的宗派团体。

四、党的基层组织

26. 摩共的基础是党的基层组织。党的基层组织最少由 3 名党员组成。决定建立基层组织的决议由上级机关批准。

基层组织的最高机关是共产党员大会，在有需要时召开，但每季度不少于一次。如果相关机构有超过一半的党员参会，则大会具有完整权力。如果投票超过到会党员的半数，则决议通过。

为完成当前活动，选举任期为一年的是：党组织书记，他的副手以及财务。如果组织人数多于 15 名党员，则要选出党务办公室，它根据需要召开会议，不少于每月一次。办公室的活动由党组织书记领导。

27. 如果有需要党的基层组织可以建立部门和小组。

28. 基层党组织自由选择活动的形式和办法，自由使用剩余党费。基层组织的决议不违反党纲和党章，则不能被上级机关废除，除非是关于个人档案的决定。

29. 基层党组织：

——参与制订并实践党的决议，宣传党的思想，完成政治任务。在人民群众中，通过一切合法手段保障社会公平、公民权利与自由，通过符合宪法的手段组织劳动者为重新恢复他们的权力而斗争，支持上级机关的活动；

——关注共产党员的政治理论培训和政治文化深化，展开批评与自我批评，巩固队伍，加强纪律；

——接收新党员，保护共产党员的尊严和合法利益，支持被选入地方和国家高级行政机关的共产党员；

——听取已登记的共产党员，包括已被选入党的领导机关的共产党员的思想汇报，关于遵守摩共党章要求，执行党的任务和决议；

——对制订地方权力机构选举的名单提出建议；

——向党的上级机关通报活动；

——选派参加区级和市级代表会议的代表；

——收取党费,并以固定的方式向相关的市级和区级党委会做汇报。

五、市级和区级组织

30. 市级、区级党组织的最高机构是共产党员大会或代表会议,由市党委会、区党委会每两年召集一次,按委员会的决议或在相应党组织登记的全体共产党员不少于半数党员的申请下,或是依照中央委员会决议,召开特别会议。由相应委员会确立市级、区级代表大会的代表指标。

31. 市级、区级党组织的党员大会(代表会议)审查相应市党委会和区党委会以及审查委员会的汇报,审查有关社会经济情况、党内政治生活问题的报告,选举党委会、区党委会、审查委员会、全国代表会议和代表大会的代表。

在特殊情况下,依照中央委员会决议,同时参考基层党组织的提议,参加全国代表会议和特别代表大会的党代表在党委会全会上选出。

如果登记在册的党员到场超过半数,或者当选代表到场超过半数,市级、区级党组织的党员大会(代表会议)具有审议决定权。参加党员大会的党员或参加代表大会的代表多数票同意,则决议通过。

32. 在党员大会或代表大会两次会议之间,市级、区级党组织的活动由委员会领导,它根据需要集会,但不少于三个月一次。

在通过党内所有政治生活问题相关决定时,除了那些属于中央委员会和代表大会职责内的决议之外,市级、区级党委会是独立的;通过它们在地方自治机关的代表,提出关于城市、各区社会经济发展和居民社会保障的具体措施;对基层党组织进行登记,协调并指导他们的活动,在活动中组织实践党的决议与政策;在每个基层党组织采录党员的个人记录,发放党员证,批准自己的预算,建立新闻机构;针对中央委员会、中央审计委员会委员的选举或召回,以及中央委员会监察委员会委员的选举和召回,提出建议;参考基层党组织的意见,向上级机关就有关储备干部,有关提交地方自治单位选举或任命的候选资格提出建议;协调摩共在地方公共行政委员会中各团体的活动;始终向中央委员会进行活动通报,并以固定形式就其活动与党费进行汇报。

如果到会的所属党员超过半数，市级、区级党委会会议具有审议决定权。

到会委员会委员多数票决定，通过决议。市委员会、区委员会的委员有权参加相应市、区审查委员会的会议。

33. 在市党委会、区党委会两次会议之间，市、区党组织的活动由市党委会、区党委会办公室领导。办公室成员是从市党委会、区党委会中选出的。

市、区党委会选出一名第一书记和其他书记若干，同时还是相应党委会办公室成员。

市、区党委会办公室制定并完成市、区党组织当前的活动，管理基层党组织的活动、管理党员登记并收取党费，批准通过关于加强党纪和活跃党组织在执行党的决策时的战斗精神的具体组织措施，向中央委员会就党委会机构干部的问题提出建议。

办公室根据需要举行会议，但不少于一个月一次，如果办公室成员到场超过半数，则办公室会议具有完整权力。经到会的办公室党员的多数票决定，通过决议。

34. 市、区党组织的审计委员会选举主席及其副手，控制党的预算执行以及党费收缴和使用，审核书记处工作，它隶属于选它出来的机构和中央审计委员会。审核之后，向相应的办公室或向中央审计委员会提交建议。

审计委员会委员有权参加相应党委会的会议，主席可参加相应办公室会议，有权投参考票。

如果多数委员到场，则审计委员会会议具有完整权力。经到会委员的多数票决定，通过决议。

六、党的全国性机关

35. 摩尔多瓦共和国共产党人党的最高机构是全国代表大会，不少于每四年召开一次。

召集开会之前不少于三个月通知开会时间和会议日程。参会代表定额由党中央委员会确定。

如果当选代表多数到场，全国代表大会具有完整权力，如果参加大会工作的多数代表投票同意，则决议通过。

大会特别会议由中央委员会召集，或经不少于半数的市级和区级党委员会申请。在收集了召集特别会议所需的足够票数后两个月内，由组委会召集特别会议。

36. 摩尔多瓦共和国共产党人党全国代表大会：

——通过党纲与党章，并引入修订；

——听取中央委员会和中央审计委员会的报告；

——决定党的活动战略；

——成立党的新闻机构；

——选举党主席；

——选出中央委员会和中央审计委员会；

——批准通过提交摩共参加总统选举候选资格的决议；

——审核并解决党内生活的其他问题。

37. 在两届全代会之间，有需要的情况下，可以召开党的全国代表会议。代表会议有权听取中央委员会和中央审计委员会的汇报，有权更新两个委员会三分之一的成员，有权讨论并进行党章修订。如果参会的当选代表多于半数，代表会议有审议通过权，参会代表多数投票同意，决议通过。

38. 党主席由全国代表大会四年选举一次，并要向代表大会进行汇报。在代表大会决议执行与党纲指示的执行中，它协调中央委员会和中央委员会政治执行委员会的活动，他同时也是中央委员会和政治执行委员会的组成部分，领导两个委员会的会议；在处理与国家代表机构、执行和执法机关以及与国外兄弟政党的关系中，党主席代表党。

39. 在两届全国代表大会之间，党的活动由中央委员会领导，委员会在需要时召开会议，不少于四个月一次。如果参会委员多于半数，中央委员会的会议具有完整权力，到场参会的中央委员会委员多数投票同意，决议通过。

中央委员会召集代表大会和代表会议，组织落实决议，讨论有关党的政治组织活动的形式与方法优化、加强团结、国家社会经济和人民社会保障发展活力的问题；与党委会一起提名议会议员候选人，协调共产党—议员团体在选举机关的活动，选举政治执行委员会、中央委员会执行书记与其他书记，成立或取消党的新闻机构以及各市、区党委会，任命和解除新闻机构领导人职务，确立党的机构中职员的数目和职务，设计党员证和其他文件的模板，以法人身份代表党，通过党的预算。

中央委员会委员有义务在长期居住地的基层党组织进行登记。

中央委员会委员只有在中央委员会同意的情况下，可以接受担任政府领导职务和其他国家权力机构领导职务的任命。

中央委员会委员有权参加中央委员会审计委员会会议。

40. 为组织并领导党当前的活动，需从中央委员会委员中选出组成政治执行委员会，并选出中央委员会执行书记与其他书记若干，他们同时也是政治执行委员会成员。

政治执行委员会在必要时召开会议，不少于一个月一次；如果多数委员到场，则委员会会议具有完整权力，到会委员投票过半数同意，决议通过。

政治执行委员会组织党当前的活动，召集并组织中央委员会全会，管理实施代表大会和中央委员会决议，听取各党委会和各基层党组织有关意识形态组织各方面工作的汇报；与党组织保持长期联系，选择、安置并解除党的机关职员，制订预算并管理预算执行。在特殊情况下，经中央委员会例行全体会确认之后，政治执行委员会可以批准属于中央委员会权限的决议。

为了完成符合章程的任务，政治执行委员会可以设立法人身份的自主经营的企业和组织，并指导它们的工作。

在处理与其他政党和社会组织以及国外其他政党的关系时，政治执行委员会代表党，在处理财政和财产问题中展示党。

41. 中央委员会监察委员会的组成由中央委员会选出，为巩固党的组织和意识形态统一，为增加党组织的战斗性而努力。委员会管理共产党员和党组织遵守党纲与党章的情况，管理开除党籍的正当性，审核党员的上诉、申诉和建议，并对公然违反党章和党纲的党员进行处罚（直至开除党籍）。党委会系统告知政治执行委员会和中央委员会已完成的审查结果、上诉、申诉和建议审核结果，就巩固党的组织和意识形态统一问题提出建议。

委员会会议根据需要召开，但不少于四个月一次，如果到场参会委员超过半数则会议具有审议决定权。

到会委员多数投票同意，决议通过。到会委员在委员会会议笔录上签字。

中央委员会监察委员会委员有权参加中央委员会全会，并有权投参考票，委员会主席有权参加政治执行委员会会议并有权投参考票。

委员会的活动由党纲和党章、代表大会和代表会议决议以及中央委员会决议指导。

42. 中央委员会执行书记领导政治执行委员会、中央委员会机关雇员和党的各个委员会执行代表大会和中央委员会决议以及党主席指示。在党主席缺失时，中央委员会执行书记主持中央委员会全会和政治执行委员会，管理决议执行进程。中央委员会其他书记以及政治执行委员会委员的职责和义务由政治执行委员会确定。

43. 党的代表大会选出摩共中央审计委员会。它的任务是加强财政纪律，监控理性使用预算，保持文件和笔录有序。

中央审计委员会管理文件和笔录，管理党费收缴的正当适时及其恰当使用，管理党自主经营的企业和组织的财政及生产活动，有条理地领导并协调市、区党委会审计委员会的活动。

在审核之后，在政治执行委员会或中央委员会上提出建议。

中央审计委员会举行会议选举主席及其副手。会议根据需要召开，但不少于四个月一次。如果到会委员超过半数，则会议具有完整权力。经到会委员多数票同意，通过决议。

中央审计委员会委员有权参加中央委员会全会，委员会主席有权参加政治执行委员会并有参考票权。

中央审计委员会，各党委会的审计委员会在活动中接受党章和中央委员会通过的指示的领导。

七、党的资金来源和财产

44. 党的资金来源是党费，各种媒体通报渠道的收入以及党自主经营的企业收入，社会政治文学作品和其他宣传鼓动材料、表现党的象征的文章出版，组织文化节、展览、讲座以及其他活动，来自自然人和法人的存款及自愿捐款，以及依照摩尔多瓦共和国法律的其他收入。

45. 党员党费的标准是每月工资或收入、退休金、奖金的0.5%到2%。党费每月缴纳。对于个别领域的党员，基层党组织可以确立不同的党费标准。

46. 摩共的预算由基层党组织预算、区党组织预算和市党组织预算组成。

47. 党的全部财产包括不动产、房租收益、设备、出版社、印刷厂、交通工具以及其他为实现章程目标的必要财产。

48. 党的全部财产是共有财产，不能分配给党员，包括在党终止活动之后，只能留给继承者，或用作善举。

49. 摩尔多瓦共和国共产党人党活动的终止基于全国代表大会的决议，或是依照宪法委员会制定的现行法律所规定的其他原则。

（本章根据2008年摩尔多瓦共产党人党第六次全国代表大会通过的《摩尔多瓦共产党人党章程》翻译）

（中国社会科学院俄罗斯东欧中亚研究所东欧室　曲岩　译）

第三章　民主党

阿尔巴尼亚民主党章程①

第一章 总纲

第一条 党的名称

党的名称是阿尔巴尼亚民主党,缩写为民主党。

第二条 党的政治目标

阿尔巴尼亚民主党旨在通过参与选举性的政治竞争,尊重自由、平等和正义的价值观。党致力于维护阿尔巴尼亚和阿尔巴尼亚族人的利益、思想自由、个人的尊严、基本权利和责任,发起平等、自由的倡议;作为促进国家的快速稳定发展的手段,发展自由竞争的市场;建设公正的国家,维护个人的人身和财产安全、个人与家庭的责任权力、社会正义,开展社会对话,保护自然环境,维护国家权威,推进地方自治。

阿尔巴尼亚民主党致力于推动阿尔巴尼亚快速融入欧洲和欧洲—大西洋组织机构,并将国家的积极形象辐射到全世界,致力于延续阿尔巴尼亚民族的身份和文化。

阿尔巴尼亚民主党将坚持这些愿望和目标的全体阿尔巴尼亚人团结在党的周围,保证他们的政治情感自由表达。这是基于平等参与政党生活和选举的原则。

阿尔巴尼亚民主党的目标是:

---

① 原文为阿尔巴尼亚语。

1. 建设认可和受到国际文件保护的民主人权，支持自由、合作、尊重和负责的人类社会。

2. 建设制衡的、分权清晰的、依法保护公民生命和自由的法治国家。

3. 通过促进自由经济成分，增加私有财产，推动发展市场经济，并将此作为创造和拥有国民财富的主要形式，开展公有经济企业私有化，市场自由化，执行优惠的金融贷款政策。

4. 保证私有财产不受侵犯，保护其所有者自由处置、继承和完全按照市场价值予以补偿的权利。

5. 取消任何不依靠劳动、才干和为国家服务而获取的特权和不平等。

6. 使阿尔巴尼亚有尊严地融入欧洲—大西洋机构和由欧洲先进国家组成的大家庭。

7. 确保国家安全，并与欧洲机构、美国和其他维护和平、自由、民主、发展经济、保护本地区和更广地区环境的国际组织合作。

8. 保护任何遵守国际法律、条约和普世标准的阿尔巴尼亚人的利益和人权。

阿尔巴尼亚民主党的政策反映在党的纲领和其他中央机关按照党的章程通过的文件中。

第三条　党的总部

阿尔巴尼亚民主党的总部设在阿尔巴尼亚共和国的首都地拉那。

第四条　党的组织

阿尔巴尼亚民主党是一个在国家领土上有自由意愿公民参加的政治组织。党的主席团的决定由党的组织机构在专业基础上形成。

第五条　党徽

阿尔巴尼亚民主党的党徽是由蓝底的白色字母"P"和"D"组成的图案。前者以艺术字形式置于后者之内。党徽在阿尔巴尼亚民主党的代表机关和授权机关中使用。

第六条　党旗

阿尔巴尼亚民主党的党旗为党徽居于中央的蓝色旗帜。

第七条　党的印章

阿尔巴尼亚民主党的印章为圆形，由环绕党徽的两行大写字母拼写的"阿尔巴尼亚民主党"字样组成。仅限于以党的中央机关和中央党部执行机关的名义使用党的印章。党的地方组织依照上述印章的样式增加地方组织名称制作。党的主席团制订党的印章使用规定。

第八条　党的职能

阿尔巴尼亚民主党的职能建立在内部民主的基础上，由党员通过投票予以表达。代为投票必须是党员授权的代表。

党内任期为四年。

党内民主实施办法由党的中央机关依照本章程制订。

党的民主通过党内选举提名实施。党员可根据党的内部规章设定的条件提名选举候选人。

第九条　党的活动组织方式

1. 阿尔巴尼亚民主党通过下列方式实现其目标：

（1）党员、地方和中央机关，执行机构的活动；

（2）单独执政或联合执政，以及在有阿尔巴尼亚民主党代表的地方机构中执行党的纲领；

（3）议会议员团；

（4）与党关系密切的伙伴组织和协会；

（5）同外国伙伴、国际组织和机构合作。

2. 阿尔巴尼亚民主党可通过私营和公共媒体、组织抗议、公开集会、游行、召开会议及其他合法的方式实现本党目标，履行党的职能。

第十条　党开展合作和活动

阿尔巴尼亚民主党的党员、伙伴组织和支持者相互合作和互助。党的中央机关和执行机构关注和保护党员及其支持者，使其免于因参加符合党的章程和政治信仰的政治活动造成的任何后果。

第十一条　党公开活动

阿尔巴尼亚民主党依法组织其经济、俱乐部、学术、组织和研究活动。党的活动是公开的，除非党的章程和条例另有规定。党的活动不仅在阿尔巴尼亚境内进行，也可在被允许的其他国家进行。

第二章　党员

第十二条　入党条件和标准

1. 每一个满足下列条件的阿尔巴尼亚公民均可加入阿尔巴尼亚民主党：

（1）年满15周岁；

（2）接受入党条件；

（3）不是党不承认和不接受的其他政党组织成员。

2. 党员：

（1）可以以个人身份入党；

（2）每年缴纳党费（连续两年不缴纳党费的丧失党员权利）；

（3）党未对其采取开除措施或其提出退党。

第十三条　发展党员

申请入党的人应在居住地民主党支部、地方和中央组织书面提出入党申请。

入党在居住地党支部或地方委员会经上级组织批准完成。在党支部入党由党的地区委员会批准，在党的次地区和地区委员会入党由党的中央机关批准。如有关入党申请未予批准，申请人可就近向未批准其入党申请的上级党组织提出申诉，由相关纪律委员会作出相关决定。

第十四条　党员的权利和义务

1. 党员享有下列权利：

（1）根据党章参加党的会议和选举，在党的各项活动中自由表达想法。

（2）行使选举权和被选举权。

（3）任何党员都有权依据本章程向党的各级代表机关提出建议，可以向各级领导机关就个人事项提出申诉。

（4）党员不能在党的各级机关主席团同时任职，不论有关机关的级别高低，但不包括在党的伙伴组织主席团任职。

2. 党员应履行下列义务：

（1）积极参加党的各项政治活动和竞选活动，并参与内部组织生活。

（2）向党缴纳一定党费。党费额度及其在党中央和地方机构分配使用每年由党的主席团确定。党的主席团可为伙伴组织制订最低经费额度。

（3）党费须在确定缴纳之日起60天内完成缴纳。逾期未缴纳者丧失投票权，直至重新获得党员资格。

（4）遵守党的纪律和政治条例。对违反纪律和未履行党员义务的党员采取惩罚和限制党员权利。对党员给予惩罚程序根据党内部条例确定。

可对党员采取的措施包括停止和开除党籍。相关措施可向党的纪律委员会公开提出。

第十五条 党员资格的终止

1. 党员死亡、被劝告退党或被除名时，其党员资格终止。
2. 任何党员均可在通知所属党组织的情况下自由退党。

第十六条 党的支持者

阿尔巴尼亚民主党将支持党的政策和活动并把为党投票的每个公民视为党的支持者，并鼓励他们公开参与党的活动。

第三章 党的地方组织

第十七条 党的地方组织

阿尔巴尼亚民主党的组织机构建立在行政区划、选区划分或者有特殊规定的全国层面之上。

党的组织单位为：

——党支部

——党总支部

——次地区委员会

——地区委员会

第十八条　党支部

1. 党支部是党的最小组织机构，根据投票站划分或党的主席团另有特殊规定的县一级单位设立。地区委员会主席团根据所辖地区负责党的组织工作，并向党的最高主席团汇报。

党支部在各地区或在党的主席团特别规定的全国范围内设立，如特殊的社会团体、专业机构、学校、年龄层或互联网和侨民等。

每个党支部都设立支部委员会。

党支部的成立、解散、合并或分离由其所在的党地区委员会决定。

2. 党支部根据党员人数组成3—7人的支部委员会。支部委员会由支部书记、秘书和支委组成。

3. 党支部委员会根据规定每四年通过秘密投票在支部党员大会上选举产生。付诸表决的候选人人数应至少是候选职数的两倍以上。

4. 党支部书记和秘书在支部党员大会上通过秘密投票选举产生，其候选人人数应多于一人。支部书记最多不能连续两届当选，连选连任需要获得三分之二以上的有效票数。

5. 支部党员大会由支部书记、支部委员会或者四分之一的支部党员发起召开。每两个月至少需召开一次支部党员大会。

6. 党支部（1）根据党的指导和立场在其所辖地区组织开展政治活动；（2）吸纳新党员入党；（3）提名党的地区组织领导、代表以及议员和地方政府领导候选人；（4）就关系到党的利益的问题向党的地区委员会提出建议和意见。

第十九条　党总支部

1. 党总支部在所在城镇和乡村开展活动，由所在地区的党支部组成。

党的地区委员会和次地区委员会决定成立党总支部并明确其管辖范围。

2. 党总支部由党总支书记和秘书领导。

3. 党总支部的领导层由下列人员组成：（1）党总支书记和秘书；（2）各所属支部书记和秘书；（3）民主党党员出任的市、县长及其立法机构负责人、或非民主党籍上述人员的民主党籍顾问；（4）党总支的上一级地区委员会书记等领导；（5）居住地在党总支所辖地区的党的全国委员会委员、议员。

党总支部的财产由如下几部分组成：（1）党总支部的财产；（2）所属党支部的财产；（3）党的地区委员会委员在其所属党支部和党总支部的财产；（4）居住地在党总支部所辖地区的地方顾问的财产。

当上述各级党组织代表明显违背了其所代表的党员人数和所获选票时，以及当有关财产过大时，有关党产的划分原则为按支部党员人数占50%和每支部依照在所属党总支所获选票取得另外50%。本条第一段中的第1、3、4、5类人员不论代表形式，均为党产成员。

4. 党总支部书记由党总支部主席团通过秘密投票选举产生，其候选人须多于一人。党总支部书记不能连任两次。连选连任需获得三分之二以上的有效选票。

党总支部秘书由党的地区委员会或次地区委员会主席团根据地区委员会或次地区委员会主席建议任命。

5. 党总支部主席团会议由党总支书记、地区委员会主席团、党的主席团发起召开或者应不少于四分之一的党员要求召开。

6. 党总支部（1）根据地区委员会或者次地区委员会，以及党的中央机关下达的任务，协调其所辖党支部的政治活动；（2）决定向党的决策机构建议所在地方政府领导人候选人人选；（3）根据所辖党支部建议，当党的机关候选人人数过多时，以及上级机构提出甄选要求时，对有关候选人进行甄选。

第二十条　党的次地区委员会

1. 次地区委员会根据选区区划和地方行政区划（市、县、乡）设立，包括所有下辖党支部和党总支部。

2. 次地区委员会在会议和活动期间由委员会主席和主席团领导。

第二十一条　次地区委员会主席团

1. 次地区委员会主席团是党在次地区的最高领导机关，根据上级机关要求就重要问题，以及下辖支部和党总支部开展组织生活和政治活动作出决定。

（1）次地区委员会主席团由根据第二十二条选举产生的不少于15名成员组成，包括次地区委员会主席。

（2）如下人员因职务可成为次地区委员会主席团成员：居住地在各地区委员会管辖地区的政府阁员、大区区长；居住地在次地区委员会管辖地区的议员、市长、乡长；人口在3万以上城市的副市长；地区委员会书记；次地区委员会合作伙伴组织负责人。

选举产生的次地区委员会主席团成员须至少是因职务获得成员资格人员的两倍。

（3）主席团女性委员不少于当选委员总数的25%。如果按得票数排名不能满足这一条件，则不再按照得票数排名而按总数比例确定。

2.（1）主席团以党的次地区委员会名义履行本章程赋予的职权，并向党的中央机关提出工作建议。

（2）次地区委员会秘密投票选举财务部门负责人并决定成立其相关机构。

（3）次地区委员会有权在与相关党员协商后就所辖地区的顾问人选作出决定并报党中央主席团批准。

（4）每个次地区委员会主席团有权对党员采取纪律措施，包括根据本章程直接将其开除党籍。

（5）次地区委员会主席团对其所属党的机构有关开展党的组织活动、公开政治活动，特别是选举活动负责。

3. 次地区委员会主席团会议由主席团主席每月召开一次。四分之一的主席团成员可要求就特别问题召开主席团会议。在此情况下，主席团主席须在收到相关要求一周内通报会议召开时间。有关会议日程和书面材料须在会议召开不少于两天前通报主席团成员。

4. 次地区委员会主席团的职能根据党的地方机关职能内部条例作出规定。

第二十二条　选举次地区委员会领导机关——代表大会

1. 次地区委员会主席团、主席团主席及本章程规定的地区委员会其他机关每四年通过秘密投票选举次地区党的代表大会代表，付诸表决的有关候选人数应至少是席位的两倍。

2. 次地区党的机关在次地区党的代表大会由全体党员根据"一名党员一票"的原则选举产生。

次地区委员会书记在选举前一年的12月31日公布有投票权的党员人数和姓名，这些党员（包括次地区委员会主席、次地区委员会主席团成员、全国代表大会代表、地区委员会纪律委员会成员）享有选举权和被选举权。确定和通过有关候选人的程序、被选举人应达到的条件由党的主席团内部相关条例作出规定。

3. 次地区委员会主席团可发起召开次地区党的代表大会。次地区委员会四分之一的委员或次地区四分之一的代表大会代表可要求召开次地区党的代表大会。在此情况下，应在有关申请提交后不晚于两周确定会议的日期和议程。会议的日期和议程的通知应在会议召开前5天发出。

4. 次地区委员会主席团根据次地区委员会书记的建议通过有关选举和投票委员会以及次地区代表大会秘书处。有关具体程序和代表大会议程由党的主席团内部有关条例作出规定。

5. 次地区党员代表大会选举产生主席团、次地区委员会主席、纪律委员会、全国代表大会代表，并就符合本章程规定的重要事项和动议作出决定。次地区党代会召开时，党的主席团、次地区委员会主席团、次地区委员会主席、15%享有投票权的出席党代会代表均可就特别问题提交建议和动议。次地区委员会有关提名建议和撤职动议应先在党的主席团通过。

第二十三条　次地区委员会主席

1. 次地区委员会主席候选人建议由党支部、党总支、次地区委员会主席团、党的主席团和15%的次地区党代会代表根据党的有关规定程序提出，并在党的主席团审议。次地区党代会投票通过党的主席团认可的候选人。

2. 已连续两次任次地区委员会主席的不得第三次担任该职务。候选人要获得第二个任期，应得到三分之二的有效票。当次地区委员会主席第二次竞选，以及在最近一次地区委员会选举中成绩突出者不适用于该规定。相关评估标准和同意上述人员二次参选的决定应在党的主席团以三分之二的票数通过。

3. 次地区委员会主席代表其所在地区的全体党员，并召开和领导主席团会议，与次地区委员会书记配合确定工作日程，组织履行主席团职责，对执行落实其作出的有关决定和指示负责，对确保党的工作顺利进行负责。主席团成员均享有言论自由。

第二十四条　次地区委员会书记

每个次地区委员会设一名书记，由党的主席团根据有关内部规定予以任命。

次地区委员会书记负责落实党在各次地区的决定和建议，组织党内选举，根据本章程和其他党的规定保存党员证明资料，每年根据党的有关内部规定向次地区委员会提交详细的工作报告。

第二十五条　地区委员会

1. 党的主席团可遵照地方行政单位区划（大区、区）或选举地区划分，决定几个次地区合并为更大的组织单位。

地区委员会对这些合并后的次地区组织单位进行命名。

2. 地区委员会机关包括：

（1）地区委员会主席团

（2）地区委员会主席

（3）地区委员会书记

（4）地区领导委员会

第二十六条　地区委员会主席团

1. 地区委员会主席团（下设多于两个次地区委员会的大区、市及选区）由不少于 15 名成员组成。党的主席团确定每个地区委员会主席团的成员数和候选人应满足的条件。不少于四分之一的地区委员会主席团成员应为女性。

2. 地区委员会主席团组成情况：

（1）一部分地区委员会主席团成员由次地区委员会主席团选举担任。地区委员会书记通知各次地区委员会主席在地区委员会主席团任委员的职数和分配比例。每个地区委员会主席团选举产生的委员职数一半应在党内选举上年的 12 月 31 日前确定，另一半根据党在最近一次参选得票情况确定。每个次地区委员会在地区委员会主席团有至少 3 名选举产生的委员，其中一位是次地区委员会主席，其他两位是次地区委员会党代会当选的次地区委员会主席团成员。

（2）因职务而获得资格的一部分地区委员会主席团成员，包括居住地在地区委员会所辖地区的部长、议会议员、大区区长、市长、党的伙伴组织领导人、地区委员会和次地区委员会书记、财务委员会主席。

（3）上述第（2）款中的人员不能多于第（1）款中的人员。

3.（1）地区委员会主席团应至少每 3 个月召开一次。

主席团会议亦可应三分之二的主席团成员要求召开，有关要求递交给地区委员会主席。在此情况下，会议日程须在有关要求中阐明，地区委员会主席和书记不能予以修改。会议应自收到申请之日起一个月内召开。

（2）主席团可以其下辖的次地区委员会名义就本章程认可的事项和职权作出决定，并以地区委员会名义将所有建议和要求上报党的中央机关。

（3）主席团决定成立必要的相关委员会、工作组以履行职责。

（4）主席团有权在与次地区委员会协商后通过代表党参加全国竞选的决定。

（5）地区委员会主席团对次地区委员会的组织活动、公开政治活动，特别是选举活动负责。

第二十七条　地区委员会主席

地区委员会主席由党的主席团提名候选人经次地区委员会主席团全体会议选举产生。有关人选必须经党的中央主席团讨论研究，并作出最终人选决定。

地区委员会主席在其所辖地区代表党员，召开和领导地区委员会主席团工作，并与委员会书记合作确定会议日程。他组织日常工作并对执行落实党的决定和指示负责。他负责确保党的工作顺利开展和每名主席团成员自由表达观点。

地区委员会主席是党的全国委员会成员。

第二十八条　地区委员会书记

党在每个地区委员会设一名书记，由党的主席团根据党内专门程序予以任命。

地区委员会书记的职责是在所在地区执行党中央的决定和政策，组织党内选举。每年负责根据党内有关规定向地区委员会主席团提交详细的工作报告。

每年不晚于第一季度末，地区委员会书记向地区委员会主席团提交活动报告，特别包括以下情况：

——发展党员情况

——党的经费使用情况

——党组织生活情况

该报告须予以讨论。主席团就报告提出意见后，地区委员会书记整理后将报告和有关意见呈报党的中央主席团。

地区委员会书记有权成为地区委员会主席团成员。

第二十九条　地区领导委员会

每个地区委员会都根据党的有关内部规定设有领导委员会。

该委员会负责日常落实党的中央机关和地区委员会主席团的决定。该委员会由主席、书记、二者的副手及平级者、财务委员会主任以及其他党的中央机构选出的人员组成（如有必要）。

地区领导委员会主席领导该委员会（在各地区和选区等）的工作。

第三十条 党的地方组织的财务经费

1. 地方党组织的经费来自：

——以无偿捐助形式向党的中央主席团提供的经费；

——党员在有关地区根据党的有关财务规定按照级别、地域上缴的党费；

——地方和中央的被选举者做出的贡献，数额由党的地区主席团确定；其他法律授权赋予政党的政治活动经费。

2. 党的地区财务委员会主任由主席团在事先听取党的中央财务部门意见后予以任命。他就经费问题对主席团负责。财务主任在其任命得到批准后即成为地区委员会主席团成员。

3. 党的地方机关财务委员会根据相应的主席团决定成立。他负责坚决执行党的内部财务工作任务。

第三十一条 党的海外组织

经党的主席团批准，阿尔巴尼亚公民可在海外建立党的组织——海外地区委员会，分布原则和纲领由党的主席团确定。

这包括了居住在该国的全体党员。这些党员在得到党的主席团批准后根据相关规定履行职责。有关规定主要包括以下条款：

海外地区委员会根据所在国家和地区设立党的支部，并选举建立起领导机关。每个支部设一名书记，每四年参照国内党的相应机构选举办法选举产生。

海外地区委员会经党的主席团任命派驻一名秘书。秘书负责执行党的主席团的指示。

第三十二条 次地区申诉委员会

1. 次地区申诉委员会由 3 至 5 名根据本章程选举产生的成员组成。该委员会主席是在次地区党员代表大会上的票最多的党员，书记则由党员秘密投票选出。

2. 次地区申诉委员会根据本章程负责审议地方组织机关决定的公正性，审议党员和地方机构提交的各种申诉并作出决定。

3. 该委员会的工作受到党的全国委员会支持。

4. 其作出的决定是独立的，并只在次地区党员代表大会上报告次地区委员会机关。

第三十三条　行政机构

根据党的财务状况，经党的总书记批准，地区委员会和次地区委员会可设立行政机构并根据内部规定履行职责。地区委员会主席任免该机构人员。

第三十四条　推举地方政权和中央政权候选人

1. 确定参加阿尔巴尼亚地方政权和议会选举的候选人须经过全党协商。

2. 次地区委员会主席团根据党的主席团规定的程序汇总候选人提名建议，并提交给地区委员会主席团。

3. 地区委员会主席团决定各级地方（县、市、大区）顾问候选人。在一级市，地区委员会主席团提交的顾问建议名单由党的中央主席团批准。经党的中央主席团指导，各地区委员会主席团也可决定2000名投票者以下地方领导人的候选人。

4. 党的主席团应通报候选人产生过程的每一步，并有权在必要时予以干预。

第三十五条　知情权

党的中央机关有权要求地方组织报告与党休戚相关的任何必要信息。地方领导机关亦可对下属机构提出这一要求。

第三十六条　干预权

如地区委员会的主席和（或）主席团、次地区委员会的主席和（或）

主席团多次严重违反本章程，以及在执行过程中有其他行为，或党的正常活动瘫痪时，党的中央主席团有权在特殊情况下予以介入，停止地方有关领导机关的权力直至召开新的党员代表大会。党的中央主席团有权在地方委员会错误执行党内程序和行动时予以介入。如选举提名过程存在冲突问题，党的中央主席团可以特殊方式介入。地方委员会主席团可在相同情况下对下属的党支部、党总支、次地区委员会使用这一权利。

第四章 党的中央机关

第三十七条 党的中央组织

党的中央机关为：全国代表大会、全国委员会、党主席、副主席、党中央主席团。

第三十八条 党的全国代表大会

1. 全国代表大会为党的最高机关。

2. 全国代表大会由下列人员组成：

（1）次地方代表大会根据全国委员会确定的名额选出的代表，其中50%名额取决于次地区委员会党代会，另外50%取决于最近一次议会选举得票情况；（2）全国委员会成员；（3）民主党议员；（4）中央申诉委员会成员；（5）党内职能部门书记；（6）一级市的市长和一级大区区长；（7）政策指导委员会技术协调员；（8）部分党的伙伴组织代表（不超过5%）。

上述人员如是民主党党员，均在全国代表大会有投票权。

3. 本条第2点（1）部分规定的全国代表大会代表数不得少于第2点其他部分的代表数。

4. 按照本条第2点（1）部分规定选举产生的全国代表大会代表任期是四年，其他代表的任期随其职务结束而结束。

5. 国内外受邀请人士可参加党的全国代表大会。

6. 全国代表大会选举任期为四年，每两年召开一次。全国委员会根据党主席和中央主席团的建议作出召开全国代表大会的决定。

全国代表大会召开的日期和议程应提前两个月发出通知。

7. 全国代表大会可召开特别会议。在此情况下，中央主席团决定召开特别会议的方式。全党四分之一的党员或全国代表大会四分之一的代表可要求召开全国代表大会。在此情况下，党的中央主席团须在两周内通知会议日期和日程。

发起召开特别党代会的有效期可调整压缩。

第三十九条　全国代表大会的职责

全国代表大会

1. 决定党的纲领和主要政策路线，这是党的中央和地方组织，以及党领导的政权的工作基础。

2. 通过和修改党的章程。

3. 秘密投票选举100名全国委员会成员，有关候选人名单不得少于席位的1.5倍。主席团决定宣布获得席位的方式。

4. 秘密选举党的主席。

5. 在全国委员会超过半数通过不信任动议基础上决定罢免党主席。

6. 中央主席团或全国委员会选举党的荣誉主席。党的荣誉主席在中央机关终身享有该地位和投票权。

7. 决定党解散或与一个或几个其他政党合并。

8. 通过党的任期和投票委员会，以确保代表大会工作顺利运转。

9. 下列人员有权向全党代表大会提出要求和建议：

（1）党主席；（2）全国委员会；（3）党的中央主席团；（4）地区委员会主席团；（5）不少于15%的享有投票权的全国代表大会成员，分布在至少5个地区委员会。对候选人的要求和建议，应与第三点所述程序相同。

第四十条　全国委员会

1. 全国委员会按照党的纲领、章程和全国代表大会作出的决定，领导两次党代会期间党的工作。

2. 全国委员会由下列人员组成：

（1）主席；（2）总书记；（3）副主席；（4）各职能部门秘书；（5）财务委员会主任；（6）共和国前总统、前总理、前议长和党的前任主席；（7）大区党委会主席和各一级市市长；（8）各地区委员会主席；（9）党的伙伴组织负责人；（10）根据本章程第三十九条第 3 款选举产生的全国委员会成员，选出的人数不少于其他人员总和。根据本款第（4）、（5）、（8）项选出的人员只有是民主党党员才可成为全国委员会成员。

3. 根据本条第 2 款第（2）(3)(5)(6)(7)项的规定，其全国代表大会代表的任期自相关职务结束时结束。其他人员的任期为四年。

4. 全国委员会每年至少召开两次，并就主席团确定的日程开展讨论。

民主党政府内阁成员有权参加全国委员会，但无投票权。

全国委员会的决定以简单多数作出。

第四十一条 全国委员会的职责

1. 全国委员会会议由委员会主席（或秘书长经主席同意后）与党的主席团召开。

全国委员会也可在其四分之一成员的要求下召开。在此情况下，委员会主席须在收到有关要求之日起不晚于两周召开会议。

会议日期和日程应在会议召开 5 天前通知到委员会成员。

2.（1）当全国代表大会不召开时，或当本章程中未予规定为全国代表大会唯一权利时，全国委员会可视情就所有问题作出决定。

（2）全国委员会通过在全国代表大会选出的代表，秘密投票选举产生 25 个党的主席团成员，有关候选人数不得少于所需成员数的 1.5 倍。

（3）全国委员会通过在全国代表大会的代表经秘密投票选举/罢免下列人员：总书记、党的副主席、各职能书记、党的财务委员会主任、中央申诉委员会。

（4）根据党的主席团建议制定内部规定，处理为确保本章程执行和党的顺利运转的必要问题。

（5）确定选举候选人，除非本章程另有规定。

（6）宣布纪律措施。

全国委员会以简单多数作出决定。如采取纪律措施，全国委员会应以三分之二的票数作出决定，不能在不足半数成员出席的情况下召开会议。

第四十二条　党的主席团

党的主席团由下列人员组成：党主席和副主席；总书记、民主党人士出任的总理、议长；党的财务委员会主任；民主党议员团主席；党的伙伴组织主席；根据内部规定选举产生的 25 名全国委员会成员。女性比例不得少于 25%。如此点在投票后无法达到，则主席团成员的任期为四年。

第四十三条　主席团的职责

1. 党的主席团承诺贯彻落实全国代表大会和全国委员会作出的决定。他准备纲领、方案草案和其他以主席团名义提交的任何要求。因此，党的主席团可以成立工作组。

2. 主席团有权介入和否决党的地方组织提名的选举候选人。他可以向全国委员会建议担任高层立法机构和行政机构职务的候选人。

3. 主席团在党主席的建议下，任命政策指导委员会专题协调员。

4. 主席团有权决定召开全国代表大会以选举新的党的次地区委员会，并根据第三十六条确定临时性领导机关。

5. 主席团任命地区/次地区委员会书记。

6. 确定党内机构代表标准，根据本章程选择候选人并作出决定。

7. 通过财务委员会人员组成。

8. 通过党的组织体系和工资体系。

有关决定在党的主席团超半数的成员出席的情况下以简单多数通过。如不能确保出席率，可就同一议程召开一次会议审议，不论人员出席情况，主席团都有权付诸表决。

第四十四条　政策指导委员会

政策指导委员会由专题协调员和各领域的杰出专业人士组成。委员会负责起草、建议和执行党关于特别问题或全局性问题的政治性议案。该议案由委员会的领导机构通过。委员会确保党和议会议员团相关领域活动的协调事宜。

第四十五条　专题协调员

关于特别问题专题协调员由党的主席团根据党主席的建议任命。他们负责党在全国和更广范围的重要特定领域的活动组织和反馈，并向政策指导委员会和党主席汇报工作情况。

第四十六条　党主席

1. 党主席领导党的中央机关，确保有关决议的执行，在国内各项活动中代表党，任命党的新闻发言人和外事书记。

2. 两名副主席和总书记协助党主席工作。

3. 党主席根据本章程第三十九条按照多数制经过两轮选举产生。投票方式由有关内部规定确定。

第四十七条　党的副主席

1. 党有两名根据本章程选举产生的副主席。

2. 在党主席持续空缺和主席授权时，其中一名副主席可代行主席之职。如无授权（如辞职等），总书记召开全国委员会，指示副主席领导党直至全国代表大会作出最终决定。

3. 议会议员团主席为副主席时，则另一名副主席为主席代表。

第四十八条　党的总书记

总书记组织党的日常工作，并对此负责。总书记每年在全国委员会向中央主席团作工作报告。各职能书记协助总书记工作。

总书记每四年根据本章程第四十一条选举产生。

第四十九条　党的议会议员团

1. 党的议会议员团由党在议会的议员组成。

2. 党的议员团（1）在议会代表党，并争取使议会成为确保党的纲领和利益的平台；（2）制定计划，确定党的议员在议会和各自选区的活动方式；（3）确定在议会各专门委员会的成员分配方案；（4）制订议员团的职能条例；（5）向党的全国委员会就其职能范围内的问题提出建议。

第五章　党的纪律检察机关

第五十条　组织和选举行动监督委员会

全国委员会在全国代表大会期间选举组织和选举行动监督委员会。该委员会由7名成员和2名助手组成，有权筹备和组织全国范围内的投票活动，对党的中央主席团负责。

第五十一条　中央申诉委员会

1. 中央申诉委员会由7名全国委员会选举产生的成员组成。

2. 如当事人的一项要求被否，可向中央申诉委员会求助。该委员会的决定是不可上诉的。

3. 中央申诉委员会接受当事人针对党对其采取的纪律措施的申诉要求。该委员会负责确保纪律措施实施中的保护权。

4. 当主席团决定对某一名仍在选举、行政机构和议会任期内的成员采取处分措施，如党的主席团批准，可不予以公开。在其他情况下，中央申诉委员会自行公开有关决定。

5. 中央申诉委员会应党的主席团要求，宣布中央机关、各级委员会主席团或与党员有关的决定不符合党的章程，可根据情况召开当事人参与的听证会。

6. 党的主席团可在每次选举竞选活动前三个月和竞选活动后一个月，宣布对某位党员实施惩罚措施，无论他处于什么状态，只要他拒绝执行与候选人有关的决定。

7. 有关申诉要求，如果相关决定是各地方主席团作出的，由各地区委员会主席团审议，或由党的主席团审议。

8. 在紧急状况下，特别是在选举竞选活动中，党主席可行使处分权。有关处分应在最短时间内得到党的主席团批准。

第五十二条　党章和内部条例常务委员会

党章和内部条例常设委员会由党的主席团建议在全国委员会选举产生。该委员会受党的主席团或全国委员会委托就修改党章或内部条例提出建议。

各地方主席团有关修改党章和内部条例的建议提交至党的主席团，并由党的主席团予以审议，必要时，也可向本委员会提交。

第六章　党的经济活动

第五十三条　党的经费

1. 党的经费来源由党费、国家预算依法拨款、法律允许的针对政党的公开援助和赠予，以及其他法律允许的经费来源组成。

2. 党费标准由党的主席团每年确定一次，有关上缴和管理须符合党的内部相关规定。

第五十四条　党的财务委员会

1. 财务管理监督委员会由7名经党的主席团选举产生的成员组成。

2. 委员会主席由党主席建议在党的主席团选举产生。他是管理党的经费的负责人，要求全国委员会（或全国委员会授权主席团）陈述预算项目，并予以拨款执行预算。财务委员会就党的预算案和资金使用条例提出意见。

3. 财务管理监督委员会监督党的资金使用情况，为履行该职能，该委员会可就如下问题召开会议提出意见：（1）向国家权力机关和党的机关提交党的财务状况前；（2）向党的主席团提交预算前。委员会还可应半数以上成员要求召开会议，就党的财务管理提出建议。这些建议对党的主席团具有执行力。

第五十五条　财务职责

1. 党的主席团不能代替党员履行个人财务责任。

2. 关于党的合法商业职责，相关机构成员仅对党的财产负责。

3. 当党的机关批准其下一级组织职责时，党的机关是下级组织的负责人。

第七章　党的伙伴组织

第五十六条　伙伴组织

党有如下伙伴组织：（1）民主党青年论坛；（2）妇女民主联盟。

第五十七条　伙伴组织的职责与职权

1. 伙伴组织旨在在其活动的社会团体中推广民主党的基本理念，并在民主党的政策中提出和保护这些团体的利益。

2. 他们的组织结构基本原则与民主党的组织结构类似，其章程应得到党的主席团的批准。

3. 批准其他组织的决定由全国委员会作出，并应得到全国代表大会通过修改党章予以确定。

第八章　会议程序

第五十八条　保障每名党员言论自由

1. 任何党员都有权在党内机构和机关自由表达自己的思想。

2. 当会议不是歧视性的，并要求有投票权的多数党员参加时，每一次会议的时间限制和讨论议题数量是一定的。

3. 在任何情况下都要尊重和保证表达不同观点。为此，在讨论仅有"支持"和"反对"两种选择的问题时，应确保少数派的观点得以表达。

第五十九条　决策能力（法定人数）

1. 党的决策机关在下列情况下有决策能力：

（1）当被要求尊重本章程规定的程序和期限时；

（2）当有超过半数的有投票权的党员参加投票时，除非本章程另有规定。

2. 如果不够法定人数，会议主持者应中断会议，并通知择日另行召开。在此情况下，他可不考虑既定规定的会议期限。另行召开的会议每次均须有决策能力，并通知到参会人员。

如在会议投票时证明不满法定人数，那么推迟投票至下次会议。确定法定人数也包括弃权和无效票。

第六十条　决策需要的多数票数

1. 如果"支持"票达到有效投票的半数以上称作决议通过，除非本章程另有规定。当票数相等时，投票建议视为被否。弃权计算在票数内。

2. 修改党章需要有绝对多数的有投票权的党员投票。

3. 关于通过党分裂或与另外一党合并的决定，须达到四分之三的票数支持。

第六十一条　投票规则

1. 投票是公开举手的或有要求的。

2. 党章有规定以及有六分之一的有投票权的党员建议秘密投票时，投票秘密进行。秘密投票的方式由党的内部条例规定。

3. 投票期间，每名党员都有权宣布弃权。

第六十二条　选举任期

党的各级机关都应至少每四年选举一次。

第六十三条　党的决议文件

全国代表大会和全国委员会的决议由总书记制定的两人来登记、整理、归档成文献。地区委员会书记按照相同的程序对党的地方机关文件进行整理。

第九章　最终条款

第六十四条　党章的优先权

党的任何机关和伙伴组织条例不得与党的章程相悖。

第六十五条　党章的修改

本章程可以在党的主席团、四分之一的全国委员会委员建议下，在党章常务委员会提出意见后，提交全国代表大会以绝对多数通过。

第六十六条　党章生效

本章程自召开下次全国代表大会全体会议之时起生效。

（本章根据 2005 年阿尔巴尼亚民主党全国代表大会通过的《阿尔巴尼亚民主党章程》翻译）

（外交部　白云斌 译）

捷克公民民主党政纲[1]

前 言

我们时刻准备着，在一个开放自由的社会中，完成对前社会主义进行改造的社会转型。这一转型一旦完成，整个国家和社会将会出现深刻变化。在此，我们要重新介绍我们世界观的基本思路。这并不是新理念，因为大多数内容基本上是我党建立初期就确立的一些基本原则。但是，我们认为，这些基本原则和理念仍是必需的。我们结合过去四年获得的丰富经验，将其命名为公民民主党基本纲领。这份纲领延续了现行政策思路，也清晰地表明了我们对未来的态度。

共产主义逐渐衰落的时期，早在六年前就开始了。它为社会发生根本性的变化提供了契机。在过去四十年里，我们一直处于极权制度下，极权主义的思想倾覆和践踏了人类生存的自由社会的根基，破坏了经济体系的正常运作，抑制了人类的基本价值，践踏了人民的公民权利和道德。结果是，造成了压抑和贫穷的社会。因此，我们必须重建包括政治、经济、社会体制和国家制度在内的整个社会，以及系统性地改变其组成部分，重建一个以自由和高效为基础的新社会体系。

在当时的情况下，我们开始把公民民主党建设成为一种能够改变整个社会制度和现状所需要的全部必要步骤的政治力量。这样可以使国家朝着民主的方向发展，抵制任何企图使局势朝着右的方向发展的阴谋。我们为

---

[1] 原文为捷克语。

同胞提供了一种在自由社会中改变极权主义的真实理念,同时总体构想了未来社会组织的发展方式和发展方向,制定了实现这些目标的一系列战略措施。

公民民主党仍然是一个保守派的政党。我们所遵循的欧洲文明传统建立于很久以前并经过了许多世纪的实践。我们尊重家庭在社会中的基础作用。在管理公众日常事务方面,我们考虑在代议制民主的基础上,建立允许政党自由竞争的行之有效的制度。政治制度要建立在维护个人自由、保持进取精神、尊重私有财产、保障机会平等之上——所有公民不论其种族、国籍或者信仰。我们的理论基础建立在保守主义的社会价值观以及欧洲古典自由主义中体现出的自由原则之上。事实证明,二者不仅可以在一个政党中并行不悖,而且可以相互影响。

上述原则的充分实行需要立足于现实,对政治始终保持充分的务实态度。我们意识到,这些政策的实施基础是充分发挥每个人的能力,并且执行期间所作的决定一定要负责任。从目前发展情况看,我们已经证明,我们能够把国家和地区控制在较高的专业水平,并使其保持适当的道德水准。

从首次公布政治基本理念以来,我们因社会中竞争对手的变化,不断面临各种不同的激烈挑战。他们的批评建立在和定位于"我们本质上是外来的思想"之上,而我们对此予以否认。我们有必要不断强调所面临的危险,不仅是传统的共产主义意识形态,还包括一些类似的意识形态。我们的安全需求应当是在社会平等、人人平等基础上进行广泛的国家干预。上述思想导致了再分配,限制了人的主动性和公民自由,最终阻止了整个社会的繁荣发展。我们看到,在其他泛滥的极端思想中,无论其来自哪一派政治体系,都存在同样的危险。

在以世界为基础的社会工程方面,公民民主党收到了各种不同的意见和建议,精英群体曾经进行过各种尝试,其试图建立的平等机制的基础是他们自身占有优势地位的价值观。他们试图建立一种平等机制,最后却往往会产生不同结果。我们的观点恰恰相反,认为解决身边问题的必要方法离不开谦逊的品质,从任何明智的或者开明的中心思想出发,应明确认识到掌握人类命运——因其丰富多样性——是不可能的和不正确的。我们的目标是建立一个任何人都可以找到空间来实现自我价值的社会。它的构建,需要跟随公民民主党这样一个开明的、亲民的党,一个大众的党。

有理由相信,从目前社会转型的进程看,我们关于经济和国家制度的想法的生命力和可行性已经得到印证。我们不会改变基本出发点,必将继续开展后续行动并努力使其发展。我们深信,我们的政治纲领中包含的观念是正确的,它必将进一步推动所有人民和整个国家自由与繁荣的长久发展。

一、我们建立了什么

我们知道,捷克民族深层次的基础立足于欧洲文明和捷克国建国一千多年来的历史。今天,虽然从正式角度看,捷克共和国是欧洲最年轻的国家,但捷克建国的历史仍然是最悠久的。它的历史与基督教在这片土地的传播息息相关。因此,捷克的历史也成为基督教价值体系中不可分割的精神遗产。在我国,这被民众广泛接受。

捷克从开始就是欧洲的一部分,也是狭义的西方文明的一部分。我国在历史中,存在着捷克国王与王子制度的历史传统;在传统教育中,逐渐建立了欧洲最早大学之一;传统的革命精神在文艺复兴时期得以扩张,在巴洛克时期得以扩充,即使在上个世纪的捷克民族崛起时期也丝毫没有被削弱。摩擦、斗争和人际关系中的敌对状态充斥着国家民族层面以及经济和文化层面。最后的但并非最不重要的是,在两次世界大战之间,不断蓬勃发展的捷克斯洛伐克国家的民主也成为历史的一部分。

国家和民族的历史是我们指导思想和丰富灵感的来源,并不断地警示着我们。我们不希望退回到诸如"传统的就是更有价值"的争论。我们的计划不是去补救历史。我们是现实主义者,拒绝认为我们在民族动荡的历史中受尽委屈,或者是以逃避责任的眼光去看待历史,或者是感到自责,或者是努力地去不断考量前人的罪恶。纵览民族千年的成功历史,它展现出了非凡的生命力,不断开发自身能力,吸取历史经验教训,创建和创造文化并成为欧洲文化的重要组成部分。它的存在本身也传达并最深刻地证明了其存在的资格。

超过半个世纪之前,我们周围发生了许多事件。它们导致了后来的第二次世界大战,酿成了许多悲剧并造成了长久的伤痛。我们不允许造成上述负面影响的因果关系再次发生。过去的矛盾和不满不会对今天造成不利影响,我们已经和周边国家成功建立了良好的伙伴关系。

"十一月事件"之后的发展,被看做是我们重返西方世界的标志。我们不会去提"我国作为东西方桥梁"这个在历史上名誉扫地的概念。我们不会将国家和人民置于恐惧和复杂的情绪中。在过去,为了保护部分世界强国的利益,我们将此种思想转化为孤立主义或盲目依赖。第一捷克斯洛伐克共和国的命运,一方面体现了苏联共产主义阵营在我国的衰落,另一方面也给予了我们足够的警示。

如何看待共产主义的过去,是我们创建新制度的主要任务。在新制度中,历史遗留的痕迹不再产生效力、发生影响。虽然我们当时不想清算个人罪恶,但是制造共产主义具体罪行的元凶必须受到严惩。对此,公民民主党自其存在的那天起就做了很多尝试。所有共产主义或其他极权主义的反对者和受害者都感觉到,做了就必须承担相应的责任。我们认为,有必要考虑到一个健康的有机的社会该如何去面对未来的意识形态以及关系人类自由的相关实践。

我们重视民主的发展方向,尊重自由的权利,由衷地赞赏与捷克历史交织在一起的思想多元化。我们欣赏健康思想下的不同信仰,感谢对重要言论和制度提出怀疑的人们。我们总是为大多数公民的利益考虑。然而,我们也看到丰富的历史中贫乏、狭隘和消极的部分,欣然接受这些前人在不断斗争中留下的不良精神遗产。

我们重获自由的国家,是我们长期存在于欧洲心脏位置的充分表达和印证。我们不需要去追寻一种更高架设的理念。这个国家及其主权是我们自豪自尊的体现。它是我们的家园,我们将为保持其在欧洲和国际社会中的开放地位而不懈奋斗。

二、捷克共和国在世界中的定位

在世界上，捷克共和国是取代旧国家而建立的。我们目前所关注的最重要的部分是捷克共和国的完整性，以及每个国内外捷克公民的地位。这成为我们未来的国家建设工作中一个重要的组成部分。

我们的工作要立足基本事实，即国家利益就是我们工作的价值之所在，它在内容上和时间上远远超出了一代人或是一个民主政党的范畴。我们也意识到，国家建设和制度执行需要大家共同参与，我们要从根本上参与这些任务。我们也意识到，良好的开端、传承历史的纽带和正视目前的地缘政治环境的重要性。然而，我们也相信，有我们参与的活动才是最重要的活动，而捷克共和国的国际地位也将是我们自身工作和自身努力的首要结果。

地处欧洲西部的捷克在历史上的地区管辖权及其目前的地缘政治形势，这是决定我们外交政策导向的基本问题。我们的国家存在于自身的历史中——其中有相对较短的四十年的例外——成为西方文明的一部分。捷克历史上有数百年是同一些国家共存的，现如今这些国家有的已经加入了欧盟，有的正在寻求获得欧盟成员国的资格。捷克思想中关于人、社会、国家、经济和精神价值的部分，总是源自将自己定位为西欧国家的范围来思考问题。这一思想从我们存在之初就与我们共存，直到现在。

捷克在1948—1989年间脱离了其自然文明范畴，可以看成是对自身传统和历史延续性的一种背离。这是由两个外部因素造成的，尤其是德国在1938—1945年间对于捷克斯洛伐克共和国的侵略和随后几年里苏联帝国主义的影响。二者导致了我们战后几年里致命的失败，当时的许多人有这样的看法，认为只有通过苏联共产主义在捷克的分支才能最好保障捷克国家的安全和利益。事实证明，这首先导致了大量公民遭到迫害，随后又导致了国家主权实际上不断遭受侵害。

1989年标志着一个转折点——捷克斯洛伐克共和国开始重建自己的主

权,也开始重建议会民主制和市场经济。捷克选民自主地在1990年和1992年的议会选举中行使选举权,这被认为是他们重返西部欧洲民主社会大家庭的重要印证。1989年11月,我们提出了让所有人都可以理解的"重返欧洲"计划,在几年之内恢复了所有自由社会的制度,捷克共和国也成为一个完全意义上的西欧民主的典型。我们可以说,从内部政治的角度看,捷克共和国已经重新回到了欧洲。

在外交政策方面,我们已经走过了一条很漫长的道路。我们置身其中并长期受其限制的"铁幕"落下之后,捷克与世界上所有的民主国家恢复了平等友好关系。通过和平谈判,捷克与之前联合的友好同胞斯洛伐克联邦实现了和平分家。我们建立了独立的捷克共和国并获得了国际社会的一致认可,延续了自1918年以来捷克斯洛伐克共和国的法律条款。所有这些变化没有造成经济或社会的动荡,也没有引发重大的国际混乱。

最初,我党建立之时是共产主义的衰落时期,这个时间意味着整个欧洲—大西洋地区的国际关系发生了根本变化。冷战结束导致了相关国际关系格局的终结。新的欧洲的政治、经济和安全秩序形势开始出现,其中,捷克共和国是一个非常重要和十分传统的国家,也是一个位于德国和俄罗斯之间的不稳定区域的面积较小的国家。

国家外交活动的主要目标是保障人民自由、安全和平静生活所需要的外部条件。我们的任务是确保外部影响不是危及国家的安全与繁荣,而是要促进国家的安全和繁荣。

捷克政府作为领导者,作出决定时所考虑的内容是我们希望体现出的我们的价值观。对此,公民民主党自创始之日开始便深信不疑。我们相信,这些价值观将会使国家完全与西方世界的稳定联系在一起,它们的扩散会促使广泛的和平与经济的繁荣。我们相信,国家和公民的自由是和平的重要条件。自由也意味着每个公民都要有思想和行动的准备,在国内领土上为了自由而努力奋斗。因此,我们要团结其他国家,捍卫自由的基本价值。我们认为,欧洲式的生活在自身价值方面包括了文化价值、教育价值、人与人之间的团结、与环境相关的责任,而我们的生活正处于这样的联系中。

我们的坚定信仰的不断扩展决定了捷克的国家利益。在扩展区域内，我们的价值观理念得到了认同。与此同时，捷克共和国也积极加入各种国际框架，确保国际协定与义务的顺利实施。

出于国家安全方面的考虑，我们全力支持捷克共和国加入北约。虽然知道保卫国家主要是我们自己的责任，也是我们自己承诺和努力的事情，但是，我们拒绝一直以中立国的身份存在。在过去，中立意味着不倾向于反对任何集团。共产主义垮台后，东西方失去了原有的敌对状态。今天的北约在联合大西洋国家方面能力十分显著，主要表现为其组织归属感和团结欧洲—大西洋国家之间的文明和国家——他们享受同样的核心价值观和生活方式。据此并考虑到捷克的近代历史，我们不能不加入北约。

我们不想只是去享受其他国家提供的保障，我们想要和其他国家共同合作，一起为各国的安全保障不懈奋斗。我们相信，这才是长久保障我国领土安全、进而长久保障主权安全的唯一办法。

与欧盟相关地区的政治和经济问题，是捷克共和国作为欧盟成员在外交方面所要解决的主要任务。归功于欧洲一体化进程的发展，西欧已经开始摆脱历史上多次发生的民族冲突，将注意力集中到促进共同利益的良性发展和推动集体的共同繁荣。欧洲一体化进程的加速，有助于解决成员国之间的双边关系问题。过去，由于共产主义的影响，我们不能加入欧洲一体化进程，但是，没有我们的欧洲一体化是不完整的。欧洲一体化是第二次世界大战之后由自由的欧洲部分提出来的，这有助于刺激它们的经济复苏、促进所有欧盟国家的繁荣发展。由于上述原因，即从政治和经济两方面考虑，不存在反对我们加入欧盟的有实际意义的替代方案。

在欧盟内，我们始终坚持努力扩大欧盟组织、保持其对外开放性、坚持自由贸易和共同减少官僚主义的原则。我们也相信，在不久的将来，这些主权国家将演变为欧盟的组成基石，它们可以自由加入欧盟，同时欧盟也将逐渐得到其主权。我们希望在未来也对捷克保持一个清晰的定义，这将自然而然地、最大限度地开放这个世界，并将欧洲与全球经济的一体化联系在一起。然而，我们不希望在新兴的超国家结构中由于我们不具有足够的实力而不能获得其他国家真正认同，从而导致国家利益受损。我们可以清楚地看到欧洲在其多样性方面呈现出的繁荣态势，而非在其同质性方面。捷克共和国的宗旨绝非是在任何情况下一味以国家形式从各种不同的欧盟资金项目里面索取资金。我们的目标是尽快成为欧洲联盟活力源泉中最强大的经济体的一部分。

如同一贯的自由市场经济的支持者所希望的，我们将在所有相关的组织和制度中，大力推动自由贸易的发展，这是基于信仰。作为一个经济发达的国家，捷克共和国在如何最大程度开放市场方面有着强烈的愿望。我们不只着眼于近处的市场，除了同欧洲的经济往来外，我们在努力寻求同美国以及所有其他洲的自由贸易往来。

保持与邻国的良好关系是我们外交的非常重要的组成部分。对于友好邻邦在政治、经济和国家安全等方面与捷克共和国的相同之处，我们表示了极大兴趣。真正采取历史性举措来改善地缘政治地位将是至关重要的举措。

显然，与其他国家尤其是与邻国在双边关系方面积极活动的重要性日益凸显，尤其是与德国保持良好的、强有力的平等关系。这不仅因为德国是最大邻国、是欧盟中极为重要的国家，也因为过去共同的历史显示，双方关系对于两国至关重要。为了在欧盟中的地位，为了促进国家利益，捷克与欧洲的国际关系变得越来越重要。

三、公民与国家

界定公民与国家关系的方法是公民民主党在社会领域最重要的观点之一。国家性质以及由此导致的国家间、国家与公民间的争议，是千百年来政治的核心问题，在很大程度上也是政策本身的主要内容。这种关系重要性一方面是由政府、议会和法院等作为国家权力的代表机构的地位决定的，另一方面同公民的地位有关，他们必须有满足自由生活的足够空间。公民和国家之间关系的构成曾是——经济转型的首要和紧迫任务——公民民主党兴起的另一个至关重要的原因。

国家在考虑制度的重要性时，主要考量标准是它在个人生活中发挥的作用及其自我价值。制度是公民们为了保护自己的基本价值观而自发建立的。国家以及家庭和社区，为了制度传统，为了作为被定义为公民的人的生活构建了框架，同时也为他提供了基本的价值观，比如什么是自由，什么是公正，什么是安全。我们非常欣赏国家荣誉这个概念，并且带着对历史负责、对当前所有同胞负责、对子孙后代负责的态度去努力建设它。

我们要在有限的范围内建设国家，但是在国家作用不可替代、有着明确界定的领域中，要体现出国家作用的巨大效力。我们希望在"公民—家庭—城市—国家"的关系中，公民总是处于起始位置，而国家总是处于最后的位置。但是，在相关领域中，国家所给予的保障不仅仅包括了平等和正义，还应当包括快速而安全地解决问题的能力。

公民民主党从开始就提倡在公民的原则和坚决遵守宪法的基础上建立统一民主的国家。我们认为，基于代议民主制的议会体制最好，因为选民可以自由表达意愿。同时，它可以促进政党自由竞争。

立法权、行政权和司法权三权分立，以及依照公民民主党建立之初关于国家内部职责划分而确定的独立检查机构和独立中央银行，是一个成熟的权力架构，为民主制度提供了基础，保证民主制度的稳定性，也成功防止了权力滥用。

言论和媒体自由在维护和改善民主国家的作用上不可替代。公民民主党有信心将有效保护言论自由权作为国家的根本任务之一。

我们有时会出现疲倦，但是我们相信，当我们工作时会努力解决那些威胁公民自由的个人活动。我们将不断努力尝试让自己在如何良好地履行职责的方面变得更强大，相反地，我们将依据崇高的动机，努力阻止中央集权范围的扩大。同时，我们还将不断地细化私人和公共领域之间的界线，一直努力将工作重心放在发展更加广泛的公民自由和限制国家权力范围之上。

毋庸置疑，我们希望，在上述范围内可以强大地控制国家的内部与外部安全，保障合法权利，强制执行条约和法律。国家绝对不能干扰公民间契约的内容、涉足公民之间的契约。但是，在诸如社会援助、环境保护等公众利益领域，它既属于国家的责任范畴，也属于公民的责任范畴。在这些领域，国家的相关责任的内容不会长期地、无法避免地处于最低范围，在政治危机扩张到全国时，国家需要更多的监管、需要增加公共开支，而这是绝大多数公民都应当承担的责任。因此，要将公民对自由的需要限制在一定范围，也要避免因过度的课税制约经济的发展。只有这样，才能为公民的社区工作以及自发产生的公民团体提供良好的发展机遇和平台。

对于我们来说，社团主义或者工团主义的组织是不可以被接受的，因为当许多本应国家行使的职责、通过法律规定的形式委托到企业和机构来执行时，它们可以控制某些群体的公民。在理论上看，这会导致中央集权以及官僚主义的监管制度的范围不成比例的扩张，而这种扩张是建立在牺牲个人自由的活动空间基础之上的。我们的目标不是调整在公共机构中代表了全体公民状态的国家调控政策。我们的目标是最大限度地减少繁琐的规章制度，必要时必须使用明显的、却是在尊重国家利益基础之上的、透明的方法。这并不是为了既得利益集团。

公民民主党努力地在有限范围内，促进国家权力的集中化。同时，我们支持地区和城镇自治化，推动地方发展，在尊重、宽容和团结的基础上创建公民间的互惠以及促进民间文化发展。地方自治不是缺乏竞争力，也不是相对于国家治理的更好或更坏的替代方案。地方自治不仅能反应当地民众的意愿，也体现了法律的权威，更是在其境内执法的体现。我们提倡市区自治，并在较高的地域行政单位推广，以永久性地防止官僚主义扩张和限制行政经费增长，并且推动政府和国家对人民长久管理。

公民与国家间的重要作用良好地诠释了法律的执行力。在社会生活的各个领域，公民与国家间的良好关系为国家行使法律、一定程度地限制公民行为提供了基础。法律秩序的重要内容要简洁明了地、通俗易通地阐释法律。制定过多的法律法规就会限制公民的自由活动，并阻止法律朝着更好的方向发展。按照公民民主党的理解，法律的主要目的是为了明确地界定公共管理的界限，并为国家在必要情况下有限制地介入个人生活提供保障。社会生活不能依靠凌驾于必要和平之上的法律法规的监管。国家必须确保法律规定的权利和义务能迅速可靠地执行。国家的主要任务是保障人民安全生活所需的条件。这是国家诞生的必要条件，到今天则成为了国家机器运转的中轴。国家充分且不可替代意味着法律，法律意味着要定义哪些是明令禁止的行为，以及要得到充分有效的执行。法律中有关安全的部分是为了预防犯罪，以及对犯罪行为采取有效的干预措施和施加适当的惩罚。国家必须在整个领域广泛拥有强有力的权力。

公民民主党意识到，国家有关公共安全的相关法律规定和公共安全之间总会存在冲突。缓解冲突的唯一办法是长期保持所有相关法律内容最大程度的透明化，以让公民可以方便快捷地查看法律内容。

公共安全也需要安全的外部条件，这是国家理所应当的义务。所有公民都应当关心公共安全，并参与到安全防卫中来。拥有公民信任的军队是一个主权国家的本质属性。如果珍惜自己的自由，我们就需要为了自由生活不断地努力，甚至作出一些牺牲。因此，我们愿意把经费花费在国防建设上。

国家应该努力达成这样一种状态：确保职能仅为社会提供一小部分社会产品，并且这部分社会产品的份额不断减少；建立再分配机制和预算管理机制，面对不安全的中央集权的不断增长和官僚主义的不断扩张，约束和控制预算恰恰是我们采取的最有效方法之一。

在劳工和社会事务方面，国家在私人和企业活动的区域内最大范围的扩张，造成了一定的不安全因素，而关于谁是扩张的推动者的争论，总是聚焦在人类感知内一个非常敏感的领域。逐渐地，可能会培育出所谓的福利国家——也就是说，产生了可以培育出福利国家的条件。在福利国家，人民可以被减免很多之前本应当承担的责任。当全体人民开始变得只能依赖于国家的照顾，而失去了回归正常生活的机会和能力时，人民才会为获得他们所需要的相关自由做好准备工作，才会为将发生的变化和导致的局面做好相关准备。这样的情况是不道德的和非常危险的。

在劳工方面，国家的主要任务是在法律保障的基础上为人民提供工作机会。

社会力量开始朝着强弱联合的趋势发展。必须注意的是，这种力量团结的趋势并没有变成强的或弱的不同动机所难以承担的负担，反而促进了他们目前所遭遇问题的有效解决。因此，国家需要强迫社会达到一定程度的团结，以确保公民拥有最低程度的生活条件。但是，国家应该明令禁止公民滥用这种团结。做好事以及给予相互的帮助是公民们自己的事情，国家应当以明确的规则来规定如何实现互帮互助的方式，努力为人民的互帮互助创造条件。

四、公民社会

公民民主党认为，社会民主和自由的基本要义是确保公民拥有自主权，以让他们自己作出决定、自己面对命运、家庭和工作，继而促进组织和社会繁荣，最终促进整个世界的繁荣。我们应当以同样的方法，负责任地对待包括自然资源在内的人民周围的生活环境和自然环境。

我们坚信，在公众和个人方面，公民会自发产生尊严和尊重。我们将此作为最优先考虑的事情，以确保人民有最大自由空间自主决定事务。个人的选择和行为的自由可能在面对其他个体的自由时，被限制在最低水平。伴随着自由民主的发展，我们将着重把责任感纳入自由。与人类社会同时产生和发展的、共同认同的道德压力、社会公德和伦理标准，我们应该自发地予以尊重。我们强烈反对任何家长式的作风、精英政治和社会工程——由于对公民权的不尊敬而产生的行为——或者，从最近的历史中可以看到的，简单地、不负责任地、消极地照搬照抄的结果。

社会的基本机构是家庭。只有健康和正常运转的家庭才能保证社会稳定、全面教育和种的繁衍。家庭需要固定的地点，促进传统道德和文化价值观的发展。在家庭中，人们懂得了互惠互助，懂得了爱与责任。在家庭中，人们能够得到"权利"的感觉，拥有"爱"的感受。家庭是实现每个独立的个人生活的每个阶段的重要因素，是人的一生以及代际间互亲互助的重要体系。家庭的运转间接地依赖于市政当局以及国家的正常运作。由于上述原因，我们想要加强个人在建立和维护家庭方面的义务，为家庭的良性发展创造必要环境。

从坚定的信仰出发，我们将社会秩序体制分为直辖市和地方社区，努力在其中促进互惠互助和公民团结。我们的首要任务是努力解决城市中公民所遇到的最大问题，并在基层创造出真正有意义的社会实践空间。这是最贴近人们生活的。上述问题的解决在很大程度上也决定了人们对执政党和国家的满意度。

我们也支持其他形式的公民联合，这基于在他们自愿提出的倡议和对国家法律的尊重。

我们支持各种非政府性质的民间社会团体、财团和基金会的存在。它们是公民参与公共事务、关心公共事务的自然表达。我们把它们看做是人类积极行为的反映，比如团结和包容。它们可以丰富、沟通、团结个人与社会间的关系。可以看到，这些组织在参与地区事务方面扮演了十分重要的角色。

我们的原则是不将建构理念强加于人民——即不是在自愿提出倡议的基础上。任何人被非民选的或不负责任的组织强迫，都会失去人民主权，以及可能以由其自己定义的有关社会公共事务的更高级原则的名义，擅自替人民作出决定。

我们以专业的视角来审视雇主或雇员的公民联合会。这些联合会大多数都表现为合法的，但是它们只保证其成员的利益。因此，我们不能允许联合会过分追求权利，因为这将限制它们之外的团体或者个人的权利和自由。

文化和教育都是社会的支柱，我们推动其在不同内容和形式上的发展，主要来自个人需要和公民追求、人们的自我认识和身心修养、个人利益的多样性——而不是人为的决定。

在教会方面，我们期待它们能够成为重要的社会机构，能够满足很多人的精神需求，完成充分而显著的社会的和慈善的使命。我们将不断促进教会远离国家干涉的独立地位。

我们坚信,在这些基本原则之上,可以建立一个真正的能让公民享受自由权利、保持积极向上态度、拥有自信并担负责任的良好社会。这些原则是一个稳定的民主社会的基本保证,能够发展和解决各种各样可能出现的问题。我们坚信,这是社会的最佳形式,无论在物质层面,还是在精神层面,都能够让每个人根据自己的意愿和想法来完成他生命的目的。

五、市场经济

我们相信,激发个体努力奋斗和促进社会资源的合理分配的最好手段是自由的市场。我们相信,社会的经济实力与市场的自由竞争息息相关,这样才能实现经济增长,提高人民生活水平。政府采取的有意的调控等行为将影响市场在经济中的作用,即使是出于善意的目的,比如对环境和社会的影响,通常会导致总体结果的恶化甚至是一个与初衷南辕北辙的结果。大多数这些异化的市场在那些社会最弱的层面常常会被提及。

我们认为,社会发展的基本源泉是个人自由的基础活动,包括勤奋工作、进取精神和勤俭节约的良好品质。我们有意为个人活动创造有利条件、消除障碍,保障个人保留和自由处置其社会活动的果实的权利。因此,我们要努力保护市场经济的四大支柱:私有财产、自由企业、稳定的货币和竞争环境。

私有财产不可侵犯,它是人民关心财富、关心投资并努力扩大其规模的初始动机的先决条件。我们希望,保护个人私有财产能够推动实现很大一部分公民的利益。作为一种保护措施,它能够清晰地解决争端以及利益冲突。因此,我们反对限制私人财产,反对国家干预财产所有权,而只有在特殊情况下才可以干预。我们希望,继续完成国家尚未完成的财产私有化进程,在诸如公共社会服务和各种公共设施网络的经营中,吸取外国成功和失败的经验教训,继续谨慎行事。我们希望,让行之有效的私有经济逐渐渗透到社会每一个角落。

在我们看来,自由企业是提高经济效率的根本动力。国家的作用是保证自由的契约关系并强制其执行，以及保护市场的自由进入和自由竞争。然而，始终要防止过度的国家干预和调控，我们不想因政府对市场弊端的干预而造成更严重的态势。对于必须要保护的重要利益，例如健康、环境和文化遗产，必须有法律明确的界定并且对所有人一视同仁。保护消费者的政策往往是受欢迎的，但正如我们知道的，结果常常是背道而驰，因为国家的官僚主义总是不能充分解决那些可能可行解决的问题。正是这些行为，造成了一些不必要的损失。

政府干预往往损害了中小企业的经济状况，而中小企业对经济的持续增长具有重要意义。因此，我们从政府干预中看到了很大的不安定因素，其结果往往会造成失业率的大幅增长以及经济的整体下滑。因此，我们想让所有国家参与的管理不断接受效果评估，并将其控制在最小的范围。

作为自由市场的一部分，我们推行自由贸易，反对各种拒绝商业引进的保护主义。同样，我们希望将一部分基金投往国外以促进该地区的市场环境。我们不担忧外国资金的进入。对于国内外资金，我们要保护其平等性。在国际经济层面，我们反对那些企图限制自由贸易的环境以及倾销。

在土地和农产品的农业市场方面，我们主要考虑的是农业的特殊性及其市场，而不是政府的有关配额、价格和补贴的政策。世界食品贸易的自由化，限制了国家在全世界无处不在的对农业产业的保护干预。因此，我们永远努力拒绝保护主义，我们要减少消费者在食品消费方面的不必要支出。

在税收体系方面，我们希望能够长期保持简单的、清晰的税收政策，并且一视同仁地对待所有人，不得使用一些只是有利于某些企业和部门的结构政策，不得有例外的或有偏袒的结构政策。税收体系的重要一环必须是推行易于大家理解的政策。我们正努力减轻税收负担和其他强制性负担。

稳定的货币政策是资产有序交换、平稳积累和可靠运行的先决条件，是理性的长远经济政策能持续到今天和未来的先决条件。对此，我们摒弃那些倾向于以国家债务来加快经济增长的短期目标，后者往往会导致长期的通货膨胀。除了将合理控制货币增长作为独立的中央银行的任务外，创造和保持一个稳定货币的必要条件也是政府和议会的责任。政府和议会应当努力保持公共预算平衡。我们希望，我们的政策能永久保持公共预算平衡，不屈服于民粹主义的压力，不让我们的子孙后代背负债务。

我们认为，劳动力市场也是市场的重要组成部分。我们要制定一些整体性政策，可以帮助维护契约自由，减少政府对契约的干预。我们认为，维护劳动力市场中公民自由，意味着维持一个可接受的失业率，从而促进经济增长。我们反对这样的观点，即劳动力市场的过度控制可以加强经济竞争力。

国家不是公共服务的唯一供应商。我们认为，国家应主要保障一般基础设施网络的存在——这是经济快速发展的先决条件。即使如此，我们也期望私营部门发挥重大而广泛的作用。

一般来说，我们认为国家在经济社会发展中扮演的本职角色是努力维护长期稳定的经济形势、努力为私营经济创造良好的发展环境，而不是成为一个经济运行过程的参与者。对此，持其他理念的国家最终总是走向经济与社会制度的衰落。因此，我们对于经济政策的构想是实现经济稳定发展、促进国家繁荣昌盛、提高人民生活水平的行之有效的方法。

结束语

我们相信，20世纪的结束，也是在社会正义、社会计划和对于目前和未来科学管理方面都完全错误的一个理想国的最终的惨淡结束。共产主义解体了，同时，那些建立在其他看似合理却会给未来带来不可忽视的危险的原理之上的类似社会模型，也将走向衰落。

我们的观点与其他人不同。我们相信，我们的政治纲领已经清楚地表明了我们的观点。

（本章根据1995年捷克公民民主党第六次全国代表大会通过的《捷克公民民主党政纲》翻译）

（北京外国语大学　王世毅　译）

斯洛文尼亚民主党政治纲领[①]

一、引言

1. 斯洛文尼亚文化、社会和国家的美好前景正在广为传颂。我们期待已久的未来触手可及。从社会和国家视角看，我们终于成了当前和未来的缔造者。我们创造自己的民族文化和政治文明，希望有机会参与欧洲经济、文化和政治形象的塑造。

2. 斯洛文尼亚民主党充分意识到基督教遗产、人道主义和启蒙主义这一欧洲基石对提升文化和文明的作用。我们祖先努力创造斯洛文尼亚国家认同，并在历史和社会的艰难时期尽量保护它，也知道在现代化时期如何改变它。我们认同自由、公正、团结和爱国主义这些普世价值，它们现在是民主、平等、人权和法治的基础。

3. 在经历了两次世界大战、核战争、丧失人权的极权主义时期这些巨大的艰难困苦后，我们现在的任务是维护国家的自由、繁荣和团结。

4. 我们会全心全意地保护我们的文化认同。如此，我们会积极参与到建构欧洲文化和语言的多样性中去。我们国家有令人骄傲的民族认同和历史。此外，我们会进一步创造条件，维护意大利、匈牙利和罗马尼亚的民族认同，等等。对，我们完全有信心阻止民族分裂，这是我们必须面对的使命。

5. 不管是赢得大选还是处于反对党的地位，都要负责任地参与管理

[①] 译自英文。

和决策过程，只有这样才能实现上述目标。

6. 斯洛文尼亚的文明、文化和民族认同是数百年形成的。这一过程受许多里程碑式的文化、社会、历史事件影响很深，比如：弗雷辛手写本，斯洛文尼亚语现存最早的文字记录；卡朗塔尼亚公国；普里莫茨的第一本斯洛文尼亚语著作；朱利季·达尔马廷将《圣经》翻译成斯洛文尼亚语；在欧洲建立法兰西普雷斯伦诗歌；在1948年二月革命中的斯洛文尼亚第一次民族运动，安东·马丁·斯洛姆塞将教座从圣安德鲁迁移到马里博尔，鲁道夫·迈斯特尔对保护北方民族地区的贡献，重新统一普雷克穆列省，斯洛文尼亚人的海滨省运动，尤其是保卫海滨省作为斯洛文尼亚国家领土一部分的运动，《新观察》第57期、斯洛文尼亚宪法、人权保护运动、把斯洛文尼亚引向民主独立道路，这个我们通过1991年战争实现了。

7. 独立后，虽然建立了基本的民主结构和法规，斯洛文尼亚并没有利用好所有的发展机会，因为从前政权中获得权力的执政党在过渡时期只为谋一己之利。

8. 我们横跨欧洲和大西洋，并且是北约和欧盟的成员国，这一点额外确保了斯洛文尼亚的现代化发展。它最终成为一个民主的、独立的和自信的国家，实现进步、繁荣、和平。

9. 在斯洛文尼亚历史上，行动和过程有密切的联系，导致独立国家的形成。这一联系的核心是所有斯洛文尼亚居民价值观体系的一致。在所有历史抉择中政治团结是一个特性，反映斯洛文尼亚在国际社会的成熟和可持续性。

二、核心价值观

10. 斯洛文尼亚与在同一个文化、文明圈的欧洲和西方国家具有共同的价值观。斯洛文尼亚民主党因此把这些价值观视为典范：自由、人类尊严、公正、团结、爱国主义和环保意识。

11. 自由（个人自由）是我们文化和文明的核心。自由只能受限于其他人同样的自由。如果他有能力主动表现自己，如果国家能够让他实现自己的合法利益和权利，个人就能够自由。

12. 人的尊严意味着每个人，不管其种族、宗教信仰、性别、政治社会环境如何，或任何其他差异，有平等的权利、自由、义务及荣誉和尊敬。

13. 公正意味着法律、规章面前人人平等，都处在同一起跑线上。国家有义务提供恰当的条件保证公正。

14. 团结的意思是相互依赖的人对他人和社会负有共同责任，对当代人和后代来说都是如此。从伦理角度说，团结意味着不能漠视周围陷入困境的人，要帮助这些人。

15. 爱国主义的意思是忠于并热爱祖国，尤其是国家的文化、传统和语言。所有这些都是在全球民族、文化多样性的大环境中形成集体认同的因素。爱国主义对小国及其文化的保持与发展尤其重要。

16. 环保意识意味着对环境采取的积极态度，努力降低对环境和大自然破坏。这需要态度端正，发展环境友好的经济、技术，正确处理废料以保护环境。

17. 在适当的民主条件下所有这些价值观都能实现。民主不仅仅是说政权是由大多人选举出来的，还意味着平等、宽容、理性论证及保护各民族的权利和利益。这些价值观不能只讨论一下，还必须系统思考并加以落实。最好是很多人参与，能够反应社会生活的方方面面。民主结构的关键特性是政治少数人难以永存，政治集团也非永久执政。在民主社会，权力受到法律制约，真正的民主也包含着权威自愿接受限制。

三、基本的纲领目标和发展规划

18. 如果民族的创造性潜能得到完全发挥，每个人都能够贡献自己的力量并且愿意这么做，斯洛文尼亚就能够面对发展中的挑战。为此，我们重新建构被祖先称做"统一斯洛文尼亚"的理念，团结那些超越政治、民族和地理边界的共同发展的民族，包括：民族起源、民族意识、民族团结、民族和解、历史遗产、未来潜力，最终推动共同的民主化和发展。

19. 这并不是说我们故步自封，因为我们会不断面临新挑战。这些新挑战是不断变化的，不能片面化，比如说 GDP 的增长，GDP 只是经济的一方面。它包括一些可测量的部分，比如斯洛文尼亚的竞争力、通货膨胀率、未偿贷款；还有一些不可测量部分，如生活质量、一体化程度、安全、文化、民主水平及社会团结。

在民主党看来，包含以下部分：人性领域，其中包括生活质量、寿命、个人的权利和义务，积极、自由参加所有社会子系统，创造、享受社会物质、精神财富。文化领域，包括让个体和社会有归属感和认同感，提出国家和整个欧洲的核心价值观和准则。社会领域包括互信、合作、团结，在现代个人主义和国家一体化之间实现平衡。政治领域包括推进国家和整个欧洲的民主化进程，尊重、保护欧盟法规，确保政治有效性和透明化。经济领域，确保自由市场经济得到良好运行。其背后的推动力是无限制的商业激励机制，及先进的创新能力和知识的熟稔运用。

20. 上面提到的几个领域都是互相联系、互为因果的，一个领域的进步可以推动其他领域的发展，反之亦然。

21. 斯洛文尼亚民主党完全意识到将会产生矛盾。一方面隔阂会加深，另一方面，全球化进程也在日益加剧。对我们来说，全球化既是机遇又是挑战，不是威胁。欧洲一体化是全球化进程的一部分，使我们国家有机会积极适应它，从而为我所用。然而，的确有些问题只能在全球层面解决，如环境保护、能源安全、核武器的大规模扩散、现代电子通讯、裁军等等。全球化还打破了语言障碍。斯洛文尼亚民主党完全支持语言多样性，多语言使用，在国内外传播、发展斯洛文尼亚语。

22. 社会发展不能放任自流，当然也不能完全计划。

23. 现代社会要求每个人都有成功的机会，同时也要意识到自己应负的责任。游戏规则对所有人必须都是完全明确的、彻底的、适用的。现代经济文化鼓励创新、创造力、足智多谋、勤奋和冒险。经济发展需要稳定。我们认为劳动力市场和资本市场只有不受束缚，经济才能快速、可持续发展。同时，必须确保从长远看能促进生产力增长的因素。这样的经济政策会使斯洛文尼亚进入欧洲最最发达国家行列。

24. 我们认为间接公有制越少越好。国家为了公共利益需要控股的领域，应该小心谨慎地实现积极所有权政策。政治和经济是相联的，从而为保护主义和腐败的滋生创造了条件，这一点是我们民主党坚决反对的。我们信任企业家，将会竭尽所能地让他们发挥创造性，保证市场成功。我们认为经济自由化可以防止垄断和幕后交易，从而为企业家大展拳脚创造有利条件。

25. 斯洛文尼亚民主党尤其支持微型、小型和中型企业的创立、发展。所有制形式的多样化和取消由政治和所有权的垄断带来的中央集权，是为了发展并巩固社会民主，让个人真正感觉自由幸福。我们把经济领域日益增加的激烈竞争视为社会民主化的一部分。

26. 可持续发展不仅要求经济增长。这只是一个前提，社会、环境、教育、文化和安全策略都很重要。唯有如此才能确保各方面协调发展。可持续发展理念将会得到政治上、社会上的广泛认同，从而保证每个欧洲人的生活质量。

27. 斯洛文尼亚民主党遵循、支持所有有利于社会发展的理念。现代挑战无处不在，处处需要给出答复。我们通过这个政治纲领来回答一些问题。

社会的繁荣

28. 随着商业的成功斯洛文尼亚经济会依据工作、知识、创造性给全国人民提供一个富足的、高质量的生活，还会保证后代的物质、精神发展。这正是我们追求团结、公正的原因。如果人口变动带来负担，那可不是好事。

29. 我们追求社会公正，前提是竞争性经济必须保证人与人之间、代际之间、地区间和国家间的团结。我们有义务创造一个繁荣的社会，这是我们主要的目标。公私合股可以带来社会繁荣，这是社会国家的经典模式。

30. 一个民主、公正的社会的关键标准是个人的尊严。斯洛文尼亚民主党支持保护人权,尤其是那些弱势群体。这样可以避免日益加剧的社会差异,消除社会排斥和贫困。重要的是合作和以民主、负责任的态度解决所有发展中的关键问题。

31. 工作是实现社会安全的最好方式。因此要鼓励失业人员再就业,同时激励雇主吸纳新雇员。失业是导致贫困和社会孤立的主要原因,只有经济迅速发展、提高生产性就业才能解决失业问题。

32. 在社会对话基础上建立的合理的薪酬机制,保证了社会的和平、激励、稳定发展、生产力和生活水平的提高。公共部门能有一个连贯的、激励性的薪酬体系也很重要。

33. 养老保险制度必须公平、全面、可持续。债务应该在几代人之间平均分配。建立在"代际条约"基础上的强制养老金保险应该能够确保基本的社会保障,提供一个体面的生活。补充保险应该由单位信托基金担保。

34. 尽管遵循起点平等的原则,但是在市场经济条件下,仍有一些人、群体会被边缘化。为了避免社会孤立和贫困,我们要建立一个社会保障的综合国民体系。这个体系包括与社会条件和纲领有关的信息系统和国家数据库。关于社会保障的发展目标是多样性的:确保更高品质的生活(给私人经济、残疾人组织和慈善组织一些特权以实现竞争和合理化),计划的分权化,组织社保活动,更积极地参与非政府组织。

35. 斯洛文尼亚民主党尽量在政策上照顾残疾人,特别是失业的和被平反的残疾人。

36. 必须给予生理上和心理上的残疾人及其监护人适当的社会关照和保障。

37. 不能在规章条例上歧视退伍军人、伤残军人和战争遇难者。

38. 斯洛文尼亚民主党主张每个人享受医疗保障的机会是均等的。所有社会阶层,不论居住地在哪,享受的公共医疗都是一样的。

39. 健康是一项基本人权,但也是每个人的职责。卫生政策必须是行为驱动的，以便有个健康的生活方式，降低对环境的有害影响，确保所有人有一个健康的、有品质的生活。

40. 国家有义务创造条件减少事故、自杀，给儿童、年轻人和妇女、老人、工人提供特殊卫生保健。斯洛文尼亚需要根据国家现有的医学、财政能力制定一个明晰的公共卫生保健标准，包括工人、场所及设备。

41. 现代健康医疗体系以投保人独立的个人义务为基础。国家应该允许少部分公共卫生服务由私营部门承担，只要有助于提高效率。法律应该确保医疗保健的平等和有效性。

42. 斯洛文尼亚赞同刺激家庭和生育的政策，这是尊重和重视父母的综合措施，从长远看可以保证高出生率，使国家的人口发展趋势更好。

43. 家庭必须为个体成长提供良好的环境，帮助他形成积极的价值观，并懂得为自己的行为承担责任。这样个体才能对社会发展产生积极影响。家庭成员之间必须平等、民主，一切为了孩子的利益。为了使家庭成为社会矛盾的缓冲器，家庭需要自主、经济独立、保护隐私、安全感，也就是说杜绝虐待和家庭暴力。这是个人成长为一个自由、坚强、负责任、成熟的唯一途径。只有这样才能发展民间力量，形成生活的一般规则。

44. 住宅是必备的居住场所，保证每个人正常的生活水平。我们认为要给那些短期或长期没有能力购买住房的人提供实际帮助（年轻家庭、大家庭、残疾人、退休人员及低收入人群）。

45. 斯洛文尼亚民主党支持年轻人自由和自愿地组织起来融入到社会中。国家必须给年轻人提供物质条件，让他们能够积极成功地参与到社会生活的所有领域。

46. 年轻人希望完善教育体制，加强国家交流。对国家来说，让年轻人享受同等的受教育机会是非常重要的。教育是成功融入社会的关键因素之一。

47. 国家必须保证合适的聘用条件以便年轻人毕业后尽快就业。

48. 健康生活离不开体育。竞技体育的目的是在国内外获得荣誉，但是现代社会必须提倡普通的体育运动，比如说学校开设体育课，体育社团、休闲、保健，为残疾人开设的预防课、体育课。需要给专业运动员提供更好的工作安全和社会保障。

49. 斯洛文尼亚民主党认为在政治和社会领域男女比例需要均衡。

50. 义工是市民社会的基石。这应该是社会理所当然需要履行的主要义务之一。义工有助于整个社会加强合作，增强年轻人的自豪感，获取新的技能、知识，个人的成长、独立和创造性。义工应当是工作之外的补充活动，不能取代谋生的工作。

51. 斯洛文尼亚民主党对国家安全的理解是很广泛的。国家及其公民的安全包括：对财富和幸福的感知，心灵成长，免收国内外战争、自然灾害及其他疾病的威胁，适当的社会安全感，良好的经济效益，国家财政稳定，技术一定程度的独立，健康、清洁的环境，保护和发展斯洛文尼亚语及国家、文化认同。

52. 媒体自由和公共表达自由是民主社会的基本条件。媒体是新闻，评论，不同类型的信息、教育和广告的集合体，所有这些对塑造民众观点和价值观产生重要影响。

53. 克服对编辑的媒体政策的依赖性是一个过程，很大程度上影响斯洛文尼亚民主化的成功。通讯工具在政治上和财政上的独立有助于实现公共信息的自由化。

54. 所有权集中及媒体控制意味着影响力的集中及少数人控制着社会权力，这是不允许的、危险的。民主社会的所有权必须是多样性的，通讯手段是独立自主的。唯有如此才称得上是独立的、民族的、专业的和独立自主的新闻业。

知识社会

55. 培养和教育的总体目标是人的全面发展。学校给每个人提供平等的机会，获取社会生存的知识、技能和能力。学校的主要功能之一是保护和发展民族文化认同。

56. 国家希望通过一些机制来提高学校的有效性和质量。这需要设立多种多样的公立学校和竞争来实现。私立学校如果想保持和改善在世界上的地位，则需要在未来的日子里承担更多的责任。国家和地方政府必须鼓励教育和社会保障领域的多样化，因为这有助于提高质量。

57. 斯洛文尼亚民主党提倡学校政策民主化。我们相信除了专家团队，还应该把父母、工会和创立者平等的整合起来。教育机构的高度自主是非常重要的。

58. 知识型社会的目标是少儿、高中和成人能够接受到最好的教育。只有这样，在劳动力市场和求职时才能有竞争力。这就是学校体制要适应社会需求尤其是经济发展需求的原因。

59. 斯洛文尼亚高等教育体系必须是公开的、积极向上的、卓越的，从而成为高质量的、有国际竞争力的，必须向新建大学、工人和培训服务开放。教育必须能够提高国家的自然科学和技术研究水平，从而接近欧盟发达国家，服务于经济发展。

60. 斯洛文尼亚致力于在欧盟创造高质量的、可比较的和开放性的中学空间和高等教育空间，给学生和老师提供交流项目，使部分人能在国外学习。

61. 我们积极支持欧盟形成一个共同的科研空间。我们需要加强国内及整个欧盟在科研方面的一体化和合作。广泛的国际国内合作可以提高研究、教育、科学和科研成果转化方面的竞争力。我们将协调国内和欧洲的项目，促进、鼓励知识和研究，确保教育和科研机构、公共机构和经济总体上相互协调。

62. 知识对经济发展越来越重要。最具有竞争力的企业与当代的自然资源关系不大，更重要的是取决于如何对待新技术、新创造。只有懂得如何将发明、产品设计、产品、销售和服务结合起来，我们才能成功。我们需要辨别出那些能够提供我们比较优势的部门。企业环境必须适应全球竞争的需要。

63. 斯洛文尼亚需要拥有与经济组织国家同等的劳动生产率。为此，需要进一步提升创业家精神，努力消除官僚独裁的残余，为创新扫清障碍。这样斯洛文尼亚可以脱离后社会主义国家集团及其对创新、生产率和发展的障碍。在这种情况下，我们将会达到欧盟发达国家在大学、政府部门的研究和经济增长潜力的比例。

64. 我们将在斯洛文尼亚打造创新氛围，通过大学、学院和一些研发组织提升技术发展水平。国家要给能够经济增长的技术发展一些奖励和激励，给他们提供新的、高效的工作场所。此外，我们的劳动力市场需要免受劳动力竞争绩效的阻碍。

65. 信息社会的目标是在欧盟和商业化不明显的地区，如乡村，建立欧洲信息基础设施。利用信息技术提高效能、生产率是斯洛文尼亚提高在全球竞争力的基本条件。国家在信息通讯领域的政策必须参照高度发达国家，如立法、行动方案、研发。

66. 为了斯洛文尼亚经济的竞争力，必须保证适宜的经济环境，从而最大程度地利用知识来创新产品和服务。另一方面，发展必须是可持续的，要保护环境，发展新兴产业，加强可再生能源技术。我们还支持发展和利用节能技术。

67. 斯洛文尼亚制造商应该把更多资金投向产品的知识和技术提升，在国际上提高品牌知名度，达到市场领先水平。

68. 斯洛文尼亚民主党乐意融入欧洲理念中，发展教育、可持续发展、高质量就业、健康的环境和社会凝聚力。这些代表了欧洲文化的成就。文化政策是为知识经济提供一个适宜的文化环境。因此从这个意义上说，文化不仅是民族认同的历史基石，同时也是经济财富的基石。在欧洲精神里面，文化主要是指对世界的自由的、创造性的、批判性的行为。

69. 在斯洛文尼亚社会，文化具有特殊意义，因为它先是在国家实质方面担当了一个历史角色，后来演变成建国的社会、政治运动。我们的文化保证了国家成立的民主、法治和社会基础。文化也是文明化的象征，是自由、公正、团结和爱国主义这些基本价值观的基础。

70. 斯洛文尼亚民主党设立了一些问题作为活动的起点。这些问题包括生活规则、文化的发展和定位。和自然一样，艺术是天然的公共物品，但同时也是社会活动发展的一部分。保护环境不仅仅是一项限制人类破坏自然的文化、教育和科学任务。在此意义上，自然保护也是总体上信任自然并将这种信任植入文化创作的方式。

71. 由于文化对文明的意义，文化需要间接的公共、政府和政治支持，但是所需资产必须从某种程度上说由某些独立机构捐助。

72. 斯洛文尼亚文化在特定的条件下发挥影响，文化市场相对狭小，语言适用范围比较有限。在这种情况下迫切需要国家的支持——主要是与斯洛文尼亚语有关的艺术交易。未来的文化政策是划分文化的公私部分，限制公共领域，鼓励私有化。应该在什么程度、范围支持文化是平衡文化政策的目标，需要按照国内外文化的发展变化去积极、持续地执行。文化从历史中汲取力量，因此在一个日益变化的世界里需要重点保护。

73. 斯洛文尼亚民主党格外强调文化、教育和科学对国家发展的作用，所以鼓励向这些领域投资。

高效的国家管理

74. 斯洛文尼亚的法规还不完善。斯洛文尼亚民主党希望所有公民感到法律上是安全的，司法体系能够独立、高效、公正。

75. 斯洛文尼亚已经是一个相对稳定的民主国家，有以相应的政治文化为基础的既定的民主机构。尽管如此，在媒体、资本和其他商业领域还是出现垄断。它们会危及到斯洛文尼亚社会的公开与民主。

76. 政府被认为是保护人权和自由、社会发展、经济竞争的重要因素。它必须高效、利民、实效，是公民和公司的高质量服务体系。

77. 税收体系必须简单，使民众有信心，让他们相信可以和国家成为相应的合作伙伴。提高税收不是对公民的惩罚，税收是国家服务质量的支付，不交税会阻碍迅速发展。良好的税率职能通过经济增长和强烈的意识来实现。

78. 斯洛文尼亚民主党反对公共借贷来对付当前的预算赤字，提倡平衡的、综合性的、以发展为导向的预算。预算应该谨慎合理的支出，在通过新预算之前，应该作整体分析评估。

79. 所有的公共财政都应该谨慎支出，尤其是政府总开支。半官方的经费和机构不能超出需求数量；必须对这些机构和国企的资金流向进行监督。

80. 在人员配备方面，我们认为政府官员要承担更大的责任，待遇不应该比公司雇员好。公务员必须是有能力的、有创新精神的、亲民的、按劳取酬的，这也应该是他们晋升的标准。

81. 按照斯洛文尼亚多中心发展政策，我们完全支持政府工作的分权化、分散化。分支机构多了也易于民众接近。发展必须涵盖整个国家，偏远地区、乡村也应该有发展机会。

82. 斯洛文尼亚民主党支持市政当局扮演更大的角色，国家需要转移部分权限。市政当局也应该转移一些权限，从而更好地发挥效能。

83. 国内安全是由警察和与司法部门相关的机构负责的。我们要创造条件以便成功的、有效的防止严重犯罪及对罪犯的惩罚，保证公民人身和财产的安全、交通安全，防止非法移民。

84. 斯洛文尼亚民主党将努力改变选举制度，使之更加平等。

空间管理和环境保护

85. 空间管理需要持续的、积极的关照，决定性的和系统性的行动。空间是国家选举因素之一，它的管理对所有其他社会领域具有重要作用。因此需要跨学科的、专业的支持，从而保证国家均衡发展。

86. 由于空间条件的极端复杂性，尤其是在现代斯洛文尼亚，会阻碍国家正常发展。对空间秩序来说全面的规划是重要的。空间问题具有战略性，需要格外注意。空间政策不仅意味着服务于城市化，还要专门提供自然物种的多样性，大海、河流、饮用水、农田、清洁空气。所有的自然、文化遗产及旅游开发都必须与自然协调。所有这些目标都必须以可持续均衡发展为基础。

87. 空间计划必须与国家、州和县相协调。关于空间开发的决策过程必须按照重要程度相应的分配给国家、州、县。空间计划必须透明、易懂、公正、有效。

88. 空间计划必须考虑到可持续发展，由于关系到子孙后代，我们要从经济和伦理角度考虑。

89. 斯洛文尼亚民主党希望实现高水平、高质量的环境保护。我们对环境的原则是预防和保护。与保护相比环境破坏更容易防止。

90. 斯洛文尼亚必须保护和关爱其地区认同，居住地和地区的特征，以及全面支持继续保护保护区——自然公园、地区公园和国家公园。

91. 生物多样性是斯洛文尼亚一种特别有价值的自然财富形式，需要保护。使用可再生能源、高效节能和促进安全使用核能的努力，对于斯洛文尼亚的长远发展至关重要。

92. 我们支持只导致对经济中心依赖性较小的区域发展形式。需要保证在中心和其他地区之间建立良好的基础设施连接。边境地区和人口发展的危险区域，必须提供额外的财政工具、减免政策和发展的动力。斯洛文尼亚一半以上地区面临发展威胁，那里只居住着不到五分之一的人口。因此，斯洛文尼亚的发展战略、国家的农村发展计划以及改善这种状况的措施，必须尽快被采纳。

93. 斯洛文尼亚面临着人口发展的威胁，尤其是在边境和山区；它正在成为一个被淘汰的社会，具有所有的负面影响。因此，国家有必要编制总体的战略，以带来良好的社会—人口发展趋势。经济增长以及更协调的经济发展和区域发展是上述战略的先决条件。

94. 斯洛文尼亚交通政策的升级必须进行系统规划，以协调公共交通与环境友好型的、可持续发展的和质量导向型的运输方法。在斯洛文尼亚的某些不发达地区，交通发展处于不平等的阶段，道路覆盖网络也不充足。因此，我们努力确保适当和平衡的交通网络。

95. 经历了50年的恶化后，斯洛文尼亚农业进行了遵循多功能原则的改革，其中，除了生产食品外，还带来了其他社会好处，如保护环境、人文景观和传统。在欧洲，斯洛文尼亚的农业应该具有竞争力。长期的解决方案不是提供补助金，而是通过斯洛文尼亚食品工业的合作和一体化，以及注重客户。客户需求引导着产品生产。民主党支持农业、农村发展和增加粮食的自给自足，作为斯洛文尼亚民族和国家的独立的基础。

96. 气候变化是人类和环境面临的最大和最复杂的威胁之一。这些威胁可以影响人类的一切活动，不仅威胁富人的财富，也威胁着穷人的生存、商品生产、水源和物种生存。民主党致力于达成一个解决这些全球性问题的全球协议，并提出了雄心勃勃的计划，以减少温室气体排放，鼓励甚至强制人类进入一个低碳社会。

在斯洛文尼亚，我们主张适应气候变化的政策，承担起国际条约规定的责任，利用经济机会。最后但并非最不重要的是，改变人们的价值观和态度。

97. 人类对环境的忽视所导致的自然灾害和其他灾害，更加频繁和日益严重。它们越来越成为经济、社会整体发展和国家安全的潜在威胁。在未来，如果负面影响、国家安全的威胁继续存在，在更广泛的意义上说，可能会导致迅速转变，甚至转换成军事威胁。民主党将减少对环境的负面影响，通过生产最高的附加价值产品、创新、利用可再生能源来加强经济，从而减少负面影响和加强可持续发展。斯洛文尼亚必须用全面和协调的行动计划武装起来，成功地消除上述威胁。

国际政策和欧洲政策

98. 进入欧盟和北约后，外交政策的两个基本目标已经实现。民主党自其创立之初和斯洛文尼亚独立后，一直在努力实现这两个目标。斯洛文尼亚在欧洲和国际社会的经济、政治和安全的地位进入了历史最佳时期。加入欧盟后，许多导致斯洛文尼亚民族分裂的因素消失了。与申根国家取消边境后，世界各地的斯洛文尼亚人与祖国的关系加强了。2008年，斯洛文尼亚成功履行了欧盟轮值主席国的工作。从斯洛文尼亚国家发展的角度来看，历史上任何其他事件不能与之相比的是，轮值主席国的工作让我们充满自豪，我们相信小国在欧盟中同样可以扮演重要的和创造性的角色。

99. 通过欧洲—大西洋连接，斯洛文尼亚承担着自己在世界上发展民主和自由的责任。民主党鼓励竭尽所能地加强欧盟的全球作用，积极寻求和联合设计解决欧洲一体化进程中面临的主要发展困境的方案。欧盟的所有成员国和整个世界都希望有一个强大的、具有国际影响力的欧盟。

100. 民主党作为一个建立在法治原则、民主标准和市场经济基础上的政党，支持美国在世界上传播和平、福祉和民主价值观。通过欧洲人民党，民主党强调加强跨大西洋共同体的合作所带来的好处，从而建设性地推动大西洋两岸的联系。它将支持欧盟所有的旨在增加国家民主化的制度性政策。

101. 与那些和斯洛文尼亚有着共同的历史和强大的经济、文化、科学和政治联系的邻国进行对话时，民主党将努力一贯地遵守欧洲标准。当涉及外交政策的关键点时，斯洛文尼亚需要一个新的联合的政治支持。尤其是同周边国家寻找最佳解决方案时，它必须保持在国际社会中的信誉。国外的斯洛文尼亚人必须成为斯洛文亚及其邻国间的桥梁。根据国外斯洛文尼亚人的要求，斯洛文尼亚有义务根据国家条约授权保护他们的利益。

102. 斯洛文尼亚必须积极支持欧盟东扩，帮助东南欧国家加入欧盟。统一的欧洲必须建立在弥合历史差异，以及在关乎我们共同未来的事宜上达成共识的基础上。

103. 鉴于目前的和未来的国家安全所面临的威胁，以及斯洛文尼亚是北约和欧盟成员国的事实，我们清楚地知道，我们的目标是我国的安全是欧盟和北约框架内的全球安全的一部分。为了发挥欧盟和北约的防护效益，斯洛文尼亚必须发挥自己所有能力和贡献自己的力量。为此，斯洛文尼亚军队要成为一支爱国的、积极进取的、专业的、技术精湛的和真正装备完善的组织。

（本章根据2005年斯洛文尼亚民主党第八次全国代表大会通过的《斯洛文尼亚民主党政治纲领》翻译）

（山东政法学院政治学与行政管理系　夏纪媛　译）

斯洛文尼亚民主党章程[①]

一、总则

第 1 条 组织

民主党是斯洛文尼亚民主党的简称。民主党是斯洛文尼亚的一个政治组织。它是依照地域原则组织起来的，组织遍布全国各地。

第 2 条 活动

民主党为一个自由、积极的社会而奋斗，认可、保护自由市场经济，并尽量降低市场经济的负面影响。它依照全国代表大会通过的纲领行事。

第 3 条 党的总部

民主党是一个合法的实体，位于卢布尔雅那市科盟斯科拉大街 11 号。区委员会、利益集团、论坛在合法活动时也可以使用民主党的名称，但必须遵守政党法及本章程的相关规定。

第 4 条 党的标志和象征

民主党的标志是字母。SDS 三个字母是蓝色的，下面有一条相同长度、三分之二高度的黄线。

党的象征、象征的构成和使用、公章的构成和使用按照中央执委会通过的条例。

[①] 译自英文。

第 5 条 民主党党员

斯洛文尼亚的公民，只要认可党章和党纲，定期缴纳党费，都可以申请入党。入党时，每个新党员都要亲笔签署总秘书处分发的入党表格，原件或复印件均可。在这份表格中，申请人需要写上自己的姓名、出生日期、永久或临时居住地、受教育程度、职业、职称、工作单位及其他中央执委会规定的个人信息。这些信息只作为党员注册使用，并遵守个人信息保护法。

加入民主党需要年龄在 15 岁以上并提交书面申请。民主党党员不得加入其他政党，以及与民主党纲领目标不一致的组织。

可以免除经济状况不好的人的党费。缴费规定或党员的其他义务由中央委员会规定。

一般说来，党员必须在自己的永久居住地的支部或县委会活动。如果党员希望到另一个支部或县委会活动，需向该支部或县委会的执委会提交书面申请。支部或县执委会将处理其申请。认同党章、党纲的外国公民可以成为民主党荣誉党员。中央执委会负责授予荣誉党员称号。

第 6 条 党员的权利和义务

党员有如下权利：

——选举权和被选举权；

——作为民主党在公共权威部门的候选人；

——加入民主党组织以便执行特定的纲领和规划；

——向党的所有组织提出建议、问题并得到答复；

——通过内部信息机制或公共传媒获悉民主党情况；

——依照党纲要求开展活动；

——开展活动时获得组织支持；

——在政治活动中遇到困难可以要求组织提供道德上和法律上的援助。

党员有如下义务和职责：

——在民主党组织机构中开展活动；

——遵守党的纲领，捍卫党的荣誉；

——履行自己的党内职责并向相应部门汇报工作。每个党员都要遵守党纲、党章、管理条例及其他总体方案。

第7条 党员资格的终止

党员提交书面申请或交回党员证就可以退党。党员名字也会被从党员列表中除名。如果违反党章规定，会被开除。开除出党的决定是由中央执委会或党员所在的县执委会作出。被开除的党员可以再次入党。中央委员会通过的条例中包含开除出党的具体规定。

县委会监察委员会接受15人以上联名提交的开除某个党员的书面申请。县监察委会接到建议书后必须30天内作出决定。对开除决定持有异议的人可以在15天内向中央监察委员会申诉。

期间，为避免被开除的党员进一步给党造成政治上、道德上或物质上的损害，中央执委会可以在开除申请书提交后冻结党员资格，停止其党内职务。

等待裁决期间，党内职务暂停。下列行为会被开除：

——故意违反党纲，在政治活动中危害党的利益；

——违反党章、条例、程序规则等，给党带来道德上的、物质上的损害；

——思想或行动给党带来政治危害。

被开除的党员可以向中央委员会申诉，也可以再次申请入党。

二、民主党中央机构

第8条 全国机构包括：

——全国代表大会；

——中央委员会；

——中央执委会；

——主席；

——中央专家委员会；

——中央监察委员会；

——在国民议会和参议院的民主党党团。

第9条 民主党全国代表大会

全国代表大会是民主党的最高机构。全国代表大会四年召开一次。中央执委会负责召集会议，多数党员出席大会才具有法律效力。

全国代表大会负责：

——通过党纲、党章；

——制定党的政策或其他原则；

——讨论和通过中央执委会、中央监察委员会报告；

——决定对全国代表大会提出的要求；

——选举党主席、中央执委会和中央监察委员会。

出席全国代表大会的包括所有中央委员，那些依据由特别方式分配给县委会中央委员的名额而产生的中央委员除外，以及县委会、利益集团及论坛的代表。

县委会代表由县委会全会选举产生，代表人数由中央委员会在会前考虑党员人数的变动而确定。

利益集团和论坛的代表是指定的。代表人数是中央委员会在会前确定。

全国代表大会的工作规则按照民主党全国代表大会规则程序规定，由全国代表大会通过。

第10条 中央委员会

中央委员会包括：

——县委会主席或授权的代表；

——执委会指定的县委会代表，名额是按照一定原则分配；另外还有额外代表，即100名县委委员中有1名代表；

——中央执委会委员；

——秘书长；

——利益集团、论坛主席、专家委员会主席；

——国民议会议员、部长、国务秘书、国务委员和欧洲议会议员；

——区域协调机构主席；

——斯洛文尼亚青年运动执委会主席。

非党员的论坛主席也会被邀请出席中央委员会会议，但没有投票权。中央监察委员会主席通常也被邀请出席会议。

中央委员会一年至少召开四次会议。中央委员会主席从中央委员中选举出来。主席主持中央委员会工作，确保中央委员会决议的执行，代表中央委员会。

在主席的提议下或根据党执委会的要求，中央委员会召开会议。全国代表大会召开后的60天内召开第一次中央委员会会议。

如果不能出席会议，中央委员需至少在召开会议前一天以书面形式解释原因。两次连续无故不出席会议的，会被停止党内职务。

中央委员会有法定人数。工作章程在中央委员会程序规则中有详细规定，经三分之二委员同意可以修改。

第11条 中央委员会的权限

中央委员会：

——在两次大会期间制定党的政策；

——决定与其他政党是否联合；

——在两次大会期间可以重新任命半数的中央执委会委员及另外选举两名执委会委员；

——选举中央执委会候补委员；

——通过党章、党纲修正案；

——在主席的建议下选举、罢免民主党副主席；

——在主席的建议下选举、罢免民主党秘书长；

——在中央执委会的建议下确定总统选举的最终候选人及议会选举的

候选人名单；

——确定党费的数额；

——通过年度预算；

——批准年度财政报告；

——决定县委会及其他机构上缴的党费的分配和使用；

——监督党的机构执行决议情况；

中央委员会无权通过任何实质性改变党纲及全国代表大会通过的决议的修正案。

第 12 条 中央执委会

中央执委会是民主党的执行机构，包括主席、副主席及委员。全国代表大会选举出主席和 18 位执委会委员。

当中央执委会的决定或采纳的中央委员会的建议，涉及国民议会或政府时，民主党的国民议会议员和部长也有投票权。这一条款适用于如下决议：

——民主党进入政府及与总理、部长候选人相关的选举；

——议员在国民议会中提出质询；

——在宪法法院按照宪法第 109 条或 119 条弹劾；

——对政府的信任票；

——呼吁立法公投；

——旨在修改宪法的全民公投；

——执委会采纳的基本法律条款和预算；

——国民议会和政府通过的其他决议。

中央委员会可以罢免中央执委会委员。在两次全国代表大会期间，如果执委会委员辞去职务、退党、连续两次无故不出席中央执委会会议或不作为，中央委员会可以另选他人。中央执委会委员如有正当理由不参加会议，至少要在开会前一天书面向民主党秘书长请假。

如果需要，中央委员会可以在两次全国代表大会期间另外选举中央执委会委员，从而保证所有地区都能被代表。选举新委员要在中央执委会的提议下进行。

中央执委会一个月至少开两次会。主席负责召集、主持会议。在多数委员的要求下，中央执委会也可召开会议。

当中央执委会处理一些与民主党论坛直接相关的特定议题时，论坛代表也会受邀参加中央执委会会议。

中央执委会议事规则详细规定的中央执委会工作规章，须三分之二执行委员表决通过。

第 13 条　中央执委会的权限

——执行党纲、全国代表大会、中央委员会通过的决议；

——组织、开展活动；

——讨论并通过提交给中央执委会的倡议、提议、意见及请求；

——讨论并通过关于社会时事的政治观点；

——与县执委会合作，确定地方委员会及党的全国机构的候选人名单；

——通过民主党工作规则的条例、决定；

——任命并在需要时弹劾专家委员会主席；

——确定专家委员会主席；

——授权民主党的机构和成员代表党开展活动；

——任命并在需要的时候罢免工作委员会的财务委员、秘书及首脑；

——通过秘书长工作系统化的条令；

——履行党全国代表大会、中央委员会、中央监察委员会的工作范围以外的职责；

——监督、指导民主党机构的工作；

——在党章规定的情况下，召集召开市和区委员会全会。

第 14 条　党主席

——召开、主持执委会会议；

——实施中央执委会及其他机构通过的决议；

——在公开场合代表民主党；

——向全国代表大会、中央委员会作工作报告；

——可以延缓执委会通过的决议的实施。

主席有一个协作团队，从而确保民主党机构通过的决议在实施过程中不受干扰。主席团在必要的时候召开会议，他们的构成如下：

——主席；

——副主席；

——国民议会中的议会党团首脑；

——参议院中的议会党团首脑；

——秘书长；

——国民议会中的议会党团秘书。

主席缺位时，可以授权副主席及中央执委会其他委员代行主席职责，不过本章程第一部分最后一条规定的权利除外。如果主席由于客观原因不能行使其职权，中央执委会可以代表主席工作。

第15条 荣誉主席

民主党可以提名荣誉主席。在中央执委会的建议下由全国代表大会授予这一称号。

第16条 中央专家委员会

中央专家委员会研究具体的领域，讨论部、政府、国民议会通过的法律，提交中央执委会、议会党团及其他民主党国家官员的倡议、提议及意见。议会党团成员可以参加中央专家委员会会议。中央专家委员会主席和议会党团主席负责协调议会党团和中央专家委员会的合作。中央专家委员会也会被邀请参加中央执委会会议。

中央专家委员会的机构与政府机构类似。中央专家委员会组织机构的具体情况由中央执委会规定。中央执委会可以另外设立其他专家委员会。

当民主党是政府执政联盟的一部分时，中央执委会可以任命、罢免中央专家委员会主席。民主党作为反对党时，民主党主席同时也是中央专家委员会主席。中央专家委员会会议由中央委员会主席召集，或者在中央执委会的提议下召开。中央专家委员会委员的专业技能有助于提高民主党工作质量。中央专家委员会委员可以是党外人士。

第 17 条　中央监察委员会

中央监察委员会是全国代表大会选举出来的，由 5 名委员组成。中央监察委员会主席负责召集、主持会议。在主席选举出来之前，党主席负责召集会议。

中央监察委员会：

——监督、指导民主党机构的工作；

——指出并要求改正民主党机构工作中的错误和与党章、党纲、规章、程序及其他规则不一致的地方；

——审查所有民主党、利益集团、论坛的行动是否符合党章及上级机构的要求，并要求取消不一致的条款和决议；

——裁决对县监察委员会决定的申诉；

——审查党的财务状况，指出违规行为并要求改正；

——告知党员与他们有关的决议；

——主动或者在中央委员会、中央执委会的要求下向全国代表大会、中央委员会、中央执委会作工作报告。

如果民主党机构不认同中央监察委员会指出的错误，中央委员会作出最后裁决。

中央监察委员会委员不能在其他机构任职。委员需要回避与自己有关的议题决议。

如果中央监察委员会委员退党、辞去党内职务或者连续两次无故不出席会议，中央委员会可以另选他人。

中央委员会通过的条例中详细规定中央监察委员会的工作规则。

第 18 条　民主党议会党团

国民议会和参议院中的民主党代表是民主党国民议会党团和参议院党

团的成员。非民主党候选人如果认同党纲，并征得中央执委会同意，也可以加入议会党团。

在议会党团多数成员的同意下，中央执委会任命议会党团首脑。在中央执委会的同意下，议会党团通过程序规则至少需要三分之二成员表决才能通过。在中央执委会的同意下，召开国民议会时议会党团任命秘书长。议会党团中的党员有权参加中央委员会和全国代表大会。议会党团的工作需要遵守党章、党纲。议会党团成员对党的工作负责。议会党团向议会提建议，实现全国代表大会、中央委员会、中央执委会的政策。议会党团提出的意见建议由全国代表大会、中央委员会、中央执委会讨论并形成观点。议会党团首脑向中央委员会和中央执委会作工作报告。

这些条款同时适用于地方议会中的民主党党团。

第19条 候选人及选举规则

任何有选举权和被选举权的斯洛文尼亚成年人都可以成为民主党候选人。

候选人可以由县执委会、区协调机构、民主党机构、民主党论坛及其他国家级组织提名。地方委员会的执委会及党员个人也可以提名。候选人名单被提交给由中央执委会任命的民主党国家选举团队。

在挑选候选人时需要遵循下列标准：
——候选人有良好的声望；
——在民意测验中得票率高；
——候选人过去的工作经历有助于实施党纲；
——候选人对民主党有积极的态度；
——候选人能够履行职责。

执委会与党主席及县委会、区协调机构协商后，确定候选人名单。候选人名单最多可以等于当选的候选人。

在被列入候选人名单之前，每位候选人签署：
——一份愿意成为候选人的声明；
——民主党道德规范；

——同意如果退党或者被开除党籍、加入其他政党或议会党团，会无条件放弃议员身份。

总统及议员候选人是在中央执委会的建议下由中央委员会秘密投票选出来。在中央执委会的建议下，民主党可以与候选人缔结一份协议，规定候选人的义务。候选人及候选人名单在中央委员会通过的选举规则中有详细规定。

第 20 条　候选人职责、任期

候选人要符合下列条件：

——候选人过去的工作经历有助于实施党纲；

——在全国及本人所在区域有良好的声望；

——可以成功地履行党内职责；

——可能在大选中获胜；

——年龄、居住地、性别符合条件；

——满足本章程第 5 条。

除非另有规定，民主党所有职位的任期都是四年。担任领导职务的民主党党员可以辞职。收到其辞职信之日起辞职生效。辞职后其所在机构任命一位代理代行职务。

第 21 条　召开县委会特别会议

如果县委会不能履行职责，中央执委会需要召开特别会议。

a) 没有向中央执委会提交当年的县委会全会的记录；

b) 超过 60 天没有一次县执委会会议；

c) 监察委员会判定没有遵守或违反党章；

d) 没有在中央监察委员会或秘书长规定的时间内提交资产负债表或财务预算，或其他重要的文件；

e) 候选人或候选人名单未经中央执委会同意。

在地区协调机构的提议下也可以召开特别会议。

召开特别会议后县委会所有机构暂停职务，中央执委会同意后方可恢复。停职期间县委会的资产由秘书长代为管理。

第22条　民主党工作的公开性

民主党公开活动。在特殊情况下，多数党员表决同意民主党可以召开秘密会议。

第23条　紧急情况下民主党的活动

在特殊情况或紧急情况下，民主党不再正常运转时，中央委员会所有职权都转移到中央执委会。如果没法做到，则移交给党主席。这些行为都要得到中央执委会、中央委员会的批准。

三、民主党的地方组织

第24条　地区协调机构

地区协调机构是民主党的常设组织。负责处理组织性的、政治性的议题，并向中央委员会和执委会提建议、倡议及意见。它由主席或主席的代理人及本地区所有县委会委员组成。

地方利益集团、论坛的主席也是区域协调机构成员。协调机构的范围由中央委员会划定。

中央委员会每次开会前地区协调机构必须召开一次会议。在县委会或其他机构的要求下，区域协调机构主席也需要召开会议。县委会要求区域协调机构开会时，需要提交书面要求。收到开会要求的8天内必须召开会议。如果地区协调机构主席收到开会要求而没有开会，民主党秘书长可以召集会议。

总秘书处的代表及执委会分管相应地区的委员也要出席会议。

地区协调机构主席从本机构选举。赢得多数县委会委员支持即可当选。地区协调机构还设有书记。

第25条　县委会

县委会可以在行政主管机构注册。县委会在财政上是独立的，它承担一定的义务，并在自己权限内开展合法活动。每个县委会对自己的资产负责任。

第 26 条　县委会机构

县委会由如下机构组成：

——县委会全会；

——县委会代表（超过 400 人的县委会）

——县执委会；

——县委会主席；

——县委会监察委员会；

——县委会议会党团。

第 27 条　县委会全会

全会是县委会的最高机构，包含所有县委会委员。至少每个月召开一次会议。会议或者是由县执行委员会提议召开，或者是应县监察委员会要求召开。

县委会主席至少在开会 8 天前向县委会委员、民主党总秘书处、主管该县执委会委员、地区协调机构主席发出邀请。至少要县委会十分之一委员出席会议，会议才能召开。

会议结束 15 天县委会主席需要将会议记录呈送给执委会、地区协调机构主席。

第 28 条　县委会全会的权限

县委会全会：

——通过纲领、程序规则及关于选举的规章；

——在县执委会的提议下和党执委会的批准下确定地方委员会候选人及候选人名单；

——确定年度财务决算；

——讨论并决定县执委会、县监察委员会的报告；

——处理提交来的申请；

——罢免及选举出县执委会委员、主席、县监察委员会。

第 29 条 县执委会

县执委会包括执委会主席、县委会全会选举出来的委员、民主青年党主席、议会党团首脑。县执委会扩大会议除了上述成员外，还包括县委会主席、利益集团主席、论坛主席、支部委员会主席及出自民主党的县长和县议员。

县执委会的所有文件都要呈交给相应的监察委员会。

县委会全会确定被选入县执委会的人数：

——少于 100 人的县委会，县执委会委员至少 5 名。

——100—200 人的县委会，县执委会委员至少 9 名；

——超过 200 人的县委会，县执委会委员至少 13 名。

第 30 条 县执委会的权限

县执委设立支部委员会，决定县委会和支部委员会的分布，执行县委会全会的决议。县执委会在县里的权限与中央执委会在全国的权限类似。在第一次会议上，县执委会至少选举出一名副主席，任命一名书记。会议记录必须会后 8 天内整理好。

县执委会的常规会议和特别会议记录需要会后 15 天内由执委会主席呈送给总秘书处和地区协调委员会主席。

第 31 条 县委会的理事会

超过 400 人的县委会可以选举自己的理事会。理事会包括县执委会所有成员、县议员、县长等。最多不超过 20 人。

县委会全会可以转移自己一部分权力给县委会的理事会。不过，理事会没有权利选举、罢免县执委会主席、委员。

第 32 条 县委会主席

县委会主席：

——召集并主持县执委会会议及县委会理事会会议；

——执行县执委会、全会的决议；

——向县委会全会汇报县委会、县执委会的工作情况；

——协调县级民主党论坛及其他机构的工作；

——在公开场合及中央委员会代表县委会；

——在县执委会的许可下提名县委会书记候选人。

首次担任县委会主席的人需要参加四年一次的新任主席培训。培训由民主党秘书长组织，新主席就职 90 天内参加培训。未能参加培训的不能履职，地区协调委员会主席必须 15 天内召开选举会议。

选举县委会主席必须经中央执委会主管该地区的委员批准。书面许可会在 15 天内送到相应的县执委会及民主党总秘书处。地区协调委员会主席没有权批准县委会主席的人选。

——严重违反党章或 10 人以上县委会委员提议，县委会就需要召开代表大会。

——中央执委会委员如果认为候选人不能遵守党纲、党章的规定管理县委会，则会重新选举。

如果中央执委会委员没有批准县委会主席人选，需要 30 天内重新召开会议。中央执委会委员需要告知县委会全会没有批准候选人的原因。县委会全会可以选举新的县委会主席，或者重新选举之前的主席。这一决议是最终条款。民主党秘书长需要出席重新召开的会议。

第 33 条　县监察委员会

县监察委员会由 3 名委员组成，其中包括 1 名主席。县监察委员会会议的召集、主持与中央监察委员会类似。

县监察委员会：

——权限与中央监察委员会类似；

——决定开除县委会委员；

——向国家监察委员会和相关区委员会全会作工作报告。

县监察委员会委员不能在党内其他机构任职，回避和自己相关的问题。

第 34 条　县委会的组织机构

县委会可以被划分为两个或两个以上支部委员会。支部委员会依照县委会全会通过的决议设立。

县执委会也可以设立县专家委员会。县专家委员会的工作和权限、组织机构与中央专家委员会类似。

其他县委会机构及工作规章分别在县委会全会形成并通过。

第35条 民主党地方委员会

支部委员会包含以下两个机构：

——支部委员会的最高机构——全会（包括支部委员会的所有成员）；

——支部委员会执委会。

在还没有设立支部委员会的地区，县执委会授权一名代表代行职务。村庄、居委会等也可以指派代表。

支部委员会的工作和权限，由县委会全会规定。

支部委员会程序规则中详细规定了支部委员会的工作章程。

支部委员会决定设立支部委员会执委会及其权限。

第36条 分配财政资源的方法

民主党机构在县、地区和国家间财政资源的分配方式由中央委员会决定。县和支部间的财政资源的分配由专门的县委会全会决定。

四、其他组织形式

第37条 利益集团

斯洛文尼亚民主青年运动、妇女委员会、老年俱乐部是民主党内部的独立组织。他们认同党纲、党章，但是它们的组织和工作按照自己的程序规则进行。它们有自己的标志和公章。

第38条 论坛

民主党可以设立论坛及其他利益集团。民主党还设立了县长俱乐部、县议员首脑俱乐部。设立这些机构的决议需要在中央委员会通过。

论坛可以有自己的标志和印章。

论坛的最高机构有权解散论坛。论坛解散后，或者不再作为一个独立的组织后，资产属于民主党。

五、财政业务

第 39 条　资金

民主党的资金来源分为常规来源和特殊来源。常规资金用来维持常规活动。常规资金包括党费、个人及法律实体捐助、合法的商业活动的捐助。

特殊资金用来支持选举活动。特殊资金包括专款专用的国家预算资金及专款专用的法律实体、个人捐助。

第 40 条　民主党活动的管理

国家层面上的活动由秘书长负责。秘书长还需要执行党的机构通过的决议。秘书长代表党缔结协议。总秘书处是党的组织机构。

第 41 条　县委会活动的管理

县委会不能借贷。在特殊情况下，在中央执委会的许可下方可借债。

中央银行账户及其子账户之间有连带责任。

县执委会指定签字者。每笔支出至少需要两人签字。支出需要遵循党的机构、县执委会或相应的规章。

第 42 条　盈利性活动

为了创收，民主党可以在法律许可的范围内开公司、向公司投资或者入股。这些活动由中央执委会决定。

在法律许可的范围内，民主党可以创建媒体，或者共同建立媒体、基金会、社团及其他形式的组织。

第 43 条　民主党的解散

经全国代表大会三分之二代表表决通过后，可以解散民主党。每位代表须用全名投票。

解散时，全国代表大会决定财产如何处置。

六、过渡性条款和最终条款

第 44 条

该条款适用于所有议题。

第 45 条

民主党的所有党内活动都应该遵守 2005 年 12 月 31 日颁布的新章程。

第 46 条　章程生效

经民主党全国代表大会三分之二代表通过，章程即生效。2001 年 5 月 19 日，本章程在采列召开的第七次全国代表大会上通过。

2003 年 9 月 23 日在伊佐拉召开的中央委员会会议上通过了修正案。

第八次全国代表大会经三分之二代表通过修正案生效。

[本章根据斯洛文尼亚民主党全国代表大会 2001 年通过的《斯洛文尼亚民主党章程》（2003 年修订并于 2005 年通过修订案）翻译]

（山东政法学院政治学与行政管理系　夏纪媛 译）

第四章　新民粹主义政党

保加利亚争取欧洲进步公民党克服危机计划

——通过共同努力克服危机①

今天，当整个世界都面临金融和经济危机影响的时候，保加利亚应该找到自己的应对之策。在欧洲和全球努力的背景下，保加利亚该如何快速、轻松地度过艰难时刻呢？很明显，我们需要更积极地参与关于危机的辩论，参与欧洲制定克服危机的方案。因为我们知道，最重要的莫过于只有通过今天的共同努力，才能找到合适的解决方案。人们的信心需要提振，新的全球金融秩序的责任需要明确界定，我们更要强调真正的价值在于劳动，而不是追求快速投机和鲁莽的风险。我们的国家已经进入了危机时刻，这既是因为全球金融危机对实体经济的影响，也部分因为前任政府最近几年的经济政策所造成的。

保加利亚人民银行2009年的宏观经济数据显示出如下问题：

——失业率增加；

——出口迅速降低；

——外国直接投资减少；

——债务水平高涨；

——工业产量明显下降；

——贷款明显放缓；

——生产力低下。

所有这些趋势显示：保加利亚的经济出现了非常不稳定的状态，而这

---

① 原文为保加利亚语。

是短期内克服危机政策的首要任务。

我们的建议是什么？采取快速、灵活的措施的同时，保留战略性目标以保持经济的长远发展。

克服危机措施的主要焦点：

——维持并创造更多的就业机会；

——改善融资渠道；

——有效地使用公共开支。

一、定期公开关于危机的对话

组织企业、政府和工会之间定期举行会议，至少每月一次在全国召开此类会议，提出保加利亚在危机中的最新发展报告。

同政府的对话，不仅需要雇主协会参与，还需要雇主个人参与。克服危机的政策和措施，将根据企业和个人不断变化的条件和需求进行更新。

二、即时更新国家预算

当务之急是开始更新国家预算，减缓由于经济下滑导致的国内生产总值和收入的下降。

立即暂停竞选活动浪费公共财政。

停止提前消费国家资金，立即冻结目前没有预算资金的项目。

三、欧盟基金——解决危机的安全资源

我们的目标是让欧盟有信心投资保加利亚，把冻结的欧盟计划资金拨款给保加利亚。与欧洲伙伴合作，打破国家目前的封闭政策。

更具体地说，我们将：

——检查并及时起诉所有违反欧盟的各项计划；

——增加审计部门的管控以提高吸收欧盟基金的能力；

——立即启动 2009 年尚未启动的克服危机计划；

——加快处理和实施所有尚未处理的计划，将之前地区的发展计划纳入克服危机计划，加快落实市政道路修复项目。这样，用于建设新的基础设施的资金不仅只来自保加利亚政府的预算经费，还来自超过 100 亿欧元的欧盟发展资金。

四、农业——复兴传统产业，创造就业机会

在全球经济危机的背景下，优良的气候条件以及有几百年传统的农产品生产经验，可以保证保加利亚农业到 2013 年获得超过 5 亿欧元的资金。

农业可以真正地替代工业，因为完全可以将保加利亚受经济危机影响最严重的行业如建筑业的工人转移到农业。

保加利亚克服危机措施首先针对农民问题，能够导致保加利亚农业复兴和稳定的措施是：

——创建担保基金支持农民农村发展项目，项目是由保加利亚和欧盟或（其他的国际机构）共同出资，提供专业知识以及更加透明的银行分配资金担保；

——紧急完善识别系统，告知欧盟委员会为每头家畜发放补贴；

——及时通知欧盟委员在 2010—2013 年间给予农民的额外援助。

五、税收优惠——把收入放在个人和企业手里

实行宽松的税收和社会保障制度以增加可支配收入，激励公民和企业的经济活动。

——加强控制公共收入的收缴，打击欺诈和漏税。开发、引进和实施金融和税收犯罪预防程序。快速查找责任人，起诉所有有罪犯证据的人。

——降低 5% 的社会保险率，给企业和个人留出更多的资金。本措施在鼓励保护和创造就业机会方面的效果是立竿见影的。

——宽松的增值税退换制度——目前的投资交易享受 30 天的快速救济，前提是交易投资额不少于 100 万并创造 50 个就业机会。我们建议，减

少到投资额 50 万和 25 个就业机会。这样，小企业也可以享受救济，加速经济的复苏。

——宽松的预付所得税制度：目前，除少数以外，纳税人每个月需预付所得税。我们建议，为了使资金使用期限更长，预付期限可以为每 3 个月支付；免除预付款的最低额度从现在的纯收入 20 万列弗，增加到 40 万列弗。

上述税收优惠政策的目的是使企业在困难中得到国家的支持，以立即达到保持和创造新的就业机会的效果。

六、改善商业环境

改善商业环境不仅是为了克服危机，也是为了对保加利亚吸引投资产生长期的持续的影响。

具体措施包括：严格审查现有制度的合法性和有效性，依据审查结果降低不良效果产生，减少商业腐败机会。

降低许可证和授权服务费，因为与其他国家相比，这些费用所占人均收入的百分比是相当高的。

七、鼓励与加速投资

为了改善投资环境，我们建议：

——缩短审批并协助投资人通过基础设施请求的时间——目前一年只审批两次。我们建议每两个月进行一次审批。

——允许市政当局协助投资人在本地区的基础设施建设中通过公共讨论和市议会的决议。

——增加投资者的类别，一部人由国家协助和管理，而其他人则由市政府管理。

八、教育、培训资格和社会措施

在危机时代，税收优惠和改善商业环境是必要的，但并不足以克服危机、减少所有负面影响。成功的克服危机计划的条件是——计划应该是以人为本。因此，我们奖励在教育、培训领域的投资企业——从应纳税所得中扣除业务成本，例如：

——企业根据劳动市场的需求，培养所需专业最优秀学生的费用；

——额外培训和在培训员工的费用。

此外，在金融危机期间，我们建议更有效地改善现有的助学贷款计划，由国家担保给学生提供助学贷款以降低年轻人的失业率、提高受教育的机会、提高生产效率和增进学生的信用。

我们建议的社会措施以及以下措施的目的都是为了创造就业机会。我们计划在将来规范兼职工作以增加劳动力市场的灵活性；在 2009 年人力资源实施计划中包含一系列重要的优先考虑的社会措施以培训失业人士重新就业。应当立即实施这些措施，因其有利于降低失业率和克服危机。我们计划增加对受危机影响最大人士的政府补贴，如家庭护理（公共厨房），尤其是在山区、偏远地区和小城市。

九、基础设施政策

基础设施不仅是商业环境很重要的条件，而且是生活质量和人民安全的保障。在这一领域的投资是至关重要的，但更重要的是如何在哪里使用它们。

我们是为了：

——降低本领域无效的政府支出，制止依附于政府的一些公司截取公共资金腐败的行为。

——通过建立透明的选择和评价标准以及项目实施的监督，提高效率。

——尽快启动交通领域的计划，支持投资建设，升级和修复国家公路、铁路的基础设施，发展联合运输。

十、保加利亚不是孤军奋战

充分利用保加利亚是欧洲和国际金融机构成员的地位（欧洲投资银行，欧洲复兴开发银行，世界银行，国际货币基金组织，国际金融公司）是非常重要的，所以我们知道在需要时采取什么样的行动。在全球应对危机的时候，我们应该向欧洲和全球表明立场，通过共同努力来克服危机。

方案的预期结果是：保持和创造就业机会，加强管理和发展公民社会，减少腐败，通过利用欧盟资金打造更好的融资渠道，减少低效的公共开支。

随着危机的变化，我们将提出新的想法和建议，并把它们放入上述一揽子方案中以求最大程度地充分反映出危机的动态。

（本章根据2009年保加利亚争取欧洲进步公民党颁布的计划翻译）

（北京大学国际关系学院　Raya Stoycheva 译）

保加利亚争取欧洲进步公民党章程[①]

一、基本事项

第 1 章

(1) 公民党是一个依照保加利亚共和国宪法和政党法成立与注册的政党。

(2) 公民党的目标是形成公民的政治意愿，以促进民主、自由和社会保障。

第 2 章（修改于 2008 年 7 月 12 日）

公民党的总部和地址在索非亚市区，文化宫行政大楼，17 层。

第 3 章

公民党的名称、地址及注册信息应该刊载在党的各种文件与出版的各种资料中。

第 4 章

党无限期存在。

二、党的标志

第 5 章

(1) 公民党有自己的标志、党旗和印章。

[①] 原文为保加利亚语。

（2）公民党的标志是用白色的"ГЕРБ"字母加上蓝色的圈写出公民党的名字，第一个文字"Г"开始出现 13 个星星从小到大到"Б"文字，这些星星弯曲如彩虹的形象。

（3）公民党的党旗是灰色、方形的，中间有党的标志。

（4）公民党的印章是圆的，中间显示党的标志。

（5）公民党的歌——"公民党你是希望。在这里有我们的信仰……"词作者是鲁德米乐·塔格夫，曲作者是米特科·石特列夫。

三、原则和目标

第 6 章　公民党宣扬的基本原则是：

（1）公民权利和自由。

（2）欧洲一体化。

（3）人人机会平等。

（4）公民丰富多彩的生活。

第 7 章　公民党的基本目标是为了：

（1）加强民主、自由和社会责任。

（2）保加利亚融入欧洲与欧洲—大西洋组织。

（3）在欧洲一体化的基础上，保加利亚与其他国家和国际组织建立关系。

（4）加强保加利亚人的精神、道德和文化价值。

（5）为所有的保加利亚公民创造平等条件和机会，不论其性别、年龄、宗教。

（6）提高生活水平。

（7）加强公民对政府机构和消除腐败的信心。

（8）支持加强公共机构权威。

（9）优化国家结构，以更有效地执行欧洲的惯例。

（10）增进公民社会在政府机构与国家管理中的作用。

第 8 章　公民党通过以下方式达到自己的目标：

（1）民主的手段和方法。

（2）与国外推行民主和人类的基本价值观的组织和机构合作。

（3）参与致力于维护区域和全球安全、保护和维护人权的机构，并与之合作。

四、成员和支持者

第 9 章

（1）成为公民党成员的条件是具有以下条件的保加利亚公民：

　　a）具有选举权利；

　　b）接受本党的章程、纲领和文件；

　　c）愿意为党工作，协助公民党实现其宗旨和目标。

（2）以下人员不能成为公民党成员：

　　a）最终判决为一般性质犯罪的罪犯（修改于 2008 年 07 月 12 日）；

　　b）其他政党的成员；

　　c）法律限制其成为政党成员者。

（3）公民党党籍是独立的和自愿的。

第 10 章

（1）接纳为公民党党员的决定：申请人应提交书面申请表到执行委员会（简称：执行委员会）注册的一个永久的或现在的地址。申请人申请时应符合本章程第 9 章的要求。申请表加上当地机关的意见，通过地区协调员提交到执行委员会。（修改于 2010 年 1 月 10 日）

（2）如果申请人长期住在保加利亚境外，直接提交申请表到公民党执行委员会。

（3）执行委员会决定申请人是否可以被吸纳为新党员。

（4）执行委员会批准的新党员，登记在地区及市政的名册上；而按照第 10 章第（2）条批准的新党员，登记到执行委员会特殊定制的名册上。

(修改于 2010 年 1 月 10 日)

（5）创始人自动成为公民党的党员。

第 11 章　每个公民党成员的权利：

（1）选举和被选举党在国家主管机关和地区机关的代表人，任期没有限制。(修改于 2008 年 7 月 12 日)

（2）表达自己的意见，提出建议并参与政策制定。

（3）从党机关获得需要的信息。

（4）选举与被选举成为公民党的候选人，参加总统选举、议会和地方选举以及欧盟议会选举。(修改于 2008 年 12 月 7 日)

（5）参加和讨论党内成员的个人位置和活动等相关信息。

第 12 章　每个公民党党员必须：

（1）遵守党章、接受公民党的价值观，并为党的任务和目标努力工作。

（2）执行上级主管机关的决定。

（3）参加竞选和其他党的活动。

（4）按时缴纳党费。

第 13 章　公民党的党籍资格的终止：

（1）

　　a）提交书面退党表——于提交公民党执行委员会之日起生效，并立即登记到所在地区的党籍记录；

　　b）执行委员会决定党员党籍的取消；

　　c）一年没缴纳党费或根据法律规定的其他情况；

　　d）去世。

（2）公民党的党籍资格被终止时，可以向公民党监察委员会提出上诉，监察委员会的决定是最终裁判。

第 14 章

（1）公民党的支持者可以是任何有投票权的保加利亚人，如果他愿意为党的目标工作。

(2)（取消于 2010 年 10 月 1 日）

(3)（取消于 2010 年 10 月 1 日）

五、地方组织结构

第 15 章

(1) 公民党的地方组织结构建立原则是依照国家行政区划，包括：

　　a) 地方公民党俱乐部

　　b) 市（乡）组织

　　c) 州组织

(2) 市（乡）组织的机构包括：市（乡）代表大会，市（乡）委员会、市（乡）的领导机构和组织秘书。（修改于 2010 年 1 月 10 日）

(3) 州组织的机构包括：州代表大会和州协调员。（修改于 2010 年 1 月 10 日）

(4) 大城市组织中包含的区级组织的机构设置依照市（乡）组织的规定。（新增于 2008 年 12 月 7 日）

公民党的地方俱乐部

第 16 章

(1) 公民党的地方俱乐部是市（乡）组织的结构单元。由 3 个及以上党员向市（乡）委员会提交申请，在市（乡）组织注册。（修改于 2010 年 1 月 10 日）

(2) 境内一个投票站只能有一个党的地方俱乐部。

(3) 地方俱乐部，按照上级机关的决定或者自行举行会议，落实上级机关的决定。

(4) 为了组织和实施工作，地方俱乐部选举秘书，由市（乡）委员会批准和发布。（修改于 2008 年 7 月 12 日、2010 年 1 月 10 日）

市（乡）组织

第 17 章

（1）市（乡）组织部应包括该市的所有公民党成员。

（2）市（乡）境内只能有一个市（乡）组织。

（3）市（乡）组织由州代表大会批准在州组织注册。

第 18 章

（1）市（乡）组织的最高机关是市（乡）代表大会，包括市（乡）组织的所有党员。市（乡）代表大会每年至少召开一次会议，由执行委员会、省协调员、市（乡）委员会、市（乡）领导机构或者三分之一市（乡）代表提出要求。（修改于 2008 年 12 月 07 日、2010 年 1 月 10 日）

（2）当市（乡）组织超过 150 个党员时，全体党员按照执行委员会批准的选举条例选举市（乡）代表大会的代表。

（3）有权参与市（乡）代表大会的人员（修改于 10.01.2010）：

a）党的国会议员、欧盟议会议员、部长，州长、州协调员以及市（乡）的党员；

b）市（乡）委员会委员，包括市（乡）的领导机构和组织秘书；

c）成为市（乡）议员和议会主席的公民党党员；

d）成为市（乡）市（区）长的公民党党员。

（4）市（乡）的领导应至少在 7 天前通知参会者会议的时间、地点、会议议程。（由 2010 年 1 月 10 日）

第 19 章　市（乡）代表大会：

（1）确定市（乡）组织的重要指导方针。

（2）根据执行委员会的决定，从党的候选人中选举市（乡）领导机构的人员和顺序。选择三名候选人为市（乡）领导人和三名候选人为执行秘书。执行委员会批准市（乡）的领导机构、领导人和执行秘书。（修改于 2008 年 7 月 12 日，2010 年 1 月 10 日）

（3）根据执行委员会确定的程序，提出公民党的市（乡）政府职位的候选人，候选人需经执行委员会批准。

（4）选举国民议会代表。

（5）选举州议会代表。

（6）采纳关于当地问题的意见。

第 20 章

（1）由半数以上的成员参加的市（乡）代表大会方为合法。在不足法定人数参加的情况下，会议延迟一小时后，出席者可以召开会议。

（2）依照简单多数制作出决定。

第 21 章

（1）市（乡）的领导机构（修改于 2008 年 12 月 7 日，2010 年 1 月 10 日）：

a）实施公民党在市（乡）的目标和政策；

b）负责实施市（乡）代表大会、州代表大会和党的全国性机构的区域议会党的国家机关决定；

c）协调和告知党员和支持者党的政策

d）按照 13 章（1）条 a）点，可以提议执行委员会开除党员；

e）组织市（乡）的选举活动；

f）审议入党申请表，通过区域协调员将意见发送到执行委员会；

g）执行由党的国家机关指定的其他职责和任务。

（2）市（乡）领导机构、领导人和组织秘书的任期是四年。（修改于 2008 年 7 月 12 日，2010 年 1 月 10 日）

第 21 章 a.

（1）市（乡）领导人（新增了 2010 年 1 月 10 日）：

a）在县和区代表公民党；

b）管理市（乡）的领导机构和代表大会的活动；

c）组织实施市（乡）代表大会和党的国家机关的决定；

d）协调和支持当地党的俱乐部的活动；

e）执行由党的国家机关指定的其他职责。

（2）组织秘书：

a）协助市（乡）领导执行其职能；

b）登记公民党在当地俱乐部的党员和支持者；

c）负责市（乡）组织的所有文档。

州组织

第22章

（1）州组织包括在同一辖区内的所有县和区组织。

（2）一个州级行政区划内只能设立一个省组织。

第23章

（1）州代表大会由以下部分组成（修改于2010年1月10日）：

a）州内的党的国会议员、欧盟议会议员、部长和地区州长以及市（乡）的党员；

b）州协调员；

c）市（乡）领导和组织秘书；

d）公民党在该州的市（区）长；

e）按照36章13条，协调部门的成员；

f）州代表大会可以包括每个市（乡）的代表，代表由市（乡）按照执行委员会的规则选举产生。

（2）州代表大会至少应每3个月召开一次会议。（修改于2010年1月10日）

第24章 州代表大会：

（1）协助公民党在州内实现目标和政策。

（2）制定党的州发展战略和策略。

（3）组织党在州内的竞选活动。

(4)（取消于 2010 年 1 月 10 日）

(5)（取消于 2010 年 1 月 10 日）

第 25 章

(1) 州协调员由执行委员会选择。（修改于 2010 年 1 月 10 日）

(2) 市（乡）领导或组织秘书不能担当省协调员。（修改于 2010 年 1 月 10 日）

(3)（取消于 2010 年 1 月 10 日）

第 26 章

(1) 由半数以上的成员参加的州代表大会方为合法。在不足法定人数参加的情况下，会议延迟一小时后，出席者可以召开会议。

(2) 依照简单多数制作出决定。

第 27 章

(1) 州协调员（修改于 2010 年 1 月 10 日）：

  a) 在该州代表公民党；

  b) 管理州代表大会的活动；

  c) 登记该州的党员；

  d) 组织和实施州代表大会和党的全国机关的决定；

  e) 协调和支持市（乡）组织的活动；

  f) 执行委员会分配的其他职责。

(2) 按照执行委员会的决定，州协调员可以设置行政秘书，协助其执行权力。（修改于 2010 年 1 月 10 日）

六、全国机关

第 28 章 公民党的全国机关是：

(1) 全国代表大会

(2) 主席和副主席

(3) 执行委员会

（4）监察委员会

全国代表大会

第 29 章

（1）全国代表大会是公民党的最高权力机构。

（2）全国代表大至少每四年召开一次会议，由执行委员会决定。（修改于 2010 年 1 月 10 日）

（3）应三分之一州代表的请求，可以临时召开全国代表大会。

（4）全国代表大会召开时，必须至少邀请一个全国性的报纸，邀请应该不迟于会议召开前一个月。邀请应该通知会议的日期、时间、地点和议程。邀请也应该附上公民党的总部声明。（修改于 2010 年 7 月 12 日）

（5）依据 29 章（3）条要求召开全国代表大会的请求，执行委员会必须在接受请求的一个月内召开全国代表大会。

第 30 章

（1）全国代表大会的代表由市（乡）代表大会按照执行委员会制定的规则选举产生。

（2）自动获得参加全国代表大会权利的人员：

a）市（乡）领导；

b）州协调员；（修改于 2010 年 1 月 10 日）

c）公民党的国会议员、部长和州长；（修改于 2010 年 1 月 10 号）

d）公民党的市（乡）的市（区）长和市（区）议会主席；（修改于 2010 年 1 月 10 日）

e）执行委员会委员；

f）监察委员会委员；

g）公民党票选的欧洲议会议员。（新增于 2008 年 7 月 12 日）

第 31 章　全国代表大会：

（1）接受、修改和补充章程。

（2）制定公民党的政策。

（3）选举党的主席、副主席和其他成员——执行委员会以及监察委员会的成员。（修改于 2010 年 1 月 10 日）

（4）罢免执行委员会和监察委员会的成员。罢免两个委员会的成员的决议即日起生效。（修改于 2008 年 7 月 12 日，2010 年 1 月 10 日）

（5）接受执行委员会和监察委员会的报告。

（6）决定停止党的活动，党的合并和分离。

（7）制定党机关的选举条例。（新增于 2008 年 7 月 12 日）

第 32 章

（1）按照 30 章（2）条，半数以上成员参加的全国代表到会是合法的。在不足法定人数参加的情况下，会议延迟一小时后，出席者可以召开会议。

（2）依照简单多数制作出决定。

（3）第 31 章第（1）条和（6）条的决定，由 2/3 席位作出方为有效。

公民党的主席和副主席（修改于 2010 年 1 月 10 日）

第 33 章

公民党的主席、副主席以及执行委员会委员由全国代表大会通过简单多数制选举产生，任期四年。

第 34 章

（1）公民党的主席：

　　a）代表公民党；（修改于 2010 年 1 月 10 日）

　　b）协调和落实执行委员会和监察委员会的决定；

　　c）公民党主席是全国代表大会和执行委员会主席。

（2）如果主席无法实现上述权利，由副主席代理。（新增于 2010 年 1 月 10 日）

执行委员会

第35章

（1）执行委员会是党的主要执行机关，任期四年，由全国代表大会选举产生。（修改于2010年1月10日）

（2）执行委员会应在工作期满向全国代表大会作工作报告。

（3）执行委员会由主席、副主席和9名公民党成员组成。（修改于2010年1月10日）

（4）公民党副主席是执行委员会的副主席。（修改于2010年1月10日）

（5）执行委员会应该由公民党主席定期召集召开会议——至少每月一次，在主席缺席的情况下，由副主席召集召开。（修改于2010年1月10日）

第36章 执行委员会

（1）执行全国代表大会的决定。

（2）根据党的利益，解决当前问题。

（3）可以召开和取消公民党所有组织和机关的任何会议。

（4）准备预算报告和执行方案。

（5）国际活动，接洽媒体。

（6）决定出版事宜和其他合法活动。

（7）确定公民党的竞选策略。

（8）组织党中央总部和各级机构的竞选。

（9）接纳公民党新党员。（修改于2008年12月7日）

（10）取消党员党籍。（修改于2008年12月7日，2010年1月10日）

（11）确定公民党的国会议员、县（区）议员、市长、欧盟议员、总统和副总统的候选人，以及公民党国民议会议席的分配。（修改于2008年12月7日）

（12）确定党的国会工作的战略。

（13）确定州协调员，批准县领导机关、市领导和组织秘书，选举老年人组织、妇女组织、青年组织等其他公民党组织的领导，选举州、县协调部门和大城市及其区的协调部门。（修改于2008年12月7日，2010年1月10日）

（14）罢免州协调员，解散市（乡）领导机构，市（乡）领导和组织秘书，因其行为违反了全国议会和执行委员会的指导、工作失误或其他由执行委员会决定免职的理由，并在选举新的人员前安排临时代理人。

（15）批准临时和永久专家小组的成员，制定其工作规则。

（16）制定财务和行政活动的规则，组织竞选活动。

（17）接受收购、管理和处置党产的决定。

（18）组织筹资活动——党费、捐款与法律所许可的其他来源。

（19）依照保加利亚政党法第30章，选择党的出纳和会计。

（20）决定与非政府组织的合作。

（21）讨论和决定非全国代表大会权利范围内的意识形态和政治事宜。

（22）决定入党费用以及党费的缴纳和使用规则。

（23）选择与罢免执行委员委员之外的执行秘书。（新增于2010年1月10日）

第37章

（1）如有半数以上成员参加，执行委员会可以召开会议。

（2）除非法律和党章其他条款规定，执行委员会应由简单多数席位通过决议。

监察委员会

第38章

（1）监察委员会是公民党监管机构。

（2）监察委员会由全国代表大会选举的7名成员组成。

(3) 监察委员会的成员任期四年。（修改于 2010 年 1 月 10 日）

(4) 监察委员会的成员自行选择会长。

(5)（取消于 2008 年 7 月 12 日）

第 39 章　监察委员会：

(1) 确保党员遵守法规、党章和其他党的文件。

(2) 监督党决议的执行。

(3) 一年一次审计党所有机关的会计和财务，或在党主席的要求下审计会计和财务。

(4) 控制党的资金预算，审理党的资产和业务活动。

(5) 检查党机关的文案工作。

(6) 审议和裁定内部纠纷、投诉以及冲突。

(7) 审议被罢免人员的上诉意见。

(8) 定期向执行委员会通告其工作，向全国代表大会作工作报告。

第 40 章　监察委员会会长

(1) 召集监察委员会会议，并协调其他工作。

(2) 参加执行委员会的会议，并享有投票权。

第 41 章

(1) 如有半数以上成员参加，监察委员会可以举行会议。

(2) 除非法律和党章其他条款规定，监察委员会应由简单多数席位通过决议。

七、筹资活动

第 42 章

(1) 公民党的资金来自自身收入和国家补贴。（修改于 2008 年 12 月 7 日）

(2) 公民党自身收入来自（修改于 2008 年 12 月 7 日）：

　　a) 党费；

b）自己的房地产；

c）个人的捐献和各种资助；

d）（取消于 2010 年 1 月 10 日）；

e）现金存款的利息和不违反保加利亚政党法第 22 章的证券收入；

f）出版费、版权、知识产权的使用费、印刷费、视听资料和宣传资料的销售；

g）筹资活动。（修改于 2008 年 7 月 12 日）

（3）可以从银行借贷总额不超过上一年度党在国家审计法庭报告的三分之二的收入。

（4）第（3）中的国家审计法庭报告的收入，包括国家补贴和（2）中第 a）、b）、c）、e）、f）、g）点的收入。（修改于 2008 年 7 月 12 号）

（5）（1）和（2）的非货币性收入，依照会计法公平市场价值来计算。

（6）国家补贴依照保加利亚的法律来利用和使用。

第 43 章

公民党使用政府补贴均以法律规定的形式进行。

第 44 章

公民党对于收入和支出的财务控制均按照法律和党章进行。

第 45 章

（1）党费为每年 2 列弗。（取消于 2008 年 7 月 12 日）

（2）（取消于 2008 年 7 月 12 日）

（3）党员可以进行其他形式的捐赠。

八、终止

第 46 章

（1）公民党终止活动的条件：

a）决定与其他政党结合或合并；

b）决定分裂为两个或多个党；

c）按照党章决定自行解散；

d）宪法法院决定宣布党是违法的；

e）索非亚法院决定解散。

（2）上述的a）点、b）点由全国代表大会行使决定权，该权利不得转授其他公民党机关。

（3）决定公民党终止活动的决定，应得到全国代表大会三分之二席位的赞同。

九、程序规则

第47章

（1）（取消于2008年7月12日）

（2）（取消于2008年7月12日）

（3）实行一人一票制原则。

（4）团体机关选举成员时，得票最多者当选；多人获得相同的最高票数，则在这些人中进行第二轮投票。（修改于2008年7月12日）

（5）主席和副主席的选举，如没有候选人获得超过半数的选票，则在得票前两名的候选人中进行第二轮投票。（修改于2008年7月12日，2010年1月10日）

（6）（取消于2008年7月12日）

（7）通常情况下，投票是公开的；在某些情况下，可以进行匿名投票。

十、其他规定

第48章

公民党制宪大会可以享有全国代表大会的所有权利。

第 49 章

以前长期、兼职或协助前共产党政府的安全和情报部门工作的人员，或是前共产党军队的成员不能成为执行委员会委员、州协调员、市（乡）市领导或任何管理层或监管机构的成员。

第 50 章

本章程未解决的所有问题，应该依照保加利亚法律来解决。

十一、最后条款和过渡性条款

§1. 本章程于 2008 年 7 月 12 日起生效，第 45 章（1）于 2009 年 1 月 1 日生效。

§2. 新当选党的全国机关的成员任期如未结束，也应与机关的任期一起结束。

§3. 州、市（乡）机关的第一任期结束后 3 个月，州、市（乡）的领导人和组织秘书的任期结束。3 个月内，州和市（乡）应召开选举会议。

§4. 本章程于 2010 年 1 月 10 日修改，修改内容即日生效。

本章程由 2006 年 12 月 3 日召开的"公民党"制宪大会一致同意通过，在 2008 年 7 月 12 日与 2010 年 1 月 10 日召开的公民党全国代表大会上补充和修订。

公民党主席　博伊科·鲍里索夫

[本章根据 2006 年保加利亚争取欧洲进步公民党制宪大会通过的《保加利亚争取欧洲进步公民党章程》（2008 年与 2010 年补充和修订）翻译]

（北京大学国际关系学院　Raya Stoycheva 译）

罗马尼亚民主自由党纲领

——为了新罗马尼亚的新政党①

顺应罗马尼亚公民有信仰、有组织地重新自我发现的民意需求，民主自由党脱胎于一支中右翼政治力量。

作为人民的政党，民主自由党是一个向所有认同民主、自由和基督教民主政治价值与思潮的罗马尼亚公民开放的政治实体。

从纲领性来看，民主自由党在政治光谱中属于中右翼。

民主自由党的主要目标是通过推动自由、责任和团结的价值与原则，使罗马尼亚民主社会繁荣发展。

民主自由党把社会对话参与者之间的善良、公正与正派等道德价值整合在一起，将保障一个有利于发展人的个性、创造力和进步的政治社会环境作为目标，秉持能创造繁荣的右倾自由主义理念。这种繁荣建立在道德法律基础上，它保障每个人都能有机会实现个人幸福并参与社会计划和公共福利，与他人和谐共处。

民主自由党的目标还有支持并培训罗马尼亚公民以应对后转型阶段的新挑战。

民主自由党提出利用融入欧洲和欧洲—大西洋的机会，提升公民生活标准，加强法制国家建设。

民主自由党所倡导的资本主义，不论在国内还是国际上都得到拥护的资本主义是被证明能够有效满足罗马尼亚公民社会利益的资本主义。

---

① 原文为罗马尼亚语。

同时，民主自由党认为，罗马尼亚作为欧盟成员国应该成为欧洲建设进程中重要且可靠的一员。

民主自由党把人放在第一位。民主自由党的中长期目标是让机会均等，不为创造寡头政治而消除价值差异。

民主自由党认为必须要坚定地与过去的共产主义决裂。

在尊重公民所在国法律的前提下，民主自由党支持发展世界各地罗马尼亚人之间的联系，从而保护并强调民族认同、语言认同和宗教认同。

1. 民主自由党的价值与原则

1.1. 基本价值

基本价值来源于有关人的政治草案报告，它们相互定义，相互限制，单纯割裂任何一个价值都不能构成民主自由党政治行动的唯一基础。

1.1.1. 自由

民主自由党认为，人类表现的基础原则是自由。

每个个体自由的实现以某种社会生活的形式，与他人相关，并且涉及权利与义务。它提供给人们为自己命运作决定的可能。

自由与道德密不可分。只有这样才能理解为何个体自由会被他人的自由所限制，人的权利不应与其义务相分离。

在这样的背景下，民主自由党认为，以公正为基础的社会只有在强有力的道德价值配合下才能成为可能。

1.1.2. 责任

拥有自由意味着要对使用它的方式负责。当自由最大化的时候，责任同样达到最大化。因此，责任是除自由以外的最基本的政治价值。

民主自由的意义在于让人们独立，不依赖于国家。因此，民主自由党通过它的政策，将支持最大程度减少个人对国家依赖的经济社会制度的创立和发展。社会保障只有对那些暂时或永久残疾的人是必需品，让他们发现并利用社会给予的机会。

1.1.3. 平等

所有人的尊严和自由都是平等的，因此，他们在法律面前也同样平等。这一点，在出现专断和滥用职权之时必须能保护公民，并且保证公正，尤其是在最有风险的时候。

平等的理念保障每个人个体发展所必需的自由，与他的天资能力相协调，这样才能达到个性的完全体现。

1.1.4. 团结

团结是人类社会本质的一种表达：每个人都依赖于他人，整个社会依赖于每个个体。

民主自由党认为团结是以相互关系为前提的：如果你期待支持和团结，你必须自己首先准备好去给予。

保护团结和宽厚，共同建设一个每个公民都能找到自己位置的社会。社会的凝聚力依靠团结而建立。

1.1.5. 辅助原则

只要可能，人应该自律。在国家治理过程中，优先权有个人、本地社区和国家先后之分。

公民必须独立于国家和社区，独自或与他人共同承担应完成的任务，在个人生活中的关键时刻作出抉择。这样一来，国家必须向社区退让，而大型社区向小型社区退让，因为它们要在本地资源和需求的基础上决定自己的未来。

1.2. 基本主张

民主自由党认为，那些从事政治的人必须接受对全体社会和公众利益负责，而不仅仅对某个组织的利益或者某些精英负责。成为政治家是一项为公众带来福利的工作任务。

1.2.1. 巩固民主

民主自由党表达了明确选择民主和民主制度，但是它认为真正实现民主是要在道德和文化的基础上，尊重法律的权威，在自由中履行责任。

民主自由党提醒，没有以上这些，社会可能会陷入无知、无序、混乱和毁灭之中。

1.2.2. 私有制与市场经济

民主自由党认为私有制是经济发展的引擎。切实保障私有权必须以将其置于道德基础之上为前提。由此看来，不仅应该归还财产，还应该对共产主义制度犯下的罪行进行物质补偿。

经济发展的范畴是市场经济，该机制应不受阻碍不偏不倚地运行，不受政治干预，也不受垄断导致雇员和消费者权利缺失的阻碍。

1.2.3. 公平竞争的资本主义

民主自由党坚持公平竞争，自由创新，认为不考虑其自身的缺陷，资本主义和自由市场是最有效的经济制度。我们支持没有寡头、垄断者或专制者的经济。

民主自由党认为统治的基本目标是创造一个在各领域激励个人积极性的环境。

1.2.4. 承认家庭、社区和宗教的传统作用

民主自由党认为家庭是社会的基础，是共同生活最稳定的形式，是学习实践自由与责任，尊重与互爱的基本团体。因此，民主自由党保护家庭，反对社会实验，反对将家庭像机构一样置于危险之中或是将其边缘化，反对尝试将家庭的传统功能由国家替代。

支持家庭是以支持全体家庭成员的肯定并且保证机会均等为前提。

民主自由党承认传统的作用，它是文化和精神的价值组合，民族特征的定义者，并且还承认社团在形成认同和确立人类利益中的作用。

民主自由党尊重基督教传统以及其他宗教信仰，尊重宗教在加强个体和团体道德中的作用。

1.2.5. 保持民族认同

民主自由党支持公民国家的概念，恰当的政治实体应包括并且支持社

会全体成员，不论其社会、职业、文化、种族或宗教成分如何。新的国家计划是一个为了未来的计划，并非是过去的回声，是一种持续而有活力的建设，与其他政治流派友好地共同承担。

民族国家的情感黏合剂是宪法规定的爱国主义。宪法和法治建设建立了罗马尼亚民族的制度认同。而且，制度认同是保持经济认同尤其是罗马尼亚民族文化认同的保障。民主自由党同样认为随着罗马尼亚加入欧盟大家庭，加入欧洲认同，民族认同不应与欧洲认同相悖，应增加对欧盟的认同。

1.2.6. 承认公民与国家之间关系的契约性特征

民主自由党承认公民与国家之间关系的契约特征。

在这种关系中，为与他人平等和谐共处，公民接受权利的有限性，接受征税以获得国家提供的福利与公共服务。

根据这种关系，公民的权利应受到尊重和保护，公民有权享受优质的福利和公共服务。

1.2.7. 加强公民社会

民主自由党认为公民社会的加强、制度化、结构化和巩固，以及公民社会的责任，是与公共机构进行对话的要素。

民主自由党将构建必需的环境，并将推动与公民社会全体成员进行制度性对话。

2. 战略目标与方向

2.1. 罗马尼亚政治发展长期目标是：尽快达到欧洲生活标准。

2.2. 战略方向

2.2.1. 通过制度重建实现国家现代化

近年来，在欧洲价值与社会机构整体之间存在的巨大差异越来越明显。立法不稳定、法律繁冗不严密，这让司法一直处于不安全之中，法律价值减弱，因而削弱了对法律的尊重。

因此，民主自由党向公民提出，通过开放的讨论和对公众的咨询修订宪法。

我们认为只有这种基本解决方式能够厘清公民权利、国家组织准则以及公民与国家之间契约式关系的制度性基础。

2.2.2. 罗马尼亚经济竞争增长

民主自由党的观点和战略都与我们坚信的基本价值连在一起：私有制，自由创造，竞争，法治国家，经济社会团结一致。

为投资者提供现代化的基础设施，接受高水平教育，有能力的人力资源，友好的商业环境，有能力保障经济长期内可持续高增长，宏观经济和环境平衡发展，我们相信达到媲美欧洲环境的生活标准是完全可以实现的。

2.2.3. 缩小社会差距和地区差异

民主自由党关注缩小社会差距和地区差异，随着政策实施并没有消极影响经济增长，同时，对于以此为目标的所有其他政策来说最后一点是最好的解决方式和前提条件。

2.2.4. 资源价值利用等级的增长

资源的有效调拨对于生产率增长，竞争力提高以及在此基础上人们收入的提高而言至关重要。保障在经济发展中持续改善有效调拨资源的唯一战略是防止市场扭曲；扭曲的主要原因是国家对经济的干预——这会使企业积极性不平衡。

现有资源的一大部分是通过税收完成的预算调动，由议会、政府和地方公共机构通过政治权力实施机制进行调配，这是由罗马尼亚公民公平选举的代表。这一部分资源在调拨化过程中效率低，更甚的是在私有化中这部分资源有转入地下和寡头的倾向，并且在这一领域受到了政治控制。

2.2.5. 加强欧洲建设进程中罗马尼亚的作用

在入盟之后，罗马尼亚对欧洲建设作出的贡献是至关重要的，它抓住因入盟而向罗马尼亚商品、服务、劳动和资本完全开放的欧洲市场，并抓住社会技术方法传播的便利性。只有这样才能实现罗马尼亚与欧洲市场经济、智力与物质上的同步。

3. 民主自由党制度建设的原则与方向

近几年的经验让我们吸取了一系列的教训，以什么样的方式组织并运作一个从右派特征中痊愈的现代政治实体。当前的政治背景是跨党的寡头团体试图控制公共事务，选民希望改革党的制度及政治阶层的愿望变得合法化。需要另一种政治，另一种政党来承担这种愿望。

民主自由党的组织原则是：

——通过基层党员参与政治和纲领活动，将代议制民主和参与式民主相结合；

——承认意见多元化并肯定内部对话；

——每个领导机构面对选民和党的基层时承担政治责任；

——加强专业委员会；

——确立党员活动评价标准。

4. 结论

民主自由党相信罗马尼亚在欧洲的未来，相信我们的国家政权会成为欧洲经济的重要一员，会创造出保留和发展文化认同的源泉。

在不确定地摇摆于东方与西方之间的漫长时期之后，罗马尼亚现在既享有北约提供的安全机会，也享有欧盟提供的繁荣机会。

（本章根据2010年罗马尼亚民主自由党全国代表大会通过的《罗马尼亚民主自由党纲领》翻译）

（中国社会科学院俄罗斯东欧中亚研究所东欧室 曲岩 译）

罗马尼亚民主自由党章程①

一、总则

1. 党名、目标与党员

1A. 党名与党徽

第 1 条

（1）党名是民主自由党。

（2）党名的简称是民自党（PDL）。

第 2 条

（1）民主自由党是合法的法人。民主自由党在罗马尼亚境内开展活动，依照宪法和政党法相关条款，同时遵照本章程以及在此基础上通过的规章。

民主自由党还在罗马尼亚境外开展活动，通过按本章程第 6F 款的规定而建立的组织。

（2）民主自由党是民主党和自由民主党的继承者。

第 3 条

（1）民主自由党的永久标志是玫瑰花。

它上面标有党名缩写字母、党旗以及党的其他官方标志，印刷图在全国常务办公室的建议下，由全国协调委员会批准。

---

① 原文为罗马尼亚语。

（2）党的选举标志是下面带民自党缩写字母的玫瑰花，整体是四角呈圆滑的正方形。

（3）民主自由党的党中央在布加勒斯特第一区，莫德罗甘大街一号。

（4）民主自由党的党日为五月的最后一个周日，每年庆祝一次。

1B. 党的目标

第 4 条

（1）民主自由党作为中右翼政党，欧洲人民党的一员，在其政治活动中尊重人类自由的普世价值，尊重罗马尼亚人民的传统价值，并努力实现公正。

民自党身为人民党，它的使命是立足于市场经济，立足于社会责任、辅助性原则、团结和公正的原则，构建罗马尼亚现代社会。

（2）民主自由党在活动中不仅追求政治目标，还推动民族价值与利益，推动政治多元化和宪法赋予的民主原则。民主自由党把在罗马尼亚政治舞台上呈现民主的基本价值作为主要的目标，并且与所有民主政治力量进行对话与合作。

第 5 条

（1）民主自由党在实现自己目标时，也为公民参与罗马尼亚国家和社会的发展与现代化而努力，将其建设成为民主、自由和公正的社会。

（2）民主自由党在符合本章程以及党的政治纲领的各项规定的情况下，促进民主，巩固法治国家，并为实现以下政治目标优先行动：

（a）构建一个每个罗马尼亚公民都能享有自由和繁荣的社会；

（b）无条件尊重个人尊严，保障人的基本权利和自由，实行分权和政治多元化；

（c）保障自由言论和新闻自由；

（d）保护私有财产，鼓励创新自由，促进商业竞争环境；

（e）让罗马尼亚积极参与欧洲建设，遵守其作为欧洲及国际组织成员的承诺；

（f）保障法律面前人人平等；

(g) 肯定社区和家庭、传统、文化以及宗教在民族认同中的作用；

(h) 遵守辅助性原则、地方分权原则和地方自治原则；

(i) 在符合欧盟成员国身份的条件下，保卫国家主权和国家安全，保卫罗马尼亚独立、统一与完整；

(j) 打击在政治、经济和社会生活中的一切歧视；

(k) 提高文化水平，发展教育系统成为社会认知的决定性因素；

(l) 加强民主，鼓励公民参与公共生活，参与加强对国家的公开管理；

(m) 鼓励党内外的争论和意见交流；

(n) 针对罗马尼亚社会制订有社会相关性和实用性的公共政策和重要决议；

(o) 永远顺应政治行动的方向，它是党满足罗马尼亚的真正需求情况下通过党的政治纲领确立的，同时也符合欧洲人民党推动的政策。

(3) 为了实现其政治目标，民主自由党的活动是通过它在罗马尼亚议会、欧洲议会、政府、中央和地方的公共行政部门以及其他一切党设有代表的机构和组织中的代表实现的，同时还通过与其他民主政党、精英代表、工会、非政府组织、公民社会组织以及商业环境的长期对话与合作实现的。

(4) 在罗马尼亚参与的国际组织中，通过参加本地和地区讨论，民主自由党为促进罗马尼亚在国际社会的利益而奋斗。

第6条

(1) 发展并实践党的价值观与原则是通过以下几个方面展现并解释的：政治纲领、选举纲领、参与执政时的执政纲领、宣言、声明、决议，以及党通过的其他政治纲领文件。

(2) 党的领导机构有责任保护全体党员，保护党的支持者，并保护每个公民在遵守规章和法律，遵守民主准则的条件下，为实现民主自由党的政治目标而努力确立必要措施，并努力参与决议实施的权利。

(3) 党的领导机构有责任保障与公民保持长期对话，有责任扩充党员和支持者。

1C. 党员

第 7 条

（1）自愿拥护党章、党纲以及党的其他文件，并且为奉行并实践党章、党纲和党的其他文件而做出贡献的人，成为党员，组成民主自由党。

（2）依照第14条至第19条，任何一个有选举权的罗马尼亚公民都可以成为民主自由党党员。

2. 组织原则与内部活动

2A. 基本组织

第 8 条

民主自由党依照地区行政标准组成。

第 9 条

党的内部结构有以下组织层级：

（a）投票处；

（b）地方级——镇、市、大城市，不包括布加勒斯特市；

（c）竞选团；

（d）县级——县、布加勒斯特市及其各区，境外；

（e）国家级。

第 10 条

（1）依照第46条，不同层级间是附属关系，每一个层级在规章制度范围内都有自治权。

（2）自治的原则通过不同层级之间保持协调与对话来进行补充，成为执政党时不同层级与政府机构之间也要保持协调与对话。

第 11 条

（1）每一个层级都有最少一个领导和协调机构，至少每季度集会一次（指导主席团和协调委员会）。每个层级都最少有一个常务领导执行机构（常务办事处），至少每月集会一次。在地方机构组织、开展并领导活动的模式是根据组织、开展、领导区县活动规章（ROLJ）确定的，该规章在全国常务办公室的提议下，由全国协调委员会批准。

（2）本章程中涉及县级常务办公室的文本同样适用于布加勒斯特市常务办公室和境外常务办公室，涉及县级指导主席团的文本同样适用于布加勒斯特市指导主席团和境外指导主席团，涉及县级协调委员会的文本同样适用于布加勒斯特市协调委员会和境外协调委员会。

2B. 内部活动原则

第 12 条

党的内部活动依据以下原则：

（a）党的组织机构内每个党员信仰自由、言论自由，在党外的相关言论不违反党的领导机构决议；

（b）依照规章通过的政治职业标准和本章程规定的极小代表标准，保障在党的支持下根据个人能力、优点、青年、妇女、退休人员和年长者能够在党内外被选举或被任命，保障在党内或公共职务中开展活动的廉洁性；

（c）内部民主，所有的决议决策都以自由投票通过；关于人员的决策决议在各层级均采取无记名投票方式；

（d）由党决定的所有行动，党员团结一致；

（e）党内团结；

（f）党员守纪、负责、坚定不动摇，遵守并执行党的章程、政治纲领以及所有层级各个机构通过的规章与决议；

（g）在招募、遴选和提拔党员的过程中以及在决策过程中，廉洁透明；

（h）在有组织的范围内，确保每个组织机构的党员对所有文件或党内国家级或县级领导机构提出的重要政治行动表达意见，进行辩论；

（i）每个党员，不论其在党内外所担任的职务，不论其所在的组织机构类型，必须在一个投票站机构积极工作；

（j）党员在领导机构内可以最多兼任两个职位，但不能在同一层级

（竞选团不在考虑范围内）；

第 13 条

（1）为积极实现妇女与男性在政治活动中的平等机会，民主自由党采用的制度是妇女参与每项妇女领域活动的比率最少达到30%。

（2）为在政治生活中提拔青年人，民主自由党采用的制度是青年人参与每项青年领域活动的比率最少达到30%。

二、党员、军人与支持者

3. 党员

3A. 成为党员

第 14 条

（1）任何一个有选举权同时满足以下条件的罗马尼亚公民都可以成为民主自由党党员：

（a）拥护民主自由党申明的原则与价值，并希望能积极实现；

（b）承认并遵守党的章程、政治纲领和其他文件，以及在此基础上通过的为实践章程条款的规章；

（c）公认为是诚实、有能力的公民，有良好的声誉，这些有助于实现党的目标。

（2）如果是以下情况则不能成为民主自由党党员：

（a）因故意犯罪而受到刑事判决，除非案件得到平反；

（b）依照现行法律，根据某项不可更改的最终决议确定为安全部门工作者、合作者或是同类合作者；

（c）最终审判决议剥夺政治权利或公民权；

（d）宣传或曾经宣传过种族主义、排外主义、反犹主义或排斥异己的思想或行为；

（e）曾在罗马尼亚共产党中央机构担任政治领导职务。

第 15 条

候选人按其个人意愿向其居住地或工作地范围内的地方组织机构提交

书面申请、个人履历和声明满足第14条规定的申请条件的宣誓书之后，便获得民主自由党党员身份。

申请书、个人履历和宣誓书可以按照组织、开展、领导区县机构活动规章规定并在民自党网站上公布的程序提交电子版。

第16条

（1）提交申请后最多3日之内，相关地方组织的常设办公室在组织所在地公布申请书。

（2）公布之日起10天之内，可以就申请书向地方常务办公室提出异议或反对。

（3）10天之后，候选人受邀到地方常设办公室第一次会议上作自我介绍。依据申请以及可能出现的异议/反对，地方常设办公室投票决定是否通过入党申请。

（4）如果相关申请被驳回，候选人可以在驳回之日起最多10天内，向相关县级常设办公室提出申理，该办公室必须在第一次会议作出决议。县级常设办公室在候选人进行听证之后再作出决议。

（5）县级常设办公室的决议可以在10天之内接受上诉，可以由候选人提出，也可以由第三方向县级廉洁、章程与诉讼委员会提出。在候选人听证之后，该委员会在第一次会议作出最终决议。

（6）地方常设办公室或县级常设办公室的最终决议，或县级廉洁、章程与诉讼委员会（布加勒斯特市廉洁、章程与诉讼委员会）的决议生效之后最多5日内由相关秘书在民主自由党党员全国登记处登记，在此之后党员身份有效。

第17条

在相关地方组织机构首次集会与之后上级组织机构的首次集会上，介绍接纳新党员的情况，以及新党员的个人信息和他所供职的投票站组织。

第18条

（1）新党员需填写一份登记，交由县级常设办公室保存，并拿到一张党员证。

(2) 民主自由党党员全国登记处存有全体党员的个人资料。登记处的组织模式将由组织、开展、领导区县机构活动规章详细说明。

第 19 条

民主自由党吸收合并的其他政党中希望成为民主自由党党员的人，必须按照第 14 至第 18 条规定，递交个人申请，同时保有原党党龄。

3B. 退党

第 20 条

党员身份的解除通过退出、注销或开除实现。

(1) 退出的情况发生在基层，党员提出书面申请，解释原因是个人自由意志。书面申请递交至党员入党所在组织的地方常设委员会，之后移交至县级常设委员会以删除登记信息。

退党申请也可以依照组织、开展、领导区县机构活动规章规定的以及民自党网站上公布的程序提交电子版。

因不兼容性而提出的退党，在不兼容性消失后重新回归的情况下，承认退党之前的党龄。

(2) 注销是依据党员所在组织所属的地方常设办公室的提议，当出现以下情况时由县级常设办公室依法完成：

(a) 未交党费时间超过一年；

(b) 加入其他党或政治团体；

(c) 在我党支持下，该党员在党外任职或被任命，宣布独立；

(d) 去世；

(e) 在罗马尼亚或其他任何一个民主国家因故意犯罪而被判处刑事处罚；

(f) 依照现行法律，根据某项不可更改的最终决议确定为安全部门工作者、合作者或是同类合作者；

(g) 经不可撤销的最终决议决定剥夺政治权利和公民权。

因第 20 条第(2)项(e)—(g)点退党的情况，党的任何一个机构不能提出异议。

（3）遵照本章程第 23 至 31 条规定，作出开除决议。

3C. 党员权利

第 21 条

没有歧视或特权，民主自由党党员拥有以下权利：

（a）在党内，就有关党的政治抉择，党的领导机构活动和党代表在被任命或被选派的职位活动，自由表达自己的意见；

（b）在党外，在与党的政治纲领和章程规定的政治准则以及党的领导机构作出的决议不相违背的情况下，自由表达自己的意见；

（c）及时准确地接到有关党的领导机构活动以及党代表在公共机关活动的通知，以及党所拥有的其他一切相关信息；

（d）只有按时缴纳会费和主管机构规定的其他费用时，可以在符合能力和职业的情况下，并遵守本章程和政治职业规章的规定，依法选举、候选并被选担任党内机构中的领导职位，或也可以选举、候选并被选担任在党的支持下通过选举或任命获得的党外职位；

（e）参加党组织的政治培训计划；

（f）在党内面对任何指控可以依照党的章程和规定进行辩解；

（g）在面对外界不公正、毫无根据的指责时，党对其支持保护；

（h）只有在为了民主自由党利益的情况下，党员在机构内担任的职务赋予其权力动用党的物质资源；

（i）在党的领导机构内通过争论推动个人的政治提议；

（j）在一段期限内自我中止民自党党员身份。

3D. 党员义务

第 22 条

没有歧视与特权，民主自由党党员拥有以下义务：

（a）为保卫罗马尼亚的主权、统一、独立和完整，为加强罗马尼亚在世界的声誉而努力奋斗；

（b）遵守宪法和国家法律，遵守党的章程和规定、廉洁规范、公共道德以及民自党党员道德法；

（c）推动并保卫党的政治选择，这些政治选择表现在党的政治纲领、选举纲领、参与执政时的执政纲领、宣言、声明、决定和党的其他文件中；

（d）遵纪守责地实践党的领导机构作出的全部决策决议；

（e）积极参加党的全部活动，这些活动由党员所属或参与的领导机构召集组织；

（f）提供专业的或其他性质的知识，以及党员所拥有的对党的政治活动可能有用的信息；

（g）以党的政治支持获得的任何职务身份开展的活动中，实践党应承担的纲领与公共政策；

（h）缴纳党费以及其他职能机构规定的赞助费；

（i）不参加与党的利益相悖的行动或声明，态度与立场不能与党的领导机构决议相悖；

（j）遵守党的章程与规章中规定的其他义务；

（k）公民品行无可指责；支持并推动所在社区以及在开展活动的职业环境中进行公民对话；

（l）支持由党的职能机构任命的候选人通过选举或任命担任公职。

3E. **惩罚**

第 23 条

（1）对于不遵守国家法律，不遵守党的章程、政治纲领、规章或其他文件，不遵守党的领导机构的决策决议以及民自党党员道德法的民主自由党党员；对于不积极参加政治活动，态度消极，言谈举止对党影响恶劣的民主自由党党员，将根据情节轻重，接受以下惩罚：

（a）提醒；

（b）警告；

（c）暂时剥夺其党内及其职务的某些权利或特权；

（d）暂时免除其党员身份；如果被拘留，自动免除；全国常务办公室在其第一次会议上对免除进行通报；

(e) 免去其党内职务；

(f) 对其因党的支持而获得的职务，收回政治支持；

(g) 开除党籍。

(2) 只有在以下情况发生时，职能机构决定开除该党员党籍：

(a) 多次严重违反党的章程，损害了党纲确立的价值与原则；

(b) 违反党领导机构的决议，并因此严重破坏了某些重大政治目标的完成。

第 24 条

(1) 在党内外都没有被选举或任命担任职务的党员，按照第 23 条第(1)项(a)、(b)、(c)、(d)点规定的惩罚，由地方常务办公室（或布加勒斯特市常务办公室）作出决定；按照第 23 条第(1)项(g)点规定的惩罚，在地方常务办公室（布加勒斯特市常务办公室）的提议下，由地方协调委员会（布加勒斯特市协调委员会）决定。

(2) 对党内外被选举或任命在地方担任职务的党员，第 23 条第(1)项(a)、(b)、(c)、(d)点规定的处罚，由地方常务办公室作出决定；第 23 条第(1)项(e)、(f)、(g)点规定的处罚，由地方常务办公室或其上级机构提出，地方协调委员会决定。

(3) 在属于地方协调委员会处理的情况下，地方常务办公室提出之后最多 30 天之内召集开会决议。

(4) 处罚决定或决议要在通过之日起最多 5 天内，与受罚者进行书面沟通。

第 25 条

(1) 对在党内外被选举或任命担任县级职务的党员，第 23 条第(1)项(a)和(b)点规定的处罚由县级常务办公室决定；第 23 条第(1)项(c)、(d)、(e)、(f)、(g)点的处罚，由县级常务委员会或其上级机构提出，由县级协调委员会决定。

(2) 在属于县级协调委员会处理的情况下，在提出之日起最多 30 天之内召集开会决议。

（3）处罚决议要在通过之日起最多 5 天内，与受罚者进行书面沟通。

第 26 条

依照第 24 条与第 25 条接受处罚的党员提交上诉的诉讼机关是县级廉洁、章程与诉讼委员会（或布加勒斯特市廉洁、章程与诉讼委员会），在接到决议或决定之日起最多 10 天之内受理，必须在受理之日起最多 20 天内书面告知申诉人判决。县级廉洁、章程与诉讼委员会（或布加勒斯特市廉洁、章程与诉讼委员会）的判决可在接到之日起 10 天内向全国廉洁、章程与诉讼委员会进行上诉。全国廉洁、章程与诉讼委员会将在受理之日起最多 30 天之内向申诉人书面告知最终判决。

第 27 条

（1）在党内外被选派或任命担任国家层级职务的党员——除了被选入全国代表大会的党员——处罚由全国常务办公室提出，全国协调委员会投票决定，并在最多 5 天之内书面告知涉案人。

（2）上诉机构是全国廉洁、章程与诉讼委员会，它在接到决议之日起最多 10 天内受理，必须在受理之日起最多 30 天之内书面告知涉案人通过的决议。全国廉洁、章程与诉讼委员会的决议具有最终性。

第 28 条

对被选入全国代表大会任职党员的处罚，在全国指导委员会提出，全国协调委员会通过之后由全国代表大会投票决定。在这种情况下，自动召集全国代表大会特别会议。

第 29 条

（1）涉及接受处罚的党员将在讨论案件的机构开会之日前最少 3 天之内接到通知，并且有权使用所有证据进行自我保护。

（2）第 24 条至第 28 条中涉及的全部期限均为除斥期间。

第 30 条

（1）在处罚实施后一年[除了第 23 条第（1）项（e）点涉及的处罚]，受罚者可以向判决其处罚的第一个机构提出终止处罚。

(2) 如申请被驳回，则本年度不能向其他机构和同一机构再提出申请。

第 31 条

处罚及其终止都由县级常务办公室记录在党员个人履历及民主自由党全国登记处中。

4．活跃分子

第 32 条

党的活跃分子是那些遵照政治职业规章希望从事政治职业的党员。活跃分子在当下参与解决党的问题，参与组织生活。

5．支持者

第 33 条

民主自由党的支持者是那些拥护党的目标和纲领但并未提交入党申请的人。

三、党内结构

6．地区组织

6A．投票站

第 34 条

党组织结构的基本核心是投票站（OSV），在该投票站辖区建立并以此命名。

第 35 条

投票站辖区有一个最少囊括 15 名党员的组织。投票站执行的主要职责涉及与公民保持长期的直接联系，在适宜的条件下开展吸收新党员与支持者的活动，开展竞选活动和相关投票站的选举活动。投票站组织由 5 名党员组成的办公室领导。

6B. 地方组织

第 36 条

(1) 在每个镇、每个市或除布加勒斯特之外的大城市辖区内，在其他国家的领土上，都有一个地方组织，由满足第 15 条规定的全体党员组成。

(2) 地方组织由地方协调委员会（CCL）领导，它是政治决策机构，每季度集会。地方组织还受地方常务办公室（BPL）领导，它是地方协调委员会的执行机构，每月集会。

(3) 由地方常务办公室提出，地区协调委员的决议，在村庄也可建立地区组织或村级组织，由地区常务办公室（BPZ）或村常务办公室（BPS）领导，它们从属于地方组织。

(4) 地方机构组织、开展、领导活动的职责和具体方式由组织、开展、领导区县活动规章规定。

(5) 地方协调委员会行使的职责是通过决议，地方常务办公室行使的职责是发布决议。

6C. 竞选团组织

第 37 条

(1) 除境外竞选团以外，在每个竞选团的辖区，都有一个竞选团组织。

(2) 竞选团组织由竞选团协调委员会（CCC）领导，它是组织协调机构，每季度集会。竞选团组织还受竞选团常务办公室（BPC）领导，它是协调委员会的执行机构，每月集会。

(3) 竞选团常务办公室主席任命由县级常务办公室提议，全国常务办公室批准生效：

(a) 在竞选团既选出了民自党的众议员也选出了参议员，则二者为共同主席；

(b) 在竞选团只选出了民自党众议员，则众议员为主席；

(c) 在竞选团只选出了民自党参议员，则参议员为主席；

（d）如果相关县级组织（布加勒斯特市、境外）有欧洲议员参加，竞选团未能选出民自党参议员或众议员当选，则欧洲议员为主席；

（e）县级组织（布加勒斯特市）成员在其所在竞选团为主席。

（4）竞选团机构组织、开展、领导活动的责任和具体模式由组织、开展、领导区县活动规章规定。

（5）竞选团协调委员会行使的职责是通过决议，竞选团常务办公室行使的职责是发布决定。

6D. 县级组织

第 38 条

（1）每个县都有一个县级组织，由该县辖区内的所有地方组织组成。

（2）县级组织的活动由县级协调委员会（CCJ）领导，每半年集会或在需要时集会，它选出一个县级常务办公室（BPJ），每月集会两次或在需要时集会。

（3）县级组织中有县级指导竞选团（CDJ），由县级常务委员会、该县范围内的地方组织主席和竞选团组织第一副主席组成。

（4）县级指导竞选团每季度集会或在需要时集会，由县级常务办公室主席、县级常务办公室或其 1/3 成员召集。

（5）组织、开展、领导县级组织活动的职责、权限和具体模式由组织、开展、领导区县活动规章规定。

（6）县级协调委员会行使的职责是通过决议，县级指导竞选团和县级常务办公室行使的职责是发布决定。

6E. 布加勒斯特市及其各区的组织

第 39 条

（1）布加勒斯特市每个区的辖区内都有一个区级组织，由符合第 15 条规定的全体党员组成。在布加勒斯特市但不是在本区拥有居所、官邸或工作的党员也可以申请参加。

（2）在每个区的辖区内有地区组织（OZ），由地区常务办公室

（BPZ）领导。这些地区组织有本地组织条例。

（3）在布加勒斯特市各区，有布加勒斯特市区级协调委员会（CCSMB），它是党的活动在区一级别的政策决议组织机构，还有区级常务办公室（BPSMB），它是布加勒斯特市区级协调委员会在集会中党活动的领导机构。

第 40 条

依照第 37 条规定，在布加勒斯特市竞选团的辖区内有竞选团组织。

第 41 条

布加勒斯特市有布加勒斯特市协调委员会（CCMB），它是民自党在首都的领导、政治组织决策机构，还有布加勒斯特市常务办公室（BPMB），它是布加勒斯特市协调委员会在集会中党活动的常务领导机构。

第 42 条

（1）布加勒斯特市协调委员会与布加勒斯特市区级协调委员会行使的职责是通过决议，布加勒斯特市常务办公室与布加勒斯特区级常务办公室行使的职责是发布决定。

（2）布加勒斯特市及其各区党机构活动的组织、开展和领导由组织、开展、领导区县活动规章决定。

6F. 境外组织

第 43 条

有投票权的罗马尼亚公民，在罗马尼亚境外拥有居所、官邸或工作，向其所在地的民自党组织递交书面申请书，成为民自党党员。

申请书可以依照组织、开展、领导区县活动规章规定的并在民自党网站上公布的程序提交电子版。

第 44 条

（1）民自党在境外国家的组织类似于地方组织，依照第 6B 款规定选出各机构，所在国行政单位的组织类似于投票站组织，依照第 6A 款规定选出各机构。

（2）各地方组织组成 4 个区域组织。区域组织的结构遵照组织、开展、领导区县活动规章规定。区域组织依照第6D款规定选出各机构。

（3）所有境外国家的组织组成民自党境外组织。

（4）境外机构是县级组织。

境外机构组织、开展并领导活动的职责和具体模式由组织、开展、领导区县活动规章规定。

6G. 从属关系

第45条

地方协调委员会、竞选团协调委员会、县级协调委员会、布加勒斯特市常务办公室和布加勒斯特市协调委员会建立组成，地方常务办公室、竞选团常务办公室、县级常务办公室选举组成，四年一次，由全国协调委员会确定时间，通过特别的方式进行无记名投票，或者采取更快捷的方式，根据规定通过特殊程序进行选举。

第46条

（1）投票站辖区内的组织从属于所在的地区组织或者村组织，或者直接从属于所在的地方协调委员会，在任期之间则从属于地方常务办公室。

（2）地方组织从属于县级协调委员会，在任期之间从属于县级常务办公室。

（3）拥有更多竞选团的大城市竞选团组织从属于所在地的地方协调委员会，在任期之间从属于地方常务办公室；其他竞选团组织从属于所在地的县级协调委员会，在任期之间从属于县级常务办公室。

（4）县级组织从属于全国协调委员会，全国指导竞选团，在任期之间从属于全国常务办公室。

（5）境外国家的组织从属于所在国的区域组织。区域组织从属于境外组织。

（6）境外组织从属于全国协调委员会，全国指导竞选团，在任期之间从属于全国常务办公室。

（7）布加勒斯特市竞选协调委员会从属于布加勒斯特市区级协调委员会，在任期之间从属于布加勒斯特市区级常务办公室；布加勒斯特市区级协调委员会从属于布加勒斯特市协调委员会，在任期之间从属于布加勒斯特市常务办公室；布加勒斯特市区级常务办公室从属于布加勒斯特市常务办公室。

（8）布加勒斯特市协调委员会从属于全国协调委员会和全国指导竞选团，任期之间从属于全国常务办公室；布加勒斯特市常务办公室按顺序服从于全国协调委员会、全国指导竞选团、全国常务办公室和布加勒斯特市协调委员会。

（9）各地方组织通过组织、开展、领导区县活动规章规定的方式和多数票制作决议。

7. 民主自由党其他组织

第47条

除地方组织，民主自由党还可组建其他组织。这些组织将民自党党员和支持者按照某一特殊标准分组聚集：性别、年龄、专业、职业等。

第48条

（1）实现并推动党在某一特别领域的纲领和行动，与民自党其他组织机构一起践行，成立相关组织。

（2）各组织长期使其活动遵循党的政治纲领确立的政治行动方向，遵循欧洲人民党类似组织推动的欧洲政策。为了这一目的，各组织将采取必要的手段以并入这些组织。

第49条

（1）这些组织的建立由全国常务办公室提出，全国协调委员会批准，组织运作遵守由全国常务办公室提议、全国协调委员会批准的规章。

（2）这些规章不能包含与民自党章程相悖的规定。

（3）依据已通过的规章，这些组织各个层级自己选举领导机构，这些领导机构将从属于相应层级的常务办公室。

（4）这些组织制订的纲领文件由全国常务办公室提议，服从全国协调委员会的批准。

7A. 民主自由党的青年组织

第 50 条

（1）青年组织（OT – PDL）包括未满 35 岁的党员与支持者。青年组织的目的是为了制订这一领域内的纲领与战略，讨论并分析青年人的问题。

（2）民自党的执行领导有义务根据青年人的政治能力和优点，为培训并提拔青年人做出贡献。

7B. 民主自由党的妇女组织

第 51 条

（1）妇女组织（OF – PDL）包括为鼓励和推动妇女在各领域的活动，为在政治、经济和社会文化生活中制度化、遵守并实践机会平等准则而努力的党员和支持者。

（2）妇女组织的目的是为了制订这一领域内的纲领与战略，讨论并分析社会中支持妇女、儿童和家庭的政策相关问题，并与民自党组织机构一同将纲领与战略付诸实践。

7C. 民主自由党的退休人员和老年人组织

第 52 条

（1）民主自由党退休人员和老年人组织（OPV3 – PDL）由退休的和上年岁的党员与支持者构成。

（2）民主自由党退休人员和老年人组织的目的是为了制订这一领域内的纲领与战略，讨论并分析与支持退休人员和老人政策的相关问题。

7D. 民主自由党商人组织

第 53 条

（1）民主自由党商人组织（OOA – PDL）包括在中小型企业努力工作的党员和支持者。

（2）民主自由党商人组织的目标是为了制订这一领域内的纲领与战略，讨论并分析在商业环境中支持中小型政策的相关问题。

8. 内部团体

8A. 民主自由党的议会团体

第 54 条

（1）民主自由党议会团体（GP）由罗马尼亚议会和欧洲议会中在民自党议会团体中工作的全体议员组成。

（2）议会团体的主要职责是在整个议会活动中推动党的政策。

（3）民自党议会团体的领导是由各团体领导组成的同级领导保障的。

第 55 条

（1）议会团体可以在党内任何一个制订规范性建议的团体中委任代表。

（2）为了议会活动，议会团体向全国常务办公室呈递有关通知的分析和建议。全国常务办公室的决定具有强制性。

（3）议会团体的成员禁止在其隶属的议会表达与党的政治路线背道而驰的立场。

8B. 民自党轮替政府

第 56 条

（1）党不执政时，组建轮替政府（GA）：

　　（a）它可以在党内任何一个制订规范性建议的团体中委任代表；

　　（b）向全国常务办公室提交针对议会活动通知提醒的分析与提案。全国常务办公室的决定具有强制性。

（2）轮替政府的活动将与党的专业委员会合作。

（3）按照由全国常务办公室提出的全国协调委员会通过的规章，轮替政府组织并运行。

8C. 专业委员会

第 57 条

（1）专业委员会是对党的基本战略与政策进行讨论、分析并决策的机构。

（2）根据具体情况，组成地方、县级或全国的专业委员会。

（3）专业委员会由各领域专家、民自党党员和支持者以及党外人士组成。

（4）全国专业委员会为国务秘书和部长候选人发布咨询通告。

（5）被选出担任全国专业委员会和县级专业委员会主席的必须是全国常务办公室或相应县级常务办公室身为执行秘书的成员。

（6）开展活动的方式与专业委员会内部选举的方式展现在由全国常务办公室提出、全国协调委员会批准的规章中。

第58条

设有专业委员会的领域有：

（a）行政，公共秩序，国防，地方和区域发展；

（b）卫生；

（c）教育，研究，文化和体育；

（d）劳动，社会保障；

（e）农业，农村发展；

（f）经济，金融与商业环境；

（g）对外政策，司法与公民权利；

（h）基础建设，能源与环境。

8D. 长者委员会

第59条

（1）民自党长者委员会包括年满65岁、曾在党内或公职中有过光辉的政治活动、不再是活跃分子的党员。

（2）依据组织、开展、领导区县机构活动规章规定，分别设有县级和国家级民自党长者委员会。

（3）长者委员会为本层级的组织进行咨询。

9. 国家战略委员会和地方选举联盟

9A. 国家战略委员会

第 60 条

（1）民自党国家战略委员会（CNS – PDL）由一名主席，两名副主席和八名国家专业委员会主席组成。

（2）民自党国家战略委员会的目的是为党的领导在公共政策尤其是宏观经济政策方面提供分析、评估、草案与战略。民自党国家战略委员会成套制订公共政策，制订执政纲领，它们都服从于国家常务办公室批准。

（3）民自党国家战略委员会主席是全国常务办公室的成员，副主席级别。

（4）民自党国家战略委员会开展活动的模式和领导选举的模式都会在由全国常务办公室提出、全国协调委员会批准的规章中体现。

9B. 地方选举联盟

第 61 条

（1）民自党地方选举联盟（LAL – PDL）包括在地方和县级行政部门当选的民自党党员。

（2）民自党地方选举联盟的目的是讨论并分析地方行政相关问题，制订提案、战略和支持地方社团的草案。

（3）民自党地方选举联盟开展活动的模式和选举领导的模式都会在由国家常务办公室提出、国家协调委员会批准的规章中呈现。

四、党的领导结构

10. 全国代表大会

10A. 总则

第 62 条

（1）依照现行法律规定，全国代表大会（CN）是民主自由党最高领导机构。

（2）全国代表大会是确立党政治总路线，选举提案，选举全国廉洁、章程与诉讼委员会（CNISL）主席与全国复核与管控委员会（CNRC）主席，并批准章程的唯一机构。

（3）全国代表大会讨论全国协调委员会，全国廉洁、章程与诉讼委员会和全国复核与管控委员会的报告，并且讨论职权范围内的诉讼和其他问题。

10B. 会议召集与代表

第63条

（1）经全国协调委员会的召集，全国代表大会例会每4年召开一次。

（2）由全国常务办公室提议，全国协调委员会运作，最少提前60天确定：

（a）全国代表大会开会地点与时间；

（b）会期；

（c）参会代表与受邀人数；

（d）由9人组成的全国代表大会组织委员会（COCN）的提名。

（3）参加全国代表大会的代表不能少于1000人。这些包括自然代表和在县级机构中被选出的代表。

当选代表必须多于自然代表。

第64条

以下属于自然代表：

（a）在职的全国协调委员会委员；

（b）在职的全国廉洁、章程与诉讼委员会委员和全国复核与管控委员会委员；

（c）由全国常务办公室提议，全国协调委员会通过的民自党党员杰出人物。

第65条

依照全国代表大会组织委员会规定的代表数额，每个县级常务办公室主要考虑选举结果，选派一定数量的代表。

10C. 提案

第66条

关于党的政治路线的提案，具有可替代的纲领性。

每个提案都应包含促进基督教民主、自由和保守价值观的理念。

第 67 条

胜出的提案将成为民主自由党未来几年政治行动纲领，直到下届全国代表大会选出民自党主席。

第 68 条

（1）希望提交提案的党员必须在全代会开会前最少 30 天向全国代表大会组织委员会提交议案，并附上提案领导姓名和组成提交小组的 35 名党员签名。

（2）最多 3 天内，全国代表大会组织委员会进行分析，其中有 3 名提交该议案的小组代表到场。

第 69 条

提交之日起 5 天之内，提案领导收到全代会组委会书面形式的提案接受函，其中确认提案已满足必要条件。

第 70 条

如果全代会组委会不接受提案，在接到回复后最多 3 日之内，提案领导可以向全国协调委员会申诉，全国协调委员会有义务在接到申诉后最多 7 天之内进行集会并作出最终判决。

第 71 条

只有被接受的议案才能在提案小组及其领导的关照下向县级机构推广。

第 72 条

（1）在全代会开会前最少 10 天内，经提案领导的申请，县级机构的各常务办公室组织对全部提案进行讨论，邀请县级指导主席团的全体成员参加。

（2）以上讨论不需召集县级指导主席团大多数成员参加。

（3）提案草案由提案小组的领导或组员提出。

第 73 条

（1）在召集全国代表大会之日前最少 7 天，县级指导主席团按照章程集会，通过无记名投票宣布支持某个或某几个提案。

（2）通过无记名投票，由到场的多数票决定对某个提案的支持。

（3）由全国代表大会组织委员会立刻发布决定。

（4）县级指导主席团不能强制委托参加全国代表大会的代表对某个提案赞同或否决。

第 74 条

（1）如果依照第 73 条有最少 10 个县级指导主席团支持，该议案成为被接受议案，可在全国代表大会进行讨论。

（2）收集到最少 10 个县级指导主席团支持的提案领导在全代会召开之前最少 5 天，向全代会组委会书面提交提案小组发言人的名单（最多 5 名），他们将在全代会的讨论中支持提案。

（3）第 68—74 条的期限为除斥期间。

第 75 条

（1）如果在第 68 条（1）规定的期限之内没有任何一个提案提交，民自党主席职位立刻空缺。

（2）在党主席职位空缺的情况下，全国协调委员会在最多 5 天之内集会并任命一个指导委员会，由 4 名副主席组成，行使主席职责最多 60 天，在此期间组织一届新的全代会。指导委员会通过全体同意进行决议。

10D. 全国代表大会选举

第 76 条

全代会通过到场代表无记名投票选出：

（a）一份提案；

（b）全国廉洁、章程与诉讼委员会主席；

（c）全国复核与管控委员会主席。

第 77 条

胜出的提案成为民主自由党政治行动纲领。

第 78 条

（1）为选出提案，在全代会全体会上讨论或在可能出现的分组会上讨论。

（2）每个提案陈述时间相同，由提案领导和依照第 74 条第（2）项规定的任命代表进行陈述。陈述时间由全国代表大会组织委员会确定。陈述顺序是每个提案小组代表到场抽签后由全国代表大会组织委员会确定。讨论由全国代表大会组织委员会主席主持，他不能参加任何一个提案小组。

（3）在讨论期间，领导与小组代表将回答其他代表的提问。

第 79 条

（1）全代会选举需制作 3 张选票，上面写有：

（a）讨论的提案名称和领导姓名；

（b）全国廉洁、章程与诉讼委员会主席候选人；

（c）全国复核与管控委员会主席候选人。

（2）代表投票无记名。他们将：

（a）只有一个提案情况下，同意或否决提案，从全国廉洁、章程与诉讼委员会主席候选人中选出一名主席，从全国复核与管控委员会主席候选人中选出一名主席；

（b）有更多议案的情况下，选择其中一个议案，从全国廉洁、章程与诉讼委员会主席候选人中选出一名主席，从全国复核与管控委员会主席候选人中选出一名主席。

（3）如果没有提案获得有效的多数投票，将对投票排名最靠前的两项提案按投票数顺序进行第二轮投票。

（4）得票数最高的候选人当选全国廉洁、章程与诉讼委员会主席和全国复核与管控委员会主席。

（5）在第一轮或第二轮投票中获得多数有效票的提案领导成为民自党主席。提案小组的 35 名组员成为全国协调委员会委员。

（6）没有获得多数票但在第一轮获得了至少 10% 有效票数的提案小组领导和由提案领导任命的一定比例的组员，将成为全国协调委员会委员。

10E. 全国代表大会特别会议

第 80 条

（1）特定条件下将召开全国代表大会特别会议（CNE）

（2）全国协调委员会经到场委员多数票决定召开全国代表大会特别会议，应以下人员的申请：

（a）党主席；

（b）全国常务办公室多数党员；

（c）经各县县级常务办公室同意，多数县级常务办公室主席；

（d）全国廉洁、章程与诉讼委员会或全国复核与管控委员会3/4的委员，只有针对特殊问题时。

（3）全国代表大会特别会议不需遵守全代会例会规定的期限。与召开全国代表大会特别会议相关的组织方面，包括提交提案的条件，都由决定召集的全国协调委员会确定。

11. 全国协调委员会

11A. 功能与职责

第 81 条

（1）全国协调委员会是民主自由党在两届全国代表大会之间进行政治决议和组织决议的领导机构。因此，除了对新提案的批准，对新章程的批准和对全国廉洁、章程与诉讼委员会与全国复核与管控委员会新主席选举的批准之外，全国协调委员会还可以批准全国代表大会权限之内的任何决议。

（2）如果本章程特别条款并没有其他规定，那么全国协调委员会在多数党员到场时多数票通过决议。

第 82 条

（1）当环境需要对党的纲领或章程紧急进行重大改变，全国协调委员会可以通过决议，强制服从全国代表大会的批准。

（2）第（1）项的决议需获得2/3的有效票才可通过。

第 83 条

全国协调委员会有如下职责：

（a）在全国常务办公室的提议下，与国家经济社会发展和国际环境发

第二部分 主要政党内部规章制度

展相关，对现行纲领的适应性与现实性进行分析并批准；

（b）分析全国常务办公室的活动并通过必要的措施；

（c）分析全国常务办公室或全国指导主席团关于议会、国家执政和其他相关重大问题的活动报告，并通过必要的措施；

（d）在地方、议会或总统选举时，批准全国常务办公室或全国指导主席团有关国家选举政策的建议；

（e）在全国常务办公室的提议下，批准在其职权范围内本章程规定的规章；

（f）分析全国复核与管控委员会以及全国廉洁、章程与诉讼委员会的通报情况，通过全国常务办公室将强制执行的决议或指示；

（g）决定权限内的处罚，可以向全国代表大会提交针对全代会选举出来担任职务的党员的处罚；

（h）在全代会通过提案之后第一次会议中，或在需要时，通过无记名投票，选举第一副主席，秘书长，副主席，副秘书长，执行秘书，财务，全国廉洁、章程与诉讼委员会和全国复核与管控委员会委员；

（i）通过无记名投票，在党主席、全国常务办公室或在最少1/4的县级常务办公室的提议下，罢免被选入全国协调委员会的全国常务办公室任何一名成员；

（j）通过无记名投票的多数票，选出罗马尼亚民自党总统候选人；

（k）根据具体情况召开党全国代表大会例会或特别会议；

（l）承担除党主席外全国常务办公室的政治责任，因此在全国协调委员会最少1/3委员的提议下，取得全国协调委员会委员的绝对多数投票，通过不信任提案。提案通过的情况下，全国常务办公室被解职，举行新一轮选举；

（m）通过吸收不再与民自党合作、吸纳或合并的其他政治团体代表，进行改组；

（n）批准与放弃政治联盟、选举联盟，批准与放弃议会与政府联合的政策；

（o）如果对全国指导主席团通过的决议有反对意见，以及处理有关议会选举候选人任命的诉讼时，由全国协调委员会通过的决议具有最终性。

11B. 全国协调委员会

第 84 条

（1）全国协调委员会由以下人员组成：

A. 自然委员：

　　a）全国指导主席团成员；

　　b）曾是民自党主席的党员；

　　c）全国廉洁、章程与诉讼委员会委员和全国复核与管控委员会委员；

　　d）根据不同情况，担任部长的民自党党员或民自党轮替政府成员；

　　e）民自党在罗马尼亚议会和欧洲议会的代表；

　　f）根据不同情况，主席、副主席或是县级委员会、区级委员会和布加勒斯特市总委员会咨询小组领导，民自党党员；

　　g）布加勒斯特市市长，各县大城市市长和布加勒斯特市各区区长，或者根据不同情况，副市长或副区长，均为民自党党员；

　　h）民自党县级内部机构主席；

　　i）胜出的提案小组中的 35 名组员，被投票否决但依照第 79 条第（6）项规定，票数超过 10% 的提案小组领导任命的人员。

B.

　　a）由县级常务办公室选出的委员，需根据全国常务办公室确定的代表定额，根据选举结果，参照每个县和布加勒斯特市人口情况，参照党员人数，并且包含依照第 13 条规定的妇女与青年代表；

　　b）在书面通报全国常务办公室的条件下，当选委员在任何时候都可以被任命机构更换。

第 85 条

在全国常务办公室，全国廉洁、章程与诉讼委员会或全国复核与管控委员会的提议下，全国协调委员会可以通过投票确定参加委员会会议的其他人员。

11C. 全国协调委员会会议召集

第 86 条

（1）全国协调委员会半年集会一次，或在有需要时随时集会。

（2）由全国常务办公室进行例会召集。全国协调委员会特别会议的召开需要：

（a）全国常务办公室申请；

（b）党主席申请；

（c）经各县县级常务办公室同意，最少 1/4 县级常务办公室主席申请；

第 87 条

全国协调委员会例会最少提前 7 日宣布，特别会议在召集前最少 48 小时宣布。

12. 民自党年度全国代表大会

第 88 条

（1）年度全国代表大会（CNA）是分析党在未来 12 个月将展开的活动、政治行动规划的会议。

（2）会议在 8 月的最后 10 天举行，在议会会期开始之前。

（3）会议中党主席将陈述年度活动报告，并将提出下一年的政治讨论主题。

（4）年度活动报告与下一年的政治讨论主题由全国常务办公室制订。

（5）在会议讨论中，地方组织代表可以自我申述，提出自己的观察与建议。

（6）由年度全国代表大会通过的政治讨论主题将成为党全体领导机构的活动必须履行的义务，也是每个党员和活跃分子的政治行动必须履行的义务。

第 89 条

（1）年度全国代表大会将通过年度活动报告和政治讨论主题。

(2) 如果报告或主题没有被通过,全国协调委员会最多在30天内必须集会,并讨论全国常务办公室的活动,提出相应措施。

第90条

依照全国常务办公室确定的代表定额,主要参考选举结果;参加年度会议的有全国协调委员会委员,以及每个地方组织至少一名代表。

13. 全国指导主席团

第91条

(1) 全国指导主席团（CDN）是在全国协调委员会两届会议之间民自党活动的领导机构,由全国常务办公室成员、各县级组织主席和财务组成。

(2) 参加全国指导主席团会议的有全国廉洁、章程与诉讼委员会主席和全国复核与管控委员会主席。

(3) 全国指导主席团每月集会,或在需要时集会,可以召集开会的人有党主席,全国常务办公室1/2+1名成员,全国指导主席团1/4名成员或1/2+1名县级常务办公室主席。

第92条

全国指导委员会有如下职责:

(a) 批准由全国常务办公室提出的党当前的政治行动以及各部门政治纲领协调方式;

(b) 批准由全国常务办公室提出并付诸实践的党的联盟政策;

(c) 向全国协调委员会提议终止某些竞选政治联盟与/或竞选联盟,包括取消共同名单（当出现这种情况的时候）,并提出议会联盟与/或执政联盟政策;

(d) 在全国常务办公室的提议下,批准基本准则与党代表政治协商委托的限制;

(e) 向全国协调委员会提议由全国常务办公室指定的人选组成政府;

(f) 对因议会选举的候选人任命而产生的申诉与诉讼进行审议,并在

此基础上作出决议。当全国指导主席团的决议被否定,交由全国协调委员会处理,它将作出最终决议;

(g) 分析党的政策付诸实际的方式;

(h) 决定主要方向,在此基础上各地方组织开展活动;

(i) 分析并批准地方机构的政治活动和发展行动;

(j) 分析地方的组织活动,地方组织与全国常务办公室的关系,并就此决定措施;

(k) 对在县首府大城市的地方行政选举、县级、区级地方行政选举和布加勒斯特市行政选举的选举名单制订时产生的上诉与诉讼,进行审议,并在此基础上作出最终决议;

(l) 完成全国协调委员会或全代会交给的一切任务;

(m) 通过处罚在全代会担任公职的党员的建议,并将建议移交全国协调委员会;

(n) 无记名投票选举,经多数票选出担任总理、部长和部长同类其他职务的民自党候选人;

(o) 在全国常务办公室的提议下,视具体情况而定,批准部分或全体民自党党员退出政府。

第93条

为行使职责,全国指导主席团经到场委员的多数票通过批准决议。

14. 全国常务办公室

14A. 功能与职责

第94条

全国常务办公室是在全国指导委员会连续两次会议期间,党各种活动的常务领导机构。

第95条

(1) 全国常务办公室有如下职责:

(a) 组织并领导全国协调委员会连续两次会议之间党在国内外的全

部活动；

（b）领导、指导并协调党全部机构的活动，全国指导委员会、全国协调委员会、全国代表大会、全国复核与管控委员会以及全国廉洁、章程与诉讼委员会除外；

（c）确定党的具体政治路线与优先权，协调各部门的政治纲领，并为了对它们进行分析并批准，将其交送全国指导委员会或全国协调委员会，视情况而定；

（d）为实现党的政治纲领，制订方法并保障手段；

（e）监控并分析当前政权的活动，并批准应对措施；

（f）确立面对国家机关的政策；

（g）提交全国指导主席团审理基本原则与党代表政治协商委任范围，接下来在全国协调委员会第一次会议上提交审批相关协商结果；

（h）管理与其他党、政治团体、工会以及地方行政机构和公民社会团体的关系；

（i）视具体情况而定，经全国指导主席团或全国协调委员会批准，提出党的联盟政策或提出终止某个选举联盟，包括有候选人共同名单的联盟，提出议会联盟和执政联盟政策；

（j）确定党执政活动的战术战略，并分析中央公共行政单位中党代表的活动；

（k）为议会选举向全国指导主席团建议党主席、全国廉洁、章程与诉讼委员会主席和全国复核与管控委员会主席的候选资格；

（l）批准罗马尼亚议会和欧洲议会中议会小组的领导人选；

（m）批准可在议会担任有当选资格职务的候选人资格；

（n）确定党议会活动的战略战术，在这样的背景下，批准立法计划并通告党的重大立法举措；

（o）领导并协调竞选活动；

（p）完成本章程规定的所有其他职责，可以采取任意一种其他的必要具体措施以完成章程义务；

（q）处罚在党内被选举或任命任职的党员，或通过党的支持获得职务的党员，被选入全国协调委员会和全代会的党员除外；

（r）当县级常务办公室的政治活动无效时，确定组织措施，并可以组织新的选举；

（s）协调各专业委员会的活动；

（t）咨询全国廉洁、章程与诉讼委员会，制定并提交全国指导主席团审理政治职业规章和民自党党员道德规范。

（2）为行使职责，全国常务办公室经到场委员的多数票通过批准决议。

14B. 全国常务办公室的组成与结构

第 96 条

（1）全国常务办公室由以下几部分组成：

（a）党主席；

（b）4 名第一副主席；

（c）秘书长；

（d）15 名副主席；

（e）3 名副秘书长；

（f）14 名执行秘书；

（g）罗马尼亚议会与欧洲议会中议会小组组长；

（h）全国级别内部组织主席；

（i）副主席级别的民自党全国战略委员会主席；

（j）民自党地方选举联盟主席。

（2）自然参加全国常务办公室会议的有全国廉洁、章程与诉讼委员会主席、全国复核与管控委员会主席与在职部长，他们均应为民自党党员。

（3）当第（2）项中涉及人员接到开会通知后，必须到场。

第 97 条

（1）在全国协调委员会选举后的第一次会议，全国常务办公室确定除专业委员会执行秘书外的副主席以及执行秘书的责任。

（2）有特殊职责的人员支持全国常务办公室的活动。组织、开展、领导区县机构活动规章中规定了其组织与构成。

14C. 全国常务办公室选举

第 98 条

（1）（a）在全国代表大会之后召开的全国协调委员会第一次会议中，依照以下程序，通过无记名投票多数票选出第一副主席，秘书长，副主席，副秘书长，6 名执行秘书，财务以及全国廉洁、章程与诉讼委员会和全国复核与管控委员会委员。

（b）由专业委员会委员依照自己的规则和组织、开展、领导区县机构活动规章的规定选出 8 名执行秘书。

（2）在全国协调委员会会议最少 10 天之前，根据职务将候选名单书面提交给党主席。在全国协调委员会会议前最少 5 天，将这些候选名单移交至县级常务办公室。

（3）选举顺序依次进行：第一阶段选出第一副主席，第二阶段选出秘书长，第三阶段选出副主席和财务，第四阶段选出副秘书长、6 名执行秘书与全国廉洁、章程与诉讼委员会委员和全国复核与管控委员会委员。

（4）准备一张选票，登记第一副主席职位候选人。

如果选出的候选人数量与第一副主席职位数量相等，则选票有效。

在空缺的职位中按获得票数从多到少的顺序排列，获得多数有效票的第一副主席候选人当选。

如果第一轮没有选出全部空缺岗位，组织新一轮投票，候选人数量比空缺职位数多一名，根据收到的票数按降序排列。在职务空缺范围内按获得票数从多到少顺序排列，得票数最多的第一副主席候选人当选。

（5）准备一张选票，登记秘书长候选人。

获得多数有效票的秘书长候选人当选。如果在第一轮中没有候选人获得所需多数票，组织新一轮投票，获得最多票数的两名候选人参加。得票数最多的秘书长候选人当选。

（6）制作 2 张选票，登记副主席和财务候选人。

如果选出的候选人数量与副主席职位数量相同,则选票有效。在职位空缺范围内,按获得票数从多到少的顺序排列,得票数最多的副主席候选人当选。

得票数最多的财务候选人当选。

(7) 准备6张选票,登记副秘书长候选人(组织、开展、领导区县机构活动规章规定的部门)、执行秘书候选人和全国廉洁、章程与诉讼委员会委员和全国复核与管控委员会候选人。

得票数最高的副秘书长候选人当选。如果选出的候选人数量与职位数量相同,则执行秘书的选票有效。在职位空缺范围内,按获得票数从多到少的顺序排列,得票数最多的执行秘书候选人当选。

如果选出的全国廉洁、章程与诉讼委员会委员和全国复核与管控委员会候选人数量与职位数量相同,则选票有效。

在职位空缺范围内,按获得票数从多到少的顺序排列,得票数最多的全国廉洁、章程与诉讼委员会委员和全国复核与管控委员会候选人当选。

(8) 党员可以依次作为第一副主席、秘书长、副主席或财务职位、副秘书长或执行秘书或全国廉洁、章程与诉讼委员会和全国复核与管控委员会委员的职位候选人。

(9) 当有需要时,全国协调委员会可以补充全国常务办公室,依照前面的几节规定办事。

14D. 全国常务办公室的责任

第99条

民自党主席是党的政治领导人,是集合了党辨识度元素的人,同时也代表了他自己的思想政治基本价值观。在这个意义上,它是党的教义和形象代言人。

第100条

在履行党主席职责时,他有如下权限:

(a) 保障党章和党纲的实施,审理不一致时递交主管机构进行讨论并决议;

（b）分辨哪些是为了让党纲与国家经济社会以及国际环境的发展保持一致而必需的现实性举措，并且根据它们的权限，提交全国领导机构进行讨论与决定；

（c）根据全国领导机构拥有的权限委任他在国内外官方展示中代表党；

（d）参加全代会、全国协调委员会、全国指导委员会和全国常务办公室并主持工作；

（e）关注全代会、全国协调委员会决议和全国指导委员会、全国常务办公室决定的实施；

（f）为行使全国协调委员会决议和全国指导委员会、全国常务办公室决定，发布条款；

（g）定期在全国协调委员会陈述有关党纲规定的政治目标完成阶段的报告；

（h）在年度全国代表大会上陈述年度活动报告与下一年的活动计划；

（i）向主管决议机构有根据地提出罢免党内任何一个任领导职务的人员；

（j）协调轮替政府的活动；

（k）主持民自党领导与政府官员碰头，或是主持轮替政府会议。

第 101 条

履行职责时，党的第一副主席有如下权限：

（a）指导将全国协调委员会、全国指导委员会决议和全国常务办公室的决定付诸实践的活动；

（b）在党主席缺席的情况下，经主席任命，主持全国协调委员会、全国指导委员会和全国常务办公室的会议；

（c）协调内部小组和专业委员会的活动，协调内部组织的活动以便在党统一的活动中进行整合；

（d）根据全国领导机构拥有的权限委任其在国内外官方展示中代表党；

（e）完成由党主席委派的一切职责。

第 102 条

（1）秘书长负责实现全国协调委员会决议、全国指导委员会和全国常务办公室决定。他协调县级组织活动、副秘书长以及执行秘书的活动，并执行全国协调委员会、全国指导主席团和全国常务办公室批准的政治计划与方案。

（2）秘书长还负责与国内其他政治组织的联系活动。

（3）全国常务办公室和秘书长为副秘书长指派特定任务。

第 103 条

（1）副主席是党政治行动与形象的领导，可以就当前的政治主题公开表达党的立场。

（2）全国常务办公室为副主席指派特定任务。

第 104 条

（1）全国常务办公室按领域为执行秘书指派特定任务。

（2）执行秘书只能就其领域内的特定问题，公开表达党的立场。

14E. 全国常务办公室的运行

第 105 条

（1）全国常务办公室每周碰头，或在有需要时，在党主席的提议下或在办公室多于半数成员的提议下碰头。

（2）全国常务办公室的工作在多数成员在场的情况时由党主席领导有效展开；党主席缺席时，在党主席任命的第一副主席或在秘书长的领导下展开。

（3）全国常务办公室的决定经到场投票的多数票通过。

第 106 条

（1）在其整个活动中，全国常务办公室的成员共同承担责任。

（2）全国常务办公室的成员还在面对全国协调委员会时以个人名义对开展的活动负责。

（3）全国常务办公室的组织与运行遵照全国常务办公室规章规定。

15．全国委员会

15A．全国廉洁、章程与诉讼委员会

第 107 条

（1）全国廉洁、章程与诉讼委员会是各个机构和党员遵守党章规定、遵守规章的保障。

（2）全国廉洁、章程与诉讼委员会同样确保章程承认的全体党员的权利，依据第 23 至 29 条，解决党内所有诉讼。

第 108 条

（1）当党领导机构的决议或决定与党章规定之间出现了不一致，当违反章程规定的党员的权利，或当违反政治职业规定中的政治职业标准，可以被提交到全国廉洁、章程与诉讼委员会审理或主动提交审理。

（2）当党员违反道德规范，将被提交到该委员会审理。

（3）对党章的规定以及在此基础上通过的规章诠释不清实施不清时，可以被提交到该委员会审理；在相应的情况下，或是在以后所有类似案件发生时，全国廉洁、章程与诉讼委员会对于党章规定的解释与实施的处理方案是强制性的。

（4）在最多 30 天的期限里，全国廉洁、章程与诉讼委员会要解决相关审理。

（5）当全国廉洁、章程与诉讼委员会认为一个决定或决议或者某个相关规定不符合章程，该决定或决议或者相关规定不能再产生影响时，视为作废。

（6）依照第（3）项，反对全国廉洁、章程与诉讼委员会作出的决议，该机构可以在 30 天内向全国协调委员会申诉，它将在第一次会议上以多数票结果表明态度。全国协调委员会的决议是最终决议。

（7）当有违反党章的情况发生时，全国廉洁、章程与诉讼委员会依照本章程规定决定进行处罚并处理处罚申诉。

第 109 条

（1）全国廉洁、章程与诉讼委员会是由一名全代会选出的主席和全国

协调委员会选出的 8 名委员构成。

（2）全国廉洁、章程与诉讼委员会主席不能担任除全国协调委员会委员之外党内其他全国级别的职务。全国廉洁、章程与诉讼委员会的委员自当选之日起最多 10 天内，要辞去党内全国级别的其他职务。

（3）全国廉洁、章程与诉讼委员会第一次会议将从委员中选出副主席和秘书，并制订全国廉洁、章程与诉讼委员会规章，该规章尊重全国常务办公室的意见并服从全国协调委员会的批准通过。

第 110 条

全国廉洁、章程与诉讼委员会向全代会陈述报告，每年或在有需要时向全国协调委员会陈述报告。全国廉洁、章程与诉讼委员会可以随时申请将涉及的相关问题纳入全国常务办公室、全国指导委员会或全国协调委员会工作日程安排。

第 111 条

（1）每个县级组织，布加勒斯特市组织和境外组织都选出一个县级廉洁、章程与诉讼委员会（县级廉洁、章程与诉讼委员会，布加勒斯特市廉洁、章程与诉讼委员会，境外廉洁、章程与诉讼委员会），由县级协调委员会（布加勒斯特市协调委员会）选出的一名主席和县级常务办公室（布加勒斯特市常务办公室）选出的 4 名委员组成。

（2）县级廉洁、章程与诉讼委员会主席不能在党内担任除县级协调委员会（布加勒斯特市协调委员会）委员之外的其他县级职务。选出的县级廉洁、章程与诉讼委员会委员在当选之日最多 10 天之内，要辞去党内其他县级（布加勒斯特市级）职务。

（3）本章程中提及县级廉洁、章程与诉讼委员会的文本都适用于布加勒斯特市廉洁、章程与诉讼委员会与境外廉洁、章程与诉讼委员会。

（4）县级廉洁、章程与诉讼委员会委员在第一次会议上从委员中选出一名副主席和一名秘书。

（5）县级廉洁、章程与诉讼委员会隶属于全国廉洁、章程与诉讼委员会，按照相同的规章运行。

第 112 条

（1）符合全国廉洁、章程与诉讼委员会赋予的职责，当地方协调委员会、地方常务办公室、县级常务办公室或县级指导委员会的决定决策与党章的规定不一致时，将被提交县级廉洁、章程与诉讼委员会或主动提交到该委员会审理。

（2）当县级廉洁、章程与诉讼委员会认为，第（1）项中涉及的某个机构的决定或决策或是某些相关条款不符合章程，该决定或决议或者相关规定将不再产生影响，视为作废。

（3）不满县级廉洁、章程与诉讼委员会决议的领导机构或党员，可以在 30 天内向县级协调委员会（布加勒斯特市协调委员会）提出申请，经委员会第一次会议投票多数票进行决定。

（4）如果反对县级协调委员会的决议，可以在 30 天之内向全国廉洁、章程与诉讼委员会提出申诉，委员会必须在最多 30 天之内表明态度。全国廉洁、章程与诉讼委员会的决议是最终决议。

第 113 条

（1）涉及未履行党员义务的行为，可以被提交全国廉洁、章程与诉讼委员会，县级廉洁、章程与诉讼委员会（布加勒斯特市廉洁、章程与诉讼委员会）审理或主动提交审理。

（2）涉及被选举或被任命担任党内外全国级职务的党员时，除了被选入全国代表大会的党员外，只能提交到全国廉洁、章程与诉讼委员会审理或主动提交审理。

（3）涉及不担任党内外全国级别职务的党员，只能将县级廉洁、章程与诉讼委员会（布加勒斯特市廉洁、章程与诉讼委员会）作为初审机构。

（4）提交审理之日起 10 天之内，全国廉洁、章程与诉讼委员会，县级廉洁、章程与诉讼委员会（布加勒斯特市廉洁、章程与诉讼委员会）作出决定是否拒绝审理或是否存在违背职责的因素。

（5）如果全国廉洁、章程与诉讼委员会，县级廉洁、章程与诉讼委员会（布加勒斯特市廉洁、章程与诉讼委员会），持续收集到违背职责的因素，在 5 天之内书面通知涉案党员。该党员有权听证并使用所有作证工具保护自己。

（6）在涉案人员接到通知后最多 30 天内，全国廉洁、章程与诉讼委员会，县级廉洁、章程与诉讼委员会（布加勒斯特市廉洁、章程与诉讼委员会）有义务对涉案人员表明态度并向其书面告知已通过的判决。

（7）可以在 10 天之内对县级廉洁、章程与诉讼委员会的决定向县级协调委员会（布加勒斯特市协调委员会）进行上诉，委员会必须在 30 天内处理上诉。在接到县级协调委员会（布加勒斯特市协调委员会）的决议之日起最多 10 天内可以向全国廉洁、章程与诉讼委员会上诉。全国廉洁、章程与诉讼委员会在接到审理提交之日起最多 30 天内，书面告知涉案人员最终判决。

（8）当出现第（2）项的情况，全国廉洁、章程与诉讼委员会的决定在 10 天之内可以向全国协调委员会上诉。全国协调委员会的决议是最终决议。

15B. 全国复核与管控委员会

第 114 条

（1）全国复核与管控委员会的任务是管理党内部经济—财政的机构。

（2）全国复核与管控委员会依照现行法律、党章规定和委员会规章，管理党资金的应用方式与来源，控制适时并正确开支，管理聚集并维护党财产的方式，并且管理党内其他一切经济财政活动，既包括当前的，也包括与竞选活动相关的。

第 115 条

（1）全国复核与管控委员会由全代会选出的一名主席和全国协调委员会第一次会议选出的 6 名委员组成。

（2）全国复核与管控委员会主席不能担任除了全国协调委员会以外的党内全国级别的其他职务。选出的全国复核与管控委员会将在当选之日起最多 10 天之内，辞去党内全国级别的其他职务。

（3）全国复核与管控委员会在第一次会议上从委员会中选出 1 名副主

席和 1 名秘书，并发布全国复核与管控委员会规章，该规章尊重全国常务办公室的意见并服从全国协调委员会的批准通过。

第 116 条

全国复核与管控委员会向全代会陈述报告，并且可以随时申请将涉及的相关问题纳入全国常务办公室、全国指导委员会或全国协调委员会工作会议日程。

第 117 条

（1）每个县级组织、境外组织和布加勒斯特市组织都选出一个县级复核与管控委员会（布加勒斯特市复核与管控委员会，境外复核与管控委员会），由县级协调委员会（布加勒斯特市协调委员会）选出的一名主席和县级常务办公室（布加勒斯特市常务办公室）选出的两名委员组成。

（2）县级复核与管控委员会主席不能担任除县级协调委员会（布加勒斯特协调委员会）委员之外的党内其他县级职务。选出的县级复核与管控委员会委员将在当选之日起 10 天之内，辞去党内其他县级职务。

（3）本章程中提及县级复核与管控委员会的文本都适用于布加勒斯特市复核与管控委员会以及境外复核与管控委员会。

第 118 条

（1）按照各自的权限，全国复核与管控委员会和县级复核与管控委员会可以向各层级领导机构提出处罚已查清的事实。

（2）全国复核与管控委员会每年两次在公开会议上陈述党的财政情况。

五、民主自由党中的职业

16. 民主自由党中的职业管理与候选人资格

16A. 职业管理

第 119 条

民自党活跃分子职业管理的基本原则是政治活动的效率与能力。

第 120 条

根据本章程与各种规章,根据个人的能力并符合相应职务的要求,任何一个活跃分子都可以成为候选在党内担任任何一个职务,或在党外担任在党的政治支持下通过选举或任命在中央或地方机关获得的职务。

第 121 条

(1) 在活动评估和活跃分子所作报告的基础上,并结合党组织的培训课程,由县级常务办公室任命的执行秘书对党的活跃分子的活动进行登记并追踪。

(2) 在面对他登记个人履历所在层级的常务办公室或协调委员会时,任何一个活跃分子都可以提出异议。

(3) 对任何一个活跃分子有关职务候选资格的分析要基于该活跃分子的履历,在当事人在场的情况下进行。

第 122 条

在特殊情况下,全国常务办公室可以批准特例违反政治职业规章规定的年限。

曾经享受过一次违反特例的党员即使在有效期期满之后仍可以继续享受。

17. 党内职务候选资格

17A. 党主席候选资格

第 123 条

(1) 在陈述提案草案之后可以提交党主席候选资格申请。

(2) 如果满足以下条件,任何一名党员都可以成为候选人:

(a) 党龄最少5年,成为活跃分子最少3年;

(b) 与提案小组一同在本章程规定的期限内提交提案草案;

(c) 组成一个35人的提案小组;

(d) 依照本章程,提案草案获得所需的支持;

(e) 依照本章程规定,允许全代会讨论该提案草案。

17B. 除党主席之外其他职务的候选资格申请

第 124 条

候选资格提交方式、批准方式和管理方式的细则都可以在政治职业规章中找到。

18. 党外职务的候选资格申请

18A. 地方或县级职务的候选资格申请

第 125 条

任何一个经过党内候选人竞选获得的或者在政治支持下获得任命的党外职务，相关地方组织必须提交候选资格申请。

第 126 条

依照章程和其他执行规章批准的候选资格必须得到全体党员的支持。

18B. 议会候选资格

第 127 条

（1）国家议会或欧洲议会候选的条件可在民自党政治职业标准规章中找到。

（2）满足第（1）项规定条件并希望成为候选的活跃分子的要在竞选活动开始前至少一年向县级常务办公室（布加勒斯特协调委员会）提交书面申请告知意愿。

（3）在同样的期限内，经全国指导委员会批准，全国常务办公室要告知县级常务办公室（布加勒斯特常务办公室）候选人提议。

（4）在竞选活动开始前6个月，县级常务办公室（布加勒斯特常务办公室）向县级协调委员会（布加勒斯特协调委员会）申请对罗马尼亚议会或欧洲议会候选资格进行投票。

（5）参照第（3）项规定，当全国常务办公室的提议与县级协调委员会（布加勒斯特协调委员会）投票选出的提议出现分歧时，或是出现针对全国廉洁、章程与诉讼委员会的诉讼时，要服从于竞选活动开始前最少30

天全国协调委员会完成的分析。全国协调委员会的决议是最终决议。

（6）在竞选活动开始前最少 6 个月，全国指导委员会告知县级常务办公室（布加勒斯特常务办公室）关于议会选举的候选提议，这些党员都在全代会担任领导职务。

（7）当全国指导主席团与提名党主席、执行主席、全国廉洁、章程与诉讼委员会主席或全国复核与管控委员会主席的县级常务办公室（布加勒斯特常务办公室）看法出现分歧时，由全国协调委员会在竞选活动开始前最少 30 天进行处理。全国协调委员会的决议是最终决议。

（8）欧洲议会选举的候选资格由全国常务办公室批准通过。

18C. 政府和中央公共行政机关职务的候选资格申请

第 128 条

总理和部长的候选资格在全国常务办公室提议下由全国指导委员会批准。

第 129 条

党被授权可任命的各部和其他中央公共行政机关职务，由全国常务办公室提议经全国指导主席团批准候选资格申请。

18D. 罗马尼亚总统候选资格

第 130 条

一旦党作出决议，任何一个满足以下所有标准的活跃分子都可以参加罗马尼亚总统民自党候选人提名程序：

（a）享有全部选举权；

（b）能胜任该职务的一个任期；

（c）证明履历中没有损害个人或党的名誉和形象的情况；

（d）坚持一份基于民主自由党纲领的政治计划；

第 131 条

（1）满足以上条件的活跃分子必须在总统竞选开始前至少 3 个月内，向全国常务办公室提交一份申请。

（2）全国常务办公室有义务考虑符合第（1）项的全部申请。

（3）全国常务办公室提交全国协调委员会审理罗马尼亚总统候选资格名单。

全国协调委员会宣布获得有效票最多的活跃分子成为罗马尼亚总统候选人。

六、其他

19. 合作、联合、吸纳、合并

第 132 条

当发现双方都在实现某些共同目标上表现出兴趣，并且只要时机以及这些目标与民自党政治纲领和章程并不矛盾，经全代会或年度全代会决议，或是依照宪法和法治原则，民自党可以提出并确立与国内外的政治运动、政党和公民社会机构进行合作、联合、吸纳与合并的各种形式。

第 133 条

由全国常务办公室批准通过合作、联合与吸纳。

第 134 条

由全国常务办公室提出并通过民自党与其他政治运动和政党进行合并，由全国协调委员会宣布有效，并在党的第一次全代会上批准。

第 135 条

在县级常务办公室的提议下，只有在获得全国常务办公室批准之后才能进行与公民社团机构、专业社团机构、经济社团机构、文化社团机构、种族社团机构、社会保障社团机构等基于地方或区域利益的合作或联合。

第 136 条

（1）出于民自党的选举利益，为在大选中获得更好的成绩倾向于与其他政党合作时，民自党可以与其他有类似或补充性执政纲领的政党进行选举联合。

（2）由全国常务办公室提出，经全国协调委员会多数票批准通过与其他政党的选举联合。

第 137 条

地方选举联合要在县级常务办公室的提议下，经全国常务办公室批准之后实现。

20. 党的财产与收入

第 138 条

民自党的收入是：党费、赞助费、捐赠、吸纳费、国家预算资金以及其他收入，均符合现行法律。

20A. 党费、赞助费、捐赠

第 139 条

（1）党费是民自党已登记在册的党员每月缴纳的款项。

（2）党费数额由全国常务办公室确定。

（3）依照规定，缴纳党费的证明是在党员证上贴一张邮票，发放一张收据并且登记在册。

第 140 条

（1）赞助费是在党的支持下在中央或地方行政机构获得公职的党员以货币形式的捐助。这是他们应尽的义务。

（2）赞助费的数额由全国常务办公室确定，可以是百分比的形式，也可以是固定数额，与收入挂钩。

第 141 条

捐助是来自自然人或法人的一部分货币或财产和服务，符合法律规定。

第 142 条

在合法的条件下，来自国家预算的资金是由党的财政管理进行支配。

20B. 党的财产

第 143 条

（1）符合法律的条件下，归民自党所有或民自党获得的任意形式的全部动产和不动产构成了民自党的财产。

（2）财产管理、资金使用、租借、转移和其他行为需经党财政管理的同意，依照民自党财政管理组织运作规章进行。

21．民主自由党出版物

第 144 条

（1）为了与活跃分子、党员以及选民长久合作，为了改善自身形象，民主自由党可在国家级别、县级和地方级别编辑、出版和发行自己的刊物，或其他资讯材料与政治文化材料。

（2）全部出版物、资讯材料以及政治文化材料是党的财产，并且必须在出版物或材料的封面对此进行标注。

（3）组建民主自由党出版办公室（PRESPDL）。县级和地方出版物需从民自党财政管理处获取出版许可。

第 145 条

（1）民自党是人民研究所（ISP）的创建者，该研究所依照现行法律运行。

（2）人民研究所推动人民的信条，综合了基督教民主、自由与保守的价值观。

（3）人民研究所为论证并制订公共政策及建立在这些价值观和准则基础上的各部门纲领做出了贡献。

（4）为党内各小组表达有关教义的意见，人民研究所创造讨论环境。

22．临时条款与最终条款

第 146 条

在与政府和第三方的关系中，法律上民自党的代表是主席、主席任命的第一副主席或按情况而定，全国常务办公室任命的人员。

第 147 条

本章程未涉及的规章、工作方法，以及其他特别规定将在全国常务办公室的提议下、经全国协调委员会批准，或按情况而定，由全国常务办公室批准。

第148条

在与另一个政党合并的情况下，一份相关议定书将成为本章程的一部分，在此基础上达成共识从而确定领导机构。

（本章根据2010年罗马尼亚民主自由党全国代表大会通过的《罗马尼亚民主自由党章程》翻译）

（中国社会科学院俄罗斯东欧中亚研究所东欧室　曲岩　译）

第五章 民族主义政党

塞尔维亚进步党纲领[①]

塞尔维亚进步党是一个政治组织：它致力于捍卫塞尔维亚共和国领土完整，创造一个现代民主国家以保护公民的和平与安全，发展现代市场经济以提高民众生活水平，为所有民众争取社会福利。

塞尔维亚进步党为国内民众提供机会，使他们可以利用自己的力量把国家从当前严重的政治、经济、社会危机中拯救出来。

塞尔维亚进步党的政治活动遵循以下10条原则：

1. 捍卫塞尔维亚共和国的领土完整。塞尔维亚进步党认为，科索沃和梅托希亚是塞尔维亚共和国领土的核心，是不可分割的一部分。我们反对任何分裂国家的企图，毫不妥协地保护国家的每一寸领土。同时，塞尔维亚进步党将利用现有的政治、经济措施来进一步完善司法、政治体制，尤其是伏伊伏丁那自治省，遵照宪法，它无论在过去、现在还是将来，都是塞尔维亚不可分割的一部分。

2. 塞尔维亚进步党重申，塞尔维亚及其国内人民有义务帮助流亡在外的塞尔维亚人，尤其是在前南斯拉夫的。塞尔维亚进步党的重要工作之一就是争取生存权、财产权，及被塞尔维亚和克罗地亚驱逐出去的塞族人的回归。同时，塞尔维亚进步党相信与塞尔维亚建立紧密的政治联系和经济共同体是一个现实的政策，从而以民众希望的和平方式建立一个统一的国家。塞尔维亚，作为一个塞尔维亚人的国家，应该保护黑山的塞尔维亚人，使他们能够获得基本的民族权利和自由，保护他们的传统和文化，创

---

① 原文为塞尔维亚语。

造条件，共创美好未来。塞尔维亚进步党认为塞尔维亚之前对流亡在外的塞族人的政策是不合适的，因此将尽可能地帮助他们，使他们有机会成为联系塞尔维亚和其他国家的桥梁纽带，利用他们的知识和经验为塞尔维亚经济和社会发展做出贡献。

3. 塞尔维亚进步党将成立一个稳定的、以法律和宪法为基石的国家。在这个国家里，法律面前人人平等，任何人，无论他有什么背景，必须遵守法律。

4. 塞尔维亚进步党将为尊重宪法、国际条约以及少数民族权利而斗争。塞尔维亚作为一个民族和宗教多样性的国家，必须是一个民族和宗教宽容的、统一的、爱国守法的、友好的国家典范。

5. 塞尔维亚虽然是个小国，但也是一个具有民族自豪感的国家。塞尔维亚进步党认为通过成为沟通东西方的桥梁这种方式来提高国际地位是非常重要的。进步党加强与世界各政党合作，让他们为我们所用。塞尔维亚希望加入欧盟，这一点是毋庸置疑的，但是只能作为一个主权国家加入，科索沃和梅托希亚是塞尔维亚不可分割的一部分。塞尔维亚应该加强与俄罗斯、中国、印度及其他世界政治经济强国的紧密联系，加强双边关系。这样就可以改变那些近年来没有支持我们的国家对塞尔维亚的看法。

6. 在北约和俄罗斯尖锐对立的情势下，军事中立是塞尔维亚唯一的合理选择。军事中立意味着拥有一支可以重拾民族自信心的、装备精良的、专业的、强大的军队，在任何时候都可以保护国家不受潜在的威胁。

7. 塞尔维亚进步党反对腐败和有组织的犯罪，认为如果不坚决打击这些犯罪行为——塞尔维亚最大的敌人——就没有国家经济、社会的发展。

8. 经济繁荣、工业强大、合理利用自然资源、降低失业率是进步党的主要目标。有利的政治氛围，将使学校和教育体制发生改变。加强与世界的合作，重新审视私有化的合法性。目前有利的国际条约可以为塞尔维亚企业创造一个有利的市场经济环境，从而促进经济的迅速发展和生活水平的提高。

9. 塞尔维亚进步党将建立一个社会公平的国家，因为"公平把国家和城市联结起来"。这意味着，在社会生活的每个领域，我们都需要为那些最需要的人创造正常生活条件，他们是：儿童、有特殊需要的人和在过去几十年受到国家残酷剥削的退休人员。每个人必须有医疗保障，不论他的财产状况如何。每个儿童接受教育及展示才华的机会也必须平等。

10. 地区平等和地方自治是塞尔维亚繁荣发展的前提。如果不立即采取措施阻止人口减少及小城市的人往贝尔格莱德和其他大城市迁移，塞尔维亚将失去比较优势，从而丧失了经济复苏的机会。实际上，地方自治并不意味着领土自治，只是增强了地方政府的权力和力量而已。

（本章根据2010年塞尔维亚进步党第二次全国代表大会通过的《塞尔维亚进步党纲领》翻译）

（北京大学国际关系学院　项佐涛　译）

塞尔维亚进步党章程①

深信塞尔维亚进步党的成立符合大多数塞尔维亚民众的期望。我们成立的目的是：捍卫塞尔维亚领土完整，建立一个现代民主国家，以确保全国人民的和平与安全，发展现代市场经济并创造条件使所有人过上有尊严的生活。

我们要使塞尔维亚人不再过的屈辱的生活，阻止那些分裂塞尔维亚共和国的行为，拯救处于严重政治、经济和社会危机的塞尔维亚。

2010年4月24日，塞尔维亚进步党在贝尔格莱德召开第二次大会，通过了塞尔维亚进步党章程。

一、总则

（一）政治活动的基本原则

第1条

塞尔维亚进步党是一个依照纲领、章程及政党法活动的政治组织，我们的党员是自由的、负责任的。

第2条

塞尔维亚进步党将努力实现以下目标：

1. 捍卫塞尔维亚领土完整，坚持认为科索沃和梅托希亚、伏伊伏丁那自治省是塞尔维亚不可分割的一部分。

---

① 2010年通过，原文为塞尔维亚语。

2. 保持国家稳定，尊重宪法及法律法规，并使之成为国家政权的基石。

3. 投资农业以恢复经济，建立一个强大的经济体，从而促进国家发展，降低失业率。我们认为，在发展经济的同时要合理利用自然资源。

4. 帮助那些流亡在外的塞尔维亚人，尤其是在前南斯拉夫的。

5. 尊重人权及少数民族权利。

6. 建立一个社会公正的国家，在创造财富面前人人平等，在社会活动的所有领域给儿童、残疾人、退休人员及其他弱势群体提供正常便利。

7. 各地区均衡发展，实行地方自治，发展农村经济以阻止人口减少及人口往贝尔格莱德及其他城市迁移。

8. 提高塞尔维亚的国际地位，与科索沃和梅托希亚一起加入欧盟。加强与俄罗斯、中国、印度、巴西和其他大国的紧密联系和传统友谊。

9. 保持军事中立，军事中立意味着拥有一支可以重拾民族自信心的、装备精良的、专业的、强大的军队，在任何时候都可以保护国家不受潜在的威胁。

第 3 条

进步党遵守宪法、法律，尊重那些合理、合法的原则。

开展政治活动时，进步党利用议会和非议会的民主的、非暴力方式反对非民主的、极权的或者其他暴力方式。

第 4 条

为了实现党的纲领和目标，进步党将与国内外的其他政党、政治组织合作。

第 5 条

党的工作、活动都是公开透明的。这种公开透明是通过以下方式实现的：加强与媒体的沟通与合作，召开公开会议、讨论和圆桌会谈，通过网站及其他方式加强党员、选民及支持者和其他公民之间的联系。

（二）名称、总部、象征及代表

第 6 条

在政治活动及政党中使用缩写形式"进步党"，党的全称是"塞尔维亚进步党"。

第 7 条

政党总部设在贝尔格莱德。

第 8 条

主席代表该党。

如果主席未能履职，由副主席代替。

主席也可以授权其他人代表党。

党主席可以授权执委会主席代表党开展如下与选举有关的工作：提交地方候选人名单；对地方选举情况提出意见；向负责地方选举的人员提出建议；分配候选人名额名单；发布命令等。

第 9 条

塞尔维亚进步党的标志是带有党徽的圆形图章，边上是用西里尔字母写着"塞尔维亚进步党——贝尔格莱德"。

执委会的标志是带有党徽的圆形图章，边上是用西里尔字母写着"塞尔维亚进步党——执委会"。

州委员会的标志是带有党徽的圆形图章，上面用西里尔字母刻着"塞尔维亚进步党——州委员会"及州的名字。

市委员会的标志是带有党徽的圆形图章，上面用西里尔字母刻着"塞尔维亚进步党——市委员会"及城市的名字。

区委员会的标志是带有党徽的圆形图章，上面用西里尔字母刻着"塞尔维亚进步党——区委员会"及区的名字。

第 10 条

塞尔维亚进步党有一个盾形徽章，仪仗旗，党旗，党歌。

进步党的徽章图案是金色边框和白色十字盾牌，左上角和右下角有四个"塞尔维亚十字架"；右上和左下角是白色双头鹰，盾牌下面有一个金色丝带，上面的红色字母写着"塞尔维亚进步党"。

依仗旗是长方形的，水平分成三部分，上部是红色的，中间为蓝色的，底部是白色的。在蓝色区域中间是冠状的用金色字母写的"塞尔维亚进步党"。旗的长宽比是 2∶1。

党旗是白色的、长方形的，其长度和宽度的比例是 3∶2，上面有两个垂直的菱形。红色菱形在左边，蓝色菱形在右边。菱形下面写着："塞尔维亚进步党"。

党歌叫《在远方》

党的纪念日是圣佩特卡节，每年 10 月 27 日。

二、党员

第 11 条

任何塞尔维亚成年人，只要接受党纲、党章，不做损害党声誉的事，并自愿提交申请，都可以申请入党。

申请入党后就不能再加入其他党或政治组织。

（一）党员

第 12 条

入党的程序是申请人先向所在地的州委员会提交申请。

州委员会需要在 8 天内向市委员会提交申请。

第 13 条

市委员会需要在 30 天内决定出申请人是否符合条件，并通知州委员会和候选人。

如果 30 天内市委员会没有作出决定，意味着不同意入党。

第 14 条

如果没有通过申请，申请人可以在 15 天内以书面的形式向区委员会申诉。

接到申诉 8 天内市委员会需要向区委员会对否决入党的原因作出书面

声明。

区委员会必须处理申诉，15 天内答复申诉人及州委员会。

如果 15 天内没有答复，就说明不同意申诉。

第 15 条

对区委员会的决定不满的，可以在 15 天内以书面形式向执委会上诉。

区委员会需要在 8 天内向执委会作出否决的原因说明。

执委会需要 30 天内给出答复。执委会的决定具有最终效力，不能再上诉。

（二）荣誉党员

第 16 条

荣誉党员可以是塞尔维亚公民，也可以是对党做出重大贡献的外籍人士。

主席同意后中央委员会可以授予某人荣誉党员的称号。

授予荣誉党员的决议具有最高效力，不能做出法律补救。

（三）入党

第 17 条

经主席同意后，中央委员会可以批准其他政党或政治组织加入，当然前提是已经解散了的政党或政治组织。

介绍其他政党或政治组织加入的决定具有最高效力，不能做出法律补救。

（四）党员证、党员档案

第 18 条

党员有党员证。

党员证的内容及申请形式由主席决定。

党员档案保存在电脑里，由执委会负责保管。

中央委员会负责制定管理档案的办法，并及时更新档案。

(五) 党员权利

第 19 条

党员有如下权利：

平等地参加党的活动；自由地表达自己观点，及对党章、党纲的看法；

参与党的政治策略的制定及实施；

知情权；

选举和被选举权；

是官方的选举候选人；

如果参加活动受到迫害可以受保护；

党章规定的其他权利。

(六) 党员的义务

第 20 条

党员义务如下：

向公众传达党的目标、政治观点及决议；遵守党的章程及决议；维护、提高党的声誉；帮助党赢得大选；有人申请入党时投票；缴党费；履行党章规定的其他义务。

(七) 党费

第 21 条

党费数额是由执委会决定的；党员必须定期交党费；市委员会每年会免除一些经济状况不好的人的党费，这需要党员申请；执委会对收支情况做出记录，每 3 个月向主席汇报一次；州委员会至少 1 个月向执委会汇报党费情况。

第 22 条

党员需要通过捐助等形式在物质上支持党；不过不会因此获得额外权利。

(八) 停止党员资格

第 23 条

在以下情况下党员资格停止：死亡、退党、因加入其他党而被开除；在没经过党批准的情况下成为独立候选人或其他政党候选人。

相关机构需要及时把停止党员资格的人添加到记录中。

第 24 条

退党声明需要以书面形式向相应的市委员会申请，同时附以口头形式。

退党的人可以两年后重新申请入党。在有正当理由的情况下，两年以内也可以重新入党。

第 25 条

因为加入其他党（未经进步党批准成为独立候选人或其他党候选人）而被取消党员资格的，从市委员会作出决议时资格终止。

如有异议，15 天内以书面形式向区委员会申诉。

再有异议的 15 天内以书面形式向执委会申诉。

因为加入其他党而被取消资格的，四年后可以重新入党，重新入党两年后获得选举权和被选举权。

如果区委员会、市委员会、执委会不依照该条款行事，主席可以作出最终裁决。

(九) 暂停党员资格

第 26 条

如果每年 6 月 1 日之前不交党费，或者相应机构对其停职，他将暂时失去选举权和被选举权。

那些因为经济状况免除党费的，如果每年 6 月 1 日之前不提出申请，也会被暂停党员资格。

暂停党员资格的决定是由所在地的市委员会作出的，如有异议 15 天内可上诉。

党员缴费后资格恢复，资格恢复后党组织要及时通知党员，并在记录上作出修改。

暂停资格的时间由纪律部门决定。

党需要及时通知暂停党员资格的人及暂停时间，并作好记录。

（十）党员应负的责任

第 27 条

如果做了损害党的利益和声誉的事，党员要受到相应的政治、纪律处分。违反党章、党纲，要被处罚。

（十一）少数派的权利

第 28 条

不需要对自己在党的机构内表达的观点或投的票负责任。

三、党的机构

第 29 条

国家级机构：

1. 大会；

2. 中央委员会；

3. 主席；

4. 副主席；

5. 中央委员会副主席；

6. 主席团；

7. 执委会；

8. 法律委员会；

9. 监察委员会。

地方机构：

1. 州委员会；

2. 和州委员会具有同等地位的市委员会；

3. 市委员会；

4. 和市委员具有同等地位的区委员会；

5. 支部。

科索沃和梅托希亚还没有条件成立自治省委员会的，该地区工作由"科索沃和梅托希亚"协调委员会负责。

（一）代表大会

第 30 条

代表大会是党的最高权力机关。

大会主持常规会议和特殊会议。

a. 召开议会

第 31 条

主席或中央委员会负责召集代表大会。

常规会议一年召开四次，特别会议在下述情况下召开：

1. 主席的提议下；

2. 半数中央委员会成员的提议下；

3. 半数大会成员的提议下；

4. 主席或副主席结束任期时；

常规会议需在规定时间的 30 天内召开，特别会议需在召开必要条件完全满足的 8 天内举行，也就是说可以在它召开日期 30 天内举行。

b. 代表大会机构

第 32 条

由 3200 名代表组成。

代表可以是专职代表或选举出来的。

专职代表包括：主席、副主席、主席团成员、中央委员会成员、委员会主席、法律委员会主席、监察委员会主席。

选举出来的代表包括：3000 名通过区委员会秘密选举的代表，以及在主席的要求下中央委员会选举出来的 200 名有声望的代表。

代表任期是四年。

每个区委员会的代表人数由中央委员会决定，不少于10名。

在决定每个市委会代表人数时，中央委员会需要认真考虑每个区的党员人数及党获得的选票数。

第33条

代表资格在下列情况下终止：辞职、死亡、被取消其党员资格。

相应机构可以撤销代表资格。

代表职务结束时代表任期终止。

c. **代表大会的权限**

第34条

1. 通过党纲及党纲修正案；
2. 通过党章及党章修正案；
3. 决定党的总方针；
4. 任命、罢免主席、副主席；
5. 任命、撤销主席团成员；
6. 任命、撤销中央委员会成员；
7. 任命、撤销法律委员会成员；
8. 任命、撤销监察委员会成员；
9. 审查并通过主席、副主席、主席团、中央委员会、法律委员会和监察委员会的工作报告；
10. 审查自己的工作。

d. **代表大会通过决议**

第35条

如果过半数代表出席代表大会，大会就可以通过决议。

过半数代表同意，大会可以制定决议。

修订党纲、党章及弹劾主席和副主席的决议需要过半数代表同意。

第36条

代表大会由主席主持。

如果主席未能出席，由副主席主持。

在主席、副主席都不能出席的情况下，由他们指定一名中央委员会副主席主持。

中央委员会过半数成员都不能出席的情况下，出席代表的过半人数指定一名代表主持。

召开大会及进行选举，是由代表大会的章程和规章规定的。

（二）中央委员会

第 37 条

中央委员会是两次大会期间党的最高决策机构。

党主席同时也是中央委员会主席。

党的副主席也是中央委员会副主席。

中央委员会至少三个月内开一次会。

a. 中央委员会的构成

第 38 条

中央委员会成员为 400 人。

中央委员会由常设委员和委任委员组成。

常设委员包括：进步党主席和副主席、中央委员会副主席、党员、地方议会主席、法律委员会主席、监察委员会主席、信息中心主席、州委员会和市委员会主席及受托人。

委任委员是指在主席的提议下代表大会任命的人员，每届任期四年。

第 39 条

下列情况下中央委员会委员的资格终止：

辞职、结束任期或者终止党员资格的。

代表大会也有权终止他们的任期。

党内职务结束时中央委员会委员资格随之结束。

b. 中央委员会的权限

第 40 条

1. 制定党的政策；

2. 筹备代表大会及落实代表大会决议；

3. 决定党纲、党章及其修正案；

4. 协调各机构间的冲突；

5. 选举、罢免中央委员会的四名副主席；

6. 选举、罢免执委会主席；

7. 在党主席的提议下，中央委员会通过选举纲领，确定国家级和省级的选举联盟；

8. 分析、评估选举结果；

9. 推荐党员担任公共职务；

10. 确定议会选举人名单；

11. 决定加入国内、国际组织；

12. 审查、评估主席的述职报告；

13. 负责召集罢免主席、副主席的大会；

14. 决定党内资产的处置；

15. 审查并通过监察委员会的财务报告；

16. 审查并通过执委会报告；

17. 评估自己的工作及其权限内的其他活动；

18. 履行党章规定的其他职责。

中央委员会可以分配给其他机构一些自己的工作。

在特殊情况下，经三分之二委员同意，中央委员会可以代行代表大会职权。不过，在作决议之前，要征求法律委员会的意见。

c. 中央委员会的运作

第 41 条

中央委员会的工作主要在开会期间体现出来。

中央委员会可以按照委员的书面声明作出决议。

党主席负责召开、主持中央委员会会议。

在超过 210 名中央委员会委员要求下，党主席要召开中央委员会。

第 42 条

中央委员会的会议是公开的。

当然，中央委员会大多数委员同意，如果公众不参加也可以。

第 43 条

中央委员会委员过半数出席就可以召开会议。

在党章没有特殊规定的情况下，中央委员会依据多数原则作决议。

（三）党主席

第 44 条

主席代表党、管理党。

主席任期四年。

主席向大会和中央委员会作工作报告。

a. 主席的选举

第 45 条

主席是由大会秘密投票选举出来的。

至少 15 个区组织联名才能提名主席候选人。

主席候选人的提名需要以书面形式提交给大会。

第 46 条

党主席是选举中赢得大多数选票的候选人。

如果没有一个候选人赢得多数票，得票最多的两个人再次进行选举。

在第二次选举中，获得最多选票的候选人当选。

b. 党主席任期终止

第 47 条

任期终止，主席职能随之终止。

主席任职到期后可以重新当选。

在任期结束前，如果发生下述事情，主席职权停止：辞职、终止党员资格、被代表大会罢免。

第 48 条

如果主席没有履行大会决议或违反党章、党纲，大会可以在过半数代表同意的情况下弹劾主席。

在程序上，罢免主席是由中央委员会或三分之一代表先提出来。

按照惯例，大会罢免主席是经过秘密投票；公众投票也可以罢免主席。

当接到弹劾主席或副主席的提案时，中央委员会副主席需要召开特别会议。

弹劾主席的会议同时也是新主席当选的会议。

c. 主席的权限

第 49 条

1. 按照法律、党章、党纲规定，主席在国内外代表党；

2. 履行党的功能，开展相关活动；

3. 监督大会决议实施情况，遵照党纲实施党的政策，规划党的政治议程；

4. 召开、主持大会；

5. 召开、主持中央委员会会议；

6. 召开、主持主席团会议；

7. 给其他干部分配工作；

8. 提名副主席、中央委员会副主席、执委会主席及 10 名委员候选人名单；

9. 中央委员会制定选举纲领，确定候选人名单；

10. 批准地方联盟的成立；

11. 汇报党和中央委员会的工作；

12. 指定代表出庭或应对其他权力机关；

13. 任命代理人；

14. 任命顾问；

15. 在紧急情况下，主席可以罢免撤销中央委员会主席、市委员会主席；

16. 决定委员会候选人名单；

17. 履行党章规定的其他职能及大会和中央委员会分配的工作。

(四) 副主席

第 50 条

在主席不能履职的情况下，副主席代行主席职权。

在主席职能终止的情况下，副主席负责召开特别会议。

向大会、中央委员会、主席作工作报告。

副主席的任期是四年。

a. 选举

第 51 条

副主席是在主席的提议下由大会选举出来的。

如果赢得多数票，提名的候选人就会当选。

对副主席的选举和弹劾是依照相关的选举、罢免程序进行的。

b. 副主席职能终止

第 52 条

副主席任期终止，职能随之终止。

任期结束的副主席可以再次当选。

在任期结束前，发生下列情况，副主席职能终止：辞职、党员资格终止、被大会罢免。

如果没有履行大会决议，或违反党章、党纲，代表大会可以在过半数代表同意的情况下罢免副主席。

第 53 条

弹劾副主席是由主席、中央委员会或三分之一代表提出。

当接到弹劾提案时，主席或中央委员会副主席需要召开特别大会。

在召开弹劾副主席的大会时，选举新的副主席的大会同时召开。

(五) 中央委员会副主席

a. 选举

第 54 条

中央委员会有四名副主席，他们是在主席的提名下在中央委员会大会上当选的。

提名的候选人如果获得多数票,就能当选。

中央委员会副主席的任期是四年。

b. 职能的终止

第 55 条

任期终止时中央委员会副主席职能随之终止。

任职期满后副主席可以重新当选。

在任职期满前,发生下列情况任期结束:辞职、终止党员资格或被罢免。

如果没有履行大会决议,或违反党章、党纲,中央委员会可以在过半数代表同意的情况下罢免副主席。

c. 权限

第 56 条

中央委员会副主席协助党主席开展中央委员会工作。

向主席和中央委员会作工作报告。

(六) 主席团

a. 权限

第 57 条

主席团是党的政治和运作机构,它定期传达、分析当前的政治局势,确定总体的政治立场,履行政党持续运转的其他职能。

主席团主席:

1. 管理在政府的党代表;

2. 在党主席的授意下,任命、解职州委员会主席、市委员会主席及执委会的 10 名成员;

3. 在党主席的授意下,任命国家层面的委员会;

4. 制定自己的工作章程;

5. 履行中央委员会和党主席制定的职责;

6. 履行党章规定的其他义务。

b. 构成

第 58 条

主席团由 30 人组成。

主席团由两部分组成：常务委员和选举委员。

惯例委员包括党的主席、副主席，中央委员会及执委会副主席。

选举委员是由主席提名的党内德高望重的人，任期四年。

c. 职能终止

第 59 条

下列情况下主席团成员职能终止：辞职、任期结束、党员资格被终止。

代表大会可以弹劾选举出来的主席团成员，中央委员会也可以罢免他们。

主席团的选举委员不遵守代表大会、中央委员会的决议或者违反党纲、党章的规定，就会被罢免或暂停资格。

因领导职务成为主席团成员的，如果领导职务结束，他们的资格也终止。

（七）主席团大会

第 60 条

主席团由党主席领导，如果主席不在，副主席代为管理。

过半数成员出席，主席团可以召开会议。

在大多数成员同意的情况下主席团才能作出决议。

主席团的会议及选举程序按照主席团规章进行。

（八）执委会

a. 构成

第 61 条

执委会是主席团和中央委员会的执行机构。

执委会由中央委员会主席、州委员会主席、市委员会主席、科索沃和梅托希亚联合委员会主席、区大会主席、主席团任命的10人及书记组成。

b. **执委会主席**

第 62 条

在党主席的提名下，赢得多数票的人执委会主席有权任命和解散执委会。

执委会主席的任期是四年。

执委会主席向党主席、主席团和中央委员会作工作报告。

第 63 条

任期结束时执委会主席的职能随之终止。

任期结束后，执委会主席可以再次当选。

在任期结束之前，在下述情况下执委会主席会失去职位：辞职、党员资格终止、被罢免。

c. **执委会副主席、书记**

第 64 条

执委会副主席和书记是在党主席的提议下以多数票当选的。

执委会副主席和书记协助主席管理自己权限内的事务。

在主席缺席的情况下，副主席代行主席职务。

副主席和书记的任期是四年。

书记有自己的助理。

第 65 条

任期结束时副主席和书记的职能终止。

任期结束后他们可以再次当选。

在下列情况下副主席和书记的职能结束：辞职、失去党员资格、失去执委会成员资格或者被罢免。

在执委会主席的提议下，如果多数票通过，执委会可以罢免副主席和书记，前提是他们没有履行中央委员会、党主席、主席团和执委会的职责，或者违反了党章、党纲。

d. 执委会权限

第 66 条

执委会：

1. 要执行中央委员会、主席和主席团的决议；

2. 决定一些与党组织有关的事项；

3. 讨论党的组织形式；

4. 监督、分析、协调党的地方机构的工作，并提出适当的建议；

5. 决定国内外委员会的设立；

6. 决定对区委员会主席的罢免；

7. 解散支部委员会；

8. 规范地方组织的选举进程，使之符合中央委员会制定的简章；

9. 对州委员会的行动和疏漏提出意见；

10. 规范自己的流程与规则；

11. 履行党主席、中央委员会和主席团委派的职责；

12. 履行党章规定的职能。

执委会一个月至少开一次会，在有需要的时候也会召开会议。

会议由主席主持，如果主席缺席，副主席代为主持。

（九）竞选指挥部

第 67 条

竞选指挥部是在选举时候成立的。由党主席、副主席及执委会委员组成。

竞选指挥部负责：

1. 选举及竞选活动的筹备工作；

2. 通过竞选活动的方案、纲领；

3. 选举运动的实施；

4. 散发党的宣传、竞选材料；

5. 协调选举工作；

6. 完成党主席、中央委员会和主席团交代的其他工作。

（十）法律委员会

第 68 条

法律委员会由一名主席和四名委员组成，他们是在党主席的提名下由主席团任命的。

法律委员会委员是律师。任期四年。

对法律委员会主席和委员的任命、撤职是依据主席团制定的流程和规则进行的。

第 69 条

法律委员会：

1. 解释党章及其他一般法案；

2. 按照中央委员会或主席团的决议制定党章修正案；

3. 制定党的一般法案修正案；

4. 确定各机构的决议与党章是否一致；

5. 向主席团汇报工作；

6. 通过自己的规则与程序；

7. 解释党章和其他一般议案。

法律委员会的解释对党的所有机构、成员来说具有最高效力。

（十一）监察委员会

第 70 条

监察委员会是党的检察机关，任期四年。

由主席团任命的一名主席和四名委员组成。

监督党的财务运作情况。

管理党的收支、财政资源的使用和管理。

向中央委员会作关于财务运作的内部控制的报告。

每位党员都有权查看监察委员会的报告。

监察委员会向主席团作工作报告。

对监察委员会主席及委员的任命、撤职是依据大会制定的规则和章程进行的。

四、地方党组织

(一) 支部委员会

第71条

支部委员会的设立是为了在区的部分区域执行党的决议。

支部委员会设在地方、乡村或社区、投票点。

区委员会决定支部委员会的数量。

第72条

支部委员会的权限：

1. 扩大党组织；

2. 吸纳新成员，收党费；

3. 向区委员会推荐区委委员和党在区政府官员的候选人；

4. 向党地方组织的选举大会推荐代表；

5. 核查区委员会决议的实施情况；

6. 筹备并组织竞选活动；

7. 争取选票；

8. 履行党章和一般议案规定的其他职能。

支部委员会一个月至少召开一次。

第73条

支部委员会的构成如下：支部委员会主席、副主席、秘书长及居住或工作在本地区的所有成员。

如果支部委员会的成员不到10人，或者主席还没有选举出来，支部委员会的工作由区委员会任命一名代表代行。

被委派的代表负责支部委员会工作，并向区委员会汇报工作。

第 74 条

不足 100 人的支部委员会在超过 20% 的委员出席的情况下，决议生效。

超过 100 人的支部委员会在不少于 20 名委员出席的情况下，决议生效。

为了使决议有效，支部委员会主席需要通知所有委员会议召开的时间、地点。

第 75 条

支部委员会主席负责支部委员会工作。

任何支部委员都可以提名主席候选人。

主席通过多数票当选。

如果候选人有多名，并且都没有赢得多数票，对得票最多的两名候选人再次投票。

第二次投票中得票最高的候选人当选。

如果有人认为这次选举违反党章及相关法案，可以在选举结束后的 8 天内以书面形式提出申诉。

区委员会需要在收到申诉后 15 天作出处理。

如果 15 天内没有答复，说明申诉被否决。

第 76 条

对区委员会的处理不满的，可以在 8 天内以书面形式向州委员会申诉。

申诉必须以书面形式提交给区委员会。

区委员会需要在 8 天内将申诉书和自己的处理向州委员会作出书面解释。

州委员会需要在 15 天内作出答复。

州委员会的决定具有最高效力，不能继续申诉。

第 77 条

支部委员会主席任期为两年。

任职期满后支部委员会主席职能终止。

任职期满的可以再次当选。

在任职期满前,在下列情况下当选的主席职务终止:辞职、停止党员资格、被支部委员会或州委会罢免。

如果主席未能履行职责或违反党章、党纲,州委员会在征求区委员会意见后可以罢免主席。

主席任职期满后,区委员会任命一名代表代行主席职务,直到新主席当选。

第 78 条

支部委员会可以有四名副主席。

副主席人数由区委员会决议。

支部副主席协助主席工作,在主席缺席的情况下代行主席职权,同时也负责主席交办的其他工作。

支部委员提名副主席候选人。

支部委员会副主席的选举和停止职务根据关于支部主席的相关规定。

第 79 条

支部委员会书记执行支部主席委派的行政性、地方性工作及其他工作。

支部委员会主席指定书记候选人。

支部委员会书记的当选及停止职务是根据关于支部主席的相关规定。

第 80 条

如果支部委员会没有履行党章及其他一般议案规定的义务,或者违反党纲、党章,州委员会有权解散支部委员会。

州委员会解散支部委员会的决议需多数票通过。

在决定解散前,州委员会须事先征求分管的区委员会的意见。

对解散有异议的,支部委员会和分管的区委员会可以在 8 天内向执委会提出申诉。

对执委会裁决不满的,支部委员会和分管的区委员会可以在 8 天内向中央委员会申诉。

（二）地方党组织的选举大会

第 81 条

区级组织的选举大会由区委员会负责召开，事先征得分管的州委员会、代理人或协调者的同意。

区级组织的选举大会需要州委员会主席（代理人、协调者）出席。

支部委员会的代表出席区级组织的选举大会。

支部委员会派一名代理人和一些代表。

选举大会召开前七天须通知代表会议召开的时间和地点。

代表可以依据其职务产生，也可是选举产生。

依据其职务产生的代表包括：区委员会主席、副主席、秘书长及支部主席。

选举产生的代表由支部委员会通过秘密选举，任期两年。

代表名额取决于支部委员会的人数：

100 人的 1 名代表；

100—200 人的 2 名代表；

200—500 人的 3 名代表；

500—800 人的 6 名代表；

超过 800 人的 12 名代表。

出现下列情况时，代表任期结束：辞职、任届期满、终止党员资格。

支部委员会可以罢免代表。

第 82 条

地方党组织的选举大会设立了核查委员会和选举委员会。

在会议开始前，核查委员会决定出席代表的人数和法定人数。

选举委员会确定选举结果。

两个委员会都由 5 人组成，核查委员会委员可以不是会议代表，选举委员会委员必须是会议代表。

在选举前，代表通过公开投票决定选举大会是通过公开投票还是秘密投票方式进行表决。

第 83 条

地方党组织的选举大会：选举及撤销区委员会主席、秘书长及区委员会委员。

区委员会主席的候选人可以由州委员会提名，或者至少四分之一代表提名，一位代表只能提名一位候选人。

获得多数选票的候选人当选区委员会主席。

如果候选人是多名，而且没有候选人赢得多数票，对赢得最高票数的两名候选人再次投票。这样，两人中高票数者当选。

当选的主席提名书记。

第 84 条

地方党组织的选举大会在多数代表出席的情况下具有法律效力。

出席选举大会的代表多数同意，决议可以通过。

区委员会主席的选举秘密表决。

选举大会可以决定主席的选举公开进行。

区委员会主席负责召集选举大会。

最年长的和最年幼的代表协助主席工作。

地方党组织的选举工作根据中央委员会通过的一般法案进行。

（三）区委员会

第 85 条

区委员会是为了在区执行党的政策而设立的机构。

区委员会的办公场所就设在区里。

第 86 条

区委员会：

1. 组织党在区里的工作；
2. 在区里落实党的政策；
3. 实施党的决议；
4. 指派竞选指挥部，组织和实施选举运动；
5. 在党主席的同意下，决定地方选举联盟；

6. 决定支部委员会的人数和构成；

7. 任命支部委员会的代理人；

8. 建议州委员会解散支部委员会；

9. 提名副主席候选人；

10. 提名区长候选人；

11. 决定区议员候选人名单；

12. 提名市委员会候选人名单；

13. 决定入党人员名单；

14. 监督党的官员在地方政府的工作；

15. 挑选市委员会的财务人员；

16. 对支部委员会工作的失误提出异议；

17. 履行党章和一般议案规定的其他义务；

18. 区委员会有自己的印章和银行账户。

第 87 条

区委员会包括：主席、副主席、委员会主席、秘书长及区委员会管辖的所有支部委员会主席。

一个县党员人数超过 50 人、有三个以上支部委员会的就可以成立区委员会。

在成立区委员会的所有条件没有满足之前，区委员会的事务由党主席任命的委员管理。

区委员会委员有责任成立区委员会，及向州委员会、执委会和党主席作工作报告。

第 88 条

四分之一区委员会委员出席，区委员会就可以召开会议。

区委员会的决议以多数票通过为准。

区委员会召开会议之前，主席需要通知所有委员开会的时间、地点。

第 89 条

区委员会主席全面负责区委员会的工作。

主席任期为两年。

期满后自动停止主席的职务。

期满的主席可以再次当选。

在期满前，下列情况下主席不能履行职务：辞职、终止党员资格、被地方党组织的选举大会或执委会罢免。

执委会可以在州委员会的提议下罢免区委员会主席，如果他们没有履行上级机构的决议或违反党章、党纲。

主席职务停止后，党主席指定一名代理人代行工作，直到新主席当选。

第 90 条

区委员会最多可以有四名副主席，这取决于党员人数和他们管辖的支部委员会的数量。

副主席的人数由州委员会决定。

副主席协助主席工作，在主席缺席的情况下代替他们工作，同时负责区委员会主席交办的其他工作。

副主席根据区委员会主席的提名由区委员会以多数票的形式选举。

第 91 条

区委员会书记负责主席交办的及议会的一些行政性、技术性工作。

书记候选人由区委员会主席提名。

书记有一名助理。

第 92 条

如果区委员会没有履行党章及一般议案规定的职能，或者违反党章、党纲，执委会可以解散区委员会，同时指定一名委员代为工作。

解散区委员会的决议需要在执委会以多数票通过。

在决定解散区委员会之前，执委会需要征求党及相应的州委员会主席团的意见。

对解散持有异议的，区委员会及相关州委员会可以在八天内向中央委员会申诉。

（四）州委员会

第 93 条

州委员会是党在一些行政区实施政策的机构。

办公场所设在行政区总部。

第 94 条

州委员会：

1. 组织党在州里的工作；

2. 落实党在州里的政策；

3. 实施党的决议；

4. 在区委员会的提议下，制定议员名单；

5. 在党主席团的许可下，批准独立候选人的提名及其他政党、联盟或社团名单；

6. 成立选举指挥部，组织和发动选举运动；

7. 决定区委员会的成立并监督他们的工作；

8. 提名区委员会代理人；

9. 对执委会解散区委员会的决定提出自己的看法；

10. 监督地方政府党的干部的工作；

11. 挑选州委员会的财务人员；

12. 对州委员会的行动及失误提出自己的意见；

13. 履行党章及一般议案规定的其他义务；

14. 州委员会有自己的印章和银行账户。

第 95 条

州委员会包括：主席、副主席、秘书长、州委员会管辖的所有区委会主席。

在州所辖的一半以上区建立区委员会后，可以成立州委员。

成立州委员会的所有条件满足后，成立的相关事宜由党主席任命的州委员会委员负责。

州委员会委员负责成立州委员会并向党主席汇报工作进程。

第 96 条

州委员会主席需要在开会前通知所有委员开会的时间和地点。

多数委员出席的会议通过的决议才能生效。

州委员会在多数票通过的情况下才能作出决议。

第 97 条

州委员会主席负责议会工作。

主席的任期为两年。

主席是由党的主席团任命的。

任职期满后州委员会主席职能结束。

任职期满的主席可以再次当选。

期满前，在下列情况下当选的主席终止任期：辞职、终止党员资格或被主席团罢免。

如果州委员会主席未能履行上级决议，或者违反党章、党纲，主席团可以罢免他们。

州委员会主席职能终止后，由党主席任命的代理人代行主席职权，直到新主席上任。

第 98 条

州委员会可以有四位副主席。

州委员会副主席的人数是由执委会决定的。

副主席协助主席工作，在其缺席的情况下代替主席工作，同时完成主席交付的其他工作，及委员会自身的工作。

副主席是在主席的提名下以多数票当选的。

州委员会副主席也可以执行市委员会主席的功能。

州委员会副主席职能的终止服从相应终止规则。

第 99 条

州委员会书记负责州委员会主席和州委员会交代的工作。

书记候选人由州委员会主席提名。

书记在州委员会有一名助理。

第二部分　主要政党内部规章制度

第 100 条

如果州委员会没有履行党章和一般议案规定的职能,或者违反党章、党纲,主席团可以解散州委员会及任命的代理人。

在解散前,主席团需要听取执委会的意见。

主席团在多数代表同意的情况下才可以解散州委员会。

对解散州委员会持不同意见者不能申诉。

(五) 城市里的党组织

第 101 条

在贝尔格莱德,党的活动遵照相关行政区划(州委员会)的章程条款。

下设区并建立任命市和区委员会委员选举系统的市,设立市委员会。按照党章规定,其地位依照取决于所辖行政区划。据此,市委员会主席既可以是区委员会的主席,也可以是市所在州的州委员会的委员。

他们的工作、选举及罢免按照第 97 条进行。

所辖的区设立区委员会。

下设三个或少于三个区的城市,市委委员或党在市政府的官员的候选人名单,由市委员会和区所有支部的主席决定。据此,市委员会主席也可以是市所在州的州委员会主席。

他们的工作、选举及罢免,按照第 97 条进行。

所辖的区设立区委员会。

未设立区的城市,市委员会参照区委员会条例活动(市委员会相当于区委员会)。据此,市委员会主席也可以是市所在州的州委员会主席。

将要建立区的城市,市委员会也要在所辖区设立区委员会。

在所辖一半以上区建立区委员会的市,在执委会的要求下,中央委员会参照本章程第 2 条的规定,管理市委员会。

五、党的其他机构

(一) 咨询委员会

第 102 条

咨询委员会是监督和讨论的咨询机构,他们也向党提出一些战略性意见,提供一些援助。

党有如下咨询委员会:

1. 经济事务委员会

2. 农业和农村发展委员会

3. 工业委员会

4. 自然资源、环境和可持续发展委员会

5. 能源委员会

6. 法律事务委员会、特别司法委员会

7. 科学技术委员会

8. 社会服务、体育和青年委员会

9. 健康与社会事务委员会

10. 文化委员会

11. 安全委员会

12. 防御委员会

13. 儿童关爱与人口委员会

14. 退休人员委员会

15. 交通与通讯委员会

16. 少数民族委员会

17. 国际合作委员会、与俄罗斯和欧洲合作特别委员会

每个委员会的规模和构成是在党主席的授权下由主席团决定的。

专业委员会的设立一定程度上改变了主席团的权限和组织结构。

州委员会和区委员会独立决定州委员会和区咨询委员会的设立,不过

要依照党的委员会设立条款并且事先征得执委会同意。

（二）新闻部门

第 103 条

新闻部门：

1. 负责通知党员和党的宣传；

2. 负责宣传材料的封面和组织党的宣传

3. 与媒体打交道

4. 编辑党报

5. 管理党的网站

6. 履行党章及一般议案规定的其他职责。

新闻部门的主席及成员是主席团在党主席的授权下选举出来的，对他们的撤职也是依照同样的程序。

关于新闻部门组织规则和运作体制的更多信息，请参阅中央委员会一般法案。

（三）议会代表和议会党团

第 104 条

在塞尔维亚国民议会的党代表及省级议会的代表是按照法律和议会规则程序以议会党团的形式组织起来的。

未经主席团同意，党代表不能加入其他议会党团，也不能成立联合议会团体。

党代表的义务：

1. 忠实负责任地履行自己的职责；

2. 身体力行地提高党的声誉；

3. 按照党的政策履行职责；

4. 按照党纲和党的政策主动参加选举；

党主席或是主席委派的代表负责协调议会工作，指导议员在国民议会或自治议会的活动。

议员须向党主席团作工作报告。

第 105 条

地方议会的党代表，依照法律和议会的规则程序，以团体的形式组织起来。

未经市或区委员会许可，代表不能加入其他政治组织或成立联合团体。

地方议会的代表和委员有义务：

1. 忠实地、负责任地履行自己的职责；

2. 身体力行地提高党的声誉；

3. 依照党纲、党的政策活动；

4. 依照党纲、党的政策主动参加选举

市或区委员会主席或主席委派的代表负责协调议会工作，指导代表工作。

代表须向委员会作工作报告。

六、党产的来源、使用和处置

第 106 条

党的资金来源：

1. 党费、自愿捐助；

2. 馈赠、遗赠和遗产；

3. 预算；

4. 其他合法来源。

第 107 条

党的财产是不可分割的，党主席负责管理党产。

房产需要登记在公共财政中。

党依照法律开展经济物质活动。

党的收支有会计制度。

金融业务、报告和簿记由党主席和党主席授权的人负责。

七、党员的纪律责任

第 108 条

党主席、副主席、执委会主席、州委员会主席可以给其他人纪律处分。

党主席和副主席可以给任何党员纪律处分。

执委会主席不能给主席团成员作出纪律处分。

州委会主席不能对执委会委员、州委员会委员及市委员会主席作出纪律处分。

作出纪律处分要依据违纪违规行为或者纪律报告。

每个党员都可以递交纪律申请书。

第 109 条

对主席团成员纪律处分的一审是由主席团作出的。

对其他党员纪律处分的一审是由执委会作出的。

对一审纪律处分有异议的可以向中央委员会申诉。

第 110 条

纪律处分包括：警告、终止党员资格、开除党籍

警告针对那些没有严重违反党章和党纪的行为。

终止党员资格针对的是没有支持党的选举或其他严重违反党章、党纪的行为。

滥用职权或不正当行为导致犯罪，会被开除党籍。

纪律部门根据违纪行为的轻重决定处罚行为。

第 111 条

违纪提案包括：给予纪律处分的单位名称、名字、姓、违纪人住址、违纪事实、证据。

违纪提案必须一式两份：一份给纪律部门，一份给当事人。

如果纪律处分是由授权机构作出的，一审纪律处分机构给出结果。

对判决有异议的可以在 7 天内向中央委员会申诉。

非授权机构给出的纪律处分是没有法律效力的，需要把案例提交给职能机构。

对受到纪律处分的人来说，如果对判决有异议，可以 30 天内申诉。

一审开庭：纪律处分申请书、报告、受处分人员、证人。

在开庭前 8 天需要通知受纪律处分人庭审的时间、地点。

第 112 条

开庭后，一审机构作出判决：证据不充分否决或者给出纪律处分。

如果违纪提议被否决，申请人可以从判决之日起 15 天内向中央委员会申诉。

被判处违纪的人可以自判决之日起 15 天内以书面形式向中央委员会申诉。

第 113 条

在申诉期间，中央委员会可以肯定或否决一审判决。

八、通过、修改党章

（一）党的解散及恢复

第 114 条

党的解散、暂停及恢复是中央委员会在党主席的授权下作出的。

解散期间，所有财产交给塞尔维亚东正教。

在解散期间担任主席的人，有权采取一切必要的法律措施偿还债务、转交财产给塞尔维亚东正教。

（二）党纲的修订

第 115 条

中央委员会和党主席负责修订党章。

在修订前要作出解释。

主席团起草新纲领修正案，并提交给党的所有机构审议，这个过程至少要 15 天。

在对收集到的意见举行听证会后，主席团制定出草案，并提交给中央委员会审议。

审议并通过或否决修正案后，中央委员会把意见提交给代表大会。

大会对修正案进行投票，以多数票的形式表决通过后颁布新党纲。

（三）党章的通过

第116条

通过党章的程序可以由中央委员会或主席团提出。

决定通过新党章时需要说明制定新党章的原因和新党章的组成部分。

委员会制定党章草案并提交给党的每个机构审议，至少要15天的时间。

在对收集上来的意见举行听证会后，委员会制定党章草案并提交中央委员会审议。

审议并批准或否决修正案后，中央委员会制定决议并提交给大会通过。

党章的变更及修订是依据程序进行的。

（四）生效

第117条

本章程自2010年6月16日起生效。

（本章根据2010年塞尔维亚进步党第二次代表大会通过的《塞尔维亚进步党章程》翻译）

（北京大学国际关系学院　项佐涛　译）

塞尔维亚社会党政纲[①]

一、塞尔维亚与现代世界

(一) 我们是谁,我们在哪里,我们想要什么

我们,社会主义者,无论男女,都团结在塞尔维亚社会党下,追随前人数百年来建立自由和平等社会的理想,追随所有人的自由、平等、团结和正义的理想。

我们的前辈,塞尔维亚左派与世界工人运动的命运紧密相连。自塞尔维亚社会民主党人 S. 马尔科维奇(Svetozar Marković)和 D. 森尼奇(Dimitrije Cenić)宣传农业合作社,到后来的劳工运动和共产党的领导人,社会主义在塞尔维亚有一个深厚的传统。他们不仅为社会权利而战斗,同时也为国家的自由、反法西斯主义和反斯大林主义而战斗,他们组织了全国解放运动。他们赢得了反法西斯斗争,给人民带来了自由,建立了共和国。我们对此深表感谢。我们不能忘记工业化、人民文化水平的提高,以及社会主义时期通过亿万人民的热情和努力来实现的社会整体的高度发展和较高的生活标准。但是,我们同样铭记历史中的失误、独裁统治、经济失败以及给予政治对手的迫害。这些都是历史的一部分,我们必须知道全部的真相。伪造的历史——不管是由于荣耀或者蔑视——不能改变过去或者创造未来,不利于基础设施的建设、医疗卫生、教育、工业、能源和社

[①] 原文为塞尔维亚语。

会政策，甚至社会主义国家的声誉和团结。

  世界的变化不断提出新的威胁和挑战，并与老的社会问题交织在一起。这些问题造成了南斯拉夫的解体，推翻了不谙世事和没有改革意愿的共产党人的统治。在实现民主社会主义的奋斗过程中，社会主义者没许诺地上的天堂，而宣扬社会正义和劳动。民主社会主义并不是人类社会的空想，它的许多要素在很多发达国家已经成为现实。在这些国家，社会民主党或社会党成为了执政党或者最有影响力的在野党。我们认为，未来社会的愿景是多数公民通过渐进的改革来实现社会主义和民主主义的价值。尽管出现了反对左派的暴乱，但是公民依旧支持社会主义的思想和塞尔维亚社会党。经过公民多数投票上台的塞尔维亚社会党，在执政时与人民一起面对了历史上最艰巨和最困难的挑战：前南斯拉夫解体的暴力、内战、经济制裁、国际孤立性和大量人员伤亡。当时，我们政策的主要目的是援助国外的塞族人——他们在被占领土地上没有基本的民族权——以及维护领土完整。但是，我们政策并不总是务实的，甚至没有现实基础和广泛的国际支持。因此，前事不忘，后事之师。我们要逐步恢复人民对我们的信心，扩大我们在人民中的影响。

  如今，许多政党包括20世纪90年代我们的激烈批评者和对手，即使他们加入了自由主义政府，实施了"休克疗法"，也都宣称属于左翼。他们试图实行自由主义的资本主义，实现私有化，把所有领域都置于资本的利益之下。我们的经济仍旧未能快速发展。相反，我们见证了不受控制的市场活动所导致的经济崩溃，政治和社会不稳定，失业率高企，政治和经济精英非法敛财，腐败和犯罪上升，老百姓生活贫穷。这增强了我们实施民主社会主义计划的信念——劳动、人权、自由、平等、团结和社会正义。社会主义制度下的生活标准、转型和私有化的结果都是沿路的指示牌。目标尚未实现。当我们孤军奋战和被攻击时，我们没有犹豫。我们很高兴地看到其他人加入了我们的行列，这表明了我们信念的有效性。如果更多的人成为志同道合者，成功就更可能到来。

(二) 我们的世界

自由民主的革命，虽然基于自由、平等和博爱的理念，在资本主义经济中却未能实现平等和公平。资本主义的制度秩序没带来自由，带来的却是依附、不平等、剥削、缺乏友爱和阶级分化。基于人类的劳动和知识，资本主义工业发达到了不可思议的范围。与消除文盲、贫穷和压迫相反的是，出现了各种微妙形式的剥削和虐待，出现了大规模的社会分层，战争爆发及其威胁人类生存的环境破坏。为反对任何形式的压迫和欺凌，我们提出了现代工人运动的历史目标：更公平和更好的社会不单是政治宣誓，而应真正成为现实。

今天许多人认为，左派解放全人类的想法是过时的梦想。如果此言为真，就应当有比民主社会主义更好的理念来解决21世纪的问题。但是，社会主义的思想和价值在现代社会中是唯一可以持续的。资本主义经济的活力是事实。但是，在现代社会中社会主义的思想和价值观具有调节和纠正的重要作用——差异共存、混合所有制和社会对话。社会主义的选项不是最高纲领和排他性的，它向参与者开放，特征是如何处理细节问题而不是宏大问题。社会主义原则为我们提供了一个不确定的而不是限定的规划，我们的目标不是完美的社会，而是一个比现在更好的社会。

历史上，人类从未有过如此大的权力和如此多的责任。遗传工程开辟了产品进化的空间。原子技术被誉为不竭能源，却可以制造不可控的大规模杀伤性武器。战争仍然每天都在爆发。裁军还未实现，相反，武器连续的生产和储存已经耗尽了国家财富，而大规模战争的威胁仍然存在。

信息革命虽然带来了划时代的科学和文化的巨大变革，为日常交往提供了便捷和廉价的手段，却为公共和个人提供了新的高危险的滥用的可能。前所未知的数据储存和使用方式可能导致政府、私有企业和协会对个人的更完全的控制。当保护措施薄弱时，滥用者的利益强大，对公民的控制也更容易。

全球化受控于跨国公司和金融精英的利益，突飞猛进的新技术发展并未减少失业和贫困。贫富差距增加，债务国依赖于债权国及其银行。人口激增，环境破坏，亵渎人的尊严，违反国际法、人权、民族权和国家权的暴力等趋势仍会发展。

在一些发达国家，政府债务的快速增长显示了资本主义制度的一个弱点——防止周期性经济危机的无能。对此，民族国家越来越无法拯救经济。国内政治、国际控制和管理已经不能控制资本的扩张。上述的措施和策略把世界工人生产的剩余价值放在强大的资产阶级和经理人的口袋里。政府把亏损社会化，分配给全体公民承担。全球经济危机正是这种错误政策的结果。

利润相对于可持续的环境优势，将导致全球自我毁灭。土地、水和空气污染令人类生存陷于危险境地。因此，公众大声呼吁可持续发展的措施。

宪法和政治宣言所保障的男女平等还未实现。我们依旧生活在男人作决定的社会。对少数群体的不容忍有碍于实现人道主义，并且偶尔会上升到公开的种族主义、沙文主义和各种恐怖主义。

在此情况下，各种基于保守主义的复兴的意识形态是过时的，它们模糊了危机的原因和解决当前困境的答案。它们的本质是宣扬新自由主义的价值观和为其顺利推行提供基础条件，尤其是在那些刚进入自由市场经济的国家。不像社会主义者，他们的改革只是为了巩固现存的经济和政治秩序。

作为当代社会上最伟大的成就，福利国家过去的成就已经无法完全调整社会产品的平等分配，保护市场经济中的破产者，也不能通过民主原则来抵抗经济权力对政治的渗透。福利国家所面临的障碍并非是不可克服的，但需要一个新的、有社会基础的、包容的、有责任的政治。

(三) 我们的塞尔维亚

塞尔维亚作为文明的交汇处，地缘上的位置需要其始终了解和参与世界经济、政治、安全、文化进程。有时我们的国家利益与这些进程相符合，有时却必须免受其影响。由于我们的地理位置和历史的遗产，我国是少有的几个国内政治和国际政治相互交织的国家之一。这表现为，发展、现代化和繁荣的阶段常常伴随着错误的观点、错误的预算和不切实际的行动。今天，塞尔维亚不应当视其为地缘战略位置中的消极因素，而应视其为面对全球化挑战的积极位置。这意味着，需要克服许多内在的障碍。

在前进过程中，塞尔维亚仍然是分歧严重的社会。边界经常被改变，宪法和国家法律框架常常被修订，经济稳定常常被破坏，政权暴力更迭以及战争——都是阻碍改革开放和现代化的最显著证据。过去的分裂、现在的差异以及塞尔维亚未来的不同前景——都不是发展和现代化的良好条件。为了进一步发展，我们需要付出更多的努力来寻求共识。从现代政治社会来看，共识应当建立在对话和宽容的文化价值上。如果所有的公民都以共同的善为目标来参加国家和社区建设，共识将会更快地建立。

塞尔维亚是一个处于稳定过程中的民主国家。它的政治体制还不足以抵制程序之外的那些导致腐败、恐吓、勒索和有组织犯罪的组织的影响。在这种情况下，公民会对政治体制丧失信心。民主是我们体制的公理，我们必须强化其基础——人权和自由、民主的程序，自由和民主地选举和撤换责任政府。没有活跃的公民参与，就没有控制政府的真正手段。

塞尔维亚的 GDP 不足以支持行政机构履行其所有宪法义务。较低的 GDP 越来越引起公民的不满。当政府在预算中把社会分配的负担转嫁给穷人时，引起了更多人的不满。造成这种经济局势的原因是经济的结构性问题和私有化的恶果。它们导致了非工业化、大规模的失业和贫困，而且解决的方案并没有奏效。毫无疑问，必须放弃新自由主义模式的极端经济主义和私有化。经济复苏可通过更好的劳动、更高的劳动效率、更廉洁的政府、更合理的能源消费和比较优势来实现。

20 年的转型，因为实施了极端经济主义和私有化而没有实现预期结果，同时，完全忽略了文化和社会方面的转型，结果出现了廉价的庸俗作品、戏剧、电影——一般意义上的艺术和文化。在上述领域，在媒体商业化垄断下，偶尔出现过暗淡的成就。我们需要爱护这些成就，因为它们是文化复兴的唯一希望。没有文化复兴，现代化、政治经济秩序必然失败。

塞尔维亚作为一个社会、一个国家正面临着巨大的障碍。对于今天的一代来说，它们是无法克服的，我们似乎仍需要处理上一代人所处理的问题。因此，我们不能后退。传统体制和经济价值模式的压力无助于现代化，而有利于现代化的可用资源和发展愿望很低。改革需要强化推动力和明确发展前景。

20年来，我们并未解决当代的矛盾，甚至也未缓解它。舶来的政策并不能有效地解决国家和社会的问题和困境。我们为之奋斗的改革，需要凝聚那些为了一个新的人本的、人道的和稳定的发展所必需的价值。

旧政策已不能解决问题。这就是越来越多受其影响的人不再期望解决问题的原因。对政党的失望、腐败、社会差异加深、前景模糊、不确定的未来等是政治危机的原因。但是，政治仍然是获得大多数人支持的改革的唯一方法。为了权力斗争和维护僵化行政结构的人，自然不会提出促进改革的措施；只有包含着基于人的意志、勇气和创造力等价值的改革措施，才能成为政府改变世界的手段。

我们不提供乐观主义的政策，不用遥远的愿景来安慰公民。我们反对民粹主义的蛊惑人心、蔑视所有措施和从预测崩溃中获利。我们的政策不是乌托邦的，而是务实的。我们号召所有认同我们原则以及民主和负责的社会经济政策的人行动起来。基于我们的政治遗产、政治记忆和现在发展的责任——我们提出可行的、为了大多数人利益的纲领和政策。

二、基本价值和原则

我们认为，民主社会主义基于劳动、自由、社会正义、平等和团结，其中，社会主义与民主有着千丝万缕的联系。这些价值是评估政治现实的标准，并且提供了社会主义者个人活动的方向。

民主社会主义是一个人摆脱贫困、不公正、无知、所有压迫和剥削形式，实现政治、经济和社会解放的过程。民主社会主义的价值观提供了个性全面发展的广阔空间。没有社会平等的自由，将会滋生出特权和社会不公。没有个人自由的社会正义和平等，将会滋生出压迫。没有团结的自由和社会正义，无法实现人的价值。无视这些价值之间的关系，将会曲解它们的含义和破坏政治的基础。

民主社会主义从一开始就寻求取消资本与劳动之间的统治关系。因此，我们代表那些依靠自己的劳动生存的劳动者的利益。没有社会各方面的广泛的民主化，它无法实现。民主的形式多样，但是它们都主张克服阶级分化和取消阶级特权。民主社会主义要求不断检讨和改善社会关系，实现基本价值，消除导致社会、政治和经济特权的原因。

劳动是人类生活中各种组织形式存在和发展的基础。我们致力于：为所有人提供社会岗位，用他们的智力和体力为公共服务，满足个人和家庭的物质和精神需要、安全，以及保护穷人和弱势群体的各种形式。劳动是一个基本价值，应把个人的发展置于组织、社会、家庭、社区或更广阔的环境之中。我们致力于建立这样一个社会：人是创造者，而不是破坏者；劳动是创造性的，而不是强制性的；取其所需，而不是物质贪婪和压迫其他人。在现代世界，消极因素极大地影响了劳动，这就是我们反对剥削穷人、苦难、贫穷和暴力的原因，它们是和平、稳定、自由、安全和全面发展的障碍。我们社会主义者提倡创造性的劳动，把人从强加的、非正常的、程式化的和机械的劳动中解放出来，让劳动成为快乐的、必需的创造价值的过程。

人道主义是我们的核心价值观。增强人的基础和强调人本精神是社会建设的基础，是人类生存和活动的目的和意义。强调人本主义，我们要区分人道与非人道，善良与邪恶，美德与恶习，自由与操纵。我们努力建设这样一个社会，其中包含善、正义、美德以及所有积极的人之所以为人的基本属性的社会关系、社会机制和社会组织形式。我们要通过人道主义来丰富人类的实践，实现个人发展和人的最高理想和价值。这意味着，人在教育和培训中获得更多的道德观念和知识。基于人道主义，我们要强调：社会生活中道德和道德责任的重要性。道德规范是人类生存必需的。

我们共同的信念是使用所有的政治和经济手段来为公民提供平等的机会。我们认为，根据自己的标准和需求，所有人都应获得平等的机会，来随时自由地选择他的生活、工作、精神和物质的发展，发挥自己的潜能和实现自己的目标。强大而不负责任的政府、不受控制的私人资本的权力，都是社会民主主义的危害。这是因为，自由要求消除贫穷、苦难和恐惧、独裁、暴政和各种形式的专制；要求为个人负责任地参与社会和政治提供发展的技能。上述两个条件都必须受法律的保障和保护。只有在经济和社会方面享受保障的人才能自由发展。我们致力于平等的生活机会和广泛的社会保障。在经济和社会方面必须实现自由，而自由的实现也应以民主成为社会政治生活中一项基本原则为前提。对自由的唯一限制是其他人的自由。现代社会正面临着对自由的各种挑战，其中有些人使用自己的自由来反对他人、结构、组织的自由。回应这些挑战，一定不能威胁自由或者鼓励滥用自由的人。自由是对所有人自由的一种责任。自由应当通过文化包容以及民主控制地为捍卫自由而设置的国家和机构来保护和丰富。

社会正义意味着所有人平等的自由，不论其种族、民族、性别、政治面貌和财富。自由要求法律面前人人平等、法律上的平等、参与政治和社会活动的平等机会和平等享受安全、男女平等、收入公平分配以及教育平等。我们努力要使社会正义成为社会机构和组织的规则。我们正在努力争取其实现的基础。它排除个人和阶级的所有特权，排除剥削。平等的生活机会并不意味着绝对平等，它只是提供了个人发展的空间。平等机会下，人性的多样意味着多样而丰富的社会生活。

团结是自由和平等的人愿意支持所有遭受痛苦和灾难的人。团结是一种责任，没有它社会就不能成为社会。没有善人的倾囊相助，穷人、老人、病人和其他缺少资源和能力的人将暴露于社会风险之下。自由、社会公正、团结是基于个人和社会组织的团结合作，然而福利国家的作用不能替代。对我们来说，团结是我们生存、发展、进步的条件，也是克服那些足以战胜个人、集体或是部分社会的条件。

社会党是一个民主主义的左派党，它永远得到所有进步的、爱国的塞尔维亚人的支持。爱国主义、为自由和独立而奋斗是我们民族和国家的历史。这是自由成为社会主义遗产的原因。在本世纪，社会党秉承这些基本价值为塞尔维亚的未来而奋斗。这就是自由、和平的理念成为我们的核心价值，以及实现快乐和谐生活和发展前提条件的原因。

我们的社会主义纲领基于民主的三大支柱：政治民主、经济民主和社会民主。它基于这样的事实：如果政治人在社会和工作中不能享有平等地位，他就不是一个自由的人。社会党致力于一个民主社会主义的社会。在那里，人们在所有的工作和生活领域——工作场所、社会团体和政治团体，都能平等地发出自己的声音。

三、政治民主

（一）民主

民主是人民的统治——由人民统治，为人民统治。我们致力于公民在政治制度中成为主权行为体，而不臣服。公民有权参与决策和选择他的代表人。民主社会主义允许发展起源于自由主义的民主。

通过普遍和平等的投票权，公民有权利和直接当选为国会代表，但这并不充分。代议制民主不能代替公民直接参与决策。因此，我们主张涉及共同和普遍利益的项目采取公投和公民协商的方式。

公民有权自由加入政党、组织和任何协会，以及通过自由和民主的竞争参与政府。宪法承认政党参与政治活动的权利和影响公民政治意志。国家与公民之间的协调作用在遵循民主的程序和对公众公开的前提下，能够顺利实现。

为了让公民可以真正控制由他们直接或间接选出的代表，必须取消所有的对权力的非法垄断。这意味着，政治体制必须通过民主的方式保障，任何的实体——个人、政党或集团——都不能以自身利益为主，国家利益为辅。我们反对为了垄断关系经济、国家和社会问题的决策而滥用政治或经济权力。

政府与公民的关系是民主政治制度的最重要指标。社会主义者认为，执政显示着公民的信任，代表应对公民负责并代表公民的利益。代表对选民负责。选民可以罢免不负责任的或为其自己集团滥用权力的代表。代表任期内同样承担政治、道德、犯罪和重大责任——尤其是在腐败情况下。

社会党承认民主的政治文化：包容的精神、建设性的讨论和对话、尊重少数群体的不同思想以及实施大多数人的决定等。民主价值是人与人之间宽容、团结和合作的价值，无论其政治、思想、宗教或其他信仰。在民主制度中，如果不侵犯其他人的自由，每个人都拥有发言权。

（二）国家与社会

国家不是价值中立的。社会主义者认为，国家是代表和保护政治社会、公民协会、民族和领地内共同生活，以及强大到足以保证稳定、领土完整和主权的民主机构。我们修改了1990年塞尔维亚宪法，添加的条款是：塞尔维亚是一个公民国家。我们认为，公民权的概念证明了它的可持续性，未来将成为塞尔维亚政治组织的基础。我们要建设公民国家，它将公平和有力地保护公民的生命、自由权和财产。塞尔维亚国家将基于公民的原则组建，所有塞尔维亚人拥有一个国家，其中所有身份特征——语言、文化、传统和宗教都不容置疑。

通过与其他政党的公平和民主竞争，以及合作，我们正在建立一个团结的国家，我们知道，这是我们的责任。我们也知道，它有许多缺陷，往往是由于我们自己的弱点。

社会主义者坚持建设一个基于民主社会主义和塞尔维亚宪法原则的民主的和对社会负责任的国家。我们将致力于把行动建立在欧洲民主传统之上，即公民平等、自由和团结。

塞尔维亚是一个多民族、多宗教和多文化的社会，其中，平等的人权、少数民族权，任何人不分种族、宗教、文化、语言或其他特殊性都应获得尊重。

我们认为，最适合我国的政体是三权分立的共和政体。立法权应来自公民、受公民控制和服从宪法。政府行使行政权并对国会负责。司法权应当自主和独立，仅受法律约束。

社会主义者的活动不局限于国家层面。我们指出，社会中的众多重要实体——社区、大学、政党、工会、教会、媒体、公民协会、经济协会和公司。它们的利益和行动能够改变经济和社会。没有它们对国家活动的影响，国家仍然是压迫机构，没有真正的内容。

社会主义者没有过高估计国家活动的可能性——其明知弊端却拒绝批评政府机构和公共管理工作。我们对国家活动将始终持建设性批评的态度，尤其是它的活动不遵守宪法和大多数公民的利益时。得益于政治民主，我们的国家已不再是一个阶级国家，但我们的社会将会具有而且会长期具有许多阶级社会的特点。

得益于福利国家，大多数人有机会改善他们的公民自由和权利。我们知道，一个民主国也可以滥用国家权力，例如福利国家能转变成官僚政治的统治。因此，我们提倡对社会负责的国家的概念，它将防止一切剥削形式以及经济和社会的剥夺。

民主化是此类剥夺的永恒的屏障。因此，国家必须处于永恒的批评和控制下，绝不能放弃改变社会关系的任务，因为这是唯一个确保负责的社会和市场经济的途径。为了废除而不是缓解阶级社会的特征，社会主义者将始终支持上述变化。

自由的基本权利必须保障个人为塑造社会关系而反对国家的自由，包括：保护通过技术手段侵犯个人隐私权以及滥用国家、私营机构或其他组织的数据。另一方面，必须执行宪法原则：保护个人和家庭，各领域的集会自由或示威必须免受暴力干扰，信息自由应免于经济和政治的干预。

保护少数群体的权利。作出决定之前，应当尊重和顾忌少数群体的利益。多数决对政治体制的运转至关重要，但少数人的要求也不应该被忽视，尤其在遭受暴力侵害时。多数人有责任解释其决定，并在新条件下有责任审订和调整决定。建设性地接受少数人的利益和民主地实现多数人的决定，可以保持社会安宁和永久地保证多数决原则的合法性。

（三）法治——打击腐败和有组织犯罪

社会主义者主张法治以保护所有公民平等。法律面前人人平等必须适用于全体——没有人可以凌驾于法律之上。我们支持严格坚持执法——对所有人平等。背景、党派、财富、职位，不能成为违法不究的原因。

建立法律的确定性和司法独立,将恢复公民对法律的信任,以及法律系统的效率和公正。独立、负责、专业和高效的司法,前提是法官只承担法律责任。

法律必须得到严格遵守和执行,宪法法院发挥着特别重要的作用。宪法法院拥有最高权威。

公民及其组织、公众和政党有权利批评他们认为不公正的法律,并通过常规的立法程序寻求修正。

公民有权利和需要在社会中和工作中不担心人身安全和财产安全。我们通过所有政治手段和国家机构,更高效地减少犯罪和腐败行为。我们支持对警察、检察官和法官进行更好培训,改善法规,更严格的法律和经济方式惩处犯罪和腐败行为,尤其对有组织犯罪的惩处。为预防这些"社会病态",国家必须不断完善机制,宣传和鼓励公民参与。

(四) 公共管理

社会主义者认为公共管理必须是有效的、非官僚的和非党派的。它的主要责任是为所有公民服务。

公共管理的改革和现代化应当努力实现三个目标:对管理官员进行专业培训,以有效地和公正地执行法律和行政程序;用简化的行政程序和现代化的技术手段为公民提供服务;最重要的是,在塞尔维亚加入欧盟的过程中,按欧盟标准调整国家机构。

(五) 地方政府

地方政府允许公民直接参与公共事务和解决他们的问题。因此,地方政府是最好的民主学校。

社会主义者赞成朝着三个方向改革地方政府:第一,权力下放——将大部分国家权力和资金转移到地方政府。第二,公共权力转移——为了向公民提供公共服务,向代理机构、公共服务机构和地方政府转移公共权力。第三,为促进公共服务的功能和增加资金支持,私有化公共服务。

为界定地方政府的权限，在不断增长的有效分权的需要与不合理的集中化和国家主义趋势之间寻找平衡点。我们坚持如此建立地方政府体制：

——公民参与地方政府政策制定的最大化，通过全民公决、民众倡议、地方社区、公民会议等；

——放弃统一模式，制定不同类型的地方政府，农村、城市、大都市，具有明确的权限、资产范围和收入来源；

——充分运用辅助原则——某些公共职责应由公民最方便的机构执行；

——中央政府与地方政府应不互相干涉权限，减少中央对地方政府的控制。

采用上述机制将确保充分遵守"欧盟地区自治条款"的原则，在地方层面实现地方政府的真正自治。

（六）区域化

经济资源的分配由于自由市场机制的作用，造成了区域差距。长远来看，造成了资本与人力的不均衡分布，以及一系列经济、社会和政治问题，以及经济增长减缓和国家干预。

因此，社会党区域政策基于减少地区差距，提高公共服务的效率和质量。目的是创造国家更好运作条件的起点。根据其他福利国家的经验和塞尔维亚成为欧盟成员国的承诺，应当考虑和顾及"欧盟地区自治条款"和"欧盟地区民主条款"。社会主义者将致力于关于这一主题的讨论。

区域化对资源分配、公平发展和民主灵活性具有潜在的好处，可以避免侵蚀国家主权、公共行政级别的复杂性、增加官僚机构、分离主义和分裂主义。区域化同时又是专断工程的观点，它不仅会导致社会严重分裂，还会导致拒绝分权和区域化。因此，我们认为，区域化的概念需要根据公民的潜力和需求来精心设计，逐步成为广泛的社会共识，持续总结好坏两方面经验，而尊重领土完整是必要的前提。

（七）人权和自由

社会主义者永久致力于贯彻实施"联合国宪章"规定的人权和公民权，根据联合国的文件和欧洲理事会、欧盟和欧洲安全与合作组织的文件，所有公民必须平等，不论其国家或宗教信仰、性别、种族、政治信仰或性倾向。

我们重视政治、社会和经济权利之间的联系。没有恰当的政治和经济民主，就没有绝对的自由。我们坚持，尊重和贯彻宪法和法律保障的所有权利和自由。我们将按照最先进的国际的民主标准，鼓励持续改善自由和人权。

塞尔维亚为改善少数群体的地位做了很多事情。然而，他们经常暴露出仇恨的言论，抱怨教育、卫生、司法和就业等方面的不平等待遇乃至暴力。主要是指吉卜赛人、残疾人和不同性倾向的人。我们的少数民族政策将集中在解决他们的问题：法律地位、防止暴力、在侵犯其权利的所有领域改善他们的地位。少数群体问题的解决效果，检验了我们的社会的民主化程度。我们坚持尊重宪法和法律规范，禁止歧视，政府有义务制定预防机制防止对少数群体施加暴力。

促进设立公共重要信息专员、申诉专员，管理和保护已经建立的人权保护机构。为促进有效地和程序化地保护人权和自由，这些人应该成为腐败和官僚主义的克星、道德表率。

（八）宗教和教会

社会主义者支持每个公民宗教和精神方面的充分自由——每个人都可以选择是否信教、成为无神论者或者不可知论者。宗教信仰是公民自己的事。

我们承认，伟大的世界性宗教对整个文明和文化的发展做出了贡献。特别是，我们欣赏塞尔维亚东正教在保存我们人民和国家认同上的不可磨灭的贡献。在公共教育机构，宗教教育已成为一门选修课来向年青一代开放。在数十年的宗教压迫后，我们认识到宗教对于历史和传统的重要性。

它是总的文化的一部分，是每个人的文化培养的重要内容，但是不应通过强制、灌输的方式，不应干扰国家的世俗体制。

社会主义者选择世俗国家。我们认为，世俗国家的原则是现代文明的成果，现代文明宣布保护所有公民的人权和自由，无论他们在宗教事务上如何选择。

在塞尔维亚共和国，我们视所有宗教团体的合作和宽容为维护社会稳定的重要条件。社会主义者欢迎通过良知和宗教来维护和尊重自由的思想，支持宗教团体和宗教人士对社会和政治生活的态度和批评。

为了共同利益，社会主义者与宗教人士开展合作和开放对话，尤其是当行动造福整个社会时。

（九）信息自由

通信和信息畅通彰显了社会的自由。言论和思想自由必须取得胜利。强大和稳固的民主制度减少了审查制度的危险，但媒体权力的集中化也可能会限制自由表达和意见的多元化。我们的政治、经济和社会仍旧不成熟，缺乏稳定性。

我们寻求永久的信息自由、信息公正、信息全民共享的标准。报刊和电子媒体必须呈现出不同的意见。媒体雇员有责任提供准确的信息，他们的工作受公众和政治民主机构的控制。出版社、出版人不应因其政治和经济利益影响信息的准确性。

我们反对虚假信息和操纵信息——各种形式的审查，或者大众媒体在政治、意识形态、宗教问题上滥用权力，或者其他形式的灌输，尤其是当它们致力于传播种族、民族或宗教的仇恨，暴力推翻宪法秩序，危害国防和国家安全时。对于大众媒体滥用权力，散布谎言，侮辱和诽谤某人或机构的完整和尊严等行为，只能通过法律手段来防止和惩处。

社会主义者支持媒体解放和反对任何形式的操控。我们反对媒体商业化，那会导致低俗产品、追求轰动效应和语言上的极端主义，这并不符合专业的和道德的准则。通过财政，支持自由和真实信息的提供者以及关心文化和教育的作家。

(十) 少数民族的权利

我们自豪的是——尽管经历了内战的恐惧、南斯拉夫的暴力分裂、国际制裁、孤立和国际侵略,塞尔维亚依旧是一个多民族混居的共同体,保留了具有几百年历史的多民族联合、多元文化和多样的宗教生活,同时尊重最民主的国际标准和规范。

社会主义者主张少数民族应当享受与其他公民相同的个人的权利和自由以及国际组织法律上的所有集体权。社会主义者反对有意减少少数民族权利的观点。

社会主义者谴责操纵少数民族的企图以及根据种族差别分裂塞尔维亚领土的企图。同样,社会主义者认为,少数民族的政党或组织不能以维护少数民族的利益为由,将少数民族与塞族孤立,从而导致少数民族自我隔离和贫困。不可以滥用少数民族权来反对塞族、其他少数民族及国家。即使按照最高的国际法律标准,少数民族也没有权利自决分裂国家。社会主义者认为,少数民族(个人或集体)权的所有纷争,应在塞尔维亚共和国的合法机构的框架下通过宽容对话的方式解决。

(十一) 统一的塞尔维亚

社会主义者所主张的统一的塞尔维亚共和国,在全部领土上——宪法确定的领土范围——为生活在这片土地上的公民,提供一个统一的政治、经济和法律的体制。在任何情况下,不可危害塞尔维亚的领土完整和主权。因此,我们绝不同意挑战领土完整或任何改变塞尔维亚宪法秩序的观点和政策,这意味着塞尔维亚共和国的领土分裂。

社会主义者考虑政府下放和分权的要求。然而,反对任何分裂塞尔维亚政治、经济或国家的企图,因为这将导致经济、文化和社会的衰退,进而导致危害塞尔维亚的领土完整。

社会主义者认为,塞尔维亚的自治省不能成为独立的国家。按宪法,自治省是代表特定历史和文化的区域。

(十二) 伏伊伏丁那自治省

社会主义者认为,伏伊伏丁那自治省的问题是一个民主和分权的问题，而不是一个自治主义的问题。我们致力于进一步划定经济范围，以进一步分权和将权利和责任授权给伏伊伏丁那自治省的政府，但是我们反对屈从于给予其主权的压力而建立同盟/联邦制度。要么分裂，要么是塞尔维亚的伏伊伏丁那自治省。

同时，社会主义者认为，不能否认伏伊伏丁那自治省的自治权和否认塞尔维亚权力下放的政策。伏伊伏丁那自治省的地位反映了它的历史、地理、人口和社会经济的特点。为了塞尔维亚的政治、经济和文化发展，而不仅是伏伊伏丁那自治省，伏伊伏丁那应当享有自治权。

解决所谓的国际化"伏伊伏丁那问题"的方案中，按照民族分界，会加剧公民之间的相互猜疑，减弱国家政权。出于这些原因，社会主义者坚决反对导致民族关系紧张、不宽容和冲突的图谋。分权和伏伊伏丁那自治程度的问题应完全在塞尔维亚的法制框架下解决。

（十三）科索沃和梅托希亚自治省

科索沃和梅托希亚自治省是塞尔维亚身份和地位的组成部分。塞尔维亚的社会主义者认为，科索沃和梅托希亚自治省是塞尔维亚不可分割的一部分，如何解决北约非法入侵、武装分裂和科索沃单方面独立，是塞尔维亚共和国及其人民最重要的国家、民族、历史、道德和精神问题。

我们一贯坚持遵守和执行安理会的1999年的第1244号决议。它承认了塞尔维亚的领土完整。社会主义者不承认任何违背第1244号决议的行为。

国际调解和在科索沃驻扎国际军队并没有解决问题。实际上，问题变得更加严重：没有获得国际社会承认的准国家不具有独立的功能，持续的针对塞族和其他非阿尔巴尼亚族的暴力、驱逐和隔离，以及毁坏他们的财产，宗教和文化的遗产。

我们继续致力于寻找政治的、和平的、有利于所有人的解决方案，在遵守国际法的基础上，在联合国、国际组织、国际社会中所有利益攸关者尤其欧盟的参与下。我们都知道，恢复之前的状态是不可能的。但我们绝不支持建立一个狭隘的准国家——所谓独立的科索沃，它无法保护所有居住者的安全、自由和财产，不能起诉民族罪行，不允许遣返难民，没有机会实现经济的成功发展——不可持续。这种状态可能会是科索沃和梅托希亚问题变成一个长期"冻结"冲突，而找不到一个所有人——塞尔维亚人、阿尔巴尼亚人与其他民族都接受的解决方案。

在各方承认上述现实前，所有利益相关者应该更多地通过协商达到可接受的科索沃和梅托希亚问题的解决方案，在塞尔维亚领土完整的前提下，在科索沃和梅托希亚建立塞族人和阿族人根本自治的制度。

达成上述解决方案前，社会党要求所有临时难民拥有回家的机会，并对没收、破坏和抢劫的财物以补偿以及保证他们的人身和财产安全。

社会党认为，解决科索沃和梅托希亚问题，关系巴尔干地区、东南欧和全欧洲的和平与稳定的进程。单方面宣布国家分裂的国际先例，可能破坏其他主权国家的安定。坚持违反国际法的最终决定将威胁国际社会的和平与稳定。

（十四）安全和中立性的政策

整个世界和巴尔干地区面临着安全、风险和威胁的大挑战。我们认为，武器储备和加入军事联盟不足以应对这些挑战。社会主义者提出后冷战时期延伸和深化的安全概念。特别关注人类安全的概念，它侧重于公民的日常福利和生活，同时不放弃非常重要的传统安全的概念——基于情报和保护国家权力。

考虑到在"一战"、"二战"、过去十年的内战和种族冲突、北约轰炸中巨大的人力和物力损失——社会主义者认为，塞尔维亚应该发展军事中立的概念。

军事中立，是塞尔维亚和平外交政策、睦邻合作、巴尔干地区、欧洲和世界安全和稳定的真诚承诺的表达。承诺不结盟政策，不是也绝不是塞尔维亚参加国际安全合作的障碍，尤其参与联合国的维和行动。

事实上，塞尔维亚承诺加入欧盟。另一方面，欧洲—大西洋一体化的概念包括三个方面：政治，经济和军事安全的一体化。事实上，尽管北约经历了全面改造，尤其是在"冷战"结束后，但它仍是最重要的军事同盟。塞尔维亚现在并不威胁其任何成员国的安全。此外，社会党提出，北约1999年非法攻击塞尔维亚并造成的巨大破坏和人员伤亡，以及对分裂主义者的支持，是塞尔维亚加入北约的严重障碍。塞尔维亚加入和平伙伴关系计划证明，我们接受最高安全标准和加强国际社会安全的义务的意愿。我们认为，这是塞尔维亚履行国际义务的充分形式。

塞尔维亚加入任何军事联盟的最终决定必须经由塞尔维亚公民表决——通过公投，获得多数人支持。

（十五）塞尔维亚的国际地位

国际关系的持续发展影响了外交政策实践的变化。今天，它们是统治的欲望和发展伙伴关系的欲望间紧张关系的一部分。

塞维尔维亚的近代历史见证了大国的发展和变化，以及大国及其联盟对塞尔维亚的影响。很多时候，这极大地导致了塞尔维亚的稳定、发展和公民生活以及国家安全的悲惨后果。在此背景下，塞尔维亚希望国际社会认可自由和独立。塞尔维亚今天的形势更加困难。塞尔维亚主要问题是维护主权和领土完整，同时，另一方面，塞尔维亚也有许多政治、经济和领土上的限制。社会主义者认为，合理的和建设性的政策能够找出走出这种困境的折中方式。

从历史上和地理上看，塞尔维亚是欧洲的社会和国家。塞尔维亚奉行的欧洲一体化政策目标是减少压力，获得欧洲的认同和建立自由的国家。承诺加入欧盟并不意味着停止与其他国家的双边关系。世界是多极化的，建立伙伴关系应稳固和扩大世界繁荣。

社会党认为，塞尔维亚应该选择合作而不是屈从；尊严而不是傲慢和蔑视；清醒而不是浪漫；自尊而不自我厌恶；尊重而不傲慢地对待其他价值；文明对话而不是武力。它们是我们保护自己和立足于自由世界的原则，是限制拒绝捍卫领土完整和主权的行为（无论其来自哪里）的基础。

（十六）外交政策——和平与合作的政策

社会党致力于和平的外交政策，遵守《联合国宪章》的集体安全体系，支持经济发展、政治稳定和塞尔维亚进一步的民主化，以及维护国际条约规定的国家主权、独立和领土完整。塞尔维亚应该是国际社会尤其是在巴尔干地区和欧洲中的平等的一员。塞尔维亚的地缘战略地位，其经济、自然和人力资源适合与许多国家和国际组织进行合作。

在外交政策中，社会党致力于实现以下目标：

——在世界上与所有国家和人民积极合作，按照《联合国宪章》的平等和相互尊重的原则，与所有促进和平、合作、安全与繁荣的国际组织合作。

——根据《关于各国依联合国宪章建立友好关系及合作之国际法原则之宣言》，发展与美国、俄罗斯、中国、印度、巴西等大国的良好关系，发展与拉丁美洲国家和阿拉伯国家的友好关系，发展与那些有传统友好国家的关系。

——恢复积极参与不结盟运动，加强发展与不结盟国家间的政治经济关系。

社会党将继续积极参与巴尔干地区和东南欧发展和合作的一体化进程。同时，坚持促进其他区域发展和合作的一体化进程，以及欧洲—地中海、多瑙河、东欧、亚得里亚海、黑海、欧亚的合作，从而利用和体现塞尔维亚的地理位置。

更广泛地与东南欧国家合作以加强欧洲一体化进程的能力，消除行政、海关和其他对于人口、物品、资金、文化、科学自由流动和交流的障碍。

社会主义者提倡在国际法的发展中促进普遍接受的国际标准。我们支持基于国际法的常设的国际刑事法院。我们认为，应当尽一切努力促其成为基于国际法律的规范和准则的公正的超国家法院。

（十七）欧盟

塞尔维亚对欧盟的外交政策基于密切塞尔维亚及其民族与欧盟国家及其民族的关系，我们与它们拥有共同历史的和文化的价值观和传统以及共同的经济利益。社会党认为，塞尔维亚应该也能够为欧盟大家庭的发展做出贡献，这就是我们全力支持和推进塞尔维亚入盟谈判的原因。因此，我们对欧盟的政策是：

——倡导开放与欧盟边界，促进人员、货物、资金和观念的自由流动；

——支持塞尔维亚加入欧盟的进程；

——调整塞尔维亚的经济、政治和社会制度以适应欧盟的条例和标准；

——在人权方面，遵守联合国、欧盟委员会和其他国际组织的公约和决定；

——按国际合约和欧安组织的原则，遵守塞尔维亚的边界。

（十八）居住在塞尔维亚之外的塞族人

社会党主张，塞尔维亚的国家机构监测在前南国家中居住的塞族人的政治和经济生活状况，尤其是在克罗地亚、波斯尼亚和黑塞哥维那、黑山。我们认为，我们应对同族人负有责任，给他们提供物质上和精神上的支持，改善他们的生活和工作条件，保障民族身份和传统文化，以及与塞尔维亚及其塞族同胞的紧密关系。

我们坚持，难民和流离失所的塞族人应该安全和持续地返回克罗地亚。我们要求，按照保护少数民族的国际法标准，归还他们被非法扣押的财产，赔偿他们被损毁的财产。我们认为，国际组织积极参与解决难民和流离失所的塞族人问题是这一策略的不可分割的部分。与此同时，社会党将帮助他们中愿意居住和工作在塞尔维亚的人们通过经济、政治、文化和社会的一体化，获得塞尔维国籍和完全的公民权。

根据《特定平行关系协定》，社会党将致力于进一步连接和强化与波黑塞族共和国的经济、政治和文化合作。我们反对修正《代顿协议》的尝试，因为它是波黑塞族共和国和平与安全的重要保障。只有通过民主的决策程序才能改变《代顿协议》——三个民族组成的政治机构的支持。

社会主义者赞成加强与黑山的经济、政治、安全、文化关系，支持与黑山建立《特定平行关系协定》。塞尔维亚和黑山共享历史、政治、经济、民族关系。我们必须同那些认为自己是塞尔维亚族和讲塞尔维亚语的黑山公民加强各种形式的合作。

四、经济民主

(一) 社会市场经济

社会党政治纲领的基础是建立一个民主社会主义的社会。发展社会福利、改善工作条件,提高就业率和增加工资是我们的目标。

欧洲国家实行的发达的民主社会主义是社会党的榜样。在那里,长期以来,社会党或社会民主党正在执政或曾经执政,以及拥有基于民主社会主义和现代市场经济的理念而为整个人类和工人阶级的权利进行斗争的传统和遗产。

作为一个真正的左翼政党,我们的主要目标群体是那些依靠自己的劳动、知识、新观念和动机而生活的人,代表他们近期和长期的利益。他们主要的利益是工作并获得公平的报酬。为了提高劳动竞争能力,劳动者必须不断学习新的知识和技能。这不仅符合雇员的利益,也符合雇主和整个社会的利益。因此,人力资本投资必须成为他们的共同关注和义务。

我们的起点是,21世纪的发展要基于知识经济。因此,社会主义者相信,要为所有工人提供终身的技术和职业培训。技术变革的速度正在增加。新技术的实施提高了生产率和效益。社会主义者强调把民主化竞争作为目标。简单地说,国家有义务创造条件为所有人进入劳动力市场提供公平的教育和培训。知识是一种私有物,有效地保护知识产权,既可以发挥它的竞争优势,又有利于它的所有者。

我们所提倡的经济民主意味着尊重工人,以及他们通过自己的主动性和创造性对改善工作、提供工作的组织性和效率的贡献。在不违反私人财产权作为自由市场经济主要原则的前提下,给予工人参与利润直接分配和参与部分决策过程的权利。

(二) 劳动权和人性化的工作条件

社会主义者主要关注的是劳动界及创造力,因此,要致力于实现《联合国宪章》和《欧盟基本权利宪章》规定的所有的工人权利。这意味着真正地实现宪章中规定的工人权。劳动权、获得公平工资、享受社会福利和保险、提供人性化的工作条件、实现安全工作的最高标准以及工人及家属的卫生保健，都应成为社会政策成功的衡量标准。人性化的工作不仅包括改善工作的条件，也包括给予工人及其家庭体面生活的公平的工资。

民主社会主义模式的福利国家意味着，工人的地位不仅通过市场的力量来塑造，也通过国家的责任来塑造。失业或领取最低工资的工人不能使他们自己和他们的孩子获得新知识和技能，而这并不只是他们自己的问题。在没有国家的社会功能的情况下，少数高收入者被大多数被边缘化的和贫穷的人包围，从而造成不可预见的经济和社会后果。国家必须为失业者提供免费教育和治疗保险，减少他们日常费用支出。

社会主义者尤其提倡以欧盟国家的实践为蓝本，改革和规范集体谈判。主要涉及：尊重劳动合同，公平支付加班费，监察和惩处骚扰工人的任何形式。除国家外，工会、职工委员会、工人无偿法律援助组织也将发挥重要作用。

（三）全面就业

劳动权是每个人的基本权利。社会主义者致力于在经济稳定的情况下实现全面就业。全面就业的政策意味着提供就业是经济成功的基础和实现更大程度的经济和社会安全尤其是减少贫困的有效方式。社会党致力于在实现全面就业政策上达成社会共识——国家、雇主和雇员。这意味着采取积极和主动的态度，确保所有材料、技术和人力资源的合理使用和产生最佳的经济影响。

社会党强烈反对任何形式的大规模裁员。经济危机不能成为资本凌驾于劳动之上的借口。当然，没有资本的利益和创造生产剩余的条件便无法克服经济危机。因此，国家有特殊的责任提出经济政策和措施来鼓励国内外的投资，并为其有效使用创造条件。显然，失业者有最高的义务在劳动市场找到工作。在此过程中，失业者需要有政府的强大支持——第一，提供就业培训和再培训；第二，激励和补助创造就业机会的雇主；第三，建立由雇主和雇员共同支付的特殊团结基金，作为失业保险金。

为了实现全面就业，最重要的是：鼓励外国直接投资，促进国内储蓄，发展中小型企业，组织公共工程，实施区域均衡发展的政策，支持农业农村发展和进行基础设施建设。这样的社会发展方向应该依靠劳动力市场变得更灵活，更接近欧盟发达的市场经济模式。

在经济危机时期，社会党坚持要把财政政策和收入政策的负担平等地分配给社会各个阶层。低收入者财政负担减少，能够为不熟练和半熟练工人提供就业机会，这些人现在失业率最高。

（四）社会伙伴关系和工会

社会主义者赞成加强代表工人利益和真实要求的工会的经济和社会作用。我们与工会一起主张改善工作条件，公平的报酬，反对任何歧视工人的形式和侵犯工人的集体协议。社会主义者支持工会为争取工人利益而采取的所有合法措施。我们尤其主张无差别地承认工会的代表性，并严格遵守工会的标准。

社会主义者支持工会开展国际合作，尤其是与国际劳工组织的合作，并强烈支持塞尔维亚立法与国际劳工组织的文件、欧盟相关法律相协调。

国家作为社会伙伴之一，应特别对代表工人利益的工会负责，因为实际上工人在社会对话中处于弱势。在集体谈判和国家立法活动中，工会仍然可以依靠社会主义者的大力支持。社会主义者认为，欧盟的综合谈判模式优于分散谈判模式。

我们致力于社会对话成为达成共识——社会契约的一种手段。社会契约是经济和社会改革的动力和成本。为了建立互信和制度化地向政府施压，使政府创造条件和提出发展计划，这是最好的机制。这是协调不同利益，调节冲突，建立社会和谐、正义和凝聚力的最好方式。它减少社会分裂，阻止极端的政策和促进所有利益相关者参与到对话中来。假以时日，将会产生社会的高度一体化、联合的价值观和独特的文化模式。

（五）所有权和私有化

社会主义者认为，所有所有权形式——私有的、公有的和集体的——

应该在法律面前平等，成为有平等的市场条件和经济安全的竞争对手。所有进入市场竞争的实体，如果它们的产品或服务价格明确、利润合理和缴纳税款，他们的活动和发展不应受到限制。

历史证明了私有财产在经济上和社会上的可持续性和效率。因此，社会主义者支持私有化进程成为市场经济存在的前提。但是，我们提出，私有或公有经济都不能保证经济效率或社会正义。这就是社会党坚决反对所有形式的滥用私有化的原因。我们寻求废除非法的私有化和资本犯罪，不满足国家和工人的所有条件。因此，我们支持修改法律以更严格地监管私有化进程，更严厉地制裁滥用私有化。

社会主义者要求新的私有企业主承担保护就业岗位的责任，在这方面，他们可以依靠国家的支持。

我们特别注意提高私营部门和公共部门间的合作和伙伴关系。可以汲取本地区其他国家的经验。这些关系的本质是：透明，满足公众利益，服务的质量和价格，鼓励私营部门在这些项目投资。这将明显提升市政基础设施的发展，丰富面向公民的公共服务，而不会增加私营部门的垄断。

为推动国内产品在国际市场的竞争力，国家需要更加果断地支持中小型企业、大型企业和集团公司的发展。鼓励民营企业发展，对有商机的领域给予贷款支持。

我国需要一个稳健的投资环境，提供有利条件吸引外国资本的涌入，特别是国外直接投资。国家的功能主要是：创造有利于吸引投资和经营的环境，通过有利的法律措施和联合投资来刺激投资。

（六）国家的管理角色

我们致力于一种市场经济，在那里公平竞争，货物和资本、劳动和知识可以自由流动。我们的目标是在一个繁荣的国家实现繁荣的经济。在此进程中，国家具有特殊作用。最佳的市场经济受许多因素限制。因此，国家是市场经济的一个不可缺少的修正力量。它的作用主要是预防和减轻周期性经济危机，保持宏观经济的稳定，防止公共产品的垄断，合理提供公共产品，确保收入科学再分配以维护社会安全，消除区域发展的巨大差异,关注所有人的福利。国家通过制定法律来改善竞争条件,并以此作为经济发展的基本先决条件。

我们反对经济的国有化和集中化。我们认为,在能源和运输基础设施方面国家应保留部分控股权。因此,我们提出管理公有制企业的战略,提出为何有些公司不应该私有化,以及如何建立公共部门和私营部门的合作伙伴关系。有效管理公有制企业应基于专业精神和经济合理的原则,并受到公众的监督和政府的控制。

生产和出口不足,过度消费,投资疲乏,过度进口,内外债务增加,失业率高企,金融监管缺乏,腐败和有组织犯罪等都证明应当立即放弃目前的经济发展模式。

投资必须优先应用于以下部门:工业、交通运输业、基础设施行业、能源、食品、电信、技术发展和知识出口。优先发展出口导向型经济。只有这样,才能减少进出口逆差。我们主张国家援助那些有利于经济发展的公司,即有利于技术进步、经济结构调整、增加就业和提高经济竞争力的公司。为了改变经济和社会的不公,应立即去除特权和权力垄断。

塞尔维亚的公民应该而且能够生活和工作在一个整体风险较低的国家,在那里经济发展、技术进步和文化发展的机会日益增长。为此,必须提供社会进一步改革的一般社会共识。必须继续市场经济改革和政治改革,国家需要扮演积极的作用,确定经济、技术和社会经济文化发展的战略方向。鼓励企业和市场的发展,私营企业和公共企业平等地提供服务和承担同样的责任。

(七)经济发展的目标和战略

社会主义者主张这样的发展政策——为了提高当代人和后代人的社会福祉,允许有效地利用人力、财力和自然资源。社会主义者提出的发展目标是:

——提高社会福利和生活标准;

——高速的和可持续的经济增长,全面的投资活动;

——全面就业;

——宏观经济的稳定，特别是价格稳定；

——提高经济竞争力，增加出口；

——区域均衡发展和农村发展；

——保护和改善生活环境。

塞尔维亚有尚未开发的经济资源和增长潜力。需要改变它已经过时的经济，以及不能满足现代技术的结构。为此，需要与欧盟和其他国际金融机构充分合作，并且鼓励国内储蓄作为开发项目融资的最佳来源。最大化熟练工人和高技术工人的就业，是经济强劲增长的重要资源。社会的和公共的财产剩余部分的私有化收入必须用于实现发展的目标。

我们的进程以出口为导向。增加出口能力，提高资源利用率，增加收入，以及在不增加贷款的前提下更大程度地增加进口。促进出口意味着政府应支持出口导向型的企业，无论其规模大小或产品类型。

这并不必然意味着物质刺激而修改规则，使我们的产品更贴近欧盟和世界贸易组织的市场所要求的严格标准。为此，我们需要外国直接投资。

在能源、交通、基础设施和公用事业领域，社会党一如既往地坚持完成重要的经济项目以达到欧盟标准，更加吸引外国投资。

社会主义者的区域发展政策基于社会经济的原则：以团结和经济合理性的原则为基础。我们支持避免大都市的过度增加、改善小城镇和村庄的生活条件和文化条件的区域发展政策。

社会主义者认为，塞尔维亚与其他欧盟国家一样，必须有一个经国会批准的、复杂的、精确的和连贯的发展战略。这将标志着国家在重要问题上的团结的决定，保证塞尔维亚加入欧盟的道路是成功的，以及有利于所有公民的利益。

（八）农业和农村的发展

由于传统的、历史的、经济的和社会的原因，社会主义者高度重视农民、农村和农业。农业和农产品生产在经济社会发展和出口机会上具有巨大潜力，但需要实现农业的现代化，调整农业结构和增加投资。我们认为，改善农民的生活标准和他们的社会影响是重要的政治目标。

农业发展需要基于农民的传统、知识、经验，以及肥沃的土壤、气候和水利。然而，所有这些发挥作用都需要国家制定全新的经济政策。农业劳动必须得到相应的报酬。反之，农民就会离开农村，大量的土地、自然资源和人力资源的潜力将长期不能发挥出来，而城市则变得更加人满为患。

农业生产方式的改进意味着：新的投资，培训农民使用现代技术以增加产量、降低成本、提高农产品在国际市场的竞争力。支持增加农业所有权，改变财政政策为农业生产创造有利条件。支持所有可用的政治资源，以支持发展合作社和建立专业服务，增进现代技术的使用和改善农业结构。

社会政策不能以牺牲农业和农村为代价。农产品必须有合理价格和有生产的战略。在国内市场，法律和制度必须阻止不公平竞争，防止企业和经销商的垄断，防止所有破坏农业生产稳定和降低投资的潜在利益的行为。

农村需要发展现代化的经济、社会和交通运输设施。这是农村保存和恢复人口潜力的一个条件。随着新的基础设施，农村将吸引某些制造业、产业、服务业，尤其是旅游业。社会主义者倡导的农村发展模式是欧盟国家几十年来成功应用的模式。

（九）公平和有效的税务

社会党赞成征收收入和财产的累进税。收入更多的人应该对公共财政贡献更多。这种模式有利于社会公正和经济效率。它可以导致 GDP 再分配更加公平，加强财政纪律，满足公民服务需求，促进经济发展。

税收系统应尽快与欧盟协调一致。税收系统应刺激经济和投资，稳定收入和支出平衡，在社会政策中发挥再分配的作用。

纳税人应有同等地位。税收激励作为一种财政措施应该促进产出和就业增长，保障最低收入的公民。

税务责任必须基于纳税人的经济实力。必须确保税收和社会保障的缴费的有效征收，严厉惩罚逃税的人。

低效的征收税款和其他公共收入,创造了不公平竞争的条件,以及合法经营的下降,甚至导致了黑市的出现。应采取严格的法律和有效的财政政策,打击各种形式的黑市经济,特别是非法的劳动力市场。"黑"工没有社会权利,遭受非人的工作条件,并可能失去工作。社会党将为根除这种社会现象作出充分贡献。

税务系统应当促进工作和创业。企业家必须享有他们的创业积极性和技能的成果。这不仅意味着增加就业机会,也意味着提供稳定的财政收入以满足公共需要。因此,对社会主义者来说,公平和有度、有选择性和可持续性是社会财富再分配的重要的原则。

削减公共开支并更有效发挥国家的基本功能是我们的永恒目标。高效率和低成本的国家是经济社会有效发展的不可分割的部分。

五、社会民主

(一) 社会正义、团结和安全

社会主义者最重视实现社会正义、团结和社会保障。根据塞尔维亚人的传统和道德价值,我们致力于加强团结,促进人与人之间的人性化关系。

我们致力于社会保障,即所有公民可以享有基本的社会和健康服务,不管其社会背景和地位。社会和国家团结社会弱势群体是社会主义者的社会政策的基本价值。社会党认为,只有集国家、社会和公民之力才能使每一个人都进步和都享受福利。国家和社会不能关注所有的公民、担负解决所有问题的责任——个人不能放弃对自身和家庭的责任。

社会主义者的社会民主主义具有双重目标:大幅减少公民间的社会不平等,改善最弱势群体——所有老、弱、病、残、有特殊需要的人或无法正常工作的人的社会保障。社会党不会允许大量公民生活在贫困线以下,会向他们提供社会团结和帮助,以维护他们的生命和健康,维持他们最低程度的有质量生活的条件。

（二）社会政策

关爱他人是我们的社会政策的主要动机和目标。社会党将确保在塞尔维亚没有食不果腹、不享有医疗保健和无家可归者。作为左翼政党，我们将努力维护20世纪已经实现了的成果：免费教育和基本医疗保险、养老保险、社会保障和失业保险。社会党将大力恢复这些社会权利，并且扩大和延续这些权利。

我们致力于一个积极的社会政策，其中，在经济危机、高失业率和生活标准下降的情况下，尽量确保社会负担均匀分布，保证所有公民享有最低限度的必要的社会保障。

我们坚持保护和关爱最弱势的公民——孤儿、破碎家庭的儿童、残疾人、智障者、有特殊需求的人、自闭症人、老年人尤其是独居老人、农村老人，穷人和无法工作的人。因此，我们通过财政和其他手段照顾和管理老人、残疾人、智障者和其他有特殊需求的人。

我们必须向难民和流离失所的人提供援助，如果他们想返回自己的家园。同时，我们将继续照顾难民、流离失所的人，向他们提供治疗和社会保险，解决他们的基本需求。

照顾战争致残的人和被破坏的家庭，照顾解放战争和内战的退伍军人是我们永久的承诺。我们致力于为他们提供社会保障，建立残疾救济金，提供工作、住房和充分的医疗保健，为他们的孩子提高教育奖学金。

志愿服务、发展人与人的团结关系、同志精神、慈善事业、帮助穷人和无权的人是社会主义者和人道主义组织共同的原则。因此，我们尊重塞尔维亚的慈善和人道主义组织，促进它们的工作，并且鼓励社会党的成员和支持者参加它们的活动。

（三）退休者的权利

按照员工强制地、自愿地和补充缴纳的养老保险，所有退休者都有权领取退休金。国家和养老基金必须保证养老金的支付。调整养老金的方法必须满足经济上的可行性和社会公平。

必须不断考虑退休人员的位置。退休人员的数量会自然增加，主要因为寿命的延长。因此，必须改革养老金残疾保险，其中消除造成养老基金不平衡的系统因素。工资和税款的支付必须在同一时间，没有任何例外和延迟。

尤其重要的是，促进政治、财政和系统支持老年人自愿缴纳的养老金和伤残保险，作为老年人、病人和残疾人的个人储蓄和保险。越早发展欧盟国家的这种模式的养老保险，会越早得益。国家推迟或不支持养老金系统的改革，未来在保持老年人的生活标准上将会积累困难和遇到更大挑战。

通过国家明确的计划，社会保障体系应当以此为起点，即那些处于特殊困难状况下的退休者，他们一直在生产率低的行业工作，收入有限。他们的养老金通常不足以满足基本的生活需求。大部分人或者依赖其他人的帮助，或者处于贫困和极端贫困的情况。社会党支持改变这种状况。

（四）健康和保健的权利

健康是最重要的社会价值之一，是人的基本需要和权利。健康投资是对社会中最宝贵的资源——人的投资。我们提倡的医疗保健系统基于社会正义和所有公民普遍可以进入和便于使用的原则。我们认为，国家负有公共保障的责任。所有公民应无一例外地免费享受基本的健康保健——其程度基于社会物质资源。

社会党支持健康支出所占国民收入的比例不低于世界卫生组织的建议标准。按团结、平等和普遍性的原则，塞尔维亚所有公民都应被纳入健康保险中。国家应该为所有无法交纳健康保险的公民支付保金。同时，我们将促进其他形式的健康保险的发展，如自愿医疗保险。

健康保险将确保基本的保健权利，无论是国营还是私营的卫生机构，同等条件地为所有人提供服务。我们认为，所有卫生机构的评价应该根据其对患者提供的医疗服务质量，采取统一的认证、许可和分类标准，而不是所有权。

基本医疗保健是良好医疗保健系统的基础。医疗保健系统改革的主要任务是促进卫生和疾病预防,以及便于使用的医疗卫生服务。妇女、母亲和儿童、老人和残疾人、自愿器官捐赠者以及社会重大疾病的医疗应是免费的。

提供必要的药品和治疗手段应当是国家的主要利益。需要不断推进保健机构和医院的设施和工具的现代化,尤其是在急诊医学和肿瘤学方面,以及对国家具有重要作用的高度专业医疗机构。我们致力于为健康保险机构的代表人越来越平等地参与到医疗机构的决策中。

(五) 减少贫困

塞尔维亚很大一部分人口遭受贫困的影响。贫困和社会排斥的最大原因是失业。在农村地区,被边缘化的群体中,难民和流离失所者中,罗姆人及残疾人中,贫困在增加。贫穷已经成为严重的社会问题和紧迫的国家问题。造成贫困的新原因不断增加,高危人群的数量也在增加。人民由于面临经济问题和个人的难处,减少了对有需要的人的援助。但是,团结穷人的社会绝不能放弃。

社会党指出,作为一个穷人并不可耻,可耻的是,对无权无势的人的贫穷和苦难无动于衷的那些人。因此,我们充分支持和积极贡献于塞尔维亚的扶贫战略。

社会党主张,最好的补救办法是经济增长,创造就业,增加工资,防止造成新的贫困的经济转型和国家担负社会责任。同时,有效使用针对最贫穷和最脆弱群体的现有的和发展新的计划、政策、措施和活动,仍然是我们的责任。

这些活动的目的是培训弱势群体走出贫困,发展他们的工作能力。特别重要的是,确保穷人获得平等的就业机会、健康、教育和公共事业服务,防止他们持续贫困。

需要采取紧急行动来抵抗贫困,但是实现这些目标需要时间。我们认为,要在五年内消除极度贫困和饥饿。必须努力实现所有儿童能够小学毕业,改善贫民窟中穷人的生活标准。根据联合国《千年宣言》的基本政策,我们将坚持朝这个方向努力。

贫穷不是一个永久的状况或命运。每个人通过自己的努力，辛勤的工作，依靠国家和社会的帮助，可以逐步走出贫困的恶性循环。社会主义者不仅对穷人伸出援助之手，还倡导赋予穷人能力，通过额外的教育使其胜任工作，摆脱被边缘化的社会地位。我们将努力在就业和培训项目中考虑尽可能多的贫困人口，让他们能够工作和依靠薪水生活。让穷人融入社会生活——虽然他们被边缘化和隔离——是实现上述战略的关键条件。

（六）男女平等

我们致力于男女完全平等，在生活的所有方面减少男女的经济和社会地位的差距。去除传统的对于女性在家庭和公共生活中地位的理解，促进女性在社会中发挥作用和重要性的运动——是我们不变的承诺。

在塞尔维亚人口中，女性占了大多数。因此，女性平等是社会公平和正义的最重要考验。我们认为，男女在工作和生活的各个方面平等——女性与男性同工同酬，允许平等地提高工资和晋升，扩大就业空间，发挥女性在教育和职业方面的潜力，在政治组织、机构、机关以及所有商业和其他组织中被更广泛地代表。社会主义者全面致力于实施男女平等的原则，使他们真正成为合作伙伴，而不是对手，拉平他们的差距。

同时，我们反对媒体上歧视妇女的一切形式，主张严惩虐待妇女的一切形式，无论在工作场所、婚姻中或家庭中。

（七）人口

塞尔维亚面临着一系列人口变化问题，其中最显著的是出生率下降和人口老龄化。无视人口的发展趋势将会对后代造成危害，威胁国家的生存和发展潜力。

创建一个统一的、复杂的体制来鼓励人口复兴是所有人的责任。复兴人口不仅是社会问题，也是经济问题。基本上，它是价值观和生活方式改变的结果。意识到问题的严重性和我们的职责，我们认为需要建立一套复杂的国家的人口政策来保护和复兴人口。

社会党坚持人口政策需要鼓励年轻人建立家庭、生育孩子以复兴人口，降低或停止人口老龄化。这些措施需要包含教育，医疗，就业，帮助年轻夫妇解决住房的问题和提供组建家庭所需要的基本材料等方面的有力措施。

（八）家庭和关爱孩子

在所有文明的变化中，家庭作为最根本的自然的共同体保留了下来。调和男女个人和公共的生活对社会稳定非常重要——他们应平等地分享照顾家庭的责任。国家层面的社会政策设计需要保证男女平等地参与到提高家庭生活标准的活动中。它包括适用于男女双方的法律等等：男人或女人由于照顾孩子可以暂时缺勤，灵活的兼职工作，经济的或其他的帮助，使他们能够更好地照顾孩子。

通过法律明确界定女性劳动和就业的领域。首先是医疗保健措施尤其是关心怀孕期间的妇女，以及延长父母的产假，增加对工作的母亲或父亲的补偿。应特别注意单身母亲和父亲，以及被遗弃的儿童，他们需要社会给予更多关爱。

社会党将启动修订法律来改善儿童的情况。主要包括：在低生育率的地区为三个以上孩子的家庭的孩子提供儿童福利，给予三个以上孩子的家庭信贷支持，建立学前教育机构，援助难民或流离失所者的儿童，给予第一个出生的孩子补助，保护没有父母照顾的儿童，等等。

（九）教育

免费教育仍然是社会主义者的永恒目标。免费教育只是在小学和部分中高等教育中实现。社会党坚持的教育政策是增加国家教育经费，给更多年轻人提供免费教育……

在21世纪，知识是个人和社会的最大资本和投资。因此，我们坚持创造条件为所有人提供平等教育机会的政策，无论其财产状况或社会背景。所有公民，无论社会地位、民族或其他因素，都享有教育的权利、自由的个人发展和创造力的权利。我们需要一种符合塞尔维亚科学、经济和技术潜力的教育。因此，国家应为各级教育大量增加拨款，作为减少贫困和加速发展的条件。

社会党反对高学费，不适合经济危机中中等家庭的经济和社会状况。社会党将倡导保证奖学金、贷款、投资建设学生宿舍，以向贫困家庭和有特殊需要的儿童提供教育。

学校是一个知识宝库，能有组织地和系统地向年轻人传播最高的精神、价值观和技能。高质量的教育和学生业余时间创造力的培养是防止少年吸毒、过失和犯罪的先决条件。社会主义者需要国家、教育机构、学生、家长和相关机构采取果断的联合行动，促进人类的精神和价值。

我们主张公立和私立教育机构平等。因为，我们应当扩大选择的自由，提高竞争力，提高教育质量。这样的措施意味着充分和统一的管理，规范的制度，以及国家有关部门来控制教育商业化，不公平的竞争和腐败现象。

教育的关键任务是与国外教育体系相比的竞争力。为此，我们倡导改革各级教育，重点是现代化、质量和效率，以适应当前的国际标准，协调我们的传统价值观念和国家特异性尤其是塞尔维亚语和西里尔字母与欧盟的高等教育原则。接受的这些文件原则并不意味着复制，复制和移植那些不符合我国情况和需要的制度和模型。这些原则在实践中的运用需要更敏锐和更富有创造精神。对此的无视或后知后觉将会导致灾难性的后果或者积重难返。这是教育界和社会的责任。

教师对于儿童和青年教育的贡献，必须给予合适的评价和经济回报。没有经济保障和职业尊严，将会导致幼儿园、小学、大学教师队伍质量严重下滑。

高校作为重要的教育和研究中心，教育和科学活动的各个方面应当自治。大学自治是一个文明的成就，不可否定。大学应排除政党的或任何其他形式的宣传。同时，大学有就所有社会问题表达批评和意见的自由——仅限于运用科学、知识和专业的论点。自治也意味着责任——建议教育系统的改革，根据全球发展趋势更新传授的知识，加强批判思维的文化，尤其是文化对话。

因为知识会变得过时，我们需要创造终身教育和培训的条件。一个特殊的挑战是为现代信息——通信技术的获取、创造、传播以及利用信息和知识创造条件。塞尔维亚共和国仍然没有全面普及电脑知识。为了促进IT知识的发展，我们需要建立信息系统的战略和建设国家信息基础设施的政策，以满足个人和企业的需要。在工作场所、学校、家庭、地方、企业、国家和全球事务中接入和应用因特网，发展和研究信息系统。

(十) 科学

科学的发展和研究项目的实施，无论是在自然领域、应用领域、人文和社会学科，都是社会发展的重要部分。因此，我们要像欧盟发达国家一样，从国民收入中提供稳定的科研研究项目资金，因为科学研究和知识的投资是有利可图的投资。

科学研究机构的发展是国家成功发展的优先项目的关键。我们致力于建立促进知识和技术转化到经济领域的国家机构，也包括知识成果在世界范围内的转化。同时，我们绝不能忽视增加人文和社会科学领域的投资，因为它们是维护国家认同的重要因素。

塞尔维亚的国家利益是保持教育科研人员队伍，通过特殊的项目资助那些愿意留在国内的最有潜力的人员，以及资助他们出国培训。此外，通过特殊的项目和资金支持，鼓励那些出国的科学家和研究人员回国发展，为我国的发展作出更大贡献。科学的媒体化和娱乐化不能替代国家促进科学发展的长期责任。

(十一) 人文主义的文化

历史上，没有人鄙视物质的贫困，但不会原谅精神的贫困。文化启蒙的使命不取决于混乱的市场和商业化。因此，贸易和市场在精神的殿堂中没有位置。如果高水平的文化不能为每个人使用——无论他的经济状况和社会地位，就不会有社会正义和完整的艺术创作的自由。

依靠丰富的文化价值和文化遗产，我们反对具有侵略性的工业文化的破坏性影响。

社会党认为,书籍、图片、音乐、舞蹈——任何文化和艺术的作品,作为每一个国家的文化支柱,国家应给予优先关注。为此,需要国家为文化活动提供稳定的资金来源。此外,重建传统的基金会和慈善机构是最崇高的人道主义行为,应鼓励和支持。需要改善艺术家和文化部员工的经济和社会地位。

教育、科学和文化之间不可分割的联系是公共生活不可分割的部分,影响着最广大群众的教育,抵抗精神价值商业化和退化的毁灭性影响。社会主义者一如既往地以物质和其他形式支持业余文化团体、剧院、舞蹈团、乐团、艺术团体、戏剧团体、文学和电影节来保护和培育传统的、正宗的和本土的文化形式、艺术表现,以及培养年轻人才。

社会党特别关注保护塞尔维亚的本土文化以保留塞族的民族文化、传统和民族认同,以及保护塞尔维亚其他民族团体及其精神认同的多元化。因此,保护文化古迹和文化遗产作为我们历史的长久见证,应作为优先任务,尤其是在科索沃和梅托希亚自治省等特别脆弱的地区。

我国的文化机构应开放地同国外的文化和艺术专业机构、非政府组织进行合作。尤其是,通过加强所有领域的国际合作,加强我们国家和民族在地区、欧洲和世界范围内的身份认同,通过个人的和集体的行为,促进国家的文化和国家的整体利益。

塞尔维亚的文化动态地、连续地和同时地在欧洲文化间运行。它拥有在世界上享有盛誉的作家和艺术作品,确定了塞尔维亚和塞尔维亚人民在现代世界中的地位。它强调了我们民族的、全面的、富有创造力的观念,代表了我们是一个有文化的民族,而不只是一个有历史的民族。

根据相关标准,塞尔维亚的文化属于欧洲的和世界的发达文化之列。语言是民族的,文化和其他特征在内容和方向上则是跨国的和属于全人类的,塞尔维亚人的精神是与其他文化交流和互动的有力工具。

(十二)体育和运动

体育是一种普遍的社会活动,是连通世界上的人们和激发他们个人的和社会的潜力的一种活动。我们相信,体育应该面向所有人,无论是女性或男性、儿童、青少年或老人。国家和社会应该营造一种环境，让越来越多的人可参加体育运动，竞技的或娱乐的，专业的或业余的。体育是一个领域，那里不得有性别、种族、宗教、经济、社会地位和出身的歧视，参加者只是享受体育活动的乐趣。

创造条件发展大众体育和专业体育是社会的主要任务。学校系统应提出激励计划，学生必须返回到体育场。国家必须系统地支持娱乐和业余的运动，因为它们对年轻人的健康发展和老人保持健康有利无害。

特别是，我们主张在那些塞尔维亚取得优异成绩的运动项目上进行投资和基础设施建设。有必要为体育天才提供奖金，并实现现有体育设施的升级换代。承办国际体育赛事和在国际比赛中我们的运动员取得优异成绩，都是提高我国正面形象的最有效方法。运动员是国家最好的大使。

需要通过法律来准确界定国家在体育中的角色，保护体育组织自治。体育组织有权利和自由在市场中活动和盈利，但是必须遵守所有适用的法律、税务规定和义务。

以政治或歧视性的目的操纵或滥用体育、体育活动尤其是大规模的体育赛事，基于种族、民族、宗教或任何其他认同而宣传不容忍和仇恨言论，都违背体育的精神和本质。在体育运动中，起诉和严格惩罚一切形式的暴力和破坏行为，以及所有其他形式的犯罪活动，符合体育的利益。社会党致力于发展和促进竞争的体育文化和休闲运动，促进娱乐的社会功能。

（十三）青年

社会党在本质上是面临向未来的。未来属于青年。但是，这并不意味着在当前的社会生活中不应活跃。社会党及其政纲倡导，只有青年拥有更好、更丰富、更人性化的生活，才会有未来。当今恶劣条件导致了政治经济的快速变化和混乱的价值观——许多年轻人对未来失望。因此，出现了异化、抑郁症、药物成瘾、懒惰、暴力和犯罪。

年轻人受转型影响最大。它们如果在进入社会之前没有做好准备，就不会在社会中获得长期的稳定的条件。社会主义者主张国家对青年实施优先战略，在教育、就业、家庭、住房、文化、体育和政治方面给他们提供支持。

社会党对青年所提供的价值观和政策是生存的意义，包括希望、财富、尊严、文化、人的价值、道德、人的动机和团结。这是塞尔维亚青年走出迷惘的唯一途径。这种迷惘的状态不仅存在于我们的社会，也存在于整个世界，许多知识分子、政党和组织试图用过时的观念来拯救它。青年所面临的挑战并不低于他们的祖先。社会需要开阔他们的视野，但开拓更美好生活的道路需要他们自己寻找。

（十四）生态政策和社会活动

社会党一直有一个非常明确的概念，即环境问题是一个最重要的政治、社会、文化、教育、卫生和社会的问题。未来，全球气候急剧变化和能源危机证实了我们的想法。关爱我们的环境和我们的未来不能与经济发展问题分开。生活质量的问题不仅是经济的，也是生态的。塞尔维亚公民寻求对环境负责的政治家和政党、寻找新的保护环境的方式——我们已经准备好应对这些挑战。

保护塞尔维亚的环境不仅是国家机构的问题，也是所有公民和所有组织的问题。拯救自然即便是国家的责任，国家也不能完全垄断专行。公民有权在环境问题上作出决断。

社会党将支持这样社会的和政治的参与：支持旨在真正解决环境问题、保护环境和改善生物多样性的环保运动、非政府组织和非营利组织的活动。

我们将倡导可持续发展的和环保农业的生产。塞尔维亚应当以有机农业在巴尔干地区和欧洲闻名。农业政策制定者参与有机农业将会通过金融支持和软贷款来刺激有机农产品的生产。我们都知道塞尔维亚市场吸引了国外跨国公司进行转基因食品的生产和销售，而这与有机农业是不能共存的。

我国能够实现能源独立，但是必须合理地使用、维护和再利用现有的能源。社会主义者主张提高能源利用率——发展可再生能源和更大程度地节约已有能源。我们将提倡生产或影响创造可再生能源的技术——太阳能、风能、地热能、生物能——都免税。

我们将支持所有国家机关和机构的活动,向着符合欧盟环保标准的方向发展,努力提高公民的环保意识以监督环境组织。尤其注意对儿童和青少年的环保教育,他们应该拥有健康的环境。在此方面,我们支持所有旨在促进学前班学生和小学生的环保意识的项目。

我们将支持和倡导解决环境问题的科学的发展,无论是自然科学或社会科学。

六、期待

(一) 新的政治身份

重建民主制度20年来,塞尔维亚出现了很多变化。在此过程中,社会党无论作为执政党还是在野党,都对塞尔维亚政治生活产生着显著影响。目前,塞尔维亚面临新的挑战——在加入欧盟的过程中需要协调法律、经济制度和价值体系。同时,旧问题还存在——维护领土完整和促进国家经济的现代化。

在此过程中,社会党也发生了改变。在新形势下,我们需要申明,它仍旧是一个组织严密的党,它的党纲和党章目标都深深植根于我们的社会。

我们有连续性的左翼政党。随着世界结构的调整和变化,国家历史条件的变化,我们虽然修改了纲领文件、政策和方针,但是我们身份认同的基础、指导方针和章程文件没有变。我们是劳动者的党和富有创造力的党,在21世纪的工业进程中占据重要的地位。我们保护工人、工会和给予工作的公平评价,我们支持教育、科学、文化作为社会发展的驱动力。我们将继续致力于政治、经济和社会民主的社会;民间、民族和宗教平等和社会保障——与此同时,我们反对一切形式的对民主的威胁、剥削和和腐败现象。

社会党作为先进的左翼党和塞尔维亚的政治舞台上具有执政潜力的党，对其他国内组织和个人开放。他们的思路、举措和创造力与社会党的高效率的组织结合在一起，代表着真正的左派精神——民主、开放、高效。

（二）社会党及其他政党和民间社会组织

在塞尔维亚政治舞台上，社会党将采取宽容和对话的原则与其他公开活动和解释自己观点主张的政党建立合作和公开辩论，以及通过公平和民主的方式进行竞争。担任政府机构职位时，社会党党员将遵守宪法和法律，尊重国家机构的完整性和权威性。

塞尔维亚的社会主义者愿意与拥有相同价值观、尊重民主秩序和塞尔维亚宪法和法律的政党开展民主对话和各种形式的合作。我们认为，他们可以成为社会党在政治活动、选举或政府中一起奋斗实现共同目标的合作伙伴。

包容对话将指导社会党同不同政治目标的政党接触，因为我们认为包容有助于巩固民主和政治文化。

社会党将与拥有共同目标的组织建立合作关系。社会主义者支持专业的民间组织，认为它们是加强民主的重要手段。社会党将与同意我们的目标、支持我们活动的所有组织建立合作：工会、全国解放战争的退伍军人、人权组织、妇女组织、环保运动。

（三）我们是社会主义者

我们是社会主义者，因为社会党致力于建设一个公正的社会。在那里弱者和强者、穷人和富人都是平等的。我们主张民主制度，政府对公民的利益负责。我们是社会主义者和民主主义者，因为自由、平等、公正、团结、宽容的原则是我们党章的中心目标。

党纲表明了我们是谁，我们想要什么。它呼吁与我们观念、思想和期望一致的人们，也激励我们的批评者。我们认为，关于党纲目标的讨论是一个关于未来的有趣的对话。我们不奢望不加批判的赞同。当政治上不正确的决定或缺乏决定威胁到所有人的生存时，合理的不信任和怀疑对于建立和改变政策原则是重要的。

我们的人民、民族和国家在新世纪面临着新的挑战。这些挑战造成了国家、民族、文化和经济的短暂繁荣；同时造成了发展的不连续性和曲折性，造成了怀疑和误解过去、价值体系和理想的坍塌、割裂过去的价值、怀疑未来的繁荣，造成了我们不知道谁是朋友，造成了快速的变化世界。

改革是必要的，而且十分迫切。在党纲中，我们勾勒了改革方案。但是，改革必然面临障碍。当寻找解决方案时，当削弱疑问并鼓励希望时，当面对强大的利益时，没有程式可循。我们欢迎所有的政治贡献以实现更美好、更公正、更人道的社会愿景。工人、农民、商人、知识分子、妇女、少数民族、年轻人——我们应该自问我们的纲领中是否都包含了他们的需求、愿望和计划。但是，他们需要一种根植于我们国家和民族传统的政治力量，同时，它不脱离实际，而且坚持实现我们的理想。我们希望能够成为这样的政治力量以实现我们的政治目标，我们将通过民主方式争取多数选民的支持。

社会党愿意与国内外所有民主的、进步的政党、组织和运动，尤其是社会主义、社会民主主义和左翼的政党、组织和运动合作。社会党想成为社会党国际的成员和欧盟议会社会党党团的成员。

社会党作为塞尔维亚最大的左派党，继续团结自食其力的人。

塞尔维亚社会主义党邀请塞尔维亚的所有公民一道共同创造未来，勇敢面对挑战，安全地走过21世纪！

（本章根据2010年塞尔维亚社会党第八次全国代表大会通过的《塞尔维亚社会党政纲》翻译）

（北京大学国际关系学院　Ivica Bakota、项佐涛　译）

塞尔维亚社会党章程[1]

总　纲

第一章

塞尔维亚社会党的章程（以下简称：社会党）规定：党的名称和总部；标志；全国和各级分支机构的印章；纲领目标；党员入党和开除的条款和条件，党员的权利和义务；组织机构的区划、权力架构、职责、组成和选举方法；任期和作出决定的方法；社会党的代表；党章和其他基本原则的修改方法；党公开活动的方法；与其他政党或者国外机构的合作和达成协议的方法；党的资助来源；财务的内部审计；财务负责人；解散党的活动的有效决议；党产的管理方法；以及其他党的活动的重要事项。

党章在语法上使用男性术语来表示男性和女性称谓。

纲领目标

第二章

塞尔维亚社会党由接受本党基本价值，以及实现本党党纲目标的公民组成：

——维护塞尔维亚的国家、民族和公民的利益；

——尊重和保护联合国和欧盟文件所规定的人权，即公民权、政治

---

[1] 原文为塞尔维亚语。

权、经济权、社会权和自由；

——尊重人的尊严、权利和自由，无论其宗教、种族、民族、性别、政治信仰和社会地位；

——保护工人的权利，尊重集体协议，尊重和保护农民和养老金领取者的权利，及其他努力工作的人的权利；

——保护少数民族的权利；

——保护和提升家庭的地位，促进性别平等；

——实现免费医疗和社会保障、免费教育，保障劳动权和改善工作条件，保证养老金，保护家庭和个人的财产权；

——实现和维护国家的民主制度、政治制度和法律制度，实行法治，实现社会公正、团结、安全、自由和民主；

——实现社会、经济和地区的迅速均衡发展；

——实现社会公正、团结和互助的发展，为社会所有阶层提供欧洲生活的标准；

——保护环境和健康；

——实现党章、党纲及社会党国际的所有价值观和目标。

为实现党纲目标和章程原则，社会党愿与其他国内外政党和机构合作。

名称和总部

第三章

党的名称为塞尔维亚社会主义党。

塞尔维亚社会主义党的简称是社会党。

第四章

社会党是一个法律实体。

社会党的总部在贝尔格莱德。

印 章

第五章

社会党总部、自治省、市和区组织均有印章。

社会党中央委员会的印章为圆形，直径 3 厘米。印章的第一个同心圆写着"塞尔维亚社会主义党"；第二个同心圆写着"中央委员会"，下面是"贝尔格莱德"。印章中心是塞尔维亚社会主义党的标志——交叉在一起的红、蓝和白玫瑰。印章上的单词和字母是西里尔字母写成的塞尔维亚语。

社会党中央委员会还有一款相同内容的小印章，直径 20 毫米。

社会党立法委员会和监督委员会的印章与中央委员会印章的形状和大小相同。印章的第一个同心圆写着"塞尔维亚社会主义党"；第二个同心圆写着"法定委员会"或者"监督委员会"，下面是"贝尔格莱德"。

社会党伏伊伏丁那自治省、科索沃和梅托希亚自治省及州、市、区委员会的印章为圆形，直径 3 厘米。印章的第一个同心圆写着"塞尔维亚社会主义党"；第二个同心圆写着党组织的名字［自治省、州、市和区委员会］，下面写着组织所在地的名称。

第六章

社会党的签章为长方形，60×40 毫米，用西里尔字母写着："塞尔维亚社会主义党，号码＿＿＿＿，日期＿＿＿＿；贝尔格莱德"。自治省、市、区组织的签章上写着：塞尔维亚社会主义党，下面是组织名称与组织所在地的名称。

社会党的代表

第七章

社会党主席代表塞尔维亚社会主义党。社会党全国代表大会根据党章选举党主席。

主席全权代表社会党。

党主席可以根据党章授权他人代表社会党。

党代表的选票应包括姓名、住址和身份证号码。

党代表应当遵守党章确定的授权和上级机构的决议。

社会党的符号

第八章

社会党的标志是交叉在一起的红—蓝—白玫瑰。

社会党的旗帜为红色,中间是党徽。

社会党的仪式旗是白色,中间是党徽。

党徽包括:党的标志并在下面写着党的全称和简称。

公开活动

第九章

社会党公开活动。

党章、党纲、其他规定和声明、选举程序及党代表的姓名通过互联网向公众公开。

社会党的活动方法

第十章

社会党党内关系实行民主原则——党员政治行动自由,平等和相互尊重,开展连续和公开的对话,宽容,以秘密方式投票,领导人对党员负责、遵守和实施民主决议。

党员独自或与其他成员一起,有权在党内自由表达观点,提出问题、意见和建议。顾及和考虑党员的意见和建议,是党的组织和机构的义务。党员自由表达建议或意见,不承担后果。

社会党的统一表现为遵守党纲和党章的原则。履行中央委员会和其他机关的决定是所有党员、组织和机构的义务。

党员独自或与志同道合的人一起，有权要求审议其有异议的主张和立场；但是作出审议前，其有义务遵守和实施该主张和立场。

第十一章

党员的意见或建议不为多数党员所接受时，其不能把它们公布为党的官方立场；当退出或被开除党籍时，其不能用相同的名称和标志活动，不能索求党产。

党员不能公开讨论党组织的意见和决议，尤其是上级组织的意见和决议。

根据党的纪律处分规定，对于触犯党章的党员给予纪律处分。

党员不能随意成立党内派别。

社会党党籍

第十二章

任何接受党纲和党章的成年人，均可成为社会党党员。申请人需自愿签署入党申请表及声明熟悉并接受党章和党纲。

申请表由社会党基层支部委员会确认。基层支部委员会有责任在10天内提交申请表至区委员会。如果基层支部委员会拒绝申请，申请人可向区委员会提出申诉。区委员会不拒绝申诉的，入党申请有效。

区委员会拒绝入党申请的，申请人有权30日内向中央执行委员会提出申诉。

中央执行委员会的决定是最终决定。根据党章，申请人对申诉过程中可能存在的违规行为可以向监督委员会提出申诉。

区执行委员会收到入党申请表30天内，有责任向中央执行委员会提交申请表。

特殊情况下，中央执行委员会有权直接接收党员。上述党员的活动受中央执行委员会的协调和监督。

党员接收中央执行委员会发出的党员证。

第十三章

社会党党员不能加入其他政党。

未经中央委员会、省委员会、市委员会或区委员会许可，党员不得参与其他政党的政治活动，成为其他政党的候选人，或者签署其他政党的文件，除非是国外政党或左翼政党。

社会党集体的党籍

第十四章

政党、工会、专业组织、文化和体育协会、公民运动和俱乐部，其章程、目标和相关文件不与社会党的相冲突时，可以加入社会党。

集体申请表应当提交至社会党中央委员会。接受集体申请的决定应获得三分之二中央委员的支持。

活动范围仅限于区的组织、协会和运动，向区委员会提交集体申请表，并争得中央委员会同意。

中央委员会确定集体党员的权利和义务。

与集体成员签订的合约，将约定相互的权利和义务。合约应得到中央委员会执行委员会的批准。

党员的权利、义务和党籍终止

第十五章

党员的权利：

——参与党的辩论，共享经验、特殊才艺及艺术、文化等方面的技能；

——知晓党的活动和立场，尤其是参与党的领导机构关于提案和建议采纳与执行的辩论；

——在党内所有机构表达和辩护自己的意见和立场；

——向机构领导人提出合理的批评；

——向所有执行机构提交意见和建议，这些机构有义务考虑其意见和建议；

——被及时告知他的行为和活动所招致的批评和抱怨，他应向所在党组织作出解释。如果这不是纪律处分，或者他是领导机关成员时，该组织应就此问题召开会议；

——坚持和保护自己的少数意见；

——按党章提名候选人，选举党的领导机构，以及被选举参加党的所有机构的工作和政策制定；

——向所在党组织询问被开除出党的原因；

——确定党的立场和决议时，拥有自由抉择权；

——向党组织提出建议、提案和意见；

——因履行党的职责而遭受的损失，可以向党组织申请支持和援助。

第十六章

党员的义务：

——遵守党的政治目标，实现党的政治行动，参与所在党组织的活动；

——遵守党章和基本价值，参与党的活动，为实现党的目标贡献力量；

——按照党章和党纲的价值和原则参与公共生活，为实现这些价值和原则而奋斗；

——吸引新党员，向其他公民宣传社会党的政治观点，与不公正的批评作斗争；

——加入政治目标与社会党不冲突的工会；

——在党内各级组织中遵守民主原则、程序和党章的规定；

——帮助社会党的纲领和候选人获得公民支持；

——交纳党费和其他职务收入的捐献；

——履行党章和基本条例规定的其他义务。

第十七章

塞尔维亚社会党党籍在以下情况下终止：

——撤回；

——开除；

——删除党籍记录；

——未经党的同意，加入其他政党或其他政党提名名单；

——去世。

党员撤回党籍应通知所属党支部。

党员违反党章和党纲，应受纪律处分。

党员所属支部给予党员纪律处分措施。

对党员可采取的纪律处分包括：谴责、暂停党内职务和开除党籍。

谴责的期限为一年。

停止党内职务的期限为一年。

党员的行为违反党纲或严重损害党的声誉的，根据中央委员会的纪律规定可以开除其出党。

在紧急情况下，社会党章程委员会可以作出开除决定——党员拒绝违纪处分的。

被开除的党员有权在30天内提出申诉。

委员会拒绝的申诉，被开除的党员应在30天内向党的监督委员会提交新的申诉。

被开除的人员一年内不能提交新的入党申请。

暂停党内职务的人员2年内不能再担任该职务。

开除党籍的人员3年内不能担任党内的职务，不能在任何政治级别代表党。

特殊情况下，中央委员会可以根据党主席的提议，在上述期限内重新接纳被开除的人员并允许其担任党内职务和代表党。

党组织和委员会根据程序，清除未经党的同意而加入其他政党或其他政党的提名名单和独立名单的党员。

第十八章

党籍记录包括：个人名和姓，住居地和地址，身份号，加入日期和撤回或开除的日期及原因。

上述记录以书面和电子数据的形式上交至社会党中央委员会的专业负责部门。

上述记录应当保存在基层、区、市和自治省的委员会。

党员更改所属支部的，党员应当给予新支部个人信息——原组织提供证明并销毁记录。

社会党的国内组织

第十九章

党组织是党员集会、行动和组织的形式，根据属地原则建立。

社会党在自治省、市和区地区设立组织。

党中央委员会决定设立和解散党组织。

第二十章

党组织有责任在所在区域实现党纲目标和执行党的上级机构的决议、想法和结论。

党组织的政治活动包括参加选举，确立、采纳和实施社会党的决议和观点。

党组织的组织和活动方式由《社会党组织和活动管理条例》确定。

第二十一章

区应设立区党组织。

区党组织是党的基本组织形式。

区党组织的政治活动包括参加选举，在本地区确立、采纳和执行党的决议和观点。

第二十二章

基层组织建立在地方社区、社区的部分、区的部分、乡村或人口定居点。

基层组织设立的目的是在当地执行党的政策。

基层组织选举和罢免主席，委员会主持基层组织工作。

区组织决定基层组织的设立和解散，以及基层组织的数量。

第二十三章

城市设立市党组织。

城市党组织的政治活动包括参加选举，在该地区确立、采纳和执行党的决议和观点。

贝尔格莱德市和下设区的城市，设有区党组织的，设立市党组织。

前款所述市党组织阐明党的党纲任务，确定党的政治立场，以及组织和协调本地区区组织的工作。

第二十四章

在伏伊伏丁那自治省、科索沃和梅托希亚自治省设立社会党自治省组织。

自治省组织阐明党的政纲任务，确定党的政治立场，以及在本区域组织和协调实现党的政策。

国外支部

第二十五章

在尊重他国法律的前提下，社会党在国外设立党组织，以联合海外党员和支持他们的生活和工作。

国外组织直接与中央执行委员会联系。国外组织的管理遵照中央委员会制定的规则。

社会党自治省、地区和市的机构

第二十六章

社会党自治省、市和区的机构有：代表大会、委员会、主席和执行委员会。

代表大会选举和罢免自治省、市、区的委员会和主席。

第二十七章

代表大会分为定期代表大会和特殊代表大会。

根据规定，代表大会定期每四年召开一次；特殊情况下，可以召开特殊代表大会。

代表大会的成员是社会党自治区、省、市和区的领导人，以及根据各级党组织党员人数按比例选举的代表。

代表大会可以在下述任一条件下召开：党执行委员提议；三分之一党组织或者三分之一区委会提议；或者至少三分之一党员提议。

第二十八章

代表大会的代表的选举应依照中央委员会制定的选举规定。

代表大会选举和罢免自治省、市和区委员会的成员，听取和采纳上述机构的报告，并在所辖范围内讨论其他事宜和决定相关文件。

第二十九章

党委会是两次代表大会间的最高机构。

党委员的成员数目、组成和选举办法由代表大会决定。

根据规定，党委会成员任期为四年。

党委委员连续三次无故缺席会议的，停止其委员资格。

第三十章

委员会：

——根据需要在两次代表大会间选举党组织的主席；

——发起罢免党组织主席的表决；

——选举和罢免执行委员会的副主席和委员；

——在本地区促进实现党的纲领和政策；

——在本地区执行党的上级机构的决定；

——根据党章，在自治省、市和区确定党的政治立场和组织党的活动；

——增选和补选三分之一的委员，增选和补选的委员数量不能超过代表大会选举的委员人数的三分之一；

——作出管理党组织及其活动的决定；

——向上级机构提出建议；

——在本地区提出建议和组织活动来改善生活条件；

——根据党的政治承诺、立场以及代表大会的决议，进行其他政治活动。

——根据党的组织条例和选举条例，履行构架、选举、撤销和其他职责。

第三十一章

党组织的主席负责自治省、市和区组织的工作。

党组织的主席主持党委员会活动；主席缺席，副主席履行其职责。

主席、副主席和委员会委员的工作受委员会管理。

第三十二章

执行委员会：

——选举和罢免委员会主席；

——筹备委员会会议，执行委员会的决定；

——组织当前的政治活动；

——组织和管理宣传工作；

——监控和协调全国、自治省、市和区的议会党团和代表的工作；

——向党员传达党的活动；

——促进和推动党员人数的扩大；

——组织竞选；

——收集党费和其他的捐款，提出党的财政计划和监督其执行情况。

第三十三章

委员会确定执行委员会的成员数量和选举的形式。执行委员会对委员会负责。

执行委员会主席负责执行委员会的工作。

委员会主席和副主席参与执行委员会的活动。

第三十四章

自治省、市和区的委员会管理党组织的决定、职责和责任必须符合党章规定。

第三十五章

根据主席团提议，执行委员会可以解散党的自治省、市或县机构，假使该机构的行为和活动经过讨论不可接受——严重危害党的荣誉和利益或者违反党纲和章程原则——并任命临时领导。

前款所述执行委员会的决定包括：临时领导的人数、职责和权力。

省、市或区委员会可以向中央执行委员会提出解散党在本地区的机构，并提名临时领导。

第三十六章

为了更有效地实施党的政策和改善党的省、市和区组织间的合作，他们可以召开联合大会。

联合大会的成员包括：自治省、市和区委员会成员，基层委员会主席，自治省、市或和县代表大会的代表，党在自治省、市和区政府机构的领导人，以及委员会委派的其他成员。

第三十七章

为了在州的层面实现党的决定、观点和决议，社会党在所有州设立州委员会。

中央执行委员会确定州委员会的选举方式、权力、建立和运行方式。

党的机构

第三十八章

社会党的机构包括：

——全国代表大会；

——中央委员会；

——主席；

——主席团；

——中央执行委员会；

——章程委员会；

——监督委员会。

全国代表大会

第三十九章

全国代表大会是社会党的最高机构，每四年召开一次。

全国代表大会代表包括：社会党各委员会的成员，以及区组织按照中央委员会决定的选举方式和人数选出的代表。

中央委员会召集并筹备全国代表大会。

中央委员会根据国民议会选举的结果决定代表人数。

召开定期代表大会应至少3个月前公布。

第四十章

全国代表大会：

——批准、补充和修订党纲；

——批准、补充和修订党章；

——批准与党纲和党章有关的文件；

——采用战略、宣言、决议和代表大会的其他文件；

——确定党的基本政策；

——审查和批准社会党在两次代表大会之间的工作报告；

——任命和罢免中央委员会，章程委员会和监察委员会；

——任命和罢免党主席；

——决定社会党停止活动或与其他政党合并；

——考虑相关的申诉和建议。

第四十一章

特殊全国代表大会应在下述条件下召开：

——绝对多数中央委员会成员的决定；

——三分之一党员的建议。

中央委员会应在上述动议提出的 30 天内作出召开特殊全国代表大会的决定。

中央委员会作出召开特殊全国代表大会决定后，30 天内应召开特殊全国代表大会。

参与特殊大会的代表人选按照第三十九章的规定。如果在紧急情况下，区组织没有选出新的代表，可由上届代表大会的代表参加。

提议召开特殊全国代表大会者应当提出大会的议程，解释召开大会的原因。

中央委员会

第四十二章

中央委员会是两届全国代表大会之间党的最高机构。

中央委员会的人数由全国代表大会决定。确定代表人数时以所有区组织能够平等地被代表为原则。代表人数不超过 300 人，党章第六十二章、第七十章所列条件除外。

中央委员会委员的任期为四年。

中央委员会委员连续三次无故缺席会议的，停止其委员资格。

第四十三章

中央委员会：

——执行全国代表大会的决定；

——提出党章及其修正案；

——根据全国代表大会的决定，确定两届大会之间党的政策；

——在两次全国代表大会之间，必要时，协调党章与法律；

——如有需要，在两届大会之间选举党主席；

——进行罢免党主席的程序表决；

——根据党主席的建议或者10%中央委员的支持，确定主席团的人数，任命和罢免主席团成员；

——根据党主席的建议或者10%中央委员会委员的支持，任命和罢免中央委员会委员和中央执行委员会主席；

——依据属地原则任命和罢免执行委员会成员，并确定其人数；

——建立执行特定任务的正式和临时机构；

——任命和罢免政治咨询会议的成员和会长；

——委派中央委员会三分之一的成员；

——作出决定培训社会党自治省、市和区委员；

——两届中央委员会会议之间听取和接受党主席的报告；

——听取和接受监督委员会关于财务问题的报告；

——听取和接受中央执行委员会的报告；

——接受社会党的竞选议程和竞选纲领；

——确定社会党的选举总部，分析和评估选举结果；

——确定社会党国民议会代表的候选人；

——确定社会党国会议员的任务；

——确认社会党塞尔维亚总理、国会议长，贝尔格莱德市长和贝尔格莱德市议长的候选人；

——决定社会党党员是否可以在其他政党执政的政府中任职；

——决定社会党是否与其他政党建立政治联盟；

——决定社会党与其他政党间的合作形式；

——决定社会党如何加入国际组织；

——决定社会党加入国内外广泛的政治联盟；

——为成功实现党的纲领，为党员和干部提供政治上的和专业上的教育；

——举办咨询会议，尤其是咨询关于社会党活动的事项；

——组织党内宣传和信息网络；

——确定党费；

——建立专业机构、技术机构和管理机构，它们的工作和活动受执行委员会主席控制；

——采纳程序规则，进一步确定中央委员会的工作和中央委员会成员的责任；

——制定社会党组织的组织和活动规则；

——制定社会党国外支部的成立规则；

——决定进行选举；

——制定党内选举规则；

——制定纪律处分规则；

——制定如何执行党的预备方案的规则；

——执行本章程规定的其他职责。

主 席

第四十四章

社会党主席代表党，管理党的活动。

社会党主席任期四年。

选择和罢免党主席遵循社会党全国代表大会的程序规则和社会党的选举规则。

第四十五章

社会党主席：

——依照党章和党纲，以及中央委员会的决定代表社会党；

——确保党纲和党的计划的实现；

——确保执行全国代表大会的决定，实施党的政策和表明党的政治立场；

——提议副主席、主席团成员或监察委员会成员的候选人；

——批准社会党的自治省、市组织的选举；

——向中央委员会和全国代表大会提交工作报告；

——协调党的工作；

——协调中央委员会和主席团与政府首脑、国民议会党团、总统和其他政府官员的关系，如果他们出自社会党；

——召集中央委员会和主席团会议；

——主持中央委员会、主席团和中央执行委员会会议；

——签署社会党官方文件，或在某些情况下确定某人代理其职责；

——在司法或其他事项中提供授权书代表社会党；

——党主席决定财务主管和其他财务事项，并授权其根据《政党法》和《政党财政法》联系相关机构。

第四十六章

社会党设有副主席。

社会党副主席在主席缺席的情况下代理主席，或者执行主席委托给他的任务。

副主席对党主席和中央委员会负责。

副主席由党主席从中央委员会副主席中任命。

第四十七章

根据中央委员会的命令和主席的意见，副主席监督、组织和协调中央委员会职责范围内的活动和工作。

中央委员会确定副主席的人数。

主席团

第四十八章

主席团是社会党的政治执行机构。

社会党主席团包括：

——社会党主席；

——社会党副主席；

——中央委员会副主席；

——中央执行委员会主席。

主席团的成员由中央委员会选举。

第四十九章

两届中央委员会会议之间主席团定期举行会议，分析和表示党的政治立场。

主席团：

——管理社会党所有级别的代表的工作；

——管理干部政策，提出党的国会候选人名单，提名党的国会代表候选人，确定党的政府最高领导人候选人，以及自治省、市或区党的领导人候选人；

——提出在任期内罢免代表的提议；

——提议政治咨询会议主席和成员；

——提出财务计划和财务说明；

——提出中央委员会和中央执行委员会委员的候选人；

——制定其自身活动和工作的程序规则；

——提议任命和罢免国会党团团长；

——决定建立专业委员会；

——任命和罢免专业委员会会长；

——向中央委员会提出建议或文件；

——根据需要，建立党的其他执行机构，委任该机构的书记和领导人；

——执行中央委员会赋予的其他职责；

——执行党章规定的其他职责。

第二部分 主要政党内部规章制度

第五十章

主席团会议参加人员：

——自治省委员会主席；

——市委员会主席；

——国会党团的团长和副团长；

——社会党任期内的成员：总统、国会议长、总理和副总理、政府部长；

——章程委员会主席；

——监察委员会主席；

——社会主义青年运动主席；

——妇女论坛主席；

——政治咨询会议主席；

——专业委员会主席；

主席可以邀请其他人参加会议。

中央执行委员会

第五十一章

中央执行委员会是党的执行机构，负责组织和执行党的政策。

中央执行委员主席管理执行委员会的活动和工作。

中央执行委员会会议邀请党主席和主席团所有成员参加。

第五十二章

中央执行委员会：

——筹备中央委员会会议，执行中央委员会的决定以及主席团的决定；

——开展党当前的政治活动；

——管理宣传工作；

——准备党的文件；

——管理信息网络；

——监控、分析和协调自治省、州、市和区党组织的工作；

——监视党籍工作和发行党员证；

——决定建立市和区委员会；

——任命和罢免执行委员会的副主席；

——任命和罢免州委员会主席和秘书；

——解散市和区委员会，并任命临时领导；

——任命咨询会议和特定委员会的主席和成员；

——维持社会党的竞选程序；

——维持自治省、市和区的选举方案；

——考虑中央委员会的提议和总的活动方案；

——任命和罢免中央委员会专业服务主任；

——采纳自身活动的程序规则；

——批准有关中央委员会专业服务组织和工作的总体文件和其他相关文件；

——批准财务计划和财务报告；

——决定建立国外支部；

——确认自治省、市和区议会选举的候选人名单，决定议员的任务；

——执行党章规定的其他任务。

第五十三章

——中央执行委员主席：

——确保中央委员会、主席团和执行委员会会议的准备工作，执行中央委员会、主席团和执行委员会的决定；

——组织和协调中央委员会委员与中央执行委员会委员间工作；

——向自治省、州、市和区组织传达中央委员会或主席团的决定；

——协调咨询会议和特定委员会的工作；

——管理党的财政业务。

第五十四章

中央执行委员会的工作及其成员的职责,应遵守《中央执行委员会管理规例》。

中央执行委员会委员执行各方面任务,必须由中央执行委员会主席委派。

章程委员会

第五十五章

章程委员会是党的独立和自治机构,是党章和党的民主制度的保护机构。

章程委员会设1名主席、1名副主席和1名秘书。

章程委员会由15名成员组成。章程委员会的人数和选举办法由全国代表大会作出,依据性别、专业和地域平等等原则。

章程委员会可以委任三分之一的成员。

章程委员会的决定或解释是最终的。对于章程委员会的决定,可以向全国代表大会提出上诉。

第五十六章

章程委员会:

——任命和罢免章程委员会的主席和副主席,从专业委员会任命章程委员会秘书;

——解释党章和社会党的官方法律文件。所有章程委员会的成员均可以解释党章;

——准备党章修正案草案,及其他官方法律文件;

——监督党章及其他官方法律文件的执行,并向中央委员会提交报告;

——按照党章和纪律处分规则采取纪律处分措施；

——为改善党的组织和工作提出建议；

——评估党内选举的合法性；

——确定上诉是否合法；

——章程委员会的成员不能同时在党内其他机构任职。

监督委员会

第五十七章

监督委员会是党的独立和自治机构。

监督委员会从其成员中选择监督委员会主席和副主席，并罢免监督委员会主席和副主席。

监督委员会由 15 名成员组成。

监督委员会可以委任三分之一的成员。

监督委员会控制党的资金的使用，全部使用党的固定资产，无论是社会党全部所有或者部分所有。

监督委员会应当向全国代表大会提交工作报告，并且每年一次向中央委员会提交财务报告。

决策和选举

第五十八章

社会党机构有效的表决应满足：超过半数成员出席，并获得超过半数出席者支持，党章规定的特殊情况除外。

社会党组织作出的有效决定应获得超过半数出席者的支持，党章规定的特殊情况除外。

第五十九章

根据规定，社会党党内选举应四年举行一次。

根据规定，社会党党内选举应对若干候选人进行无记名投票。

社会党中央委员会作出进行党内选举的决定。

第六十章

每名符合党章要求的党员均可以被提名为候选人，有选举和被选举的权利。

社会党机构提名社会党机构的候选人。

第六十一章

社会党自治省、市和区组织的领导人根据选举规则当选。

中央执行委员会批准自治省、市和区党内选举的候选人，批准党在自治省、市和区的代表。

第六十二章

社会党所有机关的成员应包括不少于 20% 的 30 岁以下社会主义青年运动的成员，以及不少于 20% 的女性。

不足 20% 的情况下，社会党机关应提议社会主义青年运动和妇女论坛增选青年和女性成员。

社会党机构的组成应当体现党员的社会结构。

选择社会党机构的成员时应考虑少数族能够被公平地代表。

社会党青年组织

第六十三章

社会党的年轻成员属于塞尔维亚社会主义青年运动。

社会主义青年运动是社会党的特殊组织和活动的形式。

社会主义青年运动的成员由 30 岁以下党员组成。

社会主义青年运动的主席也是社会党相应职能的执行委员会的成员。

社会主义青年运动的组织和功能遵照中央委员会制定的规则。

社会主义青年运动的官方文件应得到中央委员会的批准。

社会主义青年运动有自己的印章。

妇女论坛

第六十四章

妇女论坛是社会党的特殊组织和活动的形式，目标是确保女性权利、家庭权和性别平等权。

妇女论坛强调妇女的社会地位和权利，按欧盟的标准和原则伸张女权。

妇女论坛的主席也是社会党相应职能的执行委员会的成员。

妇女论坛的组织和功能遵照中央委员会制定的规则。

妇女论坛的官方文件应得到中央委员会的批准。

妇女论坛有自己的印章。

社会党的政治咨询会议

第六十五章

政治咨询会议是党的咨询机构，召开政治咨询会议的目的是讨论国家战略和经济发展，以及党在这些方面的重要计划、决议和要发起的动议。

政治咨询会至少一年召开两次，由党主席、主席团、中央执行委员会或政治咨询会议的一些成员提议。

政治咨询会有 25 名成员。

社会党的议会

第六十六章

中央委员会可以在两届全国代表大会之间召集党的议会。

社会党的议会应在年底召开。

社会党的议会参加人员包括：中央委员会、章程委员会和监督委员会的成员，自治省、州、市和区委员会的主席，党的国会议员，以及其他由中央委员会根据主席团建议而邀请的 30 名成员。

社会党的议会可以就所讨论的社会问题确定党的立场、决议和方针。

参加选举

第六十七章

中央委员会决定社会党及其成员参加国民议会、自治省议会、市议会和区议会的选举，委任党在政府部门任职的人选。

中央委员会颁布条例确定提名标准和任命程序来确定党在国家和政府机构中的代表人，以及他们在其任期内与党的关系，以维护党的利益。

自治省议会代表的候选人由自治省委员会确定，并得到中央委员会的批准。

第六十八章

按照中央委员会确定的产生规则，党的总统候选人通过中央委员会、自治省、贝尔格莱德市、州、市和区组织的主席通过无记名投票产生。

第六十九章

每个候选人有责任签署一份关于其熟悉党章和选举规则的声明，如果其退党，将辞去担任的代表职务。

社会党的国会党团

第七十章

社会党的国会议员成立社会党党团。

无党派议员如果承认党章、获得议会党团多数成员的支持并经中央执行委员会的批准，可以成为社会党党团的成员。

党团的成员讨论所有的国会议程事项，根据党纲和中央委员会的观点来表明党的立场，发起政治倡议。

根据党主席团的提议，议会党团选择和罢免党团主席。

党主席、中央委员会副主席、中央执行委员会副主席参与议会党团的工作和活动。主席团成员应参与议会党团的工作和活动。

党团会议应邀请：总理——如果是社会党党员或者社会党提名选举；部长——如果是社会党党员，会议议程包括其职责范围。

章程委员会成员应参加议会党团的会议。

未经社会党议会党团的同意，党团成员不能单独投票或者参加其他议会党团的投票。社会党国会议员的立法动议应先告知议会党团。

议会党团成员根据其在议会中的相同或相似职责分工，必须参加执行委员会的咨询会议、特定委员会和专业委员会的工作。

党团的成员，如果是社会党成员，就是中央委员会的成员。如果其在全国代表大会没有当选为中央委员会委员，中央委员会可以增选其为中央委员会委员。

议会党团每年一次向中央委员会提交活动和工作报告。

中央委员会和党团之间关系和合作，体现为交流，以及共同的权利和义务。

党团自主管理，自主决定其内部条例、行动、政策制定、主席的权利和义务，党团成员的职责和义务以及其他事宜。

党团成员对中央委员会负责。

自治省、贝尔格莱德市、市和区的议会党团参照以上条款进行活动。

社会党的宣传和鼓动工作

第七十一章

中央委员会，根据党纲目标和任务，为宣扬党的纲领和政策进行宣传和鼓动活动。

社会党财务和物业

第七十二章

党的收入来源：党费，法律实体或个人的捐款，党的财产收入，全国、自治省、市和区政府给予政党的日常工作和选举拨款。

第七十三章

社会党的财产是整体的、统一的。

社会党的财产是不可分割的，由中央委员会或其授权的机构持有和管理。

中央委员会制定党产使用和管理条例。

如果社会党停止活动，作出停止党的活动的全国代表大会，应决定如何处置党产。

第七十四章

党员必须定期交纳党费。

中央委员会确定党费的数额和交纳方式。

党员可以协助社会党获得特殊捐款。

党章规定的义务和权利，由中央委员会制定的《党员条例》确定。

第七十五章

连续6个月没缴纳党费的党员，不能被选举在党的机构中任职，或者被提名参选国家或其他机构的职位。

第七十六章

社会党通过其授权的活期账户进行普通募资活动。根据法律规定，社会党通过一个独立活期账户进行竞选融资活动。

社会党党章的制定

第七十七章

制定党章的程序由中央委员会和主席团制定。

修改章程的决定应包括修改的原因。

章程委员会提出党章草案，并在15天内分发至党的所有听证机构。在征集意见的基础上召开听证会后，章程委员会拟订新的章程草案，并提交中央委员会审议。

经过审查，中央委员会批准或拒绝党章修订草案，确定党章修订案并提交给全国代表大会表决。

全国代表大会对整个章程进行表决，获得半数以上出席代表的支持方为通过。

党章修订采用同样的方式和程序。

党章的修改或修订，应经过全国代表大会的批准；除非是按照法律和第四十三章的管理条例。

第七十八章

制定党纲的程序由中央委员会和主席团制定。

修改党纲的决定应包括修改的原因。

主席团提出党纲草案，并在15天内分发至党的所有听证机构。在征集意见的基础上召开听证会后，主席团拟订新的章程草案，并提交中央委员会审议。

经过审查，中央委员会批准或拒绝党纲修订草案，确定党纲修订案并提交给全国代表大会表决。

全国代表大会对整个党纲进行表决，获得半数以上出席代表的支持方为通过。

党纲修订采用同样的方式和程序。

第七十九章

按照本章程制定的总体文件自公布之日起生效，并公布在社会党网站和中央委员会公告板上。

第八十章

本章程自通过之日起生效，并公布在社会党网站和中央委员会公告板上。

第八十一章

本章程自生效之日起，取代 2006 年 12 月第七届全国代表大会通过的章程。

（本章根据 2010 年塞尔维亚社会党第八次全国代表大会通过的《塞尔维亚社会党章程》翻译）

（北京大学国际关系学院　Ivica Bakota　项佐涛 译）

本书为国家社会科学基金重点项目"原苏东社会主义国家的现状和社会主义思潮研究"(项目编号:12AGJ001)的阶段性成果。

图书在版编目（CIP）数据

世界主要政党规章制度文献. 中东欧 / 俞可平主编；项佐涛，姬文刚分册主编. —北京：中央编译出版社，2015.1

ISBN 978-7-5117-2517-2

Ⅰ. ①世… Ⅱ. ①俞… ②项… ③姬… Ⅲ. ①政党-规章制度-文献-中欧 ②政党-规章制度-文献-东欧 Ⅳ. ①D564

中国版本图书馆 CIP 数据核字（2015）第 012705 号

世界主要政党规章制度文献. 中东欧

出 版 人：	刘明清
责任编辑：	李媛媛
责任印制：	尹 珺
出版发行：	中央编译出版社
地　　址：	北京西城区车公庄大街乙 5 号鸿儒大厦 B 座（100044）
电　　话：	（010）52612345（总编室）　（010）52612335（编辑室）
	（010）52612316（发行部）　（010）52612317（网络销售）
	（010）52612346（馆配部）　（010）55626985（读者服务部）
传　　真：	（010）66515838
经　　销：	全国新华书店
印　　刷：	山东鸿君杰文化发展有限公司
开　　本：	787 毫米×1092 毫米　1/16
字　　数：	588 千字
印　　张：	41.25
版　　次：	2015 年 1 月第 1 版第 1 次印刷
定　　价：	245.00 元

网　　址：	www.cctphome.com	邮　　箱：	cctp@cctphome.com	
新浪微博：	@中央编译出版社	微　　信：	中央编译出版社（ID：cctphome）	
淘宝店铺：	中央编译出版社直销店（http：//shop108367160.taobao.com）			（010）526123

本社常年法律顾问：北京市吴栾赵阎律师事务所律师　闫军　梁勤
凡有印装质量问题，本社负责调换。电话：（010）55626985